**哀公曰：敢问人道谁为大。**

**孔子对曰：人道，政为大。**

——《礼记·哀公问》

# 坏世界研究

## 作为第一哲学的政治哲学

INVESTIGATIONS OF THE BAD WORLD

political philosophy as first philosophy

赵汀阳 著

中国人民大学出版社

·北京·

# 目　录

# Contents

# 导言：如果不能改变世界就改变世界观

世界首先是个坏世界，而人们幻想好世界。人们通过政治去研究坏世界，而通过道德去想象好世界。古代人看重理想，所以把政治学看做是伦理学的一部分，现代人认清现实，因此政治哲学成为了第一哲学。

每个人都不同程度地生活在痛苦之中，除非灵魂深处闹革命痛改了自己的世界观。除了无法超越的局限性以及与运气有关的不幸，人类的痛苦主要来自错误的政治。政治决定人的命运，或者说，政治就是命运。

如果一个世界足够好以至于人人都能够满意，那么几乎所有的哲学问题就都不存在了。好世界没有什么需要想的。只要具备人人自私和资源稀缺这样两个条件，世界就是个坏的世界。很不幸，人类世界所具备的缺点远不止这两点。人性自私和资源稀缺这两个条件对于包括哲学在内的各种人文社会科学都是必要的，这两者导致了人类生活所有值得思考和言说的悲欢故事和成败历史。好世界不仅没有问题可想，甚至无话可说。假如存在极乐世界，那一定没有历史，一定非常无聊。人类一直在追求“样样都好”和“天天都好”的极乐世界，可这是个悖论性的追求：“样样都好”的世界里无所谓价值，而价值的消失导致生活意义的消失；“天天都好”的世界不发生故事，即使长生不老，一生也只等于一瞬。真实世界虽然不好，却充满意义。

在一个坏的真实世界中，最世俗而又最重要的问题就是政治，其重要性和世俗性恐怕只有经济能够勉强与之相比。关于政治的研究一般分为政治哲学和政治学，它们共享着有关政治的大多数问题，这些问题归根到底都是关于权力与利益的问题，即人们如何获得他们能够获得的权力和利益。不过，政治学与政治哲学的研究角度有所不同：政治学研究的是政治策略，相当于有关权力和利益问题的“兵法”；政治哲学研究的是政治的正当理由和原理，相当于有关权力和利益问题的“法理”。与其他哲学问题一样，政治哲学归根到底也是一些简单得难以置信的问题，然而又是艰难得几乎无望解决的问题——哲学问题往往如此，虽然并不复杂，但非常艰难，都是看着容易想着难的问题。人们从文明开始就不断思考政治哲学问题，它们都是生活中要命的问题，它们决定着人类的命运，不想不行。

我如何才能获得我可能得到的利益？这是个最简单也是最难问题。根本的难点在于，如果没有他人的同意，我就根本得不到我想得到的利益。他人是生活全部难题的根源。为什么不能去抢、去偷、去杀人放火？如果被告知因为人应该遵守伦理规范，这是一个浅薄轻浮的回答，甚至是谎言。真正的原因是“他人不同意”。他人的力量和可能的反抗是人们放弃去偷去抢的最终原因。假如把他人杀掉，那么自己也可能被杀掉，而且，杀人并不能使自己的生活变得有意义。他人是个最大的悖论：他人一方面是每个人利益的限制，另一方面又是每个人生活全部意义的来源，无论痛苦还是幸福，无论成功还是失败，一切都与他人有关，因此每个人都绝对需要他人。

政治哲学一般比较诚实，而伦理学则有时会自我感动地用一些虚伪的道德呼唤掩埋严肃问题。政治哲学和伦理学共享许多问题，但各自的核心问题有所不同：伦理学的核心问题是幸福；政治哲学的核心问题则是权力和利益。伦理学往往错误估计伦理规范的能力，可是在利益面前，规范是软弱无能的，如果不是完全徒劳的话。在古代很长时间里，政治哲学与伦理学没有明显区分，甚至政治哲学曾经被认为是伦理学的一部分。严酷的事实终于使人们发现伦理没有能力去对付和解决社会困难，人性自私的力量强过伦理规范太多，在坏世界里幻想好世界是典型的望梅止渴，因此，必须有政治哲学去深入研究坏的世界。如果没有把**最坏**

**的**社会情况考虑在内就不是有效的研究，就等于在掩盖问题，于是，政治哲学不得不考虑人们不择手段谋私利的局面。在一个如此坏的世界里人们如何才能发展出某种制度以保证可以接受的生活，这才是最重要的问题。当然，这绝非贬低伦理学的重要性，事实上伦理学另有重任，而且是政治哲学所无能为力的，那就是幸福问题。利益和幸福同样重要，而又无法互相替代。关于幸福问题，有兴趣的读者可以查看我的伦理学著作《论可能生活》，里面有关于幸福的诚实讨论。在这里我们不讨论幸福，而将讨论权力和利益。

准确地说，权力和利益是政治哲学要面对的事实，我们必须把事实化成问题，才构成研究。由权力和利益的事实（按照摩根索漂亮的说法是“作为利益的权力”）所能够化出来的问题很多，采取不同的分析框架就会产生不同的问题。柏拉图和孔子各自独立开创了至今一般视为最正宗的政治分析框架：**统治制度**。其核心问题是制度的治理能力和制度的正当性。柏拉图研究政治制度就像在研究人的卓越性（virtue），他认为国家之首善是公正，有了公正，国家就必定是正当的并且有政治效率。孔子则相信，如果一种制度的精神为“仁”，规章合“礼”，万事皆得“正名”，这种制度就必定是正当的并且有政治效率，即形成善治。从制度去分析政治问题是政治哲学经久不衰的主流。毛泽东和卡尔·施密特也各自独立地发现了一种独辟蹊径的政治分析框架：**敌人意识**。毛泽东甚至早于施米特看出划分敌友是根本性的政治意识①，不过施米特的论述更具学理性，他指出，正如真假是知识判断，善恶是道德判断，美丑是美学判断，敌友则是政治判断。这种关于敌人的问题意识可以追溯到马基雅维利和霍布斯，特别是追溯到基督教的异教徒意识，甚至追溯到

① 毛泽东指出：“谁是我们的敌人？谁是我们的朋友？这个问题是革命的首要问题。中国过去一切革命斗争成效甚少，其基本原因就是因为不能团结真正的朋友……”（《毛泽东选集》，2版，第1卷，3页，北京，人民出版社，1991。）Carl Schmitt：*The Concept of the Political*. The University of Chicago Press，1996.

柏拉图[①]。施密特的敌人意识虽然深刻，但也未免偏激，似乎应该弱化为异己意识比较合适。意识的政治分析能够解释一些由制度分析所无法解释的问题，特别是由文化或价值观的差异所导致的政治冲突，亨廷顿的“文明冲突”就是敌人意识的当代表达，因此，意识的政治分析构成对制度分析的一种重要的补充。不过，无论是制度分析还是政治意识分析都还不是总揽式的分析框架（comprehensive framework）。中国传统政治思想的**“治—乱”**概念似乎提供了一个总揽式分析框架，它大致相当于当代的博弈论提供的分析框架：**冲突与合作**。这个分析框架大概能够覆盖所有的政治问题，而且能够深化我们对政治制度和政治意识的理解，可以说是目前最优越的分析框架。

本书不准备讨论全部政治问题，而是有选择地讨论部分至关重要的政治问题。选择标准大概是这样的：（1）所选问题都具有当代性和未来性，即使是非常古老的问题，也仍然具有当代性，而且尚未终结，所以又具有未来性；（2）所选问题不一定是政治学术文本中的问题，但一定是真正创造了历史进程的问题，因为有一些真正重要的政治问题并不是学术文本提出来的，而是生活事实提出来的。

至于分析的方法论，我一如既往地坚持“无立场”分析。无立场分析经常被误解为反对或者放弃任何一种立场，其实，我所谓的无立场是：（1）反对任何一种立场的无条件权威和批评豁免权，或者说，思想就是思想，思想不专门服务于任何一个立场；（2）任何一个立场在特定条件下都可以有某种正确之处，都是理解问题的一个条件，因此，无立场地去看问题就是游移地从每个立场去看问题，如水一般地从一个立场流变到另一个立场。在某种意义上，无立场可以说是从老子的“水的方法论”中化出来的（老子最爱用水的暗喻）。也许读者会发现，在本书中，我的立场是不断变化的，在不同的问题上为不同的立场辩护，于是在各种观

---

① Plato：*Euthyphro*，7c－d.

点之间形成自相矛盾。人类生活是复杂多变的，如果不是自相矛盾，反而是奇怪的，因此，每种道理本身必须是无矛盾的，各种道理之间又必定是互相矛盾的，这正是我要达到的思想效果。按照不同问题的特定情况而变换立场，类似于“无法之法”，就是无立场之法。书中讨论了多种政治问题以及多种重要观点，主要试图指出，伟大的哲学家们能够提出各种永远值得思考的理论，但没有一种理论能够彻底摆平政治问题。从无立场的思想去看，没有完美的政治，只有动态正确的政治。

我原来研究形而上学，考察了许多呆主意，后来研究伦理学，考察了许多傻主意，再后来研究政治哲学，又考察了许多坏主意。人类心智大概如此，好在人类一直锲而不舍，指望以愚公移山的精神做成某些事情。本书意在求解那些关键的政治问题，但是正如其他真正重要的哲学问题，关键的政治问题都是永远的死结，都是无解的问题，至少目前看来是这样。我也同样不能给出所谓正确的答案，但仍然试图发现正确的求解之道。这就是以无立场之法所发现的：没有完美的政治，只有动态正确的政治。无论如何，人们需要想象一个最值得想象的政治世界，我的想象是天下制度，或者说是作为天下的世界。这是我近10年来着力推荐的最好政治。天下理论并不拘泥于周公之理，而是一种重新创作。本书所述的天下理论比我在《天下体系》中的论述有了许多推进。

各种政治问题是在历史中逐步发展出来的并且使政治变得越来越复杂，于是本书也考虑到各种问题的历史顺序，但本书是理论著作，并非史学著作，更着重各种问题的理论关系，因此，各种问题的历史顺序并不完全如实，只是稍具历史感而已，不必严格追究。本书还涉及中西前人许多著名观点，主要选择的是一些有智慧的错误观点。有智慧的错误观点远比无智慧的四平八稳观点重要得多。

我仍然坚持认为，如果一本书对人没有用处，那是罪过。我希望这本书比马基雅维利的书更有用，马基雅维利只教人坏，我试图揭示如何对付坏世界。

# 1. 政治的发生

## 1.1 理论假设的政治初始状态

无人知道政治初始状态是什么样的，当然有许多基于人类学—社会学或者历史学理由的猜测，但哲学家们宁愿给出政治初始状态的理论假设。初始状态的假设是纯属理论虚构的一个实验状态，它不仅是解释政治如何发生的一种模拟，更重要的是给定了关于一切政治问题的一个条件清楚的理论环境。历史上“真实的”（其实不太真实）初始状态虽然重要，但任何一种真实的初始状态都是特殊的和偶然的历史语境，它所蕴含的政治问题未必能够覆盖所有可能出现的政治问题，因此需要在理论上创造一种能够覆盖所有政治问题的虚构语境。这也是为什么人们不满足于关于一个事情的历史叙事而需要创造理论的原因。

初始状态虽是理论虚构，但它对于说明真实生活必须是有效的，其有效性至少意味着：（1）在虚构的初始状态下开展的初始游戏与真实生活游戏之间必须是可通达的或可过渡的，或者说是足够相似的，大致能够反映真实生活的思维方式和策略选择模式。（2）作为思想实验的初始游戏所发现的普遍原理能够表达比真实情况更正确的博弈选择。这是因为，真实博弈有特殊语境和许多偶然因素，也就可能使人们做出冲动的错误选择。不过，追求“比真实更正确”的纯粹理论理想多少有些荒谬：理论或许更正确，但人们实际追求的未必是正确的事情，对于具体的生活，并没有充分理由能够证明“正确的”就是“更好的”，错误的行为往往创造了丰富多彩的生活和历史，许多人甚至宁愿要“错误的”生活。这就像真实世界中并没有严格的直线，人们也未必就认为严格的直线比不太直的线更好，但无论如何，理论上的直线对真实的不太直的直线仍然具有说明力，同样，作为理论实验的游戏就是试图发现比真实更正确的选择，以便更深刻地普遍理解生活。（3）初始游戏必须包含生活的最坏可能性。很显然，如果一种理论能够解决最坏可能性中的问题，就必定能够解决任何可能性中的问题。真实的初始状态所以不是最优的理论分析对象，也是因为真实状态可能不够极端，没有达到生活最差状态的极限，因此没有充分的说明力。

于是我们假定：（1）初始游戏是一个尚未存在共同承认的游戏规则的特殊游戏，即一个无法度或无政府状态的游戏。初始游戏是在无限制的策略选择中进行的，没有什么是非法的或不允许的，人们将在充分的自由选择中形成共同认可的游戏规则。（2）既然每个博弈方都享有最大化的自由选择，就必定暴露出“前道德的”真面目，在充分自由的条件下去做他最想做的事情，此时，任何一个人的唯一限制就是他人的选择，任何人的选择不得不受到他人选择的制约。这是分析人与他人之间关系最彻底的理论环境，所有的规则和制度都将在人与他人的互相制约关系中产生。（3）初始游戏必定是一个生存博弈，其核心问题是如何由冲突形成合作，这也是政治哲学的总问题。在生存博弈中，人们有可能选择道德行为，但我们不能预设人们的道德觉悟，道德行为必须**同时碰巧是**具有生存优势的行为，否则是可疑的。宾默尔就曾经嘲笑哲学家太喜欢幻想对生活问题的道德解决，并且还把道德想象成康德式的理性先验绝对命令，可是道德游戏终究必须同时是生存游戏，否则根本行不通。①

---

① 参见［英］肯·宾默尔：《博弈论与社会契约》，第1卷，§1.2.4，上海，上海财经大学出版社，2003。

如果道德原则在生存博弈中是没有效率的，那么就是坏的原则。（4）每个博弈者都是“政治人”。流行的假设是“经济人”，即始终以理性计算去使自己利益最大化并且风险最小化的人。经济人假设对于分析狭义的利益（特别是物质利益）是比较合适的，但对于性质复杂的利益就未必能够以经济方式去计算，强为之则难免削足适履了，而且经济学所定义的理性也不足以表达人们在思考政治问题时所需要的理性。因此我们有理由改用政治人的假设。政治人除了考虑经济利益，还考虑权力，不仅考虑制度权力，而且还考虑精神权力，总之，政治人追求能够使自己处于优势地位的一切因素。这样才能解释为什么人们有时会为了精神权力而放弃某些经济利益甚至甘冒奇险。当把精神需要计算在内就会发现，某些对于经济人而言是非理性的行为，对于政治人来说却仍然是理性选择。只有把物质利益和精神需要都考虑在内才能够解释政治问题，所以我们选择政治人作为博弈者。

哲学家们给出过多种初始状态的设想，霍布斯的“自然状态”可能是最知名的初始状态。比霍布斯更古老的荀子假设有着与之相似但别有深意的设想。《礼记·礼运》则相信早期社会是充分合作的“大同”社会，后来才变成私心压倒公心的“小康”社会。马克思主义的想象与《礼记》有某些相似，也相信在产生私心和冲突之前有过原始共产主义。卢梭的自然状态版本也很有名，他相信自然状态中人们虽有自然的不平等（体力和智力），但远不足以导致霍布斯想象的普遍的残酷冲突，因为那时还没有什么值得拼命争夺的东西，直到后来出现“万恶的私产”才使人激动到不要脸而去抢、去盗。比较晚近的初始状态构想有罗尔斯的“无知之幕”游戏和艾克斯罗德的循环赛游戏，都是博弈论条件的实验状态。如此等等。这些想象都很有趣，当然都是理论构思，并非历史上真实的初始状态。这些构想各有所长，也各有所短，其中特别有价值的是霍布斯、荀子、罗尔斯和艾克斯罗德的方案，它们都比较接近初始游戏的有效性条件。

霍布斯对初始状态的构思十分简洁有力：在形成有制度的社会之前的“自然状态”中，每个人都是孤独的原子式个人，人人都贪生怕死、趋利避害、自私自利、漠视他人、见利忘义（准确地说，那时还没有义）而且不信任任何人，这一切特征都来自人天生的自我保全欲望这一最基本的自然事实。于是，每个人都是每个人的敌人，人们之间发生着每个人对每个人的战争。霍布斯知道这种人人互相为战的状态从来没有存在过，但是这种最坏状态确实反映在真实生活中，他举例说，人人互相猜忌、钩心斗角，人们外出旅行要带武器并且设法结伴而行，在家锁门，甚至箱子也要锁上，这些已经清楚地说明了人们对自己的同胞、子女和仆人是什么样的看法；至于发展军备，在边境上筑碉堡、架枪炮就更说明了人们对人类的看法[①]。当人们无法忍受自然状态而订立社会契约，就建立了国家和政治秩序以保证人们的安全和合作。霍布斯的自然状态几乎满足了初始状态所必需的各种理论有效条件，唯一的缺点是其孤独个人的假设（这是西方现代理论的通病）。原子式个人的唯一作用是使人的问题简单化，好像把人变得更容易理解和计算，但却歪曲了人性事实，削减了人类情感的许多内容，这种简单化其实是单调化，因此无法解释比较复杂的政治问题。

荀子假设与霍布斯假设有些相似，但涉及更深刻的问题。荀子从经济学角度分析了初始状态以及建立政治制度的必要性：“人生而有欲，欲而不得，则不能无求。求而无度量分界，则不能不争；争则乱，乱则穷。先王恶其乱也，故制礼义以分之，以养人之欲，给人之求。使欲必不穷于物，物必不屈于欲。两者相持而长，是礼之所起也。”[②] 荀子这一经典分析基于自然争乱假定，每个人追求利益的最大化而导致无限争夺的乱世，所以政治问题就是如何去乱，现代的说法就是如何使冲突变成合作，

---

① 参见［英］霍布斯：《利维坦》，94～96页，北京，商务印书馆，1997。

② 《荀子·礼论》。

而社会合作最重要的条件就是政治制度。制度（礼）的本质就是“分”，即利益和权力的分配。但是，初始状态的荀子版与霍布斯版有一个重要区别，霍布斯的自然状态是“每个人反对每个人”的战争，整个生活全是冲突，人们忍受不了冲突而后寻求合作；荀子则相信，合作并非是在冲突之后才出现的人际关系，而是与冲突**同时并存**甚至**先于冲突**的人际关系，尤其是，**合作正是导致冲突的一个原因**。

荀子更深刻地看到人类生存的两面性和悖论性：冲突会走向合作，可是合作也会导致冲突。荀子指出，人的能力如此弱小，甚至不及牛马，因此必定存在着某种在先的合作，所谓“人生不能无群”[①]。人不可能仅仅作为个体而生存，而必须是群体存在，否则无人能够生存，这是一个中国式的存在论原则：共存是任一存在的条件。因此，人际冲突往往并非源于独立个人之间的矛盾，反而是源于群体内部关系所导致的矛盾。情况大概是这样的：人们首先合作成为群体，而人人都要求自己利益的最大化，人们虽然以合作方式创造了财富，而每个人都想多得多占，为了多占别人的便宜就必须把他人的利益最小化，因此，正是合作之后如何**分利的问题**才导致了冲突。所以荀子指出，从自然条件上看，人类所能够获得的利益永远不够满足每个人的欲望，人们就必定冲突，“物不能澹则必争”；而从社会条件上看，在有限的利益上没有形成人们普遍同意的合理分配，人们就要冲突，“群而无分则争”[②]。自然局限无法超越，于是，唯一可能的解决办法就是建立合理分配利益的政治制度。荀子基于社会矛盾的初始状态假设比霍布斯基于个人矛盾的初始状态假设更全面更深刻地揭示了人类冲突的理由。

荀子把共存看做是任何一个人的存在条件，合作先于冲突，并且，分利不均导致冲突，这是极其深刻的见识。如果没有这个社会化的假设，

① 《荀子·王制》。
② 同上。

就简化成了霍布斯的自然状态。从自然冲突很难**必然推出**社会合作的要求，这是霍布斯版初始状态的一个漏洞。霍布斯把初始状态看做是自然状态，完全没有社会性，这一极端化的假设虽然使冲突显得尤其惊心动魄，但也使得从冲突向合作的演变缺乏必然理由，甚至连可以借力的条件都没有，似乎全靠偶然天才的制度发明，这难免可疑。假如按照霍布斯条件，个人之间的冲突虽然时有发生，但并不必然发展成为持续冲突，既然冲突使双方利益受损，双方很有可能选择互相回避而不一定冲突到底，除非其中一方具有胜者通吃的绝对实力（连动物都具有这一简单选择意识），否则，互相回避，各过各的生活，就是最好的选择。假使人们都异常好勇斗狠，坚决冲突到底，这样就更不会突然改变主意去寻求合作。冲突并不能自动转化为合作，除非出现**新的变量**。霍布斯版缺乏把冲突转为合作的变量，所以说他们设计是不够严格的。荀子把共存看做是一个初始条件，这就避免了霍布斯的困难：人们只有互相依存才能生存，初级水平的合作足以建立人们对合作好处的依赖性，于是，生存压力和合作的诱惑构成了人们寻求更好合作之道的必然理由。初始状态的真正难题是，不完善的初始合作不能保证合理的利益瓜分而导致了冲突。无论人们多么自私，多么希望能够多占便宜，但终究不愿意放弃合作的好处，于是只好去改善初始的合作关系而发展出比较成熟合理的合作制度。在这个意义上，荀子比较可信地解决了从冲突到合作的必然转变问题。

荀子的初始状态问题还有尤其深刻的另一层含义：尽管合作是人们生存的必要条件，但人们还是一定会发生冲突而破坏合作，因为人们太容易利令智昏，总是忍不住试图以更巧妙的策略去形成对己特别有利的不公正合作，因此，合作是产生冲突与合作的循环矛盾和技术升级的条件。这一悖论揭示了不可救药的人性，暗示了冲突和合作将是永远不能彻底解决的问题。可以发现，无论去设想冲突在先，还是合作在先而后冲突，都同样把问题落实在“冲突”上：给定人人自私，合作是如何可能的？什么才是众望所归的合作原则？荀子相信分配公正问题（所谓“分义”）是政治的核心问题，只要解决了分配公正，其他问题就迎刃而解。这个看法非常接近现代观点，比如罗尔斯的理论。

虽然荀子的初始状态版本优于霍布斯版本，但并不能完全覆盖霍布斯问题。霍布斯假设对于一般社会情况虽不合适，但对于无政府状态的国际社会却有良好的解释力，就是说，霍布斯理论对于国际政治是有效的。因此，荀子和霍布斯理论的结合就是一个比较充分的、很可能是迄今最好的初始状态理论，可以称作荀子—霍布斯假设。

罗尔斯推出一个别出心裁的称作“无知之幕”的初始状态假设，这个充满魅力的假设虽有严重的缺点，但也有突出的优点，可以说是初始状态理论的一个重要推进。无知之幕是一个纯属想象的环境，虽然不真实但非常有理论意义。无知之幕意在制造人人平等的完全公平的博弈环境，由此迫使人们做出真正合理的选择。这正是罗尔斯的创意所在，他想考察在公平条件下人们所能够订立的社会契约是什么样的。由无知之幕这一“完全公平的”博弈环境所定义的初始状态中的博弈各方都是自私的经济人，完全无视别人的利益，又都是充分理性的，而无知之幕完全遮蔽了博弈各方的利益、身份、地位和偏好，人人对自身状况一无所知，不知道自己与他人在各方面的差异，甚至不知道自己的价值观点以及所处的社会和时代。① 这相当于既不知己又不知彼，甚至不知“魏晋”。在这样的条件下，人们为了保证自身安全，就只能按照风险规避原则去设想一种任何人在任何情况下都不至于落入悲惨处境的社会制度。据说在无知之幕的公平条件下，人们理性选择的社会制度必定表现“公平公正”的两条基本原则②：（1）最大均等个人自由原则。人人都有平等权利去拥有最大程度的基本自由，而且，每个人的自由与他人的自由

① Rawls：*A Theory of Justice*. Cambridge，Massachusetts，the Belknap Press of Harvard University Press. 1971，p. 137.

② Rawls：*A Theory of Justice*，p. 60，p. 302.

相容。（2）分配的平等主义原则，其中包括两个原则，核心是差异原则（the difference principle，其实是优待原则或者偏袒原则）。这说的是，既然社会和经济上总是存在不平等，那么就必须使之对处境最差的人最有利。并且，所有的职务和机会应该向所有人平等开放。关于这两条原则还有一条次序规则：原则（1）即自由原则优先于原则（2）即平等原则，就是说，如果两条原则形成冲突，自由原则必须优先被满足。罗尔斯相信，这样的选择就是人们真正需要的公正。

罗尔斯设计虽然新奇但颇多疑点。每个博弈方被假定为只有思维（mind）而没有心（heart），这种理解在单纯经济学中或许合适，但对于解释社会和生活则是严重缺陷。社会中许多根本性的冲突是心的冲突而远不仅是利益冲突，而且没有理由证明物质利益比精神价值更重要。忽视精神需要对于人和生活都是歪曲，仅仅从理性和物质利益去理解的社会太过单调，以至于无法由此辨认出任何一个实际上可能的社会，这导致罗尔斯游戏与真实生活之间缺乏可通达性。无知状态的博弈与有知状态的博弈之间有着无法过渡或无法兑换的鸿沟，因为它们已经是**本质不同**的世界，不能互相兑换或转换。任何真实的社会博弈都是某种程度的有知状态，人们必须知道自己有什么需要保护的、有什么值得争夺的以及是否有条件争取自己想要的东西，否则这个游戏是无意义的。人们不可能不知道一个游戏是什么样的游戏就盲目同意加入这个游戏。这就像说，有人提出大家都去做某事，但必须大家都同意之后再告诉大家要做的是什么事，这无疑是危险的，出于风险规避原则，大家有理由拒绝。当然，罗尔斯需要一个充分公平的博弈环境去考察公正制度的构成，这一点仍然是有意义的，它作为对公正的一种理论检验，并非无用。不过，无知之幕这一公平环境排除了生活的最坏可能性（霍布斯的丛林战争），这一点大大削弱了罗尔斯初始状态的解释能力，因此，罗尔斯假设不是一个普遍有效的假设，而只是一个特殊有效的假设。罗尔斯对霍布斯思路的背叛看起来不是非常成功。

艾克斯罗德 1980 年进行了一个关于合作如何可能的计算机实验①，其中给出了一个仿真性颇高的初始状态，它不需要诸如“无知之幕”之类在实际上根本不可能出现的不正常条件去促成不可信的合作，这一点使艾克斯罗德的初始状态明显优于罗尔斯。艾克斯罗德的博弈环境大概是这样的：（1）博弈者是多样的：理性或不理性，谨慎或投机，善良或邪恶，一切动机和心态都是可能的，就是说，博弈者是“人性人”而不是“经济人”；（2）博弈回合足够多；（3）参赛的博弈者也足够多；（4）博弈几乎可以不择手段，可以设计最阴险的策略。这一仿真性条件使艾克斯罗德实验具有明显吸引力。当然，这一博弈仍然并不足够真实，比如，博弈各方被假定为能力相等，而且不可能消灭对手而只能在得分上胜过对手。这个缺点暗含了严重破绽。

艾克斯罗德实验是一个全体混战的循环赛，参赛的 14 个策略由“足够精明的”各种专家分别设计。每一步的战术可以选择“合作”或“背叛”，双方合作各得 3 分，双方背叛各得 1 分，一方背叛而另一方合作则背叛 5 分而合作 0 分。背叛的回报很大因此诱惑很大，与真实生活的情况类似。经过 12 万回合的混战，比赛结果出人意料，一个具有善良、宽容和公正等优良品质的“一报还一报”策略（TFT）以明显优势胜出。TFT 策略非常简单：第一步选择合作；从第二步开始就模仿对方上一步的选择。这意味着：首先是善良，从不先背叛；其次是公正，如果对方背叛就进行回击；然后是宽容，一旦对方改正错误，就马上重新合作。而那些不成功的策略都太想占便宜，总是主动背叛。在比较成功的策略群与比较不成功的策略群之间也存在着明显的得分差异，比较成功的前 8 名策略都是善良的，所有不成功的策略都是故意与人为敌的。艾克斯罗德对这个太过美丽的结果不放心，第二次实验使参赛策略增加到 62

---

① R. Axelord：*Effective Choice in the Prisoner's Dilemma*. Journal of Conflict Resolution. 24：3－25. 1980.

个，并且第一实验的结果事先公开，让第二次实验的参赛者都知道 TFT 的优势，可是大多数人还是宁可设计更复杂的敌意策略，可见大多数人多么希望多占便宜而不惜伤害他人，但第二次实验的结果仍然是 TFT 等善意策略胜出。这个实验被认为或多或少证明了好心有好报。

梦想只是梦想，事实不仅是事实。如果理论与事实不符，肯定是理论出了问题。艾克斯罗德实验所以能够证明好人笑到最后，其中一个原因是其“杀不死”假定：每个博弈者可能失败（得分低），但不可能被消灭（杀死）。这个与真实世界不符的规定显然不能正确表达人的命运。这是现代学术司空见惯的失误：人们为了实验效率，总是把实验设计成一个容易计算但不真实的可能世界。这虽是理论允许的，但理论世界至少应该对于真实世界是一个可通达的可能世界，否则原理不能通用。艾克斯罗德实验与罗尔斯实验都存在这个困难，都改变了某些必要的存在论条件而使实验世界与真实世界不相通。采取了“杀不死”假定，生死游戏就弱化成输赢游戏，博弈不再严重，命运不再严肃。杀不死就意味着永远还有机会卷土重来，这就限制了不择手段竞争的威力，从而造成善良策略必定具有博弈优势的假象。这不是在批评道德，而是说，道德行为必须**同时**成为具有博弈优势的生存行为，如果道德原则在生存博弈中是没有效率的，就是非常可疑的。正如宾默尔指出的：哲学家太喜欢想象对生活问题的道德解决，但道德游戏终究必须同时是生存游戏，否则在实际上根本行不通。

假如取消“杀不死”假定，把艾克斯罗德实验重新规定为：当博弈者由于选择合作而遭受 n 次背叛的打击（n 次 0 分）就必须退出比赛，相当于被“杀死”，这样就比较接近真实世界了。可以推想：在这个生死博弈中还是会有一些善良合作者最后获得胜利，但也有一些合作者被吃掉。这是个危险的信息，当一些合作者发现这个问题，就会选择不出头、搭便车甚至蜕变成背叛者。坏人更容易占到便宜的信息会使好人退化，这是一个真实难题。在艾克斯罗德的实验中，博弈者之间不能交流经验，即使可以交流，博弈策略也不会因此改变（因为程序是设计好了的），好人即使总是吃亏也将坚持只做好人，这样的规定好像回避了这个困难，可是真实生活并不能回避困难。可以看出，艾克斯罗德实验虽具有一定的仿真性，但不能保证与真实世界的可通达性。即使经过我们修改的艾克斯罗德游戏升级版有了更高仿真性，也仍然与真实世界并不完全通达。相比之下还是最朴素的荀子—霍布斯结合版较为合理。

以荀子—霍布斯结合版为底本，我们可以设计一个荀子—霍布斯的升级版。按照前面论述的实验性初始游戏有效性要求，我们的升级版将满足：（1）与真实生活的可通达性；（2）能够普遍应用于各种真实的可能生活；（3）把生活的最坏情况考虑在内。毫无疑问，理论上的初始游戏与真实世界总会有些出入（这是允许的），但可以做到与真实世界足够匹配。我们的升级版初始游戏条件大概如下：

（1）每个博弈者都优先考虑自己的利益，包括自己的**专属利益**和自己可及的**共享利益**。在专属利益与共享利益之间不存在预先的偏好排序（比如不存在“专属利益总是优先于共享利益”这样的排序），而仅仅考虑某种利益——无论是专属的或是共享的，是否是自己可及的最大利益。

（2）每个博弈者都是理性的。在所有博弈者中不存在一个普遍通用的价值排序表，只有每个博弈者自己特殊的价值排序表。每个博弈者都将按照各自认定的价值排序表去理性地计算得失。假定某人 p 偏好 x，即使其他人都认为 x 一钱不值，p 仍然愿意为了 x 而牺牲别的利益，这一计算将被认为对于 p 是理性的。

（3）每个博弈者将不择手段地捍卫自己的利益和价值。

（4）足够多次的连续博弈，类似于历史的效果。

（5）每个博弈者拥有关于其他博弈者的部分知识。

（6）每个博弈者各自拥有不相等的初始策略知识，但可能的策略是有限多个的。每个博弈者都能够**模仿**并且**学会**其他博弈者的优势策略。

根据以上博弈条件，可以分析如下：

首先，可以修正一个流行的错误。在现代通常的理论分析模式中，个人利益的最大化通常只是计算到自己的专属利益，而没有把对自己同样有利甚至更有利的共享利益计算在内，殊不知自己可及的共享利益也是个人利益的一部分，因此才会把理性人定义为互相麻木不仁的人。事实上，专属利益往往并不很大，人的大多数“最大利益”都只存在于共享关系中，可以表达为：对于某人，存在着某种最大利益 x，当且仅当，x 同时为某个（某些）他人所分享。就是说，有些利益仅仅存在于与人共有的关系中，而**不可能**为个人所独占，一旦试图独占就反而破坏了这种利益，例如家庭、爱情、友谊以及任何合作所创造的幸福和效益。因此，人们真正关心的利益是“自己可及的利益”，而不限于个人独占的利益（自己可及的利益当然包括独占的利益）。人们对利益的理性排序完全不像现代理论所妄想的那样，永远把个人权利和财富排在最前面，因为人们的最大利益往往属于由特定“关系”所创造的利益，比如安全、幸福、成就和权力。强调理性计算，本来并没有错，但现代理论把需要计算的项目搞错了，被漏掉的利益项目太多，尤其把最大利益漏掉了。如果纠正了在利益项目上的计算错误，就能够发现人们的政治博弈真相：人们所以苦苦进行博弈，根本不是为了获得一些所谓的消极权利（据说是最基本的人权），而是为了形成最好的制度，这个制度能够保护那些使人们获得最大利益的所有合作关系，而合作关系是安全、幸福等等各种最大利益的必要条件甚至是充分条件。这个至今尚未存在的最好制度的标志是：（1）所有人都宁愿承认这个制度而不愿意失去这个制度；（2）所有人都失去采取不合作行为的积极性；（3）所有人都有自由和机会去形成个人幸福的帕累托改进。

在我们这个荀子—霍布斯升级版游戏中，博弈的第一回合甚至许多回合都不足以形成长期稳定的制度和规则。冲突是严重的，斗争是残酷的，制度是经过血流成河的斗争或者杀人不见血的斗争而建立的，恐怕不太可能是通过契约方式建立的。人性足够贱，贱人足够多（高贵的人和英雄好汉总是很少），在个人行动时见利忘义，在集体行动时总想搭便车，偏好五花八门，理想南辕北辙，在这种情况下，想通过商谈而达成契约绝非易事。更可能的是，人们在冲突中慢慢建立一些均衡的行为模式，进而形成制度。大家在别人行动时互相了解对方情况，并且互相学习到各种更具博弈优势的策略，这意味着人们的后续博弈条件和继发的博弈策略不断得到改进，而能力更强的人不断推出更高明的策略使自己取得占优地位。但领先总是暂时的，更高明的策略很快变成公开的知识而为大家所学习和模仿，等到出现“集体黔驴技穷”现象，大家拥有足够饱和的共同知识或对称知识（对称的知己知彼）以及普遍知识，这时将出现**普遍的策略模仿**，大家都模仿某种被证明为最好的策略，于是达到均衡和一致，成功的制度才能够产生。普遍的策略模仿是形成制度的关键，假如一种策略被普遍模仿而能够使所有人都受益，那么这种策略将发展成为稳定的制度。在这个意义上说，普遍的策略模仿可以成为检验一种制度是否合理的一个标准：凡是能够经得起普遍模仿的策略都是能够制度化的合理策略，而凡是经不起普遍模仿的策略都不可能发展成为制度。

## 1.2 比较真实的初始政治问题

这里要讨论的是比较真实的初始政治，但仍然只是猜想。政治的起源方式估计大致类似，因为文明初期人们的生活方式大致类似，也就不可能有特别与众不同的政治观念和设计，基本上是由自然的生活方式所决定的自然政治，这并非真正的政治，而是前政治。一直到文明开始进入创造力勃发的成熟时期，比如古希腊和中国的周朝，才出现表现了伟大想象力的制度创新，才开始了真正的政治，这是后话。这里所谓的“自然政治”并不是说人类早期生活仍然与动物生活大致类似。不过科学家们尤其是动物学家们往往愿意认为人类社会与动物社会其实是本质相似的，许多科学证据似乎可以证明一些非常重要而且有趣的相似情况[①]。人类社会与动物生活可能确实有许多相似之处，但无论如何，人类社会要复杂得多，尤其有着许多并不存在于动物生活中的问题，而更值得重视的正是人类社会的那些独特问题。这里的“自然政治”仅仅表示，在人类社会出现人工设计的政治制度之前，在一个未经理性设计的博弈环境中所进行的利益和权力的博弈。不过，这一划分并不那么泾渭分明，因为在进行成熟的制度设计之前，人类智力早已成熟，尽管还没有对政治问题进行深入思考和批判，但已经能够敏感到各种深刻的政治问题的存在。

按照摩尔根的看法，存在着两种统治方式：属于文明初期的是以人身关系为基础的氏族社会，属于成熟文明的是以地域和财产为基础的国家[②]。这个看法至今仍具权威性。在文明初期，世界各地的政治实体都始于家族，进而由家族扩大为部族。这是自然而然的发展方式。由家族到部族都以血缘关系来确认“自己人”，最容易成为“自己人”的身份认同形式就是祖先认同，在中国甚至发展出长期保存的祖先崇拜，这可能是因为中国古代一直是农耕文化，人口流动性小，人们尽量不迁徙（除非有战乱或天灾之类的特殊变故），因此把祖先崇拜形式保留到近代，即使在今天也仍然是一种心理遗产。

文明初期具有自然状态的许多特征，仍然处于混乱之中（古希腊人称之为 chaos），还没有成为有序社会（kosmos）。部族之间的冲突和战争不断，除了各种非理性原因（比如偶然的互相伤害以及过多的激情和不正确的联想思维），自然状态之所以容易出现无限制的战争，从今天的观点来看，首先是因为产权不清。从土地、草原、森林到海洋，从河流到矿物，所有自然资源，甚至包括人身，都没有清楚界定的所属关系。尽

① 一个有趣的例子是德瓦尔曾经有力地证明动物之间存在着与人类社会非常相似的“战争与和平”、“敌人与朋友”等政治模式。（参见［荷］德瓦尔：《猴、猩猩的故事：灵长目动物如何谋求和平》，海口，海南出版社，2003。）

② 参见［美］摩尔根：《古代社会》，第一章，南京，江苏教育出版社，2005。

管一个部族总是**在实际上**占有某些领地和资源，但这种**实际占有**是由**实力**所保证的，实力大小及其变化决定了对资源实际占有的规模。有趣或可悲的是，“实力决定拥有”这一简单真理至今仍然是人类生活的一个基本真理，只不过在今天它往往隐藏在复杂的文明制度后面。在远古时代，实力决定所有，这一真理公开可见。扩大部族是生存需要，一个部族必须足够强大才能变得更加安全。繁殖非常重要，大量的生活资料也同样重要，于是，掠夺妇女，把战俘变成奴隶，就都是头等大事。在远古，占有妇女和奴隶完全是个生存问题，绝非后世所批判的道德错误和政治错误。同时，占有妇女和奴隶还象征着勇气和荣耀，这是古代的一种精神生活，这种象征意义有时是致命的（如荷马所描写的，一个海伦被抢居然导致了血流成河的战争）。掠夺妇女和奴隶不足以保证一个部族的安全和长期成功，因为仅仅依靠自己部族的繁殖和生产并不能使部族壮大到高枕无忧的地步。假定有某个部族非常勇猛，拥有大量奴隶，固然富足又荣耀，但同时却也增加了统治和管理的风险（强大的商纣王就是由于大量奴隶反戈脱逃才亡于“小邦周”的）。长期的混战和潜在的战争使各个部族都受够了威胁和危险，于是它们不得不去面对一个前所未有的新问题：如何建立自己部族与其他部族之间的**非战争关系**。这是**初始政治**问题，也可以说是第一代**政治问题**。

由于缺乏关于远古时代的知识，这里关于政治问题产生的说法只是一个推断。这个推断的要点在于：远古部族的内部秩序是自然秩序，其强者为王的统治模式尚不需要人为设计，或者说，自然统治模式还不需要观念上的理由和根据，甚至无需加以反思，因为自然统治模式是自然而然的，它没有形成问题；另一方面，在对待其他部族的问题上，部族或各自为生，或冲突战争，存在的只是单纯的资源争夺和单纯的暴力行为，也还没有出现需要反思的相互关系，一切皆由自然。所以说，在人们意识到部族之间合作的可能性和必要性之前，不存在政治问题，只有单纯的战争问题。只有当人们想到以非战争的途径去解决冲突问题时，政治才开始。这个论断是从荀子和霍布斯理论演化出来的。后世人们往往把战争看成是政治的延伸，这个看法是错误的。只能这样说，只有为了达到某个理性目标的有限的局部战争才是政治的延伸，而失控的无限战争就仅仅是战争，它反而标志着政治尚未开始或政治的彻底失败。

在远古时代，对于初始政治问题存在着多种解决方案。其中一种解决方案就是建立部族联盟，甚至结合成为一个新型复合部族。仅仅增加奴隶的数量不足以把部族变大，而且还很不可靠，重要的是增加“自己人”（主人）的数量，而要扩大“自己人”的范围，就必须承认“他者”的平等地位或者某种值得尊重的地位，这样才能够把一些“他者”接纳融合为自己人从而扩大部族。尊重和接纳作为异己的他者，这是人类生活的一个重要突破，也蕴含着政治的开始。在值得尊重的他者出现之前，人们只会把异己部族看做是需要被征服或者要被消灭的对象，这是单纯的战争关系。当人们将异己他者看做是可以联合和结合的对象时，就开创了政治合作关系。部族之间的结盟乃至融合产生了新型复合部族，它超越了单纯的血缘体系，成为基于利益考虑的合作组合。卡尔·施密特关于政治就是区分敌友的偏激见解在这里可以转换成一个深刻的理解角度：他者原来都是敌人，但当他者变成了朋友，政治就出现了，如何**化敌为友**构成了第一个政治问题①。在这个意义上，施米特是错的，而中国的化敌为友思路是对的。

复合部族的形成首先可以利用部族之间的通婚。政治联姻的传统在古代很流行（例如中国古代的和亲制度②），甚至一直保留到现代（例如欧洲现代早期各个王国之间的政治联姻）。但是，联姻还不是形成新部族

① 卡尔·施密特认为：“朋友原初仅仅是血缘朋友、血缘亲戚，或者是通过婚姻、盟誓、收养或相应的安排而成为亲属的人”，而现代意义上的私人化和心理化的“灵魂之友”是19世纪以来的事情。（参见《政治的概念》增补附论，215页，上海，上海人民出版社，2003。）

② 阎明恕的《中国古代和亲史》（贵阳，贵州民族出版社，2003）详细地描述了中国古代和亲的情况。按其研究，中国和亲制度甚至可以追溯到黄帝时代，而一直到清朝都很流行。

的足够有力的条件，它最多能够制造多一些的朋友，何况还是很不可靠的朋友。在远古时代，部族之间的联姻也许曾经是很有效的政治结盟，因为当时的利益关系比较简单，人们相对朴实，而在各种利益问题变得错综复杂的后世，政治联姻的影响力就减少了，并且越来越不可靠，尽管仍然保留着某种象征意义。我们有理由猜想，原始部族要合成超越血缘体系的新型共同体，更有效的办法恐怕还是吞并。征服敌人相对简单，而长治久安就显然需要复杂策略。假如一个部族很弱小，被强者吞并其成员就都变成了奴隶，这固然无话可说，但并没有形成大型共同体。更重要的另一种情况是，一个部族因为相对弱小而被打败，却仍然具有不可藐视的实力以及在未来变乱翻本的潜力，这样强者就很难把它简单变成奴隶来完成吞并，唯一的合理选择就是在使之臣服的同时接纳并承认他们为新的自己人（典型的例子是黄帝部族击败炎帝部族但同时承认炎帝部族的政治地位而成功合并，以致后世以“炎黄”合称表示中华民族的祖先）。使他者变成自己人就是公正地承认他者在新的联盟或共同体中的政治地位和利益，并且公正地处理联盟或共同体中各个部族之间关系以及可能出现的各种问题。这又预示着第二个政治问题：**权力公正**（justice）。

公正直接关系到联盟或共同体首领的权威。有时人们喜欢谈论首领的“非凡魅力”（所谓 charisma）。非凡魅力能够形成首领在政治上的**个人正当性**。Charisma 能够镇服众人并形成催眠作用，但从长期来看并没有决定性作用，因为很难指望会接二连三出现雷倒众人的伟大人物。真正可靠的权威性还是要依靠公正。如果首领不能做到公正处理各种公共事务和公共利益，不能公正处理各个部族之间的利益关系，不能公正地摆平各种纠纷和矛盾，那么，无论他多么吓人或多么迷人，都终将失去权威。比较弱小的部族所以愿意依附强大部族，就是希望通过出让某些政治权力以换取盟主对他们的基本利益的保护，而如果利益不能获得保护，或者遭受不公正对待，他们就会因为无利可图或得不偿失而选择背叛。可见联盟总是一种利益合作关系，稳定权威来自公正，而公正又把权威转变成为政治正当性。在这里，公正与其说是一种德性还不如说是一种有效的政治策略。

统率众多部族需要相对强大的武力，但实践证明武力并不能解决所有问题，甚至不能彻底解决任何一个问题。无论多么强大的武力都不可能占据和支配所有的空间和时间，总有许多空间和大量时间落在武力控制之外，因此，武力控制永远都会漏洞百出。古人很可能在经验中发现了暴力的有限性，从而选择了合作的统治。这只是一个猜想。合作是如何在冲突的背景中产生的？这是政治哲学最大的问题，至今未被解决。似乎有两种可能性：人们意识到合作能够带来更大利益而合作；或者，人们发现合作能够减少利益损失而合作。人们更容易发现的非常可能是后者，因为**危险比利益更为显眼**，而且，安全是利益的前提。总之，暴力的有限性终于使人发现不可能依靠暴力做到利益通吃，最高权力还必须获得共同承认的权威，否则无法持久，这就是暴政迟早崩溃的原因。于是，英雄和激情总要让步于圣人和智慧，而圣人和智慧又终将慢慢地让步于制度与理性，这是历史的选择。

在部族时代虽然还没有出现严格意义上的国家，但联盟或共同体已经开始了国家之路。暴力的有限性证明，公正才是权力强大并且得以维持的真正条件，首领必须成为公正的公共权力代理人，这样才能造就成功的权力。得到普遍承认的权威以及公正的处理原则可以说是政治代理人制度的原始模型。不过，公正的政治从来都只是想象，不公正的政治才是真实情况，只要是相对公正的政治就会具有绝对的吸引力。传说黄帝部族战胜了炎帝诸部，又平定了蚩尤诸部之乱，如此等等，虽然缺乏远古时代的详细材料，但可以推想，黄帝的胜利恐怕不是仅仅因为武力更强，而是因为黄帝部族发展了较高文明。据说黄帝部族人才辈出，在文明方面有诸多贡献，发明了文字、音律、算数、医药、舟车、宫殿、蚕桑，诸如此类。较高的文明不仅意味着较高的经济水平和物质生活，而且意味着更有魅力的精神生活，因此容易获得更多的人的支持。民心向背终究是任何一种政治权力的根基。精神生活从一开始就具有政治意义，尽管人们反思到这一点是相当晚近的事情。精神生活不仅能够吸引人，而且能够统治人，事实上，精神生活是统治的完成形式，只有当完成对人们的心灵统治才最后实现了统治。心灵上的同意是对一种政治统治的自愿自觉认同，因此，心灵的一致认同是政治权力的最后基础。只有能够创造一种为所有人或至少大多数人所认可的精神生活，才能充分有效地维持政治秩序。于是又出现了第三个政治问题：**精神生活的共享性**。

最简便的精神生活是宗教，而且，在远古时代，最主要的精神生活也是宗教。更复杂深刻的精神生活比如哲学思想，即古希腊人苦苦追求的智慧或者中国人处处追求的"道"，在成熟的政治出现之前几乎不可能，因为复杂的思想只能是足够复杂的政治社会的产物。尽管人类智力早已成熟，但远古时代的社会生活还没有产生需要在思想上进行深入分析和不休争论的复杂问题，比如复杂的政治、伦理问题。对于古希腊人来说，在 nomos（人定制度）成为需要争论的问题之前，关于 physis（自然）的思考虽有花样但不至于导致思想的激烈冲突，因此思想就不可能真正变得复杂起来；同样，中国古人在面对"人道"的问题之前，关于"天"的想象不至于激起众说纷纭的热情。可以相信，正是政治迫使人类进入冲突性的思考，政治导致了不同意见的产生，如果没有不同意见需要"说"，也就没有什么值得反思，而只有当出现反思（rethinking)，思才超越了单纯的想（thinking)，没有反思就无所谓思想。不同意见要说给别人听，别人听了也想说，说与说之间形成回流，听与听之间也形成循环，这就形成了对话，人们不得不把对方所说的话当成思索对象，同时为自己的话寻找理由，这样才形成了反思。简单地说，只有当意见出现冲突，思想才出现。

远古生活几乎被自然力量所支配，人们需要想的首先是天（自然），而不是人。当时对自然的思考与其说是思想还不如说是想象，因为自然超出了人们的思考能力，人们无从去思，所以无思。在无限伟大而壮丽的自然面前，人们歌唱或祈求，无论歌唱还是祈求，都是说给自然听的，而不是对话。对自然说话而没有对话，这是因为人与自然之间的不平等关系。在平等关系中才能够对话，有对话才有思想。人们希望得到自然的庇护，希望“听”到自然的指导，希望自然能对人说话，于是出现了巫师。巫师通过进入神奇的状态而“听”到了自然的信息，这样巫师就拥有了话语权力。宗教的本质正是试图拥有绝对和唯一的话语权力，因此，宗教从来都是政治性的。一般认为，最早的巫师和原始首领总是一体的，不过，到底是巫师由于拥有话语权力而成为首领，还是首领为了话语权力而同时占据巫师的位置，因为缺乏证据就不得而知了。如果合理推想，由首领而兼巫师的可能性恐怕大过由巫师而成首领。在远古总是能力最强者成为首领，能力最强首先表现为能够对付最危险的挑战，而最危险的挑战是来自另一个部族的战争，这能够解释为什么部族首领总是军事首领。远古时代的军事重要性超过经济生产的重要性，因为军事直接关系到部族的生死存亡。由此来看，军事首领兼为巫师是比较合理的。假如军事首领缺乏装神弄鬼的才华，至少也应该是巫术仪式的主持。后来稍微成熟的情况表明，部族首领和军事首领仍然是一体的，而巫师只是部族中的重要人物，在中国古代神职主管称为“祝”，与民事主管“宗”并列，都是首领之下的大官①。

向天或神的祈祷做法总会有时碰巧“成功”，按照概率本来就会有成功，尽管几率不高，但足以鼓舞人心，因为一次灵验就足以给人深刻印象和巨大鼓舞，而多次失败却很容易“找到”可以解释推诿的原因（这也是迷信骗术似乎很灵的原因）。更重要的是，除了祈祷，人们无能为力，并无他法，巫术祈祷是别无选择的成功途径。于是，巫术宗教就成

① 参见《国语·楚语下》。

为远古人们的最高精神生活（假如不是唯一的精神生活的话），它似乎能够解释一切事物，也就能够支配心灵。巫术表面上是对事物的解释，实际上是对心灵的占领，所以具有巨大的政治意义，它是意识形态的原始形式。在某种宗教名下，人们获得一种集体共享的政治力量，一方面形成内部的互相认同，另一方面又鲜明地区别于尚未被接纳的他者。宗教这一政治形式超越了原始血缘系统，同拜共祭某个或某些神灵是形成部族联盟或者建立更大共同体的一个最有说服力的理由，其神灵的魅力还可以吸引更多他者。宗教在政治扩张上的灵验正是宗教至今仍然是一种强大政治力量的原因。

如果要统一支配心灵，使万众一心而形成巨大力量，巫术宗教也就需要统一，首领就会要求独家垄断宗教的话语权、解释权以及程序的决定权，就必须把宗教官方化，同时反对宗教民间化。一个最早的例子是中国远古时代发生的“绝地天通”事件。据说，蚩尤作乱虽被平息，但有严重社会后遗症，各个部族长期混战导致社会秩序和观念混乱，人们不讲忠信，尔虞我诈，结果人们都失去安全感，只好各自求神，家家祭祀，人人成巫，而由于祭神变成人人随便可为之事，也就失去了严肃性，各家财力又不足以维持祭祀的正规，不但无法表达诚意，反而变成对神灵的投机和欺骗行为，结果神灵降灾，民不聊生。于是，颛顼帝整顿了宗教活动，禁止民间那些不严肃而且混乱的宗教行为，使民间巫师们不再能够与天神来往，所谓“绝地天通”。但这当然不是取消宗教，而是把宗教活动收归政权，由官方垄断主持，变成政府的专利，所谓“民神不杂”。

这一事件的记载最早见于《尚书·吕刑》，但语焉不详，只说颛顼帝“乃命重、黎绝地天通，罔有降格”。后来好学的楚昭王天真地求教观射父：假如没有绝地天通，“民将能登天乎？”观射父给了详细的政治解释：“非此之谓也。古者民神不杂……于是乎有天地神民类物之官，是谓五官，各司其序，不相乱也……民神异业，敬而不渎”，而后来“九黎乱德，民神杂糅，不可方物。夫人作享，家为巫史，无有要质。民匮于祀，而不知其福，烝享无度，民神同位。民渎齐盟，无有威严，神狎民则，不蠲其为，嘉生不降，无物以享，祸灾荐臻，莫尽其气”。于是颛顼“使复旧常，无相侵渎，是谓绝地天通”①。“绝地天通”这一事件似乎暗示着当时首领的政治意识已经开始成熟，已经发现意识形态统一性的重要。很显然，如果各个部族甚至家族都有自己的神，而且还都有自己通神之法，首领的权威就会被解构——至于所谓由此导致的天灾人祸还在其次，多半是欺骗性的政治措辞。能够通神意味着掌握了使人们信服的奇迹，意味着对人心的吸引力，在这个意义上，把握天命与支配人心是同一的，都是政治正当性的证明。

西方古代天主教教会也同样试图把精神生活的解释权变成一种政治专利，它与绝地天通的做法在政治意识上或有相通之处。有趣的是，路德宗教改革又似乎与“民神同位”的宗教民间化运动也有些相类，路德也是反对教会对通神权利的专有垄断，认为人人都能够直接向上帝诉说，无须由教士代劳。路德改革同样导致社会混乱与互相残杀。但路德改革的时代环境已经非常不同，不但没有失败，反而为现代的出现创造了重要的精神条件。这是后话。

以上讨论了结盟、公正和精神权力这三个极其重要的政治问题的起源。由于远古情况不明，因此只能“合理推想”。但有一点几乎可以肯定，这三个问题为后世更加复杂的各种政治问题开辟了道路。按照摩尔根的看法，氏族社会还没有真正的政治，因为氏族所形成的只是“社会”，还不是“国家”，而只有国家才形成了严格意义上的政治，因为“国家的基础是地域而不是人身”②。如果以西方现代政治模式作为标准去追思，那么，在古希腊城邦政治出现之前的权力体系就都不是严格意

① 《国语·楚语下》。

② ［美］摩尔根：《古代社会》，96页。

义上的政治。这种理解恐怕狭隘。以国家为政治的标准分析单位只属于西方政治模式，这不能覆盖所有的政治模式，比如说中国政治的标准分析单位就是天下（世界），而且，国家的形式也不限于西方的城邦以及现代民族—国家（nation-state），中国的国家就是“社会—国家”（society-state），社会—国家的规模可大可小，最大者即为天下。因此，政治成熟的标志并非由社会变成国家，而是**社会的制度化**。这是个制度合法化问题，主要表现为一个政治制度是否成为有正当理由的对整个社会实施普遍管理的稳定制度。至于政治制度采取的是什么样的形态（比如国家制度），则是相对次要的事情。有一个中国式的政治分析模式，可以称为“治—乱”模式，它对于分析制度问题很有用处，大概是说：如果一个制度能够为一个社会建立起普遍有效的合作秩序，因此对社会形成良好治理，就是政治有效的，谓之“治”，或多或少有些类似今天政治学的“善治”概念；如果一个制度是政治无效的，则谓之“乱”。治—乱模式从制度效率去理解政治，这是一个非常优越的政治分析模式。

成熟的政治制度是从两三千年前的制度创新开始的，特别是古希腊和中国的政治制度创新，至今仍然是最重要的政治思想资源。

# 2. 城邦，民众和广场

## 2.1 “常常听到人们在争论城邦的性质”

西方的“政治”（politics）一词源于“城邦”（polis）的概念，尽管后来的“政治”概念已经包括更多的意义，但其原义仍然暗中支配着西方对政治的理解。古希腊的辉煌成就数不胜数。城邦与哲学可能是古希腊留给后世影响最大最深远的成就。除此之外，另外特别值得一提的成就是古希腊戏剧（还有运动会），它创造了历史上最伟大的大众文化，这一大众文化的精神水平如此之高，远胜于今天的“精英文化”。这多少说明了，大众文化未必非堕落不可①。古希腊的民众（demos）如此喜欢智力活动，这是一种幸运，它显然有助于古希腊民主政治的成功。城邦不仅开创了成熟的西方政治，而且创造了哲学。尽管哲学所讨论的不都是政治问题，但哲学这一意见对抗的讨论方式本身就是政治性的。尽管在政治哲学之前已经有了自然哲学的思考，但自然哲学其实是对世界的美学想象。古希腊哲学的发展转折点正是苏格拉底的政治哲学转向。苏格拉底转向确立了意见世界的对话—争论结构，这一对话结构定义了意见

---

① 基托在《希腊人》（上海，上海人民出版社，1998）一书中论述说，几乎所有希腊“普通人”也都喜欢高水平的戏剧胜过那些庸俗的滑稽剧，并且认为，希腊人自愿选择了高水平的精神生活，而不是没有堕落的机会，因为那些庸俗的东西并非不存在，只不过仅仅作为消遣而已。可见大众不一定选择庸俗文化。

世界的政治性质。正如部族之间的单纯战争并不是政治，而谋求合作才是政治，意见之争也只有形成理性对话才具有政治性，否则就仅仅是市井争吵。政治性的意见之争需要城邦这一环境。列奥·斯特劳斯关于政治哲学的出现有个非常简明的解说："政治哲学出现在雅典。所有政治行动的目的或为了守成或为了变革。想要守成，就是不想变坏；而要变革，则是想要变好。于是所有政治行动的指导思想总是某种关于好和坏的观点……当人们明确地试图获得关于好生活和好社会的知识，政治哲学就出现了"。[①] 古希腊哲学因政治哲学转向而得以奇迹般地发展，而这在根本上要归功于城邦这一政治奇迹。

城邦是一个伟大的政治创新。从亚里士多德所说的"我们先要问清楚什么是城邦。可现在常常听到人们在争论城邦的性质"[②] 可以得知，即使到了亚里士多德的时候，古希腊人自己也并不见得能够非常清楚地理解城邦的意义。亚里士多德相信理解城邦必须先理解公民，他的定义是："凡有权参加议事和审判职能的人，我们就说他是那个城邦的公民；城邦的一般含义就是为了维持自给生活而具有足够人数的一个公民集团。"[③] 城邦国家到底在多大程度上是创新，这是个问题。阿伦特说："城邦国家的兴起意味着人们获得了除其私人生活之外的第二种生活，即他的政治生活。这样每个公民都有了两个生存层次：在他的生活中，他自己的东西（idion）与公有的东西（koinon）。"[④] 按照这个说法，城邦是个彻底的政治创新，它创造了公共生活。不过，喜欢没完没了追溯事情的连续性的历史学家们未必同意这个截然区分，他们会很快就从古希腊城邦的某些特征追溯到了荷马时代和迈锡尼时代甚至更早的时代。荷马时代有了在公共广场（agora）上的民众大会，这肯定没有错，《荷马史

① Leo Strauss：*What Is Political Philosophy*? University of Chicago Press. 1959. p. 10.

② 亚里士多德：《政治学》，109 页，北京，商务印书馆，1997。

③ 同上书，113 页。

④ ［美］阿伦特：《人的条件》，19 页，上海，上海人民出版社，1999。

诗》比如《伊利亚特》和《奥德赛》中都有所描写，不过荷马时代的 agora 似乎还不太民主，如果没有地位的人说了不得体的话还会挨揍。布罗代尔也写到，公元前 2000 年的克里特文明就已经有了很像古希腊的城市，比如克诺索斯有着古希腊那样的公共广场，人们可以在广场上自由言说[①]。不过早期的 agora 虽然已经是人们聚集和交易的场地，但大概比较粗陋，还没有特别明确的政治意义，地位远没有宫殿重要，像克诺索斯虽有 agora，但主要标志是宫殿，以至于被称作“宫殿国家”（palace state），这显然不同于古希腊的城邦国家。摩尔根也相信城邦政治并非“新鲜的原理”或者“独特的发明”，而是历史悠久的习惯制度。他指的是，在城邦之前的英雄时代里，古希腊部族本来早就有了酋长会议、民众大会（agora 的原本意思）和作为最高统帅的军事首领（basileus），只不过这些制度后来被改造为元老院、公民大会和执政官[②]。这里产生两个重要问题：（1）既然在城邦之前，古希腊人就已经有了公共政治生活，多少类似于后来的民主形式（因为早已有了 agora），那么，城邦在什么意义上是个政治创新？（2）如果城邦确实是个政治创新，那么，导致这种政治创新的条件是什么？

## 2.2 “我们的制度是别人的模范”

也许古希腊城邦并非完全创新，而只是革新。为什么在城邦之前的古希腊人就有了某种程度上的公共政治，由于缺乏足够的历史记载，就很难解释清楚了。而且，在历史问题上过分追溯，恐怕很快就把人类的各种生活方式追溯到动物世界而忽视了各种变化，这样恐怕有些走题。不仅是古希腊人，事实上许多原始部族都有“某种程度的”公共协商活动。比如按照传说，中国远古“五帝”时代也有类似公共协商的情况，

① 参见［法］布罗代尔：《地中海考古》，99 页，北京，社会科学文献出版社，2005。

② 参见［美］摩尔根：《古代社会》，第二编的第八章至第十章。

那时的首领似乎比较大公无私，不仅愿意把领导权“禅让”给年富力强的杰出人物，同时还要征求人民的意见，这虽然不是公共选举制度，但类似于推举和公众评议制度。尽管不可能知道远古历史是如何“一步一步”进行的，但仍然可以在逻辑上分析出比较可能的情况。为什么在远古时代的部族首领愿意发展某种公共生活？可以这样想象，在生产和工艺技术水平都很低的远古时代，物质水平或物质财富非常有限，部族首领所能够享用的物质并不可能高出部族普通成员太多，特权所能够带来的物质私利并不构成让人一见就意志崩溃的诱惑（比如远古时代的“宫殿”也是非常简陋的，比一般民房也强不了多少，只是面积大一些而已），并没有太多纸醉金迷的东西。既然生活水平差距不大，以权谋私的意义也就不是很大，相反，权力所能够谋划的公益却很多。尤其重要的是，对于远古部族，公益无论对于普通成员还是对于首领都同样至关重要，因为没有人能够不依赖部族而生存，最强者也不例外，部族所有成员具有共荣共损的关系，比如说如果遇到外族的致命挑战，就有覆巢之下安有完卵的危险。当时的生存条件决定了集体安全问题远重于个人私利，集体的安全是个人安全的保证，**公利成为私利的必要条件**，因此，在公共问题上群策群力，寻求万全之策，正是部族生存需要。而且，由于部族之间的残酷竞争，每个部族都必须保证团结才有力量，创造团结和公正的局面能够赢来万众归心的荣誉，而荣誉正是维持权威的保证，因此，对于远古的部族首领来说，强调公共利益和公共生活对于部族的生存和命运都应该是个有利的策略。因此，在古希腊城邦之前早有公共生活也不足为奇。

尽管古希腊城邦的公共生活并非完全创新，但它仍然是一个了不起的创造，它创造了具有明确政治含义的“公民”，这是以前没有的。亚里士多德从公民去理解和定义城邦，确实是看到了城邦的本质。可以说，在公共生活的发展史中，由公民以及公民的公共政治所定义的城邦是最具决定性的一步，它通过创造公民而把远古部族的公共原则发展成为一个至今为人津津乐道的政治制度，它所创造的民主政治制度在某些方面上的“先进性”甚至超过现代民主制度。古希腊盛世的执政官伯利克里在一个后来被称为最早的民主宣言的讲演中以夸张的自豪感说出：“我们的制度是别人的模范，而不是我们模仿任何其他人的。我们的制度所以被称为民主政治，因为政权是在全体公民手中，而不是在少数人手中。解决私人争端时，每个人在法律上是平等的……任何人只要他能够对国家有所贡献，绝不会因为贫穷而在政治上湮没无闻。正因为我们的政治生活是自由而公开的，我们彼此的日常生活也一样”①。

城邦制度一般被归功于提秀斯（Theseus）、梭伦（Solon）和克利斯提尼（Cleisthenes）的努力。提秀斯取消了古希腊诸部各自的部族会议，在雅典建立了以核心城市为基地的公共政治中心（所谓“统一运动”，synoecism），还开辟了雅典最早的 agora。后来梭伦又建立了更大更正规的 agora。梭伦被认为是开创民主政治的关键人物。梭伦时期，许多古希腊人破产或负债而沦为奴隶，还有许多人由于经商、战争和游历而离开原属部族，却也没有归属别的部族，这些都搞乱了部族秩序和人们原来的身份，于是社会发生持续的混乱争斗，执政官梭伦对此甚感厌恶，他天才地想出了重整社会秩序的办法（前 594 年），先是取消了许多人无力偿还的债务，归还抵债的土地，赎回奴隶，最终废除了债务奴隶制，限制土地无限占有，然后根据人们的财产情况把古希腊人分成 4 个阶层，分别拥有不同的权力和承担不同的相应义务（虽然对贵族和富人仍然比较有利，但以财富取代血缘去规定身份是一个突破），但所有公民在公民大会的权利是同等的（知情、提问、辩论、议政、决定等），这一点决定了公民的政治影响力。另外，梭伦还承认那些不属于雅典传统部族的自由人成为公民，但考虑到传统部族的力量，他把外来人都算入第 4 等级。这个不够公正的遗留问题最后由克利斯提尼解决（前 509 年），他把人民

① 修昔底德：《伯罗奔尼撒战争史》，上册，130 页，北京，商务印书馆，1997。

按照居住地划分为100个乡和10大选区，人人注册成为平等的公民。这个政治改革完成了从部族向国家的演变，新的政治形式不再以人身关系而以财产和地域去规定公民身份。城邦还取消了唯一性的最高首领。在此之前，巴塞勒斯（军事首领兼宗教事务主持）这个职位大概相当于最高领导，类似国王（因为军队是实际上最重要的力量）。城邦把最高职位削弱为联席执政官，一共9位执政官，其中三位是最高执政，分管国政、宗教和司法。梭伦时元老院有400人，后来被克利斯提尼改为500人议会，让普通公民有更多机会进入政府。元老院主席是纯属象征性的城邦最高首领，他主持盛大仪式和接见外国来使，看起来很是荣光，却并无实权，而且是由元老院成员轮流担任，每人只当值一天①。可以看出，城邦的权力非常分散，分权的程度超过现代社会。

城邦制度的合理性与城邦的有限规模有关。柏拉图认为城邦最好是5 000公民左右（事实上当时古希腊的大多数城邦就是5 000公民左右），而亚里士多德则说一个城邦如果多到有10万公民就变成一件荒谬的事情，因为城邦太大就无法管理了②。雅典这样大的核心城邦也无非有2万至3万公民，最昌盛时无非4万公民左右，但这样已经很大了，至少对于古希腊式的直接民主已经不太方便了。尽管城邦民主的优越性与有限规模有关，但并不能因此说，由于国家庞大，因此民主制度就理所当然失控。古希腊民主的巧妙设计表现在它不是现代的投票选举制，而是投票、抽签和公议三者结合的复合民主制。其中抽签制和公议制发挥着极其重要的作用，甚至比投票制度更重要，这一特色制度设计使古希腊民主与现代民主非常不同。古希腊的政治运作大概是这样的：10大选区各在公民中随机抽签选出50人，组成500人议会（最高行政机构）。各级政府官员以及法庭陪审团成员也由抽签决出，而且任期原则上仅为一

---

① 亚里士多德的《政治学》中记载："全邦人民轮番为统治者和被统治者，城邦政治家就仅仅在当值的年月执掌政权"。（《政治学》，4页，北京，商务印书馆，1997。）

② 参见亚里士多德：《尼各马可伦理学》，284页，北京，商务印书馆，2003。

年，最多不超过两年（防止有人垄断权力）。不过，城邦的 10 将军（最高军事首领）则不是抽签而是选举的，因为军事是专业性很强的关涉生死存亡之事，不能由外行和笨蛋担任。这一点似乎说明，除了专业性很强的领域，在其他事情上，通用的理性、直觉和智慧比所谓的职业知识重要得多，因此可以抽签决定而保证公平。每个公民都有权在公民大会（最高权力机构）上了解各种公共问题的真实情况，然后进行公开辩论和公议，摆明问题与论点，分析困难和谬误，最后集体决定（往往是投票决定）城邦所有值得一论的公共事务和政策，也就是那些涉及大家利益的事情，特别是政治、经济、法律和军事。至于鸡毛蒜皮的事情，当然就由官员随手处理了。按照规定，公民大会每年召开重要大会 10 次之多，如有突发事件，还可以临时增加，另外还有数十次普通会议。如此多次的公民大会足以把城邦所有需要讨论的事情都处理了。所有公民都有资格参加公民大会，实际上做不到（许多人有事情要忙，不能一起都来），于是就要求一个有效的基本人数，例如雅典要求的有效人数是 6 000 人以上①。大致概括地说，古希腊民主的原则是：如果**选事**，公议然后投票决定；如果**选人**，抽签决定（专业人才除外）。

城邦的民主政治制度并非没有漏洞，应该说，再好的制度都会有漏洞，因为无论制度设计多么精细周到，也比不上人心的复杂和狡猾，即使没有漏洞，人们也会制造出漏洞。古希腊也一样，强势或阴险的政治家弄权的事情时有发生，还有碌碌无为的“没有值得提及的成就”的僭主政治，僭主们多半是为利混事的而不是为民做事②。民众更有大量不

---

① 关于希腊城邦制度的设置，主要参考亚里士多德《雅典政制》（北京，三联书店，1957）。由于希腊政治制度是逐步形成的，而且在基本成熟后也时有修改，因此不同时期的制度设置在具体细节上会有些不同，但总的来说是大同小异，尤其基本原理是一致的。这里只概括其一般情况。

② 修昔底德说：“僭主们总是考虑他们自己，他们个人的安全和他们自己家族的光耀。因此这些政府的主要政治原则是安全，他们没有值得提及的成就。事实上除了他们的直接地方利益以外，他们什么事情也没有做”。（《伯罗奔尼撒战争史》，上册，14～15 页，北京，商务印书馆，1997。）

靠谱的人，本来城邦为了鼓励人民参加公民大会而发给参加大会的人们一定报酬，结果那些无所事事、游手好闲、好吃懒做之徒远比高尚认真的公民们更为踊跃，这多少降低了公民大会的道德水平和智力水平。还有许多巧舌如簧寡廉鲜耻的煽动家冒充群众领袖误导人民，并且带领民众做蠢事，与现代民主的某些情况差不多。尽管存在制度漏洞，古希腊民主还是强过现代民主，甚至有理由说，古希腊民主才是真正的民主，而现代民主是虚假民主。

民主试图让**每个人都能够**获得政治权力，都能够参政，而不是**只让**民众进行统治，就是说，民主的基本原理是人人在政治上平等，不排斥任何人的参政权利。如何才能做到**公平**地体现民主的平等原则，这是个问题。抽签制度显示了古希腊的智慧。以抽签来决定官员和议员是最为公平的（中选机会完全相同），而现代的选举制度其实并不公平，甚至根本没有体现平等原则，因为现代选举制度把“平等”偷换成了“多数说了算”，这对少数人是不公的。在现代选举制度下，少数人根本就没有**实质上的**成功机会，尽管有着**名义上的**平等机会，比如可以参加选举投票，但既然是少数人就在数学上注定了不可能中选，名义上的人人平等就变成了骗局，所以说现代民主是虚假民主。demos 本来就蕴含两种潜在可能性：在人人平等的情况下，它是“民众”；而在多数统治的情况下，它就非常可能变成“暴民”。要控制 demos 成为民众而不要转变成暴民，关键在于是否能够保证人人平等成为真正的平等。假如以多数替换了人民全体，就是在伪装平等。显然，抽签更能够表达货真价实的全体人人平等（人人有同样的机会），而选举实际上总是体现多数人的利益（并非全体人人平等）。古希腊的抽签—选举混合制度不但比现代的选举制度更接近真正的平等，而且更加合情合理，可以抽签的情况就抽签，只能选举的情况就选举，这样显示了因事制宜的灵活性。不过，抽签虽然能够保证平等，却还不足以保证民主的结果是好的。抽签的随机性终究有些危险，似乎有些不负责任。在一篇不知作者的称作 Dissoi Logoi 的古希腊残篇里就讥讽了抽签制度的荒唐："人们可以问问：为什么你自己不用抽签给你的奴隶分配任务，让驾车的去做饭，让做饭的去驾车？为什么不用抽签让铁匠、皮匠、木匠去做生意？让吹笛的去奏琴……"[①]。看来人们还是认为即使是一般官员也应该人尽其才。但选举可能更糟，它容易愚弄人民，拉帮结派，营私舞弊，把人民利益变成党派利益，把国家利益变成政府利益。这正是现代民主之流弊。

由此我们更应该重视古希腊民主的另一个制度安排：公民大会。这是古希腊政治的最大成就。古希腊把民主政治的最后保障落实在公民大会上。公民大会既是一种直接民主，更是一个公共领域。一般地说，由于没有中间环节，直接民主能够相对有效地减弱阴谋运作、背叛欺诈和营私舞弊之类的弊病。但是，如果仅仅是直接民主，公民大会就仍然说不上是伟大成就。直接民主虽然体现了人民在某个时间 t 的公共选择，可是在 t 时刻人们的偏好有可能基于错误的知识，从而错把对自己不利的事情看成是有利的。知识的局限使人们根本不知道什么是真正好的或坏的，不知好歹就会颠倒是非而不自知，错把花言巧语当成至理名言。而且，公众聚集很容易形成非理性的激动情绪，盲目斗气，意气用事，容易被别有用心的人所蛊惑误导。总之，如果直接民主不受理性和知识的控制，就将是灾难性的，公共选择多半会变成人民自己损害自己的选择。可见，直接民主虽然是更纯粹的民主，却仍然只是表现了民主的形式，而没有表达民主的根本目的和最好可能性。民主的最终目的并不在于"人民自己来选择"，这只是表面文章，关键在于"人民能够选择对人民最有利的事情"，这才是民主所要达到的目的。就公民大会而言，直接民主只是其形式，公共领域里的公议才是决定性的内容，公议意味着民主必须被知识和理性所引导。虽然古希腊人对民主并没有理论认识，但

① 引自汪子嵩、范明生、陈村富、姚介厚：《希腊哲学史》，第二卷，158 页，北京，人民出版社，1993。

从古希腊人发明并且特别重视公共领域来看，他们对民主的本质已经有了深刻的敏感。

## 2.3 有广场就有地方说话

公民大会是公共领域的典型形式，除此之外，古希腊人在广场上的其他争论也同样显示了公共领域的存在。公民大会是在广场（agora）进行的。公民大会的前身，古希腊部族的集体大会就叫做 agora。广场作为城市中公共空间的出现，对于确立政治公共领域有着极其重要的作用。有形的物理空间对无形的精神活动有着强烈的心理暗示和诱导能力，这一点不应该被忽视。以雅典为例，在城邦建立过程中，人们扩建在高地的卫城，把原来的防卫工事扩大为宏伟的核心城堡，其中有许多公共神庙以及相关设施，在卫城邻近地区又建了巨大广场和政府机构，于是城邦拥有了完整的宗教中心和政治中心。神庙和广场属于城邦所有人，其空间足够聚众，是城邦的象征。当人们在广场聚集，所有的事情就在这个非私人的空间里被公开化而成为共同问题，信息在此公开而被分享，话语获得同时性的传播和反馈，不同意见可以在一起比较和讨论，正是神庙和广场在客观条件上使公众集体活动成为可能，而且赋予严肃的、分享的、共命运的气氛，它在城邦的政治化过程中具有特殊意义。正如韦尔南说的："城市一旦以公众集会广场为中心，它就成为严格意义上的城邦。"①

广场和神庙只是公共空间，它是政治公共领域的物质条件，政治公共领域的成立还需要精神条件。城邦的公共空间把古希腊推入一个"意见的世界"。人们的各种主观意见（doxa）都有了发言权和发言的地方，人人的意见好像都各有道理（logos），意见之争就成为城邦的一种基本生活。意见太多，道理也就太多，人们就不得不去寻找"真正的 logos"，

① ［法］让-皮埃尔·韦尔南：《希腊思想的起源》，34 页，北京，三联书店，1996。

否则混乱的意见将导致混乱的生活。当时赫拉克里特就抱怨人人都自以为只有自己才有 logos，而更糟的是，蠢人们无论听到什么 logos 都激动不已，这样，无稽之谈将埋葬真理。可以看出，精神世界同样存在着一个从“无序状态”（chaos）到“有序世界”（kosmos）的问题。这就是精神世界的政治问题。意见世界必定是个政治世界，而且是政治世界的根本所在。**什么观念成为主导比什么人成为领导更重要**，因为观念是行为、生活和制度的最终支配者。当城邦在意见世界里形成开放的政治，事关每个公民切身利益的城邦事务就成为人们共同关心和争论的对象，每个人都胸怀城邦，放眼万物，而每个人眼界的公共化同时就是政治化。由此很容易理解亚里士多德的著名断言：“人生来是政治动物，……在城邦之外非神即兽”①。所谓政治动物就是**属于**并且**参与**城邦公共生活的人，如果一个人不属于城邦，也就是不属于某个政治共同体，就没有进入人的生活。政治之外无大事，所以，置身政治之外就只能是高过政治的神或低于政治的兽。正如伯利克里所说的：“在我们这里，每一个人所关心的不仅是他自己的事务，而且也关心国家事务……一个不关心政治的人，我们不说他是个注意自己事务的人，而说他根本没有事务。我们雅典人自己决定我们的政策，把决议提交来进行适当的讨论……最坏的是，没有适当讨论其后果就冒失开始行动。这一点是我们和其他人民不同的地方。”② **自由公议而后民主抉择**，这意味着理性和知识必须领导民主，这才是古希腊民主“和其他人民不同的地方”。至于古希腊民主的公议是否确实是“适当的讨论”，作为古希腊政治领袖的伯利克里当然是毫不犹豫地表扬了雅典，而许多哲学家却不以为然。

当城邦事务可以公开争论，不同意见之间就形成一种“比赛”（agon）。比赛从来就是古希腊人的一种基本精神，它恰好融合了古希腊人

---

① 亚里士多德：《政治学》，7 页。

② 修昔底德：《伯罗奔尼撒战争史》，上册，132 页。

最喜欢的两种关系：争强和友爱。只有比赛才能够融合这样两种互相矛盾的事情。韦尔南指出，比赛的精神源于军事贵族在竞技中表现的一种高贵精神，人们普遍喜爱比赛所体现的平等关系："任何竞争都意味着关系平等，竞争永远只能在同类人之间进行。"[①] 与值得尊重的对手进行较量是一件荣耀的事情，而这种竞争又是在城邦的"自己人"之间进行的，它就又能够同时表现出伙伴的友爱。比赛传统在军事技术竞技之外的两个典型表现就是奥林匹亚运动会和广场的话语争论。争强和友爱至今仍然是运动会的基本精神，这无须多说。但是高贵的比赛精神在话语争论中却烟消云散，这意味着话语之争必定含有某种不共戴天的冲突。话语比赛的赛场就是广场，这是意见相左的人们在口才、论据、推论和分析方面的智力比赛，其背后实为政治比赛。意见世界本身就暗含政治性，意见一旦进入比赛，其政治性就淋漓尽致地显示出来，从而使意见斗争在根本上区别于任何其他比赛（比如军事竞技或运动会）。技术的可比性有着可共度的标准，而且，技术上的输赢并没有否定对方的尊严和价值，但是话语缺乏可共度标准，而且话语之争就是试图否定对方的价值，于是，至少在涉及价值观的问题上，意见的对抗往往是不可和解的。意见和话语的不可和解性奠定了政治的敌对性质。柏拉图多少已经意识到这个问题的严重性——这可以看做是后来施密特的敌友理论的最早预告。柏拉图在描述苏格拉底与欧绪富罗的讨论时说："仇恨与愤怒，我的朋友，什么分歧才能产生仇恨与愤怒？"显然，如果在数目上有分歧可以通过计算解决，在尺寸长短上有分歧可以用尺子解决，如此等等，"那么什么事情的分歧才会使我们无法解决而互相仇恨成为敌人？……对与错，高尚与卑鄙，善与恶，这些事情使我们由分歧而敌对。"[②] 可见，意见的比赛不仅明显削弱了比赛的友爱性质而突出了争斗性质，甚至可以发展

① ［法］让-皮埃尔·韦尔南：《希腊思想的起源》，33页。

② Plato：*Euthyphro*，7c－d. Loeb.

出不共戴天的敌对性质。

在这个背景下，古希腊人发明了修辞术（rhetorike），其实就是雄辩术或花言巧语技术，它对于意见之争的重要性类似于格斗技术在军事对抗中的重要性。修辞术在智者派哲学家那里被发挥到出神入化的地步，变成诡辩绝技。高尔吉亚就相信修辞术是一项真正了不起的技艺，它是使用 logos 的技艺，专门用于说服人而支配人，比如说“用话语去说服法庭上的法官、议会的议员、公民大会上的民众”，其功效神奇到“使师傅变成你的奴隶，使商人不为自己赚钱而为他人去赚钱”[①]。苏格拉底对修辞术甚是厌恶，认为它是对 logos 的坏的使用，是对人们的思想误导，最终会导致人们思想败坏，于是他努力发展据说是源于芝诺的辩证法去克制修辞术，苏格拉底相信这才是使用 logos 的正确方式。古希腊时代的辩证法[②]主要是一种反驳技术，首先是芝诺的“归于不可能论证”（reductio ad impossibile)，然后又发展为“归谬法”（reductio ad absurdum)[③]，这些逻辑技术虽然并不复杂，但足以揭露各种话语的自相矛盾。

迷恋崇拜 logos 构成了古希腊政治公共领域最重要的精神条件，古希腊人相信只要说出一套 logos 就足以服众（类似于说，有理走遍天下都不怕)。Logos 崇拜使得人们在信息公开、意见公开和论辩公开的情况下都愿意使用理性去编造理由，而且以理性力量作为成功论证的标准，因此形成了**理性化的公共领域**，即一个以理服人的公共领域。理性与公共性的结合造就了古希腊公共领域的基本性质，至今仍然是最伟大的政治创造之一，而且成为欧洲最重要的政治传统。这个公共领域模式至少具有这样三个原则：（1）平等的语言关系，或者说，平等的意见关系。在意

① Plato：*Gorgias*，452e. Loeb.

② 希腊时代的辩证法与后来黑格尔以及马克思的辩证法完全不同，希腊辩证法是逻辑在论证中的应用，而黑格尔的辩证法则是从“变化”去看事物的一种观点，与逻辑完全无关。

③ 关于辩证法的逻辑技术，可参见［英］威廉·涅尔、玛莎·涅尔：《逻辑学的发展》，第一章和第二章，北京，商务印书馆，1995。

见之争中，成功话语决定权力，说服力决定成功话语，而理性道理决定说服力。(2) 对称的信息关系。表现为各种问题、标准、程序和知识的公开。(3) 可逆的人际关系。各人的社会地位虽然不同，但政治权利相等，因此在政治上没有人必须屈从别人的意见，而仅仅需要根据道理去承认或拒绝别人的意见。这三者保证了“公民”这个政治概念，并且规定了正确的民主概念——民主的要害问题不是投票，而在于公民拥有参政的平等权利和实现政治平等的公共领域。可以看出，缺乏公共领域的民主其实是伪民主。因此说，公民和公共领域才是古希腊真正伟大的政治遗产，而民主的投票选举制度则不是。令人遗憾的是，完全合格的公共领域在古希腊并不存在，至今尚未存在。公共领域的理想或许很完美，可是人性并不完美，这一点导致了公共领域的困难。今天的公共领域如果不说是名存实亡，就是面目皆非。不过，公共领域的基本矛盾即使在古希腊时代就已经显露出来了，可见它是一个根源性的困难。这个困难在古希腊表现为前面提到的修辞术与辩证法之争，在今天则表现为宣传、炒作、作秀、诽谤、造谣与对话、论证、思想、理性之争。这个问题可以概括为意见与真理之争，它不仅是个根本性的知识论问题，同时是个极其重要的政治问题，因为政治的决胜，或者说，政治问题的解决，最后终究要落实为心灵的占领与殖民，就是说，在**身体管理**上的成功只是表面的政治成功（而且粗暴的人身管理模式终究会失败），在**心灵治理**上的成功才是无懈可击、可以高枕无忧的政治成功。

## 2.4　修辞术与辩证法之争

修辞术可以看做是最早的煽动技术，因此它天生是政治性的。它虽然使用逻辑，但逻辑往往只被用来貌似正确地推出错误结论（当然并非每次都是错误的结论）。按照亚里士多德的分析，修辞术一般用于各种煽动性演说，如政治演说（肯定或者否定某种未来的事情），诉讼演说（肯定或者否定某种过去的事情）和典礼演说（肯定或者否定某种当下的事情)[①]。这些演说的主要问题都涉及价值判断，而且多半是可能之事而非必然之事，因此，修辞术的用力之处当然就在于诱导人们相信某种价值判断，所以在逻辑上经常不太严格也就不足为奇，甚至也许那些逻辑错误是故意的，因为严格的逻辑所能够说明的事情实在是太少了，对于鼓吹各种美丽幻想或者大胆主张显然不够用。亚里士多德对修辞术的定义是："一种能在任何一个问题上找出可能的说服方式的功能。"[②] 修辞术往往表现为这样的做法：(1) 选择人们所欲的或非常感兴趣的某些事物作为前提。这一步很重要，即使在未加论证的时候，人们就已经盲目地喜欢上那些可疑但是喜人的说法了，这样就在争取人心上先声夺人。(2) 往往使用古希腊原本意义上的 enthymeme 式推论（修辞式推论），后来被称为省略三段论[③]。大概模式是这样的：前提 p 是一个或然事实，然后以可能 p 蕴含 q 而推出 q。这样的推论当然没有必然性，事实上只能推出"可能 q"。但不要紧，在实际论述中，滔滔之词很容易掩盖这个不很显眼的逻辑错误，而且这个推论方式在风格上最为积极肯定，有鼓舞人心的功效。正因为不太正确，所以生产率比较高，可以随便推出人们喜闻乐见的各种结论，而人们又确实喜欢并且迫切喜欢看到某种肯定性的结果被成功地"生产"出来。(3) 使用一些在情感上打动人或情绪上激动人的比喻、暗喻或者象征等等手法，以及使用一些小机智和小机灵以使人佩服，伪造"动之以情，晓之以理"的场面。那些暗喻和小机智虽然并非真理和智慧，但只要足以打动人，人们的智力就迅速降低，也就容易把胡说误读为真理和智慧了。这些以次充好的修辞手段到了现代仍然屡屡得手，可见现代人在智力上并无提高。

修辞术与政治互相促进，使古希腊涌现出无数狂逞口舌之便之徒，

---

① 亚里士多德：《修辞学》，30 页，上海，三联书店，1991。

② 同上书，24 页。

③ 根据罗念生，enthymeme 本来是指修辞性推论，后来到公元 1 世纪才被误解成"省略三段论"的。(参见亚里士多德《修辞学》，22 页，注 6。)

同时也使政治辩论空前热闹。智者派自己承认，既然任何问题都可以有相反的论证，这说明本来就没有属于事物本身的真善标准，城邦的人们觉得好的就是好的，这就是真善标准了。后世认为智者否定真理，这多少有些曲解，其实智者们相信的是，即使本来存在着真理，也是实际上不可能知道的，现实能够得到的可接受的东西无非就是人们共同同意的事情，因此，人们都觉得对的就算是对的。高尔吉亚在“海伦颂”中说：“如果每个人能够记住过去、知道现在、预见未来，那么语言的力量就不会那么大了。但实际上人们不能记住过去、不能知道现在、不能预见未来，所以虚构就容易了。”他还说：语言的能力足以支配灵魂，例如法庭辩论，“借助言辞的技巧，一席话就可以说服一大群人，而不管所说的是否真实”[①]。显然古希腊人已经意识到，既然**任何一个**观念都是主观意见，那么就不可能证明哪个观念是超越了意见的真理，于是，某个观念的胜出只能依靠意见的表达水平，也就是靠语言决胜。这似乎说明了政治无真理。就像菲德罗说的：“修辞家无须知道什么是真正的公正，而只知道民众认为什么是公正就行了；无须知道真正的美和善，只知道民众觉得什么是美和善就行了。有效的说服在于民众意见而不在真理。”[②]

从苏格拉底、柏拉图到亚里士多德却都怀抱更高理想，他们承认语言的力量，但决心从语言中发现正确的力量（这就是从 logos 发展出 logic 的理由[③]），以便拯救语言的堕落，把语言引上真理之路。真理被认为是判断什么是公正和不义之可靠依据，而公正又是城邦（国家）的最高目的和正当性依据。苏格拉底、柏拉图和亚里士多德都推崇辩证法（dialektikos）。辩证法和修辞术是亲缘性的论辩技术，都是关于如何说话的技

① 引自汪子嵩、范明生、陈村富、姚介厚：《希腊哲学史》，第二卷，“海伦颂”全译，124～126 页。

② Plato：*Phaedrus*，259e-260a，Loeb。

③ 第一本完整的逻辑著作是亚里士多德写的，但书名为《工具论》（*Organon*）。Logic 一词直到公元 3 世纪才由 Alexander of Aphrodisias 赋予今天所使用的“逻辑”的意义。（参见［英］威廉·涅尔、玛莎·涅尔：《逻辑学的发展》，10 页。）

术，但有三个根本区别：(1) 修辞术是叙述式的滔滔之词，而辩证法是问答式的论证与反驳。这一似乎有些表面化的区别其实有着深刻意义。连续的叙述意味着灌输，是单方面编织的一套宏论，而问答则承认**他人心灵的自主性**，是平等的对话者。问答显然符合比赛的传统高贵精神，对话不以愚弄或者欺骗对方为目的，任何人的话语都必须接受对方的理性审查，每个人的话语都必须经过他人的批判而被认定为正确才是正确的，因此，辩证法是一种反驳的技术而修辞术是推销的技术。(2) 言论的互相反驳意味着言论必须能够经受言论的考验，为了能够反驳任何表达错误，或者为了找到不可能被驳倒的正确表达，**语言必须约束自身**，于是辩证法就从 logos（言论）中发现了 logic（逻辑）。逻辑的本质就是语言对自身的应用情况的约束和限制，就是语言对自身正当性的检查。尽管不能说诡辩和修辞术对逻辑没有贡献，但逻辑的主要规律确实是在辩证的道路上发现的。(3) 既然辩证法以真理为目的，它就等于试图**把语言的政治活动化归为知识活动**，或者说，试图让合法的知识成为合法的政治论辩的依据。这样的话，政治就不得不超越意见而去寻求真理，而一旦真理成为话语之争的可共度标准，也就拯救了堕落为敌我关系的话语比赛，语言的公共领域将变成具有高尚精神的比赛，就像古希腊运动会那样。

不过，在社会和政治方面寻求真理，虽然没有理由彻底否定这种可能性，但肯定难于上蜀道。苏格拉底自己使用辩证法讨论了大量问题，尽管他成功地反驳了许多谬误，却几乎没有获得任何一个正面的结论，无非达到了“自知无知”这样一个“智力茫然”的结果（aporia）。如果正确的思维方式并不能保证人们找到真理，这不仅导致知识论的困难，而且可能导致政治混乱。这个知识论困境典型地表现为“美诺悖论”。美诺诘问苏格拉底说：“苏格拉底呀，你怎么能够研究你一无所知的东西呢？你连它是什么都不知道，又怎么知道如何寻找它？就算碰巧遇到了它，你又怎么知道那就是你不知道而却在寻找的那个东西呢?”[1] 这个悖论的严重性在于，假如不得不承认正确的思维方式在寻求真理上终究帮不上什么忙，那么，是否存在真理就对政治生活没有实际意义了。既然任何规章制度（nomos）都没有真理依据，那么“无知”就等于承认无标准，进一步就可以合法地蕴含行为上的“无赖”。阿里斯多芬在《云》中编造故事讥讽苏格拉底：有个无赖青年从苏格拉底那里学到了辩证法并且因此知道人人都“无知”，于是提出这样的论证：既然法律并非真理而是人定的，那我凭什么不能制定一个新法律，使“殴父”成为合法的?[2] 可见，如果逻辑与知识只不过有助于排除错误，却不足以形成正确的观念，那么仍然等于没有标准。知识的这个局限性是意味深长的，它已经开始挑明了知识与价值是不可贯通的两个领域。苏格拉底不畏艰险试图打通这两个问题，从而消除人们在价值上的混乱而阻止社会堕落。虽然至今也没有充分理由证明苏格拉底的伟大事业完全是徒劳，但至少有理由说，知识确实无法推出价值，知识也不能用来否定价值。

如前所论，拥有公共领域的民主才是真正的民主，因为民主的目的并不仅仅在于“人民来选择”，而还在于“人民能够选择对人民最有利的事情”。选择什么，这才是关键。如果人民由于信息不充分、知识局限、分析判断能力有限，甚至被蛊惑、宣传和炒作所误导，因此做出了对自己不利的错误选择，显然不能把这样的民主说成是人民想要的民主。因此，投票（选举）并不足以表达民主，真正的民主必须建立一个能够保证人民能够做出对人民自己有利选择的制度，这就是公共领域。公共领域就是知识和发言的公开，是一个由“说话”而决定政治选择的空间，人人可以说话意味着每个人的心灵都获得权利和权力，这样才真正形成了人民参政的政治制度。在这个意义上，古希腊人的最大政治贡献就是

① Plato：*Meno*. 80d，Loeb.

② Aristophanes：*Clouds*. 1421-1425 行。

公共领域的发明。可是公共领域又引入了无比复杂的新问题，这就是我们以“修辞术与辩证法之争”所试图说明的政治困难。

这两条道路所定义的公共领域完全不同，因为它们所产生的知识运动或者信息运动完全不同，所定义的意见游戏规则也完全不同，因此将产生完全不同的政治。修辞术之路意味着公共领域将被煽动、蛊惑、宣传和炒作所左右，更煽、更装、更廉价的意见将胜出，将成功地引导并且代表大众走向错误。不过同样值得注意的是，政治煽动家们不仅误导民众，同时也在迎合民众，他们为了获得民众的支持而夸张地迎合民众的偏好，以加倍的愚蠢去抚慰民众。这种情况在古希腊时就已经不容乐观。如果以修辞术为准，那么，公共领域将变成一个指鹿为马、颠倒黑白、混淆是非的合法场所（与指鹿为马非常相似，苏格拉底的例子是“指驴为马”①），而如果可以合法地混淆是非，大众就非常可能被诱导去选择坏的事情而导致民主制度的失败。无论有什么样的偶然原因，苏格拉底这样的圣贤居然因为自由言论而死于民主制度，这说明了民主虽然似乎允许各种声音，但却未必容忍反民主的声音，甚至在对待反民主声音上表现得像专制一样残暴②。

辩证法之路意味着公共领域必须是一个由理性辩论所规定的语言游戏，只有经得起理性批判的意见才能够胜出，而经过理性选择的意见才能够代表大众的利益。表面上看，辩证法之路理所当然是正确的，但事情没有这样简单，至少存在着三个困难：(1) 虽然 x 是比 y 更大的利益，但由于知识水平的限制，大众只能看到 y 因此只想要 y，因此，x 实际上是无效的。就是说，人们只会选择他们**能够理解**的东西，而不会选择虽

① Plato: *Phaedrus*, 260b, Loeb。苏格拉底试图论证花言巧语甚至能够“指驴为马”，但人们抗议说这样的例子太不可信，过于荒谬。

② I. F. 斯通在《苏格拉底的审判》（北京，三联书店，1998。）中暗示说，苏格拉底或许是故意寻死，因为他以过于明显的傲慢态度激怒了陪审团。苏格拉底有可能是以自己的死而让民主制度自我暴露出它的缺陷。

然更好但不能理解的东西。(2) 即使人们经过苏格拉底式的理性对话和分析而知道了 x 比 y 对自己更有利，但人们仍然有可能因为信念和价值观的原因而宁愿选择 y。就是说，人们关于 x 的有效知识仍然不能保证人们必然选择 x，因为知识不能说明一切问题，知识不可能代替或解决价值问题。(3) 知识永远是有限的，因此，即使有知识能够证明 x 是比 y 更大的利益，人们仍然有理由怀疑 x 是否就是最大利益，因为没有办法证明关于 x 的知识就是最好的知识。因此，人们仍然有理由提出某种"更好的"想象去对抗知识。由于这些困难，一个由理性引导的公共领域仍然只是一种理想，其中的困难至今没有得到解决，这意味着充分好的民主至今还没有出现。

## 2.5 城邦政治没有理论但留下理论问题

关于古希腊民主政治，陈康先生提出过一个非常有趣的问题：尽管雅典民主制度的设计甚是周详，"但是很奇怪，这个政治制度的理论基础几乎寻找不出来"，而且，缺乏理论并非因为失传，"否则柏拉图在攻击民主政治时绝不能一字不提的"①。这确实有些奇怪。一般来说，尽管古代理论的表述总会比较简单一些，而且往往不太完整，但至少会有一些关于核心概念和基本理由的陈述，尤其是古希腊民主政治设计得如此复杂精致而没有理论，就更加奇怪了。在前面的讨论中所表达的"理论"其实是我们以今天的理论框架替古希腊人分析出来的，古希腊人自己未必是这样去思考的。古希腊人是怎样开始具有"法律面前人人平等"(isonomia)、"平等的言论自由权利"(isegoria 或 isologia) 以及"政治权力平等"(isocratia) 这些意识的，恐怕很难确切知道了。韦尔南有个猜测很是有趣，他认为很可能与公元前 7 世纪出现的军事战术革新有关。在这之前，战斗英雄是荷马史诗式的个人英雄，他们具有好战的疯狂激

① 陈康：《陈康论希腊哲学》，457～458 页，北京，商务印书馆，1995。

情，“来自神的活力使他们变得怒不可遏”，加上万夫不挡之勇，因此以个人战绩获得荣誉和地位。后来出现了更有威力的重装步兵方阵，作战方式不再是单兵独斗，为了保证整体无坚不摧的战斗力，斗士们不得不抑制“个人战绩的诱惑”而坚守自己的位置，配合其他人步调一致地作战。军人的美德由“热血”变成“节制”。方阵把士兵变成可以任意替换的个体，“如同城邦把公民变成可以互换的个体一样”。韦尔南相信，这其中出现的精神状态转变对于城邦平等意识的形成很可能是决定性的①。当然，这个解释并没有真正解答陈康的疑问，甚至也不是城邦平等意识的必要条件，但它增进了我们的理解。或许还有其他种种原因，我们不得而知。但是城邦政治却留下来几个非常重要的理论问题：

（1）没有公共领域的民主是坏民主。平等必须是充分有效的平等，否则就变成一种政治欺骗。如果没有公共领域，就等于拒绝了各种意见平等出场的权利，也就等于拒绝了少数人的发言权和参政权。民主最典型的欺骗形式就是允许民众对给定的某种意见或几种意见进行表决。很显然，那些给定的意见都有可能是非常错误的，有可能都是对人民不利的，或者并非人民真正想要的。可见，民主的要害不在于表决，而在于能够由民众自由选择对什么东西进行表决，或者说，在表决内容上的自由比表决形式上的自由更重要。真正的民主意味着任何一种意见都有权利参加政治竞争（哪怕是极其邪恶的意见），意味着人民参政的平等权利，而人民投票的平等权利还在其次。因此，一个不受权力支配的言论自由的公共领域才是民主的核心设置和最终保证。

（2）由修辞术所控制的公共领域是坏的。如果一个公共领域是完全自由的，那么，修辞术所代表的宣传、炒作、煽动、欺骗和引诱等等诈骗手法就都是合法的，这将导致错误的意见更容易胜出，而且是合法地胜出。以合法的方式去做错误的事情尤其危险，它使人民虽死而无可抱

---

① 参见［法］让-皮埃尔·韦尔南：《希腊思想的起源》，48～51页。

怨。错误意见所以更容易胜出，是因为修辞术在制造说服效果上可以不择手段，可以利用人性的各种弱点，这等于拥有更多的竞争资源。因此，公共领域必须有某种限制，但是，限制什么东西仍然是个问题，对公共领域的限制性规定有可能导致专制。

（3）以理性原则为准的公共领域是合格的公共领域。理性化的公共领域不承认完全彻底的自由，它设想的话语广场是个公正的广场而非自由市场，它给予任何意见自由参赛的政治权利，但需要限制竞争手段，它只承认理性论证是唯一合法的话语竞争方式。但理性化的公共领域是脆弱的，它所追求的真理是稀缺资源，在大多数事情上并无真理可言。如果放弃真理的要求，以高尚的价值标准去否定低俗的价值标准，却又等于取消了平等原则而变成某种专制。更难处理的是，即使在某些事情上确有真理，这个真理可能并非人们愿意接受的选择，因此真理有可能被拒绝而失效。假定“x将会给人们带来伤害”是一个真理，但是假如人们最喜欢x而不喜欢别的，因此“x给人们带来快乐”也是个真理。这说明各种真理之间有可能是互相矛盾的。这是一个比苏格拉底找不到真理的“智力迷茫”更严重的“智力迷茫”（aporia）：有了真理却无法抉择。

# 3. 最好的国家

## 3.1　政治正当性问题的提出

古希腊城邦是划时代的成就，它把社会变成严格意义上的国家，并且由国家重新塑造了社会。当然，古希腊城邦并非第一个国家（在世界其他地方早有许多国家），但它是在政治理论上最值得分析的早期国家。城邦创造了以公共领域为核心的社会，人们借助公共领域过上了有所反思的生活，这是对共同体生活的创新。在国家之前的社会秩序是以自然生成的秩序为基本依据的，对于那些符合自然本性（physis）的自发生活秩序，人们不会平白无故地生出疑问，因为自然就是唯一的世界，人们看不到别的可能世界。即便是那些后来被认为是坏的秩序或统治方式，比如弱肉强食或实力强权，人们也不会去怀疑，而只会看做是本来如此的事实，在自然秩序里人们**不会去想也想不出**理由去反对自然秩序。只有当人们创造了人为规则（nomos），由此发现可以创造各种可能世界，以至于发现各种规则制度的理由无非是主观意见（doxa），而并没有什么必然根据，这才产生了政治思维。政治是基于权力反思的权力斗争，而不仅仅是权力斗争。自然秩序是别无选择的，人为秩序则意味着可以选择的多种可能性。必然性不是哲学问题而是科学问题，偶然性也不是哲学问题而是历史问题，只有可能性才是哲学问题。有了可能性意味着有了可以选择的命运，因此需要反思（rethink）而不仅仅是思考（think）。

命运的可选择性形成了政治化生存。

古希腊建立城邦国家，这在政治上具有合作和战争的双面含义。城邦都有个在险要高地上由巨石做成的城堡，城邦的最后安全依赖着这个**坚不可摧的城堡**，在强敌进犯时，城堡是城邦人民的庇护所。城堡可以看做是西方国家政治的一个暗喻：它对内安全对外紧张，在城邦内部是高度团结的共同体，而在城邦外面有着虎视眈眈的敌人。于是，城邦里面的生活就是政治生活，也就是城邦化的生活，城邦内部的人就是政治人，而在城邦之外是自然状态，城邦之外的人“非神即兽”。可以看出，城邦的城堡特征已经暗含着西方的国家政治和国际政治的两种基本态度。不过，古希腊时代还没有发展出成熟的国际政治，对国际问题并没有深入的反思，国际关系仍然是未经政治化的自然状态，国际政治一直要到建立威斯特伐利亚体系才进入成熟阶段，但是，对外高度紧张戒备的城堡心态一直深刻地影响着西方的国际政治理解方式：斩钉截铁的内外之分以及对外的敌对意识。既然城邦之外被理解为自然状态，充满敌对气氛，缺乏信任，战争的冲动压倒了政治的思维，因此，城邦之外的世界还没有被看做是政治的对象，古希腊人把全部的政治智慧约束和集中在城邦之内，由此开创了国家政治。正因为西方政治是从国家开始的，所以形成了以国家政治为核心的政治思想结构，一直到现代，国家政治都是政治的核心，而国际政治只是国家政治的附属，至于世界政治，只是最近才得到发展的新问题。这一西方政治思路与中国思路大相径庭，中国政治是从世界政治开始的，然后再进入国家政治和国际政治。中国的政治思路在此暂且不论。

雅典的独创性制度从一开始就提出了非常复杂的政治问题，其智慧深度至今仍然让人惊叹不已。古希腊人最重“优越性”（Arête/virtue/德性）[①]，

① Arête英译为excellence，与中国的“德”之古义非常相似，因此经常翻译为“美德”或者“德性”，虽然是个几乎完美的翻译，但在现代语境中却容易被误解。

常以 Arête 作为判断万事之价值根据。Arête 或者 Virtue 是一种事物所以配当这个事物的品质，品质当然需要尽善尽美，因此 Arête 就是某种事物所能够达到的可能状态中的最好状态，也可以说是某种事物的有用性的充分完美发挥。比如勇敢是战士的优越性，智慧是思想的优越性，宠辱不惊是人品的优越性，如此等等。既然万物有别，品性各异，优劣自分，那么，公正就是使一切事物按其所是符合比例（古希腊人喜欢说是"几何式的"公正），即一个事物具有什么品级的德性就配得到什么待遇。这是天然的正当性，也是唯一能够直接得证的（evident）公正，是不需要任何一种人为理由的公理，此公理之完美表现为"本然之理"（to be）与"应然之理"（ought to be）的完全重合：是什么样就该什么样。

但是，问题出在人的智慧德性上。智慧是如此特殊的德性，它能够自由地重新定义和安排万物之理。智慧所以如此特殊，就在于它能够创造出与自然世界平行的各种可能世界，能够创造出各种理由来反对任何一个可能世界，就是说，智慧既能够创造世界也能够毁灭世界。智慧的自由给自身制造了永远的麻烦。既然智慧的"本然之理"就在于它能够**自由地**创造各种"应然之理"，那么，"应然之理"就可以被用来反对自然的"本然之理"，既然人有能力创造并且选择与自然生活不同的生活，那么，人就创造了与自然不同的价值。人的自由意味着与自然决裂，而建立不合自然之理的人为制度（nomos）正是政治的开始。政治使自然人变成了自由人，在这个意义上就很容易理解亚里士多德为什么把人定义为"政治动物"。政治使自然人变成了自由人，也就是变成了政治人，自由就成为人们的争夺对象，人们试图拥有更多的自由并且限制别人的自由，试图按照自己的自由选择去规定所有人的生活形式，还试图让别人听从自己的思想。显然，制度不仅是人身管理，是资源管理，而且是心灵管理。

自由改变自然。雅典的公民概念与公共领域制度修改了天然的公正概念，它把体现着自然之理的公正改造为"平等"（古希腊人认为这是

“算术式的”公正)，进而就改写了原先自然意义上的强者概念，把普通人这一本来的弱者集合为数量上占优的民众而成为新的强者。普通个体虽弱，但形成民众（demos）并且获得政治上的平等权利，就变成了强者，这是以数量定义的强者，它否定了以质量定义的强者。表现为“合乎比例”的公正（几何式公正）是天然正确的公正，是符合自然本性（physis）的原则，而被重新理解为“平等”的公正（算术式公正）显然是一种偏离了自然（physis）的人为制度（nomos）。以平等去重新解释公正是西方政治的一个原则，它是民主与法治的一个重要基础。这个政治原则终于在现代发展成为西方政治的主要原则。其次，公共领域创造了言论自由和话语决胜的制度，这已经不仅是在政治地位上把公正改写为平等，而且是在思想和文化上把公正改写为平等。任何一种意见仅仅因为它是意见而拥有平等权利，而不管这种意见多么愚蠢；任何一种意见是否有价值不取决于观念的内在品质，而取决于外在的修辞炒作和支持率，以“多数”这一数量标准作为价值标准抹平了真理与意见、高贵与低俗、智慧与愚蠢、正确与谬误的差别，这不仅是民主政治的实质，甚至还可以被追认为现代大众文化的一个来源。“多数胜出”原则在逻辑上决定了精神世界或价值世界的“扁平化”趋势，而价值扁平化终于在现代成为标志性的现象。如果抹平观念的价值差别，人们就有可能随便建立和修改社会的各种规则和制度，因为任何愚蠢之举都很容易找到合法理由。这个问题在古希腊时就已经显示出政治危险性了。

平等、自由和民主的所有危险性都来自对天然正确的公正原则的否定。数量是否能够成为否定质量的正当理由？或者，数量是否能够成为重新定义质量的理由？这是古希腊开辟的一个深刻的政治问题。显然，任何偏离了天然正确性（natural right）的事情都需要辩护和给出特别的理由，否则就是无理取闹。凡是“天然本来如此”的事情不需要辩护，因为它就是这样而不是别样，它的**存在本身恰好就是理由**（对于天然存在，it ought to be 的理由正好就是 it is)。但如果试图改变“本来如此”

的事物，就需要给出另外的正当理由了（因为 ought to be 与 to be 已经分裂）。在这里就比较容易理解列奥·斯特劳斯为什么把政治看做是“守成”与“革新”的斗争了。列奥·斯特劳斯对政治的这个理解其实有些古怪，与正规的理解相差甚远，不过它还是提供了一个很有帮助的理解角度。它似乎暗示说，基于自然正确性的传统价值通常都没有错，因为“本来如此”的存在意味着一直没出问题，而革新往往是无事生非，即使能够给出某种理由也总是似是而非，因为“人为正确性”总是没有“天然正确性”那么完美。西方现代自由主义试图通过歪曲“自然法”而把“天然正确”（natural right）偷换成“天赋权利”（natural rights），让人为制度冒充天然正确的原则，就是一个典型例子①。这个例子多少可以回答前面讨论到的陈康问题：古希腊民主政治居然没有理论支持而仅仅是一些具体策略。确实如此，民主政治的理论是到了现代才被制造出来而加以追补的。如果一定要“追认”某种古希腊理论的话，修辞术或许可以被追认为民主理论的原始准备，因为它声称只要说服了多数人就是成功，但这显然不是一个合理的辩护。可以说，古希腊发明的民主制确实破坏了自然公正，它的正当性绝非不证自明，因此，古希腊民主制需要一个“应该如此”格式的证明，这就是最早的政治正当性问题。

事实上，关于民主的正当性至今也没有一个无懈可击的辩护。现代人也没有能力对民主的正当性给出一个可信的正面直接证明，通常采用的是批判专制的间接论证，即首先指出专制具有各种不可接受的缺点，然后再指出民主没有这些缺点。这个论证策略实际上不能成立，它基本上属于修辞术的论证。修辞术往往从可能情况去推论出必然结论，这在逻辑上是不合格的。很显然，“没有如此这般的缺点”并不能必然推出“具有更多优点”，这就像一个人没有偷东西并不能因此必然推出他具有

① 参见［美］列奥·斯特劳斯的《自然权利与历史》（北京，三联书店，2003），基本上就是在分析“天然正确”如何被歪曲为“天赋权利”的过程。

卓越美德，或者，从毒药是坏的并不能推论脏水是好的。即使到了当代，民主理论也仍然采取以专制的缺点去衬托民主的优点这一非常可疑的论证策略，看来人们的确找不到更好的策略。严格地说，这种论证策略至多能够证明“民主不是最坏的制度”或者“至少存在着一个比民主更差的制度”，但却绝不可能证明“民主是好的”，更不可能证明民主之外的任何一个可能的制度都不如民主。现代关于民主的论证策略至今也没有超过柏拉图对民主的理解。柏拉图在《国家篇》中把民主看做是五种政治制度中其次差的，仅仅好过专制；而在《政治家篇》中把民主看作是三种比较好的政治制度中最差的或者是三种比较坏的政治制度中最好的[①]。这个看法稍微积极了一些，大概相当于现代人喜欢说的“民主是最不坏的制度”。有趣的是，现代人认为，既然民主已经是最不坏的制度，因此是值得追求的，而柏拉图则认为，既然民主仅仅是最不坏的制度，因此不值得追求。

民主制度作为第一个完全打破了自然统治秩序的人定制度，它的出现等于开创了政治，并且提出了政治问题中最为复杂的问题之一：政治正当性问题。正是在这个意义上说，古希腊政治从一开始就直接进入了最复杂的政治问题。如果不按照史学的追认（史学的过分追溯在某些时候是有害的，它会消解许多重要的差异性），而从哲学角度去看，那么，就西方而言，在城邦民主制度出现之前并没有真正的政治。部族首领的统治基本上属于自然形成的自然统治，虽然有某些制度萌芽，但仍然不是刻意发明的制度，仍然不是在追求原本没有的**另一种生活方式**，当然就更没有关于制度的反思。在自然生活方式中，**只有一种**可能生活，而不存在其他可能生活，而生活的别无选择状态没有政治。所谓政治，就是试图建立某种制度去规划社会，按照古希腊人喜欢的概念来说，政治源于人们按照自己的偏好去创造 nomos 去改变 physis 的自然状态。政治

---

① Plato：*Republic*，544c－545a；Politicus，303a－b.

哲学问题就是关于各种可能制度（nomos）的正当性的反思，很显然，既然 nomos 是人为创造的秩序，就必须具有能够普遍接受的理由。所以说，古希腊城邦不仅开创了民主制度，而且开辟了制度反思。其中值得注意的是，民主制正是制度反思所以可能的一个重要条件，城邦民主开创了话语权力这一权力形式，从此，语言变成了一种政治力量。当人们可以自由地创造各种 logos，而且 logos 成为一种权力，政治反思才成为可能。于是，维持一种统治不仅需要暴力支持，而且还需要话语支持，暴力只能压人，而话语才能服人，因此，维持统治就不得不千方百计地把这种统治说成正当的。

柏拉图可能是最早对政治正当性问题进行了深入研究的哲学家（在他之前，苏格拉底做了一些准备性工作），柏拉图的深刻分析至今仍然有力有效，尽管在价值观上不符合现代人的口味而被抵制，但这绝不意味着柏拉图想错了，而是现代人在思想上怯懦而回避了政治哲学中一些严峻的问题。柏拉图在反对民主制上很有名，但他其实并没有贬低民主制，而只是瞧不起民主制，他觉得民主制虽非最差，但实在不太体面，因为民主制导致良莠不分、好歹不明、贵贱无别。苏格拉底、柏拉图到亚里士多德这样三个历史上最伟大的哲学家都瞧不起民主制，这一点值得深思（他们创造了包括逻辑学在内的大量伟大思想，绝没有理由认为他们是糊涂的），至少可以提醒人们，民主制恐怕不像现代理论所鼓吹的那么好，以至于好像人类不再需要更好的制度了。20 世纪末的 20 年里，许多自由主义者都相信民主在世界上即将获得最后的胜利，以为历史实现了历史的目的而达到历史的终结[①]。这种看法虽然漏洞百出却一度很受欢迎，可以看出现代人对民主如此缺乏反思。

苏格拉底、柏拉图和亚里士多德肯定感受到了古希腊民主带来的一

① ［美］福山：《历史的终结及最后的人》（北京，中国社会科学出版社，2003）。The end of history 是个双关语，既是“历史的目的”又是“历史的终结”。按照这种黑格尔式的历史观，当历史实现了它自身的“目的”，历史就终结了。

些从所未有的好处，比如言论自由和公开辩论，这对思想的发展尤其有利。但作为立志高远的哲学家，苏格拉底、柏拉图和亚里士多德在发现民主的好处的同时也敏感到了民主的坏处，正是更高的理想使他们成为伟大的哲学家，而没有变成一心享受民主的花言巧语的时尚化修辞家。苏格拉底、柏拉图和亚里士多德都看到了民主制度以平等的自由为目的，给予所有人和所有意见以平等的政治权利，这意味着对所有意见一视同仁，因此，从逻辑上说，民主必定好坏混杂、高低并立、良莠不分、泥沙俱下、自相矛盾。这样的“逻辑状态”虽然不很好，但也不算太差。如果事实上的民主真能达到这种“逻辑状态”，那就是相当好的。一个社会里人们各有所好，各活各的，各想各的，这不是坏事，相反，人们将有丰富多彩的迷人生活。很少有人会真的忍受不了这种“逻辑上的”民主状态（除非是爱好极端专制的人）。然而，民主的这种“逻辑状态”在实际上总是做不到的，这才是令人失望之处，就是说，民主的“事实状态”连良莠不分泥沙俱下的局面都做不到，而只能做到杂草丛生而淘汰良草。当只有低劣的事物才具有生长优势，这就不是小问题了。

自由、平等和宽容就其本来的意图而言是好的，但在实践效果上，自由、平等和宽容并不能有效地保护优秀事物，却非常有利于低劣事物的生长。民主所以会遇到这一似乎于理不通的根本性困难，不是因为民主制本身是坏的，而是因为人性条件不能满足民主所需要的人性水平。就绝大多数人而言，人们自私又糊涂，如果形成偏好加总，恐怕出不来什么好事。民主下的自由、平等和宽容虽然意味着“一切都有机会”，但绝不意味着“一切都不被排挤”。这是关键所在。良莠并立，不是坏事，只要优秀的事物能够生存，哪怕低劣事物同样能够生存，就不是坏的社会，可是，民主的数量原则已经注定了少数集团将永远被排挤，而优秀者总是少数。假如人人助人为乐，助人为乐就算不上美德。由于通常的人性自私又愚蠢，因此，最容易被众人淹没乃至消灭的就是智慧和高尚德性。可悲的是，至今人们也没有能够充分意识到消灭了智慧和高尚德性将会给一个社会带来灭顶之灾。假如民主真的能够做到优劣一起都保护，就一定是个非常不错的制度，可惜难以做到。民主没有能力保护优越事物。

柏拉图们对优越事物的偏爱并不能简单地理解为贵族情怀，而是因为优越事物有容乃大，因此优越事物对社会没有破坏性。优越事物不会故意去消灭低劣事物，甚至会宽容低劣事物，因为优越者有能力去理解低劣者，而且不会嫉妒低劣者。但低劣者由于理解能力的局限、嫉妒和怨恨而绝不会宽容优越者。优越事物的优越性是自足的善[①]，它不需要去摧毁别的东西来证明自身（除非迫不得已的自卫），因此能够宽容其他事物。**只有优越者才有宽容的能力**，因为优越者能够理解其他任何事物在世界中的必要位置和特殊意义；而低劣事物只有通过毁灭优越事物才能够获得价值和成功，因此，低劣者往往是不宽容的，而且低劣者不能理解优越事物的重要意义，所谓一窍不通就以为无窍可通。自由、平等和宽容虽好，却没有能力保护优越事物，结果导致劣者生存。这个困难就是由民主制度的“数量原则”所造成的。

一旦以“数量原则”去否定“质量原则”的权威性，即使是优良的公共领域也未必能够有效地保护优越事物，只要数量原则被当成价值判断的依据，公共领域就终将被汹涌澎湃纷至沓来的错误意见所淹没，这正是苏格拉底、柏拉图和亚里士多德所担心的修辞术在与辩证法竞争时的优势。辩证法试图寻找真理，而真理如此之少而且难以获得，因此，在修辞术的花言巧语和炒作面前，辩证法并无优势可言，甚至几乎注定是劣势。修辞术所以容易胜出，不仅是因为花言巧语的语言优势，根本原因还在于人性弱点太多，特别是心理弱点，人们太容易被说晕过去，因此，真理通常说不过错误的花言巧语。除非有某种能够保护优越事物

---

① 参见亚里士多德的《尼各马可伦理学》，其中关于卓越德性有许多论述。也可以参见赵汀阳的《论可能生活》(北京，中国人民大学出版社，2004)，也有许多相关的论述。

的制度保障，否则，自由、平等与宽容将更容易导致坏的结果。

城邦人生活在政治之中。城邦人是一个准备命运与共的共同体，城邦政治就是城邦人的**共同**命运，于是，城邦的政治正当性必须与共同命运相配。从逻辑上看，“共同命运”蕴含的是所有人的“一致同意”的政治制度，这样才具有政治正当性。可是，所有人一致同意几乎是不可能的，而且也不可行。为什么一致同意并不可行？这是一个颇为诡异的问题。如果一种事情需要获得一致同意，这就已经预设了公共领域的民主运作，这样的话，民主制就好像预先自动地具有了政治正当性。可是在获得政治正当性的证明之前，并不能预设某种制度的正当性，因此，一致同意原则并不像表面那样中立，而是事先偏袒了民主制，这本身就是政治不正当的了。为什么一致同意又是难以成功的？这有着令人伤心的原因。按理说，假如某个事情对每个人都有利，就应该能够形成一致同意，但这一显而易见的道理却难以成真。人都有主观偏见，经常错误地理解事物，加上人性贪婪自私，人们本就糊涂，自私之心使人们变得更加糊涂，经常错误估计形势，总想多占额外便宜，因此，即使有了对人人有利的好事，人们也未必能够认识它，即使认识到了也未必满意，结果“一致同意”总为泡影。如果放弃一致同意，就只有民主的数量原则或者公正的比例原则可以选择了，而其他原则都远远不合格，比如强权专制。民主以多数原则替代全体原则，似乎相对比较接近一致同意原则，但其实更意味着少数人不同意；公正以“恰如其分”原则替代“一致同意”，同样也会有某些人不同意。虽然都是部分人不同意，但背后的原因却有正邪之分：反对多数原则的理由是反对以多欺少的暴政；反对恰如其分的原因是谋求特权或特殊照顾。显然，公正原则才是正当的。公正等价于客观的一致同意，尽管公正不会得到主观的一致同意，但由于公正是无偏袒的，因此，公正等于是一种必须同意的普遍有效性，就像真理是必须同意的，不管主观上是否喜欢，而公正所以是必须同意的，是因为不存在能够反驳公正的理由，既然无理由拒绝公正，必须同意就意味着真正的一致同意，也就是先验的一致同意。

柏拉图虽然没有给出上述证明，但柏拉图以公正性去定义政治正当性，并且认为，国家的美德就是公正，实乃真知灼见。在柏拉图看来，按照公正美德的标准，实际存在的各种政治制度在不同程度上都是缺德的。在《国家篇》中，柏拉图认为斯巴达所代表的“荣誉政体”（timocracy）虽然不是完美的政治制度，但算是比较不错的，它追求武士的荣誉，热衷于战争的光荣与辉煌，但却看不起知识和艺术以及一切文化事业，因此，它虽然充分表现了勇敢的美德，却缺少智慧的美德；而“寡头政体”（oligarchy）还不如荣誉政体，寡头政体实质上是富人统治，整个社会都以财富为最高价值，人们都见利忘义。这样的社会鼓励了贪婪和理性，而这两者是密切相关的，因为在财富上贪得无厌就必定需要理性的斤斤计较、节约以及合理的劳动投入。除了对财富的激情，人们就几乎没有别的激情了。这样的社会虽有克制、守约和勤劳这些平凡美德，但它缺少智慧、勇敢、慷慨、无私等等伟大的美德，何况还特别鼓励了贪婪和吝啬等坏品质，因此是很不高尚的社会。理性、贪婪、克制、守约、勤劳和吝啬等这些品质看起来和现代商业社会的品质非常相似，简直就是现代社会的预告。可以估计，柏拉图肯定不会喜欢现代社会。

柏拉图关于民主制的评论最为有趣。民主制被认为甚至比寡头政体更差，寡头政体还只是贪财，民主制度则俗不可耐而且放肆。被滥用的自由和宽容鼓励了人们在欲望和物质上的放纵、无耻和浪费，而民主制的平等观念从根本上破坏了公正，“这种制度不加区别地把平等给予一切人，而不管他们是不是平等者”①，于是，民主制将会破坏所有价值标准，“民主制以轻浮的态度蔑视和践踏了所有理想”②。柏拉图还说，民主制不仅受到平民的欢迎，尤其受到年轻人的欢迎，因为民主制允许放

① Plato：*Republic*，558c.

② Plato：*Republic*，558b.

纵各种欲望，而年轻人欲望强烈，再加上民主制所允许的虚假意见和花巧话语乘虚而入占领了年轻人的心灵，于是“把美德一扫而光”，那些虚妄的意见“率领着傲慢、放纵、奢侈和无耻而前进……让年轻人蜕变为肆无忌惮的小人而沉溺于无益的欲望中”[①]。民主制的自由甚至会发展到“狗都变得像它的女主人似的”，而且“驴和马都在大街上随便撞人”[②]。柏拉图对民主制的这些夸张的批评在今天读来令人吃惊，自从民主制成为现代制度的主流，人们已经不敢说出如此反动的言论了。幸亏柏拉图认为最差的是僭主政体或者说专制政体。专制所以是最差的，是因为它几乎没有什么优点而又具有所有缺点，尤其是如果平民领袖成为专制统治者，就会把所有的人性缺点发挥到极致[③]。

柏拉图相信从荣誉政体、寡头政体、民主政体到僭主政体之间存在着一种**政治退化**的逻辑关系，比如说，寡头政治搞得太差就退化成民主政治，民主政治搞到物极必反就退化成专制政治。这个有趣的看法未必完全符合真实，但不无道理。柏拉图对政治制度的好坏顺序的看法时有变化，在《政治家篇》中就认为民主制好过寡头政体，这样的话，民主制就似乎不能看成是寡头政体的退化了。政体之间的退化关系到底是什么样的，这并不非常重要，关键是柏拉图关于政治退化的分析包含着某种深刻道理：当精神性的追求（比如荣誉）减弱了，物质性追求（财富）就会被加强；而财富的追求往往促进对自由的追求。这似乎已经天才地预告了现代社会的产生逻辑。尤其重要的是，柏拉图建立了一个政治退化的分析模型，其基本理由是：一种政治制度总有其缺点和弊病，除非遇到有如神助的特别幸运，没有一种政治制度能够对付得了它的先天缺陷，那些缺陷总有一天会发展到无法控制的地步而导致政治改变，就是说，如果一种政治制度不够完美，那么，即使它似乎还不错，也总会一

---

① Plato：*Republic*，560c－561a.

② Plato：*Republic*，563c.

③ Plato：*Republic*，565e－566c.

天天烂下去，一直烂到不可收拾。想想现代人对所谓“最不坏”的民主制沾沾自喜，实在是肤浅短见。正是基于政治退化的估计，柏拉图才会去构思一种完美政治制度，一个以公正为国家原则或者说国家价值观的“理想国”。根据理念论的逻辑，柏拉图相信，只有一个国家完美到符合国之为国的理念（eidos），才具有真正的政治正当性，只有能够使一切人与事物各尽其能、各就各位、各得其所的公正配称为国家美德。

## 3.2 理想离现实有多远？

柏拉图对政治的思考集中为一个关于“完美政治”的问题。完美政治也是理念的体现，就像其他理念从来没有实现一样，完美政治同样几乎不可能存在，事实上也从来没有存在过，但这个问题的理论深度却是无与伦比的，它构成了思考各种真实的政治问题的最好参考系之一。理念的意义并不在于实现，而在于让人知道现实有多么糟糕，知道现实距离理想有多远，因此这个“柏拉图问题”至今有效，它仍然是对任何真实的政治制度的一个严重的理论挑战，也正因为这个柏拉图问题如此强大，因此柏拉图一直被认为是民主制的最大敌人。为什么独独是民主制而不是别的？当然是因为柏拉图批评的其他政体后来都退出了历史舞台，只剩下民主制与专制两种制度（柏拉图在后来的《法律篇》中进一步认为民主制和专制是两种基本的政治制度，其他各种制度都是这两种基本制度的变种）。但要说柏拉图反对民主制而支持专制，恐怕说不通，因为柏拉图对专制也有严厉批评。关键在于柏拉图不是这样简单地想问题。对于柏拉图来说，民主制有好的也有坏的，同样，专制也有好的和坏的。如果是坏的专制，就不如民主制，可是好的专制又被认为胜过好的民主制。这样事情就比较复杂了。柏拉图在晚年著作《法律篇》中，思想变得温和了许多，柏拉图相信理想国应该综合专制和民主制的优点，尽管基本政治格局还是以良善专制为主。

无论如何，“柏拉图问题”对民主制确实构成威胁。现代人往往满足于“民主制是最不坏的制度”这种想法，其实“最不坏的制度”说明不了什么问题，重要的是民主制这一“最不坏的制度”是否能够保证处于一个“最不坏的状况”，如果制度不坏，但状况很坏，制度不坏又有什么用？在现代社会里，坏的民主制例子很多，即使是那些“好的民主制”（例如欧洲和北美）也存在着许多严重问题。按照柏拉图的政治退化猜想，如果一种政治并非完美，它迟早会因为它自身的缺陷而烂掉。这似乎是一个令人不安的咒语，因为现代民主社会兼备了在柏拉图看来最危险的几种坏品质：对财富的无限贪婪、失控的个人自由、破坏了公正的平等、藏污纳垢的伪善宽容。由此看来，现代民主比古希腊民主差得多了。现代民主社会看上去很美的假象与民主的优点没有太多关系，而是得益于发达的经济和生活水平，一富遮百丑，但这种发达来自先手的运气——运气是可能消失的，何况富裕只是掩盖了问题，并不等于危机不存在。

除非一种政治是完美的并且一直保持完美，否则它迟早会因为它自身的缺陷而烂掉，哪怕这种缺陷一开始并不严重。虽然柏拉图自己并没有这样概括表达这一政治咒语，但这是柏拉图在各种政治讨论中不断重复的一个问题。这个问题的要害在于“欲望使人堕落”。正如柏拉图所担心的，“占据了心灵的大部分的”欲望总是与感性快乐结合在一起，因此具有无力以抗的强大诱惑力，尽管这不是真正的快乐（柏拉图相信真正的快乐是智性的），但如果没有智慧去加以引导和控制，欲望和快乐就会失控而导致不择手段的行为。当人们被肆无忌惮的欲望和快乐动员起来，这种欢乐总动员就形成社会的集体堕落。由此可以理解柏拉图为什么认真讨论了诗人和智者派哲学家的政治危害——正是诗人和智者派哲学家鼓吹了各种不真实的话语、虚构的意见和错误的幻觉而误导了民众。那些错误的意见遮蔽了智慧和真理，智慧本来就是难得之事，当智慧被掩埋，欲望就有了放肆无耻的一切机会。柏拉图难免要对民主制特别警惕，他相信民主制的自由和平等鼓励和培养了坏的诗人和智者哲学家，从而最后毁坏社会（柏拉图认为应该把诗人们送给别的城邦，谁爱要谁要）。正是民主制为一切欲望和意见提供了肆无忌惮的表现机会，于是诗人和智者就去迎合大众趣味以便获得欢呼和成功，而完全背叛了美和智慧①。诗人和智者大概代表了文化界和学术界，艺术和哲学的败坏绝非小事，也并非与政治无关，相反，文化的败坏对于政治是釜底抽薪的大事，因为文化正是各种价值的最后保证，正如数学和逻辑是真理的最后保证一样。柏拉图和孔子一样都担心文化“礼崩乐坏”的政治危害，可谓所见略同的先见之明，这已经暗示了，文化政治正是政治的深层问题。

文化政治不能被理解为政治的一个方面，而必须被理解为政治的一个基础。政治至少有两个基础：一个是利益，另一个是文化。人们习惯于只看到或主要关心利益的政治性，而相对忽视文化的政治性，往往只以物质利益特别是经济利益为根据去分析政治问题，这是严重的理论失误。现在文化政治问题又重新得到人们的关注，这更说明了柏拉图和孔子的先见之明。在文化政治问题上，孔子甚至比柏拉图更为清楚，孔子非常明确地把文化（特别是价值观体系和实践方式）看做是政治的根本问题。亚里士多德以为政治是伦理的分支，这表现出了政治理解在深度上的差异。其实，主张和推行任何一种价值观（无论是道德的、知识的还是美学的），都是政治行为。既然价值观决定人们灵魂的方向，从而进一步决定人们的所作所为，那么，价值观的选择就是最大最基本的政治行为。在这个问题上，柏拉图可能是古希腊哲学家中头脑最清楚的，甚至比亚里士多德更有问题意识。一个社会把什么事情看做是最值得追求的和最受尊敬的，它将决定一个社会的总体价值取向，所以这是根本的政治问题。那么，什么样的价值标准才具有正当性，就成为一个无法回避的难题。这就是柏拉图费了很大力气去讨论的公正问题。价值观的正当性要比利益分配的正当性复杂得多，尽管利益分配的正当性问题同样

---

① Plato：*Laws*，654a-660a.

难度很高，但它至少看起来不至于没有解决的希望，可是在价值观的正当性问题上，人类的智力遇到可怕的挑战，问题出在价值观的主观性是几乎无法反驳的，可以这样理解：

已知任意一个价值观V相当于说“x是好的”（或者y是坏的），这是一个主观判断。当我们试图论证V具有正当性，只有两个选择：（1）去证明V是真的；（2）去论证V是好的。可是，既然V只是一个主观选择，它就与真假无关，于是只好去论证V是好的，但是，去论证V是好的就一定出事，这等于是论证“（x是好的）是好的”，不难看出，这一论证必定形成一个万劫不复的“无穷倒退”，即“x是好的是好的是好的……”这样一个无法停车的无穷过程，同时，这个无穷倒退又是无可救药的循环重复，其每一步的论证理由都是等同的，并无任何推进，“x是好的是好的是好的……”无论有多少个好，还是等于“x是好的”。真正灾难性的结果还在后头。既然对价值观的论证并不能提供比这个价值观本身更多的理由，那么就不得不承认，一个价值观本身就是其正当性的证明，或者说它是自证而成的，假如真是这样，任何一个价值观就将具有同等的正当性。这是一个万万不敢承认的事情。假如任何一个价值观都同样正当，每种价值观将构成对其他任何价值观的解构，每个人的生活都将是对其他人生活的拆台，社会将在无望的分歧和冲突中土崩瓦解。这说明了这样一个道理：如果任何一种事情都同样好，结果必定是，没有一种事情是好的。没有价值标准下的自由和平等将是社会的一条自我毁灭之路，就像强权专制是一条“奴役之路”。

柏拉图显然意识到过分自由的民主制与没有自由的专制都蕴含着巨大危险，于是决心设想一个理想国以表明完美政治是什么样的。柏拉图必须解决苏格拉底所遇到的一个怀疑论困境：苏格拉底苦苦寻找关于美德的真知而一无所获。假如在价值问题上果然没有绝对标准可言，那么也就没有哪一种政治是坏的，无论民主还是专制，都同样好或同样坏，政治就只剩下赤裸裸的权力斗争了，成王败寇，如此而已，但这样的话就没有什么真正的政治了。政治不是“x统治y”而是“y同意x的统治”。单纯的权力斗争与战争的本质相似，都损害社会的共同利益乃至每个人的利益，而且都是没完没了的损耗性循环运动，因此，单纯的权力斗争和战争一样都是政治的失败状态。战争不是难题，和平才是难题，同样，统治不是问题，同意被统治才是问题。

柏拉图别无选择，他必须千方百计去解决政治正当性问题。真理即使不是公正的根据，也是最好的榜样。人们支持公正就是因为公正的结构最接近真理的结构。真理的一般结构是“事物是什么样的就是什么样的”①，而公正的结构是“事情该是什么样的就是它该是的样子”②。如果真理的对称结构是牢不可破的，那么，公正的对称结构也应该是牢不可破的。后来休谟认为以“是”（to be）为结构的事实命题推不出以“应是”（ought to be）为结构的价值命题，这似乎是对的，但真理和公正的结构相似性仍然很能说明问题。在所有价值中，公正很可能是唯一与真理结构相似的价值，因此，公正是所有价值的正当性基础，只有公正才能证明其他价值的正当性。

其实，柏拉图不见得会同意休谟论点。这个问题很有些复杂，需要分析。假如以“勇敢”这一价值为例，人们可以认为“对于战士，勇敢是好的”这个价值命题同时是真理，因为，如果战士不勇敢，就是背弃了战士的责任，也就不符合战士的概念了，就是说，勇敢是战士这一概念的一个必要含义，由“战士”这个概念可以**分析地**得出“勇敢”的要求，因此“对于战士，勇敢是好的”这个价值命题的正确性似乎相当于

① 这是根据柏拉图和亚里士多德的说法演变来的。柏拉图的原始说法是说，一句话如果是真的，它所说的事物确实是这样存在的；如果是假的，它所说的事物不是这样存在的。例如“泰阿泰德坐着”是真的而“泰阿泰德飞着”是假的。（参见*Sophistes*，263a-c。）亚里士多德则说，把是的说成不是或者把不是的说成是，就是假的；把是的说成是和把不是的说成不是，就是真的。（参见*Metaphysica*，1011b26-28。）

② 柏拉图并没有给出如此简练的概括，但我的这个概括与柏拉图在《国家篇》中所讨论的两种公正（国家的公正和灵魂的公正）的含义都是一致的。

一个分析命题的正确性。如果这一点能够成立，就恐怕不能完全承认休谟论点了。同样，“对于人类思维来说，智慧是好的”，这也应该是真理，如此等等。假如有人故意坚持认为，战士可以是懦夫，思维也可以愚蠢，贫苦病痛也不坏，甚至死亡也是一乐，人们确实不可能“完全驳倒”这样奇怪的价值观，因为主观主义是不可能被彻底驳倒的（驳不倒的主观主义是哲学的一个奇观）。然而，的确存在着一些普遍人性事实，比如趋乐避苦、希望智慧健康、害怕死亡之类，这些人性事实虽非绝对必然，但足以用来说明价值。至于有人故意犯傻，故意做错事，甚至故意去死，那谁也拦不住，这些与众不同的例外并不能否证人性事实。苏格拉底甚至不相信故意的错误行为，他认为，没有人会故意犯错，一个人所以犯错，是因为不知道什么是好的，如果知道了什么是好的，就不可能去选择错误①。苏格拉底这一强硬分析并非无理，我们甚至可以替苏格拉底接着分析下去：人们追求幸福生活是毫无疑问的，如果有人故意追求悲惨生活，就有疑问了，那样并非不可能，也不是不允许，但是行为动机不成立，除非是神经病或者白痴，否则“x 愿意做对 x 不好的事情”是自相矛盾的奇谈怪论。这正是问题的关键：如果一个行为结果无法证明其行为意义，那么，它或者是一个糊涂的失败行为，或者是一个无聊行为。因此，即使存在着一些驳不倒的主观主义反例，也无法影响**生活整体事实**，于是，从生活整体事实完全有可能推论出某些价值命题，就是说，至少存在着某些关于价值的真理，尽管不多。

关于事实与价值之间的关系，还存在着一个更深层次的问题，尽管很少有人发现它，但柏拉图应该是意识到了的。当说一个东西“是”如此这般的，这个“是”其实至少有两种意义上的“是”：一种是事物所注定的“是”，即一个事物的存在注定了它是如此这般的，而不可能是别的什么（to be as it is）；另一种是概念所规定的“是”，即一个概念定义了

① Plato：*Protagoras*，358c－d.

如此这般的事情，只有如此这般的东西才是这个概念的所指对象（to be as defined to be），例如，按照定义，90 度角是直角，那么，所有不是 90 度的角就不是直角。这一区别说明了，不仅自然事物能够决定“什么是”，人为概念也能够决定“什么是”。当人为概念定义了“什么是什么”，就是建立了关于某种“是”的标准，这一人为定义的“是”（to be）同时就等于规定了“应是”（ought to be），这两者的所指对象完全重合全等。例如，当规定了“战士是勇敢的”，这与“战士应该是勇敢的”所指的事情完全一致，不勇敢就不符合战士的标准，也就不属于战士的概念。由此可见，在人为概念里，“是”逻辑地蕴含了“应是”。当然，休谟论点对于自然事实与价值之间关系仍然有效，但对于概念事实与价值之间关系就不再有效了。

由概念的能力可以理解柏拉图理念论的雄心。理念（eidos）不是一个很明确的概念，就其核心含义而言，理念大概指（1）确定一种事物成为这种事物的形式（form）；（2）一类事物的本相；或者（3）一类事物的原版。柏拉图时代还没有基因的概念，但基因概念最能够表达理念的意思（不过柏拉图有时也把理念与 genos，arche，paradeigma 混用，似乎有些接近基因概念），因此可以说，理念就是使一种事物成为这种事物的基因。柏拉图相信理念论对于任何事物都是普遍有效的，即任何事物都有它的理念。自然事物的理念是自然给定的，这不成问题。但是文化事实是人创造的，文化事实的理念也就是人创造的，人们把一个事情做成这样而不是那样，比如说建立如此这般的一套法律或者政治制度，就等于规划了这些事情的理念，那么，人所创造的理念和事物是不是好的，这就成为问题了。在理念论的背景下，就很容易理解柏拉图那个看起来颇有些异想天开的理想国了，显然，柏拉图要为国家创造一个理念。

柏拉图这样设想：建立一个好国家的道理等价于做好一个人的道理，人的公正性与国家的公正性具有对应关系，既然国家是人建立的，因此，有什么样的人就有什么样的国家[①]。从逻辑上说，只要了解人的灵魂构成，就可以推论国家的价值原则。灵魂有三个方面：欲望、激情和理智。欲望在灵魂中占有最大比例，人充满欲望，欲望总是自私的、冲突的而且无法充分满足，欲望的放纵能够导致一切罪恶和错误，因此，欲望必须被控制、被克制和被指导；激情是强大的力量，是英雄主义的，但如果欲望支配了激情就会导致巨大错误，所以激情万万不能听从欲望，而只能听从理智，这样激情才具有高于欲望的目标；理智是灵魂的合法指导，只有理智才能通向智慧，而智慧最接近真理，即使智慧不可能认识所有真理，它至少也能够知道什么是错误的而避免错误。于是，做好一个人的要领就是使理智、激情和欲望各安其位、各尽其职、各得其所，即以理智统率灵魂，引导激情，满足合理的欲望，这一秩序就是灵魂的公正。如果搞乱了灵魂中这三者的地位，就会形成不公正的灵魂[②]。

由灵魂的公正原则可以推知国家的公正原则（柏拉图自己是先描述了国家，然后才以灵魂去论证国家，但逻辑上应该倒过来）。与灵魂的结构相对应，国家同样需要以智慧为主导，还需要勇敢的激情，同样需要克制欲望，因此，国家需要智慧、勇敢和节制这样三种美德。更重要的是，这些美德必须得到合理的安排，就像灵魂需要合理的安排一样，对各种美德的合理安排和正确使用就是公正，因此公正就是国家的总体美德，也就是国家的政治正当性之所在。国家的政治公正表现为让具有不同美德的人在最能发挥各自美德的位置上各安其位、各尽其职、各尽其能。这种政治公正能够最大化国家利益，同时也最能够维持社会安定。以不同天赋为依据按比例地安排人们的位置、利益和荣誉，这种公正是理所当然的天理[③]，它的逻辑结构就像真理一样完美而无懈可击，正如

---

① Plato：*Republic*，434d－435b. 从讨论的顺序上看，柏拉图先讨论国家公正而后讨论灵魂公正，但从逻辑上看，其实更应该先讨论灵魂公正而后去证明国家的公正。

② Plato：*Republic*，439d－445a.

③ Plato：*Laws*，757a－d.

前面说到的，公正与真理具有结构相似性：真理无非是把 x 说成是 x，而公正则是让 x 得到 x，都是 x = x 的对称结构。因此，公正当仁不让地成为国家的理念，即国家的完美概念。假如一种政治搞乱了作为天经地义的公正，这种政治就失去了正当性，比如，没有智慧的有钱人使用金钱操纵民主而获得权力，就是不公正的表现①。其实在古希腊时这种坏现象并不太严重，如果柏拉图看到今天世界的金钱民主，恐怕晕倒。

具体地说，柏拉图认为必须让有智慧的人成为统治者，所谓“哲学王”。古希腊时代还没有形成现代的知识分类，哲学家其实指的是一切有智慧的人或者说“能够认识事物理念的人”；让勇敢的人成为国家卫士，其社会地位仅次于统治者。柏拉图非常推崇军人，古希腊时代人们普遍认为智慧和勇敢是最高级的美德；至于既没有智慧又不勇敢的人们就按各自的技能从事其他各种工作并且接受统治者的指导，由于这些普通人的灵魂构成“主要是欲望”，因此他们所需要的美德就是节制，只要克制了不合理的愚蠢欲望，不要见什么都想入非非，蠢蠢欲动，就是对国家的贡献了（柏拉图对民众如此不礼貌，但当时语境如此，也情有可原）。这个理想国的政治就是以美德为标准的贤人统治，也就是高尚人士所追求的制度，其中道理与儒家的政治原则很有些接近，都是主张“有德者”的统治，由上智管理下愚。

柏拉图深知自私乃万恶之源，上智之人也难免自私，而要解决自私问题极其困难，实际上无论什么样的政治制度或者伦理制度，都很难克服自私问题。柏拉图想到了一个令人诧异的解决办法：让人几乎无私可图，即建立一个公有共产制度②，这是柏拉图思想中比较不靠谱的想法，它远不及后来马克思主义关于公有制的思考。柏拉图的公有制度太过生硬，实非高明之举。马克思主义则要深刻得多，马克思主义不准备通过

---

① Plato：*Republic*，433a-434c.

② Plato：*Republic*，416a-417b；*Laws*，731d-740a.

让人们完全无私可图去解决自私问题，那样做太过违背人性，因而是不可能的。马克思主义的著名想象是，当社会发展到物质极大丰富时，应有尽有，要什么就有什么，人们对私利的兴趣自然大大减低，人的异化现象基本消除，而能够实现人性的自由本质的活动（马克思认为是劳动）变成人们的第一需要，这是私心的自动消失而不是对私心的强制。马克思主义的想象虽然也是理想主义的，但在理论上明显强过柏拉图不合情理的设计。柏拉图居然想到如此生硬几乎就是削足适履的做法，很让人不解。老子也有一个克制自私的策略，他主张让人民的生活方式变得非常简单，取消让人眼花缭乱的产品，以至于没有什么让人激动到为之拼命的东西，自私也就不足为患了。老子策略虽比柏拉图高明一些，但好像有些阴险。

柏拉图可能是直面政治正当性问题的第一人（西方范围内），而且非常诚实地分析了这个问题。当足够诚实地去分析这个问题，其难处是明摆着的。在任何一种可能的社会、生活和文化之中，任何优越的东西，无论是智慧、真理还是勇气，都不是普遍现象，不可能属于所有事物，不可能属于每个人，而那些能够普及的东西，属于每个人的东西，就只能是欲望、主观意见和物质利益。柏拉图斩钉截铁地优先考虑了优越美德和贤人，就像现代人毫无商量地优先考虑了普通事物和普通人，都没有真正解决问题。有时人们容易忘记，优越事物和普通事物具有同样的必要性，无论优先或忽视了哪一种，都是不正当的，至少在某种程度上是不正当的。支持了某种正当的东西的同时就破坏了另一种正当的东西，这是一个悖论性的困难。不过，晚年柏拉图似乎逐步发现了这个“好事难全”的问题，他的理想制度因此变得有些软化，变成了一种混合了民主因素的君主制。

直到今天，哲学家们在论证政治正当性时仍然非常偏心，很少有人愿意无立场地承认政治正当性所包含的内在悖论。现代的一般解决方式是以民主作为政治正当性的依据，这等于优先了大多数人的利益和意见，理由是，大多数人的利益和意见毕竟大于少数人的利益和观念。可是，把多数等同于正当，这本身就是一种不正当。更有讥讽意义的是，大多数人的意见未必对大多数人有利，没准少数人的智慧和美德反而更能够普遍惠及所有人，也就是说存在着这样的可能性：大多数人的选择其实是愚蠢的，反而变成自己害自己；而少数人的见识更为明智，因此实际上有利于大多数人甚至所有人。柏拉图把智慧看做是政治公正的最重要条件，即一种政治选择如果是正当的，它必须同时是智慧的，也就言之成理了。

柏拉图政治理论其实存在着严重理论隐患，主要是知识论上的隐患。柏拉图理论建立在理念的假设上，可是，如何正确地使用理念去衡量和判断事物仍然是个问题。假定我们知道了勇敢的理念，可是勇敢到什么程度才算勇敢？假如把七分的勇敢称为勇敢，那么凭什么六分勇敢就不算勇敢？其间显然不可能划出明确界线，而如果六分勇敢也算勇敢，那么五分勇敢、四分勇敢都应该算勇敢，最后会发现没有什么不能算勇敢了；同样，如果有八分、九分的勇敢，那是不是七分勇敢就不能算勇敢了？既然总能够想象“更勇敢的”行为，那么就永远没有什么行为是绝对可以确定的勇敢了。这既不是诡辩也不是玩笑，而是诚实的追问，它说明，我们并不真正清楚我们所依靠的许多概念，那些概念其实是经不起逼问的。“勇敢”的概念有些糊涂，这还不要紧，问题是那些更重要的概念，比如善、平等、自由等等，恐怕更加糊涂而且至今糊涂，这就不是小事了。

思想上的诚实往往产生让思想难以承受的极限挑战。但苏格拉底就是一个非常诚实的哲学家，他的诚实的追问就往往让人受不了。维特根斯坦也是极其罕见敢于诚实思考的哲学家，他像苏格拉底和柏拉图一样追问各种基本概念，并且发现了许多朴实而深刻问题。根据柏拉图理论，具体事物不可能完全地或完美地表达理念（Idea），而只能某种程度地表现理念，因此，最接近理念的事物就被认为是“理想的”（ideal）。只要卷入了程度问题，就会出现前面讨论到的那种麻烦。维特根斯坦碰巧也讨论到“理想”的问题：我们凭什么说一个东西是理想的？他发现在许多事情上这是个说不清的问题。直线是清楚的，因为直线的概念如此明确以至于我们能够想象那条完美的直线，但是大多数事物就没有这样清楚了，比如一幅画像，画得很理想，或者说一首乐曲“改得比原来的更理想了”，我们并没有一个完美的画像或者乐曲像完美直线那样在心里“明摆着”①。前面所讨论的关于勇敢的问题，也有类似的困难。这些困难并非不能具体解决，比如说，一个城邦只需要 2 万战士，那么只要挑出 2 万个比其他人更勇敢的人就可以了，而不需要去证明他们是不是“真正勇敢的”或者是不是符合勇敢的理念。有些问题或许能够找到特殊的实际解决，但理论隐患并没有因此被消除，那些隐患会被利用去解构理念。

即使柏拉图的理想国在理论上做到无懈可击，它是否就会成为人们的公共选择呢？或者说，在理想与现实之争中，人们会选择理想吗？也许事无定理，但我们有理由认为，人们更可能选择“坏的现实”而不是选择理想。柏拉图大概也知道这一点：民众不见得能够理解关于理念的真正知识（episteme)，但很容易听从充满偏见的主观意见（doxa)，偏见与人们的肤浅感觉和私心杂念更容易沟通，因此，人们多半会陷于主观意见而对理念不感兴趣。城邦的公共领域本来是自由思想和自由言论的最好制度，但是真理非常容易被花言巧语所淹没，结果公共领域反而变成主观意见的自由市场而绝非真理之乐园。

还有一个柏拉图肯定没有想到过的问题：假定人们碰巧认识到理想国是最好的，那么是否就必定会选择理想国呢？恐怕还是不见得。不知道好的因此选了坏的，这是比较容易理解的，但是明知好的也不要，就

---

① Wittgenstein：*Wittgenstein's Lectures*，Cambridge 1932 - 1935. the University of Chicago Press，1982. 1932 - 33/ § 33 - § 34.

有些离奇了。苏格拉底和柏拉图只是担心，无知会导致错误选择，却没有想到“明知好也不要”的情况。这一咄咄怪事虽然不合理，但不见得不合情。有人不愿意承认以公正作为国家的基本原则，这种情况并非不可能。比如说，某些人的能力和品质低于平均水平，那么，各得其应得的公正原则就不符合他们的利益最大化要求。假如他们是非理性的，就有可能选择暴力革命以求重新分配；如果他们是理性的，则有可能以平等为名要求均贫富之类的。当然还可以有别的理由，比如特定的信仰，也能够使人拒绝理想国，如此等等。这多少说明，理未必胜过情，知识未必胜过欲望，人们甚至有可能理性地追求非理性的目标，就是说，以非常理性的策略去争取不讲理的利益目标。事实上，人类讲理的时候不多，这肯定要让柏拉图失望。

# 4. 从世界问题开始的天下政治

## 4.1 当政治问题从世界开始

与西方的政治思路完全不同，中国政治不是从国家问题开始的，而是从世界问题开始的。不同的政治出发点蕴含着对政治问题的不同理解以及不同的解决方式，甚至开拓了不同的政治问题。从古希腊开始的西方政治思路和中国周朝开始的中国政治思路基本上覆盖了当今政治思想的问题域，而且这两种政治思路似乎有一种良好的问题互补性。

奠定以世界问题为起点的政治思路就是中国周朝开创的天下体系。不过，从世界问题出发的中国政治思路究竟从什么年代开始萌发的，恐怕无法准确断定，后世文献把这一思路一直追认到尧舜禹汤的圣王时代。据说当时就有了天子统领“天下万国”[①] 的政治合作体系，不过这是未经确证的传说，很可能是周朝按照自己的政治理想对前朝政治的重新理解和追认（关于圣王时代的最早文献基本上是周文本）。就比较可信的迹象去看，圣王时代的政治状况大概仍然是酋长部族的松散合作关系，圣王只不过是实力更强威望更高的盟主，并非严格意义上的君主。如王国维所言之夏殷时代，“盖诸侯之于天子，犹后世诸侯之于盟主，未有君臣

---

① 《尚书·大禹谟》：“皇天眷命，奄有四海，为天下君”；《尚书·益稷》：“光天之下，至于海隅苍生，万邦黎献”；《战国策·齐策》：“古大禹之时，天下万国”。

之分也"[1]。一个证据是，《尚书》所载，甚至到周早期仍然相当平等地称呼诸侯为"友邦君"[2]。不过同样根据《尚书》，圣王们似乎已经有了协调各部族关系的权力，所谓"协和万邦"[3]，以及审议统筹各部族共同大事的权力，例如治理洪水、制定时令和度量衡、规定礼乐贡赏，以及商议王位继承等等[4]。但这些制度看起来更像是周制度。

比较合理的想象是，圣王时期可能已有尚未制度化的某种政治倾向，可能是天下政治的某种准备，但夏商时代的天下共主并非天下的真正统治者，而只是具有霸主地位的盟主。考虑到其时技术条件仍然非常落后，物资交通能力有限，即使是强大的霸主也不可能普遍地东征西讨，至多是打败紧邻的几个部族，其他部族闻其威盛，见其势大，因此尊其为上，以求安全，如此而已。过分夸大远古政治能力和行政管理权力，恐不可信。圣王时代的政治虽然只是天下体系的准备，还没有完成制度化，但似乎开始有了天下的眼光，所以试图"协和万邦"。这一点意味着有了"世界性的"政治视野，但要落实为制度，必定是出现了什么特殊条件，否则不可能有如此超前的政治冲动。

比较确实的天下体系是从周朝开始的，或者说，世界成为一个政治存在，天下成为一种政治制度，这是周政治的创造。周朝所以能够建立一个以世界政治问题为核心的政治思维框架，必定有其特殊历史背景，但其政治立意之高远，仍然匪夷所思。政治思维从世界问题开始，而不是从国家问题开始，这是很不寻常的路径。部族社会合乎逻辑的演变应该是国家，因此，国家模式才是自然而然的政治思维。世界政治思维则是独特的，因为世界政治没有自然而然的政治前身，这种独一无二的政治思路不仅在古代是伟大创造，即使在今天仍是最前卫的政治观念，它

① 王国维：《观堂集林·殷周制度论》，296页，石家庄，河北教育出版社，2001。
② 《尚书·牧誓》；《尚书·大诰》。
③ 《尚书·尧典》。
④ 《尚书·尧典》；《尚书·舜典》。

提出的和暗含的政治问题甚至超出目前的政治现实而属于未来。

周朝的天下制度据说是以周公为首的政治家集团的成就，但周公是个政治家而非理论家，他并没有为这一伟大制度给出理论，而只是提出了一些观念。后世诸子虽然发展了其中某些重要思想，但仍然没有形成哲学理论，因此，天下制度所蕴含的各种问题和思想长期以来只是松散的观念而没有完成理论化。这一点并不奇怪。西方的民主也是先有实践而后到现代才有比较完整的理论。鉴于天下政治的重要性，尤其是对于未来社会的重要性，我们有理由把它进行理论化，这一理论化是对古典问题的重新创作，因此并不拘泥于古意[①]。

王国维指出："中国政治与文化之变革，莫剧于殷、周之际……殷、周间之大变革，自其表言之，不过一姓一家之兴亡与都邑之移转；自其里言之，则旧制度废而新制度兴、旧文化废而新文化兴……其制度文物与其立制之本意，乃出于万世治安之大计"[②]。以往诸家更多注意的是周朝确立的礼治体系，这确实很重要，尤其对于解释中国社会更是根本依据。但周制度蕴含着更多具有普遍意义的政治问题，而且是在今天越来越重要的理论问题，却一直没有被充分深入分析。正如古希腊政治提出了正义、公共领域和民主等政治问题，周朝政治则提出了天下、治乱、德治、和谐以及民心等政治问题。

天下体系的创造是个奇迹。殷商时，周乃小邦，处于比较落后的西部地区，夏商的政治中心在东部。"小邦周"到底有多小，据史学家估计，其人口大概 5 万以上，最多 6 万～7 万，战车 300 乘而已[③]。周文王和周武王的外交水平很高，又有足以服人的盛德，在西部甚至中部的许多小国中颇具号召力。商朝核心领地是最发达地区，人口可能超过百万。周武王兴兵伐商，许多友邦会师助战。据说勇力过人的商纣王发兵 70 万

① 参见赵汀阳：《天下体系》，南京，江苏教育出版社，2005。
② 王国维：《观堂集林·殷周制度论》，287～288 页。
③ 参见许倬云：《西周史：增补本》，77～78 页，上海，三联书店，2001。

来迎战，应该是夸张，有史学家认为最多是17万，恐怕还是夸张，对于百万之国，如果能出动7万兵马就算是倾巢出动了。总之，虽然商纣王兵马远多于周联军，但商纣王一向暴虐无道，大失军民之心，加上无考的原因诱发其中很大部分部队哗变倒戈，以致周武王一战成功，“血流漂杵”[①] 而天下大定。周虽夺取了天下主位，也得到部分诸侯的支持，但殷商遗民人数众多，还有一些亲近殷商的诸侯以及一些本来就桀骜不驯的部族，人心未定，叛乱多发，多方皆需安抚，因此，以小邦而居天下主位的周政权面临一个从来没有过的政治局面：**如何用以小治大的方式做到以一治众**。

传统的以一治众的模式总是由一个最大最强的霸主来实现，这是自然统治方式。但周乃小邦，本部人口非常有限，显然不适合采用传统的霸主或盟主的那种依靠强力的统治方式，而必须寻找和发明一种**不靠强力而靠信誉**的统治方式，这只能是一种让众国万民都愿意给予稳定的政治承认和信任的全新制度。简单地说，周只能发明制度以代替强力，而且这个制度必须能够摆平万邦的利益冲突。当时部族众多，号称万邦，实际上周王未必知道到底有多少部族，虽然万邦所及地面有限，但在效果上相当于世界的感觉，因此，周要发明的制度必须把所有可能的政治实体都考虑在内，也就是必须把整个天下的可能情况考虑在内，于是，如何创造一个具有普遍正当性的世界政治制度，就成为周的首要政治问题。政治就从世界问题开始了。

这个世界性的政治制度把地理学上的大地变成具有政治学意义的天下，世界政治出现了，这是“世界治理”问题的第一次提出。“治乱”本是任何一个社会的问题，一国一族之内皆有治乱问题，但部族或国家规模小，社会问题就容易处理。老子认为小国寡民最容易安居乐业，相安无事，就是因为小国的治理最简单。治乱需要有行动能力，如果一个社

① 《尚书·武成》。

会太大，超过政府的行动能力，就很难有效保证社会秩序了。由于技术和物质能力所限，中心政权不可能始终通过武力去维持万邦的秩序（万邦是夸张，据说有千邦①）。暴力虽强，总有力不能及的地方，尤其力不足以服人心，以“力”去证明和维持“天命”（相当于今天所谓的政治正当性），将是力不从心的。商之覆灭便是证明。何况周本部的实力并不强大，周所以能够借用诸侯的集体力量完全是因为它作为有德之邦的精神号召力（相当于“软实力”），而又时逢“竞于道德”的淳朴时代②，精神号召力比较管用。周虽以英主声望和国家道义形象去动员各国联军而克商，却不可能仅仅依靠自己的力量维持长治久安的统治。周部族人口非常有限，这意味着真正可靠的“自己人”不足以应付可能的政治变乱。在古代社会，人口不仅是最重要的经济资源，而且是最重要的政治资源，它是一切力量的基础。假如没有各部各国长期承认的政治合作，如果不能建立一个万邦和谐的政治世界，周政权自身并不足以长期维持其天下共主的地位，这一点既为近忧（殷商遗民众多），也为远虑（本部人少）。这是问题的关键所在。这一特殊的历史形势造就了一个意义深远的政治问题：**世界政治成为国家政治的前提，有序世界成为有序国家的必要条件**，或者说，**世界之治成为一国之治的必要条件**。

在古代，由于交通技术和地理知识的局限，其时人们实际知道的“世界”只是中国的一部分而已，尽管对不明远方也有模糊的想象，但缺乏确实的知识。当时人们所知地域虽然不大，但它是被当成“世界”去看待的。真实面积并不重要，重要的是世界意识，一种试图把整个世界以及所有国家考虑在内的总体政治意识。既然以一国威震万邦而称雄世界的霸权模式对于周政权并不适用，政治问题就发生根本变化。以小邦得天下并且承担起治理天下的责任，这一“以小治大”的局面已经在逻

---

① 《史记·陈杞世家》：“周武王时，侯伯尚千余人”；《吕氏春秋·观世》：“周之所封四百余，服国八百余”。

② 参见《韩非子·五蠹》。

辑可能性上否定了以“硬实力”解决问题的模式，而必须变成以“软实力”去解决问题的模式。因此，周必须创造一个天下体系，一种世界共享的政治制度，它必须满足：(1) 天下体系制度能够保证天下各国都获得足够大的权力和利益，以至于加入天下体系的好处明显大于独立在外的好处，从而使各国都愿意承认并且加入天下体系；(2) 天下体系必须形成各国利益互相依存的互惠关系，从而保证天下和谐秩序；(3) 天下体系必须能够发展各国都认可的公共利益和公共文化事业，从而形成普遍有效的价值观。周公们在进行制度创新时，以德治为核心原则，也就是使万民的利益最大化的原则，并且把这一光荣归于远古圣王传统，所谓“德惟善政，政在养民”[①]。据说普遍德治能够惠及万民，协和万邦，礼乐教化而王天下。以德证天命（政治正当性），这是非常优越的策略。力不能远，唯德能远，只有德才能通行于世界，达于万民，传之万世，这是周公们的深刻发现。可以说，周的制度创新告别了以力统众的自然统治模式，而开创了以德安邦的文明统治模式。以力统众并非真正的政治，而只是自然的统治。只有建立了作为一种文化的统治制度，才开始了真正的政治。

周的天下政治的重要性类似于古希腊城邦政治，尽管所选择的政治道路完全不同，但都同样开拓了深刻的政治问题，开创了真正的政治。一般地说，从国家出发并且以国家为单位去思考政治问题是常规模式（例如古希腊），因为这与通常的社会发展步调一致。人们通常总是属于某个国家，所以优先考虑国家利益。至于世界利益，则是非常遥远乃至无从想起的事情。即使有的帝国胸怀一统世界之雄心，所谋者只是无限扩大一国之利益和世界霸权，而没有考虑世界政治以及天下万民之公共利益。世界政治一直到全球化运动才开始成为人们关心的问题，而且恐怕还要等到全球化运动充分发展之后才会成为最大的政治问题。而天下

① 《尚书·大禹谟》。

思想如此超前，这要归功于周政权在“以小治大”的局面下被激发的想象力。当然，周政权所建立的天下体系是一个君主分封政体，当时人们所能想象的政体只能是君主制，而且在古代社会里，君主制是很合适的。但就其理论潜力而言，天下体系可以是各种政体，绝不限于君主制度。只要一种政治制度能够负责世界的共同利益、保证世界和平、建立世界普遍合作关系，并且为世界万民所认可，就满足了天下体系的理论要求。天下体系的周经验至今很有参考价值，可以被看做是天下体系一种尝试和演习。

## 4.2 天下作为饱满的世界概念

“天下”是一个含义饱满的世界概念，其基本意义是：

（1）其地理学意义指“天底下所有土地”，即人类可以居住的整个世界，诗曰：“溥天之下，莫非王土；率土之滨，莫非王臣”①。古之天下概念的“理论所指”是整个世界，但由于地理知识的局限，人们实际知道的世界并不太大，无非“九州”，只相当于今天数省面积。在汉的扩张之前，古中国实际控制的地面无非“左东海，右流沙，前交趾，后幽都”②。由于受到海洋、高山和沙漠的限制，人们对外面世界只是略有所知，估计也有些往来，但在汉通西域之前，与外部世界的往来显然不多，因此相关知识既不丰富也不确实。不过在关于世界的想象上，也有眼界很大的学者，如邹衍想象的天下由多达 81 个九州组成，而中国只是其中之一。这个想象又过大了③。关于天下，有个问题在很长时间里不太明朗，这就是海洋。按理天下当然包括海洋，海洋也是天之下的自然存在。但从古中国的兴趣来说，海洋只是在理论上属于天下，却不受重视，古中国主要兴趣在土地，那是人能够居住的家园和生产劳动的资源，对海

---

① 《诗经・小雅・北山》。

② 《淮南子・泰族训》。

③ 参见《史记・孟子荀卿列传》。

洋作为资源和领地的意义则缺乏认识，直到近代才明确了海洋的意义。

（2）社会学或心理学意义上的天下还指所有土地上所有人的心思，即“民心”。人甚至比地更重要，对于社会和政治而言，人是比地更重要的资源。“得天下”的根本意思并不是获得了所有土地（当然这一点从未实现过），而是说获得万民之民心。如荀子曰：“取天下者，非负其土地而从之之谓也，道足以壹人而已矣……得百姓之力者富，得百姓之死者疆，得百姓之誉者荣。三得者具而天下归之，三得者亡而天下去之”①。《大学》曰：“得众则得国，失众则失国，是故君子先慎乎德，有德此有人，有人此有土，有土此有财，有财此有用”②。民心表明了“天下”概念不仅是地理性的，而且是心理性的和社会性的存在。

（3）天下概念最重要的莫过其政治学意义，它指的是四海一家的世界政治制度。**世界制度**定义了政治化的世界，使世界具有政治意义上的统一性。其中的政治形而上学理由是，既然天是完整的，天下也必须是完整的，这样，天命才能在天下得到普遍实现。如果说，万民之心使普天之下的土地具有了政治意义而不仅仅是自然存在，那么世界制度正是万民之心的制度化表达。如果没有世界制度，天下终究是分裂的乱世之地。在这个意义上，作为世界制度的天下才是天下概念的最后完成形式。管子曰：“创制天下，等列诸侯，宾属四海，时匡天下”③，正是此意。因此，“天下”所指的世界最终必须是个“有制度的世界”，是一个完成了从混乱的自然状态到有序的制度世界的转变的政治世界。

可以看出，“天下”比西方思想中的“世界”概念有着更多更重要的含义，它是自然地理、社会心理和政治制度三者合一的“世界”，是一个饱满的世界概念。西方的“世界”只是一个单薄的世界概念。如果世界概念缺乏天下制度的政治与道德含义，就仅仅是一个自然存在，是科学

① 《荀子·王霸》。
② 《礼记·大学》。
③ 《管子·霸言》。

和经济学的对象。这一差异不止是语言学的局限，而更是思想的局限（诚如维特根斯坦所言，语言的界限是思想的界限。因此，语言的局限导致思想的局限），这一局限使得西方政治思想中没有关于整个世界的政治世界观，世界就总被看做是自由争夺和掠夺的"公地"，更无所谓世界利益，而只有国家利益。这一有缺陷的政治意识鼓励了西方长期以来对世界的霸权主义和殖民主义掠夺，一直到非常晚近才开始意识到世界出了问题。与西方意识不同，"天下"是个满载所有关于世界的可能意义的饱满世界概念，它蕴含着一种政治世界观。"天下"构成了中国哲学的第一基础，它规定了这样一种哲学视界：世界必须被理解为一个有统一制度的世界，否则世界不可能是一个政治整体，而如果世界不是一个政治整体，就不可能真正克服冲突和战争。同时"天下"还意味着一种哲学方法论：既然任何一个事物都必须在作为解释条件的"情景"（context）中才能有效加以理解和分析，那么，必定存在着一个**最大的情景**去理解和分析所有问题，而这个最大情景就是"天下"。

长期以来，人们在解释中国哲学时往往更多地注意孔子之后的儒家观念，并以此为思想框架去理解中国哲学，这虽不全错，但仍失于片面和狭隘，没有深入到真正根本的问题。这是一个解释框架上的失误。什么才是中国思想真正的总体框架和问题体系？中国思想相信，万物化生，生生不息，这是给定的自然事实，于是"各正生命，保合太和"乃天地之大德[①]，这是自然的和谐状态，那么，对于社会来说，就必须创造德配天地的人间制度以保证人类幸福生活。天地大德是既定的，能不能以天地大德为则而创造人类的命运，这是人类自己的问题。如果能够建立一种德配天地的制度，人类就能够享用天地大德而生生不息，否则，人们为私利而纷争，而致人人失利之乱世，残酷的冲突和战争甚至会导致社会的崩溃和人类的毁灭，因此，治乱兴亡就是人类生活的第一问题，

① 《易经·乾·彖》。

这个生活第一问题又注定了政治是思想第一问题。治乱兴亡之要害有三：

（1）天下治理。天下治理是世界性的总体治理，它也是每个国家治理的最终保证。一国内部的安定不能保证世界安定，而世界之乱却足以祸害一国之安宁，只要世界没有达到整体安定，一国就难以在乱世的外部环境下独享安宁，非常可能成为乱世的连带牺牲品，所谓“天下大乱，无有安国，一国尽乱，无有安家，一家皆乱，无有安身”[①]，因此，世界之治是国家之治的必要条件，世界政治高于国家政治，世界政治是国家政治的基础。这就可以理解周公们为什么强调政治必须追求天下大定，四海皆平，万民归心，最后达到“百姓昭明，协和万邦”，“庶政惟和，万国咸宁”[②]。正如前面所分析的，尽管周公们对天下政治的发现有着历史偶然性，但这一发现却具有重大理论意义，它暗示了政治的世界眼光和世界尺度。从学理上看，最大化的政治分析框架才能够理解所有政治问题，因此，天下政治理论显然优于国家政治理论。天下政治能够涵盖国家政治，而国家政治不可能解释世界政治，可以说，天下政治理论是理论能力最大的政治哲学。

（2）全方位政治。天下政治不仅是覆盖世界的政治，而且还是关于整个生活画面的全方位政治，就是说，政治不仅对统治秩序负责，而且要对生活和精神负责。因此，政治制度不止是关于利益和权力的分配制度，而且必须包括生活制度和价值观的设计。其中道理是，既然政治是人类生活中的最大权力，它就必须为整个生活的品质负责任，政治权力必须用于创造好社会和好生活，简单地说，政治不仅事关统治，还事关幸福。所以说，天下问题是治乱兴亡的问题，而不是一国一姓之统治问题，正如黄宗羲所言：“盖天下之治乱，不在一姓之兴亡，而在万民之忧乐”[③]。顾炎武进一步澄清“亡国”与“亡天下”之别：“易姓改号谓之

---

① 《吕氏春秋·谕大》。

② 《尚书·尧典》；《尚书·周官》。

③ 黄宗羲：《明夷待访录·原臣》。

亡国。仁义充塞而至于率兽食人，人将相食，谓之亡天下”[①]。因此政治不仅是身体管理的制度问题，而且是心灵文化的制度问题。由此可以理解为什么礼乐、伦理和文化在中国一直都是政治问题，也由此可以理解为什么中国思想几乎都是政治性的，就好像中国只存在政治问题，其实是所有问题都涉及政治选择。这种全方位的政治概念在今天世界里正越来越被证明是对政治的更深刻理解。

（3）政治正当性。无论古希腊还是中国，在思考政治问题时都从一开始就意识到政治正当性问题，而且都意识到暴力只能建立统治而不能证明政治正当性，于是，政治正当性就只能来自人民的同意，所谓人心所向。问题虽然相同，但思考角度有异。古希腊发明民主制度去表达公共选择，中国早期社会据说也有集体推举方式，但既非稳定制度，也没有落实为民众之选择而只限于权臣贵族的评议，因此不算民主。中国的方式是通过人民的集体行动去验证政治正当性（所谓验之民情）。人民的选择必定落实为实际行动，于是，只要观察到一种行为成为人们的共同首选策略，或者说，只要一种行为被**普遍模仿**，它就必定表现了人们的共同选择。如果说，古希腊是通过人们的“所说”去判断共同选择，那么中国则是通过人们“所为”去判断共同选择。这两种遵从民意的做法虽然途径各异，但在长期社会效果上应该是类似的，不过，所形成的政治制度则有所不同：听从人民自由表达的民主是一种积极政治策略；以人民的行为策略作为压力而修正政策是一种消极政治策略。在遵从民意上很难说到底是积极策略还是消极策略更好，如果从反映民意的准确度上说，民众的言说很可能不如民众的行为更能准确表达人民真正的需要。不过关键还在于民意有可能是愚蠢选择，甚至有可能是巨大罪恶。民意并不能保证好的社会选择，这是最令人烦恼的政治问题之一。为了解决这个难题，西方寄希望于普遍理性原则，而中国则寄希望于普遍人情原

① 顾炎武：《日知录·正始》。

则。这恐怕也是各有千秋。

## 4.3　天下的网络系统及其“无外原则”

周朝创造了著名的分封制度，这是政治史上一个独一无二的重要制度设计，尽管它还远不能表达完美的天下理念，但其制度设计的得失对于在未来创造一个新的天下体系来说仍是一个值得反思的思想资源。天下体系是一个开放的概念，它可以容纳表达天下理念的任何可能的制度安排。在这里，我们特别感兴趣的是周制度中暗含着什么样的政治道理。

周创造了一种网络结构的天下体系，它有一个作为世界政治中心的宗主国（天子直辖特区）和千余封国（诸侯国），以及每个封国之下的贵族士大夫采邑所组成的政治分治网络。这个网络系统具有一些重要的结构特征：（1）每个局域结构都是总体结构的复制，每个局域都是一个完整系统，因此，政治秩序既是普遍传递的，而各部分又具有独立性，表现为，作为世界政治中心的宗主国负责主持世界制度、世界秩序和世界利益，同时各国具有高度的内部自治，各自解决各自的内部问题，假如解决不了，则由天下体系的政治中心提供必要的帮助。（2）整个网络系统在理论上是无限开放的，世界有多大，这个政治体系就允许有多大，在概念上说，天下体系与世界等大（尽管实际上难以做到）。（3）在潜在可能性上，每个国家都有可能发展成为天下新核心而取代旧核心，就是说，假如宗主国无道不公，失去天下民心，就可以取而代之，但政治核心的变更并不改变体系的政治制度。既然天下体系的意义在于世界和平、世界利益和世界秩序，那么，天下领导的政治正当性就在于它的所作所为能够获得世界万民的承认和支持，否则政治正当性（天命）将发生合法变更。

周之分封制是一个分治而一统的政治体系，其中的权力和权利制度安排大致是：（1）天子拥有天下的统治权和天下土地的所有权，天子自留相对最大的一片土地作为直辖区，即宗主国，以及所有的名山大川以及其他不可分配的公共资源，其他土地分封给诸侯，天子拥有确认或取消诸侯统治的权力。（2）诸侯拥有所分封的土地和人民的使用权，但没有所有权，因此土地人民都不得转让。如果发生破坏制度的严重罪行，天子可予以撤封。（3）天子的宗主国负责世界公共事业和公共秩序，包括世界利益、世界文化和世界正义。诸侯国拥有国内高度自治的全权，同时有义务分担宗主国在维持世界秩序上的成本，因此必须向宗主国纳贡赋役，纳贡主要提供各地特殊物资，赋役主要是工役（用于治水、道路、军事设施等巨大工程）和兵役（讨伐作乱）。诸侯虽高度自治，但不能破坏天下制度，必须维持国内善治，因此，诸侯必须按时来朝述职，汇报政绩，而天子也经常巡狩，考察政绩是否属实，以便奖惩。（4）为了维持天下和平稳定，宗主国拥有相对最大军力，诸侯国则按照等级、人口和土地大小拥有成比例的军力。宗主国军力虽然最大，但没有绝对压倒优势，据制度规定，周宗主国军力大概是六万至七万五千兵，所谓六军，诸侯大国三军，中等诸侯二军，小国一军，如此等等①。这样的配置比例形成了实力制衡，如果某一诸侯作乱，显然很容易平定，而如果宗主国暴虐无道，几个诸侯的革命联盟就足以颠覆宗主国。可以看出，周制度的基本精神是创造世界合作最大化和冲突最小化，同时创造发展天下公利。当然，周制度绝非完美，周的理想主义最后还是经不起自私人性的挑战而崩溃。这意味着周在制度设计上仍有许多不足，没有充分考虑到政治的复杂性，这是后话。

在据说千国之多的周体系中，新封诸侯只占 71 国，其中多数是周王家族成员，还有功臣以及前朝帝王之后②，其他都是原本存在的邦国或者部落，它们经过周的政治承认而加入周天下体系成为“服国”。周以家结构为模本去建立天下网络结构，把家的亲疏远近关系演变为政治关系。

---

① 《周礼·夏官司马》；《左传·襄公十四年》。

② 《左传·昭公二十八年》：“昔武王克商，光有天下，其兄弟之国者十有五人，姬姓之国者四十人”；《荀子·儒效》：周公“兼制天下，立七十一国，姬姓独居五十三人”。

首先有“外服”和“内服”之分，内服即王畿，乃天子所直辖的“千里之地”，外服即诸侯，围绕王畿按五百里一圈的比例向外排开（这是理想化想象，事实上并非如此整齐）。内外服共“五服”，也有说是“九服”。《国语》曰：“夫先王之制，邦内甸服，邦外侯服，侯卫宾服，夷蛮要服，戎狄荒服”。《周礼》曰：“方千里曰国畿，其外方五百里曰侯畿，又其外方五百里曰甸畿，又其外方五百里曰男畿，又其外方五百里曰采畿，又其外方五百里曰卫畿，又其外方五百里曰蛮畿，又其外方五百里曰夷畿，又其外方五百里曰镇畿，又其外方五百里曰番畿”[①]。划分多少诸侯国是个次要问题，这要根据实际情况而定，重要的是亲疏远近的政治关系，它意味着，如果是亲近的诸侯，就在政治、军事、经济和文化上有更密切的合作关系；如果是疏远的服国，就主要是礼尚往来和平交通的关系。如《尚书》所述：“五百里甸服：百里赋纳总，二百里纳铚，三百里纳秸服，四百里粟，五百里米。五百里侯服：百里采，二百里男邦，三百里诸侯。五百里绥服：三百里揆文教，二百里奋武卫。五百里要服：三百里夷，二百里蔡。五百里荒服：三百里蛮，二百里流”[②]。属于要服和荒服的那些遥远邦国只有象征性的政治承认关系以及和平共处协议，朝贡已经可有可无，并非认真的义务。总之，天下制度试图把所有国家看做是不同程度的合作对象，而不是战争或掠夺的对象，所谓“协和万邦”，至于如何合作，则取决于实际需要，而不是强加的支配关系。可以看出，从一开始，中国政治的和平合作倾向就不同于西方政治的征服和支配倾向。

周制的核心创意是**把家做成世界**，同时**把世界做成家。**家与天下一体化有一个由家原则到天下原则的演变，这一演变颇具艺术性。首先，把“家”结构推广为“天下”结构，把天下理解为家，这样就给“家”

---

① 《国语·周语上》；《周礼·大司马》。《尚书·禹贡》及《尚书·酒诰》也有类似说法。
② 《尚书·禹贡》。

的概念增加了全新的意义。天子的家就是整个天下，所谓“溥天之下，莫非王土，率土之滨，莫非王臣”[①]，因此“王者无外”[②]，“天子无外，以天下为家”[③]。既然天下模仿了家结构，天子（核心政府）就负责天下政治秩序和世界利益，“君天下曰天子，朝诸侯，分职，授政，任功”[④]，类似家长的责任，“天子作民父母以为天下王”[⑤]；诸侯等级则类似于家中兄弟亲戚关系[⑥]，“授土授民”的分封就非常类似于家族兄弟分家，虽然分治天下，但永远保持“四海之内若一家”[⑦] 的一体关系。家原则本身是一个私的原则，以亲亲为本，虽然超越了个人之绝对自私，但仍然是以家为单位的自私，家家各亲其亲，各家自私所导致的冲突的严重性等价于各人自私所导致的冲突，因此，亲亲原则不可能消除冲突（后来儒家着重亲亲，虽有伦理的合理性，但于政治无效，可见儒家对政治的理解远不如周代）。但是当把天下做成一家，情况就发生根本转变，天下之家容纳一切，再无外人，每人每家每国都变成天下之家的内部成员，天下成为所有人的利益共同体，天下之公（共同利益）有利于每个人之私（个人利益），两种的一致性成为可能。

天下变成家的奇妙演变的关键就是“无外原则”。天只有一个，天无外，所以天无偏私。如果天下为一而同样无外，就能达到“天下为公”[⑧]的效果。《尚书》把大公之义说成是王道：“无偏无陂，遵王之义；无有作好，遵王之道；无有作恶，尊王之路。无偏无党，王道荡荡；无党无

---

① 《诗经·小雅·北山》。

② 《资治通鉴·汉纪十九》曰：“《春秋》之义，王者无外，欲一于天下也”。

③ 蔡邕：《独断》卷上；司马迁：《史记·高祖本纪》亦曰：“天子以四海为家”。

④ 《礼记·曲礼下》。

⑤ 《尚书·洪范》。

⑥ 《礼记·王制》：“王者之制禄爵，公侯伯子男，凡五等。诸侯之上大夫卿，下大夫，上士中士下士，凡五等。天子之田方千里，公侯田方百里，伯七十里子男五十里。不能五十里者，不合于天子，附于诸侯曰附庸。天子之三公之田视公侯，天子之卿视伯，天子之大夫视子男，天子之元士视附庸”。

⑦ 《荀子·议兵》。

⑧ 《礼记·礼运》。

偏，王道平平；无反无侧，王道正直”[①]。《礼记》载：“子夏曰：三王之德，参于天地，敢问：何如斯可谓参于天地矣？孔子曰：奉三无私以劳天下。子夏曰：敢问何谓三无私？孔子曰：“天无私覆，地无私载，日月无私照。奉斯三者以劳天下，此之谓三无私”[②]。《吕氏春秋》也解释了圣王治理天下为什么“必先公”：“天下非一人之天下也，天下之天下也。阴阳之和，不长一类；甘露时雨，不私一物；万民之主，不阿一人”，并举例说，伯禽将去治理鲁国，周公对他说，治理的根本原则是“利而勿利也”，就是说，必须让所有人都得利而千万别只让自己一人得利；另一个故事恐怕是传说，但很有趣：荆地有人丢了弓却不肯去要回来，他解释说：“荆人遗之，荆人得之，又何索焉？”孔子听说了评论说：去掉“荆”字就正确了。老子听说了进一步评论说：去掉“人”字就完全正确了[③]。荆人之心达到了国人同仁，孔子之心达到天下万民同仁，而老子之心达到了众生甚至万物同仁，但太过夸张，已经超出政治了。不过，其中的道理是，无私就接近天的原则，而接近天的原则就是正确的天下原则。

天本无私，而天下要达到无私，就需要一种政治制度把世界变成无外的天下。无外是无私的政治基础，天下体系是唯一能够克制冲突的世界政治制度。当然，这只是纯粹理论上的可能性，周制度远远达不到这一效果。有一个关键问题：天下体系只不过创造了人人可以分享的公共利益，但各人之私依然强劲，人的自私有着生命的自然基础，任何政治都无法克服身体之私。天下政治至多做到使人发现不值得以破坏公益去谋取私利，而人们愿意维护公利的条件是：天下公利能够给予人们的好处明显大于人们破坏公利所能获得的好处，或者，天下公利成为保证私利的必要条件，只有这样，公利才可能成为人们的优先选择。这个条件

① 《尚书·洪范》。

② 《礼记·孔子闲居》。

③ 《吕氏春秋·贵公》。

显然不容易满足。周力推德治，试图建立人人皆能得利的制度，使天下制度成为万民拥护的最大公利，从而万世治平，这一努力虽然没有获得最后的成功，但已经显示了非凡的想象力。

**天下无外**，这是个至关重要的观念。只要在“自己之外”存在着绝对的不可兼容的他者，就不存在完整的政治世界。无外原则否认了绝对他者的存在，把绝对他者减弱为相对他者，消除了他者顽固不化的对抗性，而使他者具有兼容性，只有在这个条件下，世界才成其为世界，而不是自由争夺的无主资源。周制度的政治意义就在于此：一方面，它以家的概念重新定义了世界，创造了无外的天下；另一方面，它以天下无外的原则反过来消除了家的排外狭隘性。这可以解释为什么中国传统思想里没有类似西方的“异教徒”观念，没有施米特式的不共戴天的敌人意识，也没有西式的斩钉截铁的民族主义（中国的民族主义是引进西方观念的现代产物，是现代以来的“新传统”）。既然世界不存在不可兼容的外部，他乡就只是陌生的远方，而非对抗性的、不可容忍的、不共戴天的征服对象。对于天下，所有地方都是内部，所有地方之间的关系都只是远近亲疏关系。以远近亲疏的关系模式代替对抗关系模式，这样既保证了世界的政治一致性，又保证了文化历史的多样性，这是唯一能够满足世界文化生态需要的世界制度。

不过，远近亲疏关系有时候被错误地发展为一种中心与边缘的意识，比如后来某些思想狭隘者所歪曲发展的所谓“华夷之辨”。华夷之类本来指文化和地域差异①，后来才发展出中心对边缘的歧视之意，这是对天下观念的破坏。按照“无外”原则，既然它拒绝了不可兼容的“他者”

① 《礼记·王制》：“广谷大川异制。民生其间者异俗，刚柔轻重迟速异齐，五味异和，器械异制，衣服异宜。修其教，不易其俗；齐其政，不易其宜。中国戎夷，五方之民，皆有性也，不可推移。东方曰夷，被发文身，有不火食者矣。南方曰蛮，雕题交趾，有不火食者矣。西方曰戎被发衣皮，有不粒食者矣。北方曰狄，衣羽毛穴居，有不粒食者矣。中国、夷、蛮、戎、狄，皆有安居、和味、宜服、利用、备器，五方之民，言语不通，嗜欲不同。达其志，通其欲，东方曰寄，南方曰象，西方曰狄鞮，北方曰译”。

假设，亲疏远近关系就只是存在论上的关系，蛮夷戎狄仍在五服之中，即使四海番邦也在天下之中，有的由于遥远而没有来往，有的在近旁而或有摩擦，但远近亲疏并不蕴含任何不可化解的敌人概念，至于不同文化的长短得失也是可以争议和借鉴的。如果蛮夷的文化有优势，绝不会被中原明主所拒绝。“由余使秦”就是一个讨论不同文化政治得失的实例：戎王使由余于秦，秦缪公问：“中国以诗书礼乐法度为政，然尚时乱，今戎夷无此，何以为治，不亦难乎？”由余对曰：“此乃中国所以乱也。夫自上圣黄帝作为礼乐法度，身以先之，仅以小治。及其后世，日以骄淫。夫戎夷不然，上含淳德以遇其下，下怀忠信以事其上，一国之政犹一身之治，不知所以治，此真圣人之治也”。缪公深受触动，对内史廖说：“孤闻邻国有圣人”。[①]另一个更有名的实例是赵武灵王胡服骑射的改革，许多贵族反对赵武灵王学习胡人文化而论证说，中国有贤圣之教，有诗书礼乐，从来都是“远方之所观赴也”，是蛮夷的榜样，所以“中国不近蛮夷之行”，而如果“袭远方之服，变古之教，易古之道”，则恐怕逆人之心。赵武灵王反驳说：“常民泥于习俗，学者沉于所闻”，所以愚民和学者不能“观远而论始”，而且，“三代不同服而王，五伯不如教而政。古今不同俗，何古之法？帝王不相袭，何礼之循？利身之谓服，便事之谓教。观时而制法，因事而制礼，法度制令，各顺其宜；衣服器械，各便其用。故治世不必一其道，便国不必法古”[②]。此类讨论说明，至少在先秦时期，比较有见识的人们对其他文化的优势很感兴趣，其根本原因是，天下理念不包含文化原教旨主义以及文明冲突之类的思路，因此，只要其他文化有其魅力，就能够美人之美。至于后世儒家强调“华夷之辨”，很可能是长期受到蛮族侵犯而被激发的偏见。

天下无外意味着一种世界性尺度，意味着不存在任何歧视性或拒绝

---

① 《史记·秦本纪》。

② 《战国策·赵策二》。

性原则来否定任何人参与天下公共事务的权利，天下的执政权利和文化自主权利对世界上任何民族开放。以天下作为世界理念，由此推想一个作为万民公器的世界制度，这在哲学上是独一无二的。天下概念兼容并蓄的灵活性和解释力在历史实践中得到体现，例如，蒙元帝国和满清帝国统治中原数百年，尽管有过严重冲突，但它们的统治在后世甚至在当时还是被中原政权承认为合法正统王朝，如朱元璋对元朝正统地位的承认①；另一方面，蒙古和满清统治者也都采用了天下概念去解释其统治的正当性，自认所立帝国属于天下模式和传统，如蒙古帝国改国号为“大元”所显示的天下意识②，而大清帝国则甚至对天下正统传承有着更加明确的自觉意识和详细论证③。历史上还有许多民族曾经不同程度地入主中原，如更早时候的北朝五胡，还有辽金西夏，虽割据一方，但都喜欢天下的想象④。无论中原对外族的承认还是外族对中原思想的接受，都显示了天下概念的开放性。现代中国的西化运动更显极端的天下开放性，中国接受了西方的现代社会政治制度、经济制度和物质文明，甚至

---

① 朱元璋说：“自宋运既终，天命真人于沙漠，入中国为天下主”（《全明文》卷一《即位诏》，上海古籍出版社，1992），又“元以北狄入主中国，四海内外罔不臣服，此岂人力？实乃天授”（《全明文》卷十七《谕齐鲁河洛燕蓟秦晋民人檄》）。

② 1271年，忽必烈把蒙古帝国改名为“大元”，“盖取《易经》乾元之义”（《元史》卷七《世祖纪四·建国号诏》），“元者也，大也，大不足以尽之，而谓之元者，大之至也”（《国朝文类》卷四十《经世大典序录·帝号》）。忽必烈认为蒙古概念显得是地方性的，而不足以表达他那个“大之至”的天下帝国。

③ 甚至远在清兵入关之前，清统治者就对未来的天下帝国有了意识准备。努尔哈赤在给明万历帝的一封信中说：“天地之间，上自人类下至昆虫，天生天养之也，是你南朝之养之乎？……普养万物之天至公无私，不以南朝为大国容情……自古以来，岂有一姓之中尝为帝王，一君之身寿延千万……天命归之，遂有天下……天自扶而成之也”。（《清入关前史料选辑》（1），289～296页，北京，中国人民大学出版社，1984。）雍正在《大义觉迷录》（北京，中国城市出版社，1999）中长篇大论说明天下观念，力证清朝符合天下正统，符合有德者居天下以及天命民心原则，反驳华夷之辨。

④ 后晋皇帝石敬瑭称臣于辽太宗或许是中原皇帝由外族皇帝册封的最早事例。而辽太宗进一步决定成为中原模式的皇帝，947年采用中原礼仪宣告成为中国式皇帝，并改国号为“大辽”，改元为“大同”，其含义与“大元”相似，都源于“天下”理论。金太祖采纳杨朴建议：“大王创兴师旅，当变家为国，图霸天下……愿大王册帝号，封诸番，传檄响应，千里而定”（《三朝北盟会编·政宣上帙》）。

对中国文化理念、基本价值观和语言进行了深层变革。西方文化被假定为代表了新的天命，在中国顺理成章地获得权威地位。全盘西化的做法后来已经被证明是错误的，但中国勇于接受而后融化他者文化，不设文化边界，这也是天下概念的一个结果。

## 4.4 天命民心

任何统治和制度都需要政治正当性证明，否则得不到普遍承认。不被承认的政治有两大危险：（1）普遍的不合作将使政治秩序无法贯彻而被解构，“名不正，则言不顺；言不顺，则事不成”[①]；（2）无力抵抗其他政治力量的挑战而被颠覆，所谓“革命”。政治正当性就是政权的“天命”，如果失去天命，天命就转移到了新的政权上，成功的革命就证明了新的政治正当性，所谓“其命维新”[②]。政治正当性关系到统治和制度的生死存亡问题。

中国对政治正当性的反思如此之早，估计与周克商之“以小灭大”经历有关，人们由此发现天命可以变更，而天命变更是因为民心之转移，“汤武革命，顺乎天而应乎人”[③]，又曰“民之所欲，天必从之”，“天视自我民视，天听自我民听”[④]。孟子也说：“桀纣之失天下也，失其民也，失其民也，失其心也”[⑤]。天命即民心，它意味着，一种统治必须获得整个社会的承认和支持。“民心”是个有弹性的概念，可以指所有人的共同选择，也可以指多数人的集体选择。先秦时似乎只有墨子对多数人的集体选择有明确的怀疑，他把“众之暴寡”列为“天下之害”之一种[⑥]，可惜没有深入讨论。也许应该把民心理解为一种“势”，这样可以表达民

① 《论语・子路》。

② 《诗经・大雅・文王》。

③ 《易经・革・彖》。

④ 《尚书・泰誓上》；《尚书・泰誓中》。

⑤ 《孟子・离娄上》。

⑥ 《墨子・兼爱下》：“若大国之攻小国也，大家之乱小家也，强之劫弱，众之暴寡，诈之谋愚，贵之敖贱，此天下之害也。”

心概念模糊性的合理性，就是说，民心是一个动态概念，是从多数到全体的一个动态之势，如果一种多数选择具有发展为全体选择的势，即使还没有达到全体，仍可视为有效的公共选择，所谓“大势所趋”。

在周之前，天命是个神秘信仰。商的天命观念强调统治受命于天，而天命是一个无需解释和证明的信仰——如果一定需要证明的话，恐怕就是强大武力了，只要能够维持胜过其他部族的武力，就证明了天命的真实性。商的天命观念来自上帝。据许倬云，其时这个“上帝”并不是对所有人一视同仁的普遍神，而是殷商部族所专有的部族保护神，大概是上天与祖神的混合想象。殷商部族相信他们伟大的祖先凭借上天保佑而建立不朽之功，后人将永世继承作为部族遗产的天命，仅仅因为祖荫而不需要道德理由①。可见，殷商的天命就只是殷商自己的信仰，与别人无关。这种专有的天命不是普遍有效的政治正当性。

周以小邦克商，这一奇迹使人发现原来以为殷商独占的上帝其实并非专属于商，天命与特定部族的崇拜和神秘祭祀其实无关，证据是，尽管商对上帝的祭祀隆重非常，虔诚之至，从未懈怠，可是上天却放弃对商的庇护，反而“乃眷西顾”，助周克商，可见上天其实是普遍无私的，是天下所有人的上天，所谓“天无私覆，地无私载，日月无私照”②。上天决定保佑谁，不在祭祀，而要看是谁做到了德配天地，谁配得天命，天命必将归之。殷商失德，而周以德闻天下，因此上天把天命转给了周。《诗经》记述了这一新的天命意识：“皇矣上帝，临下有赫。监观四方，求民之莫。维此二国，其政不获。维彼四国，爰究爰度。上帝耆之，憎其式廓。乃眷西顾，此维与宅”③。又曰：“文王在上，于昭于天。周虽旧邦，其命维新……假哉天命。有商孙子。商之孙子，其丽不亿。上帝既命，侯于周服。侯服于周，天命靡常……王之荩臣。无念尔祖。无念

① 许倬云：《西周史：增补本》，101～103页。
② 《礼记·孔子闲居》。
③ 《诗经·大雅·皇矣》。

尔祖，聿修厥德。永言配命，自求多福”①。把天命落实为德行，这是政治思想的一个划时代推进，它说明政治正当性不在于以力为胜。暴力统治属于前政治的自然状态，自然的弱肉强食与政治无关，强者只是以力压迫弱者，并没有“政”，没有制度化管理。强者只是自然事实，无需政治证明，无所谓合法不合法；另一方面，弱者并没有心服，仍然心在治外，并不承认和支持强者，只是惧怕强者，无力以抗而已。人类早期社会虽然已有初步的文明统治，但很大程度上仍然延续自然的弱肉强食规则。所谓政治，必须以智力设计的制度去实现稳定可信的统治和管理才成为可能。周发现了德治，这才开始了政治并且确立了政治正当性。

以德行定义天命的关键在于承认“天命靡常”。天子可以宣称受命于天，但天命并非是无条件的，还需要得到经验上的重新确认，必须有无可怀疑的称职证据来完成其资格论证。天子的位置虽为天定，但具体的天子却非天定。天子看护天下，就有德治天下的义务，德治天下就是必须让天下都得到好处，让万民幸福生活。如果没有尽到这个义务，即使窃据天子之位，也已失去了正当性，德治的时间就是政治正当性的有效时限。这正是中国革命理论的基础。把天命归为德行，这只是定义了政治正当性，而政治正当性还需要真实可见的证明才能生效，否则不算数。天命本身不可见，德行可以编造和宣传，不可见和只能听的东西是不可信的，都无法构成证据，所以天命的证据只能在可见的事情中去寻找。不过，可见的事情也未必都可信，政治阴谋家就喜欢利用天灾天象或者其他奇异偶然巧合现象去“证明”天命，蒙昧群众容易相信那些神怪故事。但奇异现象缺乏必然性而终究不攻自破，于是，唯一能够同时满足明显可见性和必然性的事情就是人心向背，所谓“天畏棐忱，民情大可见”②，民心就是政治正当性的铁证，民心就是天命的显形，因此周把政

① 《诗经·大雅·文王》。

② 《尚书·康诰》。

治正当性证明最后落实为民心。

德治与民心之间的必然关系使得政治正当性和政治正当性证明两者一体化了。德治必得民心，而民心所向必因德治。天命无常实为民心无常，民之所求无非利益，民心只跟随利益。德就是让人得利，民心必定归于德治。“水性归下，农民归利。王若欲求天下民，先设其利，而民自至，譬之若冬日之阳，夏日之阴，不召而民自来。此谓归德”①。又所谓“皇天无亲，惟德是辅。民心无常，惟惠之怀”②，便是此意。简单地说，民心问题要义有三：(1) 人民对生计最为关心，因此以利惠民是得民心的最有效方法，甚至是唯一有效的方法；(2) 民心向背表现为人民的追随，相当于“以脚投票”(这是比“举手投票”更真实的公共选择)；(3) 民心向背不仅是统治正当性的证明，也同样是革命正当性的证明。

周对革命正当性的解释使革命成为刷新政治的手段。权力非常容易导致腐败和堕落，因此需要有能够反对政治腐败的手段。与现代社会以民主制度去限制、监督和防止权力膨胀不同，周的政治解释把革命合法化，变成一种刷新政治的行为，这种解释实在非常勇敢，它敢于把统治权力的对立面力量合法化，从而给政权自身制造了严重的考验和挑战，给自己设定政治压力作为政治调节方式，于是统治者必须持续地敬德修德以保证统治的正当性，革命的威胁成为维持德治民心的动力。一般地说，如果一种统治能够让人得利，人们就会重视既得利益，就倾向于成为保守主义，就不会选择革命。周的革命理论在政治正当性的研究上意义深远。如果没有革命理论，所谓天命在于民心就只是空话，甚至只是欺骗性的宣传。革命是一种实实在在的可信威胁，只有当革命被认为是政治合法的，才是对民心的实质性承认。周的革命理论至少指出了：(1) 除非革命成为一种可信的政治威胁，否则统治者不可能维持德治

① 《逸周书·大聚解》。

② 《尚书·蔡仲之命》。

善政；（2）如果一种统治是德治善政，那么它必定敢于面对革命的威胁和挑战；（3）既然革命是政治合法的，那么天下万民才是天下的真正主人，而统治者只是政治权力的代理人，革命意味着人民解雇了权力代理人。

周对天命的意义改写深刻表现了天下概念的要义。在假托姜太公吕尚之名的战国作品《六韬》中有非常清楚的论述："天下非一人之天下，乃天下之天下也。同天下之利者则得天下，擅天下之利者则失天下。天有时，地有财，能与人共之者仁也。仁之所在，天下归之……与人同忧同乐，同好同恶者，义也。义之所在，天下赴之。凡人恶死而乐生，好德而归利，能生利者，道也，道之所在，天下归之"[①]。又"文王问太公曰：何如而可为天下？太公曰：大盖天下，然后能容天下；信盖天下，然后能约天下；仁盖天下，然后能怀天下；恩盖天下，然后能保天下；权盖天下，然后能不失天下；事而不疑，则天运不能移，时变不能迁。此六者备，然后可以为天下政。故利天下者，天下启之；害天下者，天下闭之；生天下者，天下德之；杀天下者，天下贼之；彻天下者，天下通之；穷天下者，天下仇之；安天下者，天下恃之；危天下者，天下灾之，天下者非一人之天下，惟有道者处之"[②]。荀子也有同样清楚的分析："能用天下之谓王。汤武非取天下也，修其道，行其义，兴天下之同利，除天下之同害，而天下归之也。桀纣非去天下也，反禹汤之德，乱礼义之分，禽兽之行，积其凶，全其恶，而天下去之也。天下归之之谓王，天下去之之谓亡"[③]。可以看出，周的天命思想主要侧重从经济学角度去理解政治正当性：（1）天下是天下人的共同财富，人人有权分享天下利益；（2）天下人人都趋利避害；（3）执政的正当性在于让天下人都得到其应得利益，兴利去害就是所谓德治。**好政治就是为民谋幸福**，这

① 《六韬·文韬·文师》。
② 《六韬·武韬·顺启》。
③ 《荀子·正论》。

一政治标准影响深远，至今仍然是中国人关于好政治的基本理解。

由民心向背去定义政治正当性虽然正确，但还有严重的遗留问题：民心所向未必都是好的。多数人的民心所向显然不一定是好的（真善美有可能在少数人那里），即使全体民心所向也不一定是好的（全体堕落而做出愚蠢选择也是可能的）。现代的群众心理学甚至发现，民众的选择往往不是好的，多数人自私、狭隘、短视而且满怀怨恨，容易盲动盲从，因此民众喜闻乐见的往往是庸俗或者破坏性的运动，而民众的错误选择恰恰损害的是民众自身的利益。正如柏拉图等古希腊哲学家反对民主，孔子等先秦哲学家也反对听从民众，都认为为民做善主才更能使人民获得利益，就是说，无论柏拉图还是孔子都反对听从民众的欲求（wants）而又支持满足民众的需要（needs），其背后的理由都是民众不知道什么是对他们真正有利的，于是，如果真的为民众着想，就应该替民众选择对他们真正有利的东西。古希腊和先秦哲学家的解决方法都是试图找到某种无可置疑的证明让民众意识到什么才是真正好的事情。古希腊哲学家找到的是普遍理性所支持的知识：如果人们知道了什么是错的，就不会选择错的（苏格拉底原则）；先秦哲学家找到的是普遍人情所验证的道德：如果道德是无法拒绝的游戏规则，人们就不会选择被淘汰出局。无论是古希腊还是先秦的解决方案，都是试图按照正确的理由去“再造民心”而不是听从民心。

西方倚重普遍理性似乎不如中国诉诸普遍人情更为直截了当，但试图在人情中寻找普遍之理，其实很冒险。问题就出在人性自私正是最突出也最有力量的一种普遍人情，要找出能够压住自私之心的普遍人情似乎希望渺茫。中国的想象是，圣人把人情看做是需要治理的田地，需要以文化之，把自然人性变成文化人性，文化人性才是“人之所以异于禽兽者”[1]，而用来治理人性的文化就是道德。可是，道德的依据又是什

① 《孟子·离娄下》。

么？什么样的道德才是普遍必然有效的？儒家有一个非常深刻的直观，这就是，一个普遍有效的原则无论多么完美，只要超出了人情范围就不予考虑，因为与人情无关就等于否定了生活问题，就是文不对题。这很可能是中国既不相信上帝也不偏爱逻辑的一个原因。这一强烈的俗世情怀使中国人只求在人情所允许的可能范围内去证明道德的普遍有效性。道德就是用来节制人情之欲的人情之理，就是人情的合理限度。但有一个根本性的困难：道德必须基于人情，可是由情却推不出理，或者说，在人性中找不出义理。

对这一困难的解决颇费心思，儒家用力最多。但名气很大而影响深远的孟子论证却是不成立的，孟子所谓“恻隐之心，人皆有之；羞恶之心，人皆有之；恭敬之心，人皆有之；是非之心，人皆有之”[①] 的论证貌似理所当然，实则糊弄事。他所列举的那些良善人情确实“人皆有之”，但问题是，各种恶劣人情同样人皆有之，比如自私之心人皆有之，犯上作乱、贪财好色、巧取豪夺、偷懒投机、吃白食、搭便车等等，恐怕都是人皆有之，而且自私之心比起良心更强大也更普遍，甚至更有科学根据。孟子论证是报喜不报忧、虚报瞒报的典型。傅斯年曾经指出，孟子歪曲了孔子对人性的理解[②]，孔子不认为人性善，否则就不用要求人们苦苦去“学”了。孔子深知人情不可靠，“善人，吾不得而见之矣”[③]，“吾未见好德如好色者也”[④]，“贫而好乐，富而好礼，众而以宁者，天下其几矣”[⑤]，可见孔子深知道德是极其困难的社会文化工程。孔子相信，在人情里建立道德原则必须借助外部力量。这是一个重要发现。任何一种可能生活都表现为自己与他人的关系，没有他人就没有生活，

---

① 《孟子·告子上》。
② 傅斯年：《民族与古代中国史》，293 页，石家庄，河北教育出版社，2002。
③ 《论语·述而》。
④ 《论语·子罕》。
⑤ 《礼记·坊记》。

与他人的外部关系规定了生活的可能性。人所以不能为所欲为，绝非良心发现，而是因为他人不同意自己为所欲为，他人是任何一个人的外部限制和外部威胁。因此，道德问题就是寻找最优人际关系，就是追问我和他人如何互相正确对待，道德原则只能由人际关系推出，而不可能由人情本身推出，由人际关系所定义的人情才是人情之理。孔子并没有做出这个论证，但孔子大概会同意。

孔子所讲仁义忠恕，无非是他认定的最优人际关系。人际关系是双方互动决定的，因此具有相互性和对称性，他人构成了对每个人的人性自由的限制，为他人所拒绝的人情就不可能成为道德原则。“仁”意味着“二人”，它暗示着“任意二人所同意的最优相互关系”。一种行为必须有益于他人或者无害于他人，才可能为他人所接受，如果他人不接受，就构成不了仁了。孔子说仁是“爱人”[①]，即珍重他人（的生命和利益），其普遍原则是“己欲立而立人，己欲达而达人”（积极原则）[②] 以及“己所不欲，勿施于人”（消极原则）[③]，正是此意。孔子的消极原则几乎全同于基督教金规则的消极原则，而其积极原则胜过基督教金规则多矣，它表达的是我与他人的社会成功相互性。董仲舒的发挥则使孔子原则非常接近后来列维纳斯的“他人为尊”原则：“春秋之所治，人与我也；所以治人与我者，仁与义也；以仁安人，以义正我；是故春秋为仁义法，仁之法在爱人，不在爱我；义之法在正我，不在正人”[④]。但孔子的“爱人”弱于墨子的“兼爱”，由此推知，董仲舒的发挥略有夸张。孔子原则不至于大公无私，大概相当于双方共同接受的公正和互助关系，公正为分之理，互助为合之道，大抵如此。

普遍人情与普遍理性似乎殊途同归，只是普遍理性所达到的只是公

① 《论语·颜渊》。
② 《论语·雍也》。
③ 《论语·颜渊》。
④ 董仲舒：《春秋繁露·仁义法》。

正原则，而普遍人情则兼取公正和互助，似乎略胜普遍理性。假如道德原则得到普遍必然的证明，就可以用来支持政治正当性。孔子要求政治合乎道德，让道德成为政治正当性的最后根据，也是言之成理。孔子的道德人情理论包含一种精致的方法论：道德必须以普遍人情为依据，但并非任何人情都可取，于是需要一种能够对自然人情进行“提纯”的方法，这就是他人对我的约束。通过他人这一约束条件，以自我欲望为主的自然人情就被改造为约束各自利益的文化人情。以“他人”作为对“我”的约束条件而提纯出作为道德的普遍人情，至今仍是强有力的一种方法论。以道德再造人性，进而再造民心，民心原则与道德原则就变得一致了，道德原则同时就是政治正当原则：符合道德的民心才是政治正当性的最后证明，而背离道德的民心则只能证明坏的政治。

## 4.5 治乱兴亡的制度问题

如果一种政治制度在解决社会治乱和天下兴亡问题上是有效率的，就是好制度。于是，治乱兴亡就是制度分析的基本原则，是制度效率和质量的评价标准。治乱兴亡作为政治分析和评价标准有着理论上的优越性，因为治乱兴亡是**客观标准**，基本上不受制于价值观、意识形态以及宗教之类的主观意识，而仅仅与社会的事实状态有关，就是说，治乱兴亡是事实上可客观描述的（descriptive），因此超越了主观叙事（narrative）。显然，一个社会的有序或失序程度是可以客观分析的。“治”意味着社会具有良好秩序，人们愿意接受这种社会秩序，而且没有反对和破坏这种社会秩序的积极性；“乱”的意义比较复杂一些，一般地说，“乱”意味着社会失序，但如果一种“乱”能够结束另一种不可救药的“乱”，并且社会秩序因此得以重建，那么就是一种积极的过渡性的乱，这就是革命。不过这种乱是不得已的策略，本身并非良好状态。治的客观性在于它只要求一个社会是有序的，而没有预设社会的特殊价值偏好，任何一种能够为人们普遍接受的社会秩序都被认为是好的，而不考虑意识形态观点或者什么主义。“治”所关心的是：(1) 一种制度如何才能形成社会**合作最大化并且冲突最小化**；(2) 一种制度如何才是足够**稳定可信**的，并且因此足以形成**社会信任**。

以治作为政治分析原则具有明显的技术优势，它非常简洁，客观中立，避免卷入意识形态之争，因此能够对制度设计的得失进行明确分析，也能够对各种政治制度进行客观比较。显然，社会合作最大化并且冲突最小化必定是任何社会都需要的社会状态，它是发展对人人有利的任何事情的必要条件甚至是充分条件。只要满足这一标准，一个社会必定是足够好的。同样，任何社会都需要稳定可信的制度。如果没有稳定制度和社会信任，就不可能形成社会合作。至于一个社会偏爱什么样的意识形态和价值观，则是相对次要的问题，而且，什么样的意识形态和价值观是合适的，要取决于历史条件和时代需要，所谓**形势**。无论一种制度是激进的还是保守的，是进步的还是落后的，是民主的还是专制的，是古典的还是现代的，是美德主导的还是权利主导的，只要能够形成治世就是好制度。简单地说，治重视的是保证善的社会条件，却不准备限定善的特定内容。

周的天下体系是一个比较成功的治世。据说周政府“列爵惟五，分土惟三。建官惟贤，位事惟能。重民五教，惟食、丧、祭。惇信明义，崇德报功。垂拱而天下治”[①]。如前所论，周的天下体系是从世界政治问题开始的，它以合理安排天下万邦的关系而建立一个合作的世界社会，比较成功地做到冲突最小化而保证了长期的和平。根据“无外原则”，只有世界制度才能够使整个世界得到治理而形成治世，只要一个社会存在着无法治理的外部空间，就存在乱世的可能性，因此，要治理一个社会或一个国家，归根到底必须治理世界。于是，治乱理论要求政治制度和政治秩序是**普遍可传递的**，即每个政治单位，包括从最大政治单位到最

① 《尚书·武成》。

小政治单位的制度都必须是**同构**的而形成**连贯通行**的政治秩序。只有当一种政治制度在各个层次之间是无矛盾和可通行的，才能有效治乱，这样的政治制度才是真正普遍有效的[①]。普遍可传递性能够使一种政治制度具有普遍可信性。假如某个诸侯国犯上作乱，反对天下宗主国的政治权威，那么诸侯国内拥有食邑的士大夫豪族也可以模仿这种犯上作乱的行为，因此，没有人愿意犯上作乱成为一种普遍被模仿的策略，而维持普遍可传递的政治秩序对于各级统治者都是一个稳定有利可图的策略。可见，普遍可传递性是保证一种政治制度具有普遍权威性和普遍可接受性的关键。

政治的普遍传递性是一个非常重要的政治检验标准，它可以检验出什么样的制度才是真正有效的普遍制度，这对于今天世界的政治问题尤其重要。比如说，如果西方国内民主不能推广成为世界民主，如果西方国内自由迁徙不能推广成为世界自由迁徙，如果西方的人均占有资源不能推广成为世界的人均占有资源，如此等等，就证明了西方制度不是一个能够普遍推广的制度，不是一个对世界负责的制度，它只利于一国之私，而有损世界共同利益，所以就不是一个普遍有效的制度。西方政治从来没有形成一个以世界利益为重的政治世界观，而只有个人利益和国家利益观念，这是一个明显的政治思想缺陷。

周的天下体系在保证冲突最小化方面比较成功，但在创造合作最大化方面则相对薄弱，这一弱点正是周体系衰落的一个原因。当然，这不算是周政治的错误，当时经济水平很低，不可能也没有必要形成大规模的国际贸易和世界经济合作，因此，周体系的“世界合作”很大程度上是形式性和象征性的，虽然也有实质性合作，但总的来说并不密切，至少没有密切到各方利益互相依存的程度。其中的朝贡巡狩关系虽在政治管理上有些实质意义，但象征意义更为突出；至于赋役，虽是经济关系，

---

① 关于政治制度的可传递性，参见赵汀阳《天下体系》中更详细的分析。

但远远没有决定性的意义；最有实质意义的可能是军事合作体系，但天下体系是和平主义的，发展军事显然不是政治重点。事实表明，春秋时期诸侯互相吞并，周王室的军事力量已经衰弱，无力征讨作乱的诸侯，甚至无力自保。总的来说，周王室在天下体系中更主要是个精神或文化领导，在建立实质性合作上成就不多，而缺乏实质合作就必定无法长期维持密切关系。可见，一个成功的政治体系不仅要保证冲突最小化，而且还需要发展合作最大化，合作最大化甚至比冲突最小化更重要，因为前者蕴含后者，而后者并不蕴含前者。事实如此，周朝后期诸侯们与周王室越来越疏远，乃至独行其是而使天下体系名存实亡。

天下兴亡是与社会治乱密切相关的另一政治根本问题。如果说社会治乱是统治的存亡问题，天下兴亡实质上就是文化存亡问题，而文化存亡深刻地关系到社会治乱。文化是政治的一个精神条件，如果文化堕落，人性丧失，政治也就失去意义，世界就回复自然状态，这是天下之亡。周公们已经意识到“文化政治”这一深刻问题，不仅制定了统治制度和法律制度（刑政），而且还创制了文化制度（礼乐），不仅规划了制度文明，还设计了精神文明，这两者构成了今天所谓的“软实力”。文化是“心的制度”，是一切制度得以落实履行的人性条件。政法制度规划了社会，而文化制度重新创造了人，把自然人变成道德人。中国人喜欢说“做人”，也是此意。只有把人做成道德人才使人真正成为人，道德人是人的完成式①，这是对人的二次创造。人对自身的二次创造只能靠人自己，上帝也无法替人完成道德人的创造，因此，无论上帝是否存在，人成为人只能是人自己的事情。上帝创造人身，却不能创造人心。中国对神没有深刻的兴趣，由此可知。

政治所要对付的是一个充满冲突纷争的坏世界，政治制度和道德原

① 《礼记·礼器》曰：“礼也者，犹体也。体不备，君子谓之不成人。设之不当，犹不备也”。《礼记·冠义》：“凡人之所以为人者，礼义也”。

则是人们解决冲突的两大方法。儒家力证道德才是根本，政治无非是道德的一种应用，所谓“为政以德”[①]（儒德不同于周德，儒德纯属道德，周德有更多的政治经济含义），善治无非是落实为政治的道德[②]。于是，做人（创造道德人）被认为是政治问题而不仅是伦理问题。只有当人被转化为道德人，才能够达到心之治，而心之治是政之治的根本保证，如果能够解决治心问题，就能够从根本上解决冲突问题。在这个意义上，治心就是根本性的政治问题。儒家尤其看重礼乐所蕴含的政治意义，甚至相信礼乐状态直接表明了社会治乱状态[③]。经过儒家的解释，政治为主导的周思想就被改造为伦理为主导的儒家思想，它后来成为中国两千年的思想主流。不过政治问题没有儒家想象的那么简单，并不能简化为道德问题。儒家似乎不懂这一点。心之治有助于政之治，这没有错，但心之治意味着一种不可能实现的理想主义，因此反而可能误导政之治。儒家的伦理学转向虽然促进了伦理学的发展，但却削弱了政治思想的推进，因此，儒家对周思想的片面和简单化改造恐怕失大于得。这是后话。

礼乐治心指出了一些重要的“文化政治”问题：（1）文化不是政治之外的事情，相反，它正是政治的一个重要问题。（2）文化政治与国家政治不同，政权的颠覆只是亡国，而文化的堕落和崩溃则是亡天下，因此，天下兴亡归根到底是文化兴亡问题。（3）文化政治就是心的治乱问题。治世必须治心，如果人们普遍道德沦丧，人民集体堕落，那么，无论什么样的政治也恐怕无能为力，无论多么强大的政法制度都无法拯救社会秩序。亡天下将是一切政治的终结，因此，文化兴亡、天下兴亡和人性存亡是同一个问题，文化之亡就是天下之亡，也是人性之亡，所以

---

① 《论语·为政》。

② 《礼记·仲尼燕居》：“子张问政，子曰：‘师乎！前，吾语女乎？君子明于礼乐，举而错之而已。’”

③ 《礼记·礼器》：“故观其礼乐，而治乱可知也”。《礼记·仲尼燕居》：“礼之所兴，众之所治也；礼之所废，众之所乱也”。

孔子最担心“礼崩乐坏”。(4)只有伟大的文化才能够创造丰富的生活，才能使生活和社会充满活力，才能以其魅力去吸引世界万民，使天下归心，四海宾服。政治的最后成功依靠的是文化的成功，而文化的成功在于能够创造更好的生活，其标志如孔子所说的：好的政治要达到“近者悦，远者来”①，即此处人民满意，远方人民都愿意来模仿甚至加入这种政治体系。总之，周公创制礼乐而定义的“文化政治”基本原理是：政治影响力最终取决于文化影响力，政治成功最终取决于文化成功。

礼是分别正确对待一切人和事的规范体系，它规定不同的人得到与之相配的不同待遇。礼是一种制造特殊化的制度，它关心的是一切事物的特殊性，而不是事物的普遍性，它试图给所有事物定义特殊的身份，并且确立与身份相一致的可识别的符号系统，所谓“正名”，于是，礼就几乎成为一种语言，它能够把一个事物说成是什么，这一特别语言规定了所有事物的身份和价值。就像语言的词汇和语法限定了人们可以说的话，礼的名目和规则限定了人们可以做的事情，同样，人们习惯于语言让人说的话而不胡说，也会习惯于礼让人做的事情而不非为。礼意在分别，乐则为了合同，乐是用来表现普遍人情从而沟通心灵的方式。人虽不同，人情却相似，不同的人在相同的表达方式中能够超越隔阂与敌意。对人情的表达也是欲望的一种满足方式，尽管是非实在的虚拟满足，而正因为欲望没有真的兑现，因此反而能够让欲望得到更充分的象征性满足，虚拟的满足既能平息欲望，又能形成心灵沟通，所以说“礼节民心，乐和民声，乐者为同，礼者为异。同则相亲，异则相敬。乐至则无怨，礼至则不争”②。按照儒家的想象，礼乐兴则天下兴，成功的礼乐教化能够达到“暴民不作，诸侯宾服，兵革不试，五刑不用，百姓无患，天子不怒，如此则乐达矣。合父子之亲，明长幼之序，以敬四海之内天子，

---

① 《论语·子路》。
② 《礼记·乐记》。

如此则礼行矣”[①]。这是儒家典型的一相情愿。

不过儒家对审美生活的重视却是天才的政治意识。审美生活表面上离政治很远，但艺术感惑人心，移风易俗，影响深远，因此是政治的重要可用之资，所谓“治世之音安以乐，其政和。乱世之音怨以怒，其政乖。亡国之音哀以思，其民困。声音之道，与政通矣”[②]。孔子力推“诗”作为审美生活的榜样就是因为诗三百“思无邪”[③]，“乐而不淫，哀而不伤”[④]。假如一个政府愚蠢到纵容甚至支持淫邪低俗、粗鄙弱智的审美生活，就几乎是在为亡国亡天下创造条件。庸俗的审美生活使人民弱智化和丑怪化，它所生产的愚民和暴民是乱世之根，这是一种政治自杀。道理虽是这个道理，不过，要证明高雅正派的审美生活好过淫邪低俗的审美生活并不容易。有个故事说魏文侯问子夏，为什么他一听高雅正派的音乐就昏昏欲睡而听到淫邪低俗的音乐却兴致勃勃？子夏花了很大气力论证那些正派音乐如何好如何健康，而坏音乐如何低劣之至，甚至需要倡优丑怪的无聊逗笑作为加料，简直算不上是“乐”而只不过是“音”而已。如此讲解似乎没达到什么教育效果。子夏或许证明了好音乐的高水平，却始终不能证明好音乐更有吸引力[⑤]，这正是要害所在。儒家想象了教化所能够带来的好处，却没有想清楚如何才能让教化获得成功。对美好事物的幻想多于理论研究，这是儒家的局限性。

移风易俗是无比艰难的社会工程，因为没有一种伦理规范能够限制人性的堕落。先秦诸家就已经发现了儒家计划的多种困难，如老子认为儒家礼教非但不能改造社会与人性，反而会滋生伪善；墨子则相信，如果只是亲亲，而做不到“兼爱”，儒家礼教就仍然是在制造社会矛盾，而

---

① 《礼记·乐记》。
② 同上。
③ 《论语·为政》。
④ 《论语·八佾》。
⑤ 《礼记·乐记》。

不是在克服社会矛盾了；法家又发现，儒家的道德治世计划基本无效，即使有些微小用处也不得要领，只有法治才能建立稳定的公共秩序和长期有效的社会信任。如此等等。这些批评未必完全正确，但确实指出了儒家的种种弱点。可以说，周的礼乐思想正确地指出了文化治理是政治长治久安的千年大计，问题是深刻的，但远远没有解决。

## 4.6　德策略与和策略

周政治的成功主要得益于两个政治策略：德策略与和策略。德与和都以达到社会合作最大化并且冲突最小化为目的，侧重点有所不同，但其共同原则是创造所有人都愿意接受的普遍关系。

德的概念自周以来成为中国政治—伦理的核心概念。德之古义为心之正直，是公正的做事方式。后来流行的意义是“德者得也”[①]，“得”就是好处或利益，有德就是布德于人，就是让别人得到利益，让人得利是对人有恩，积德也即行善施恩，惠及他人。管子曰：“爱之、生之、养之、成之，利民不德，天下亲之，曰德”[②]。可见“德”有道德与政治双重含义，从道德上说，德是无私行善的高尚品德；从政治上说，德是获取民心的政治策略。爱民养民，让民得利，而自己不贪，统治者就会得到人民的支持。人民得利而统治者得权，德治就是以利换权的政治策略。管子曰：“夫先王取天下，术术乎大德哉，物利之谓也”[③]。晏子又曰：“诚于爱民，果于行善，天下怀其德而归其义”[④]。

克商之前，周王就由于有德而获得众多诸侯的拥戴，据说周王一向“修德行善，诸侯多叛纣而往归西伯，西伯滋大，纣由是稍失权重”[⑤]，

① 《礼记·乐记》。
② 《管子·正》。
③ 《管子·霸言》。
④ 《晏子春秋·内篇谏下》。
⑤ 《史记·周本纪》。

最后，民心所向还戏剧性地决定了战争胜负。可以想象，因德而得天下的宝贵经验给周公们留下极其深刻的印象，因此周公们试图把有德者得天下这一经验化为传统，崇德成为周政治的主要原则。在周文献中，“德”是最重要的概念（在殷商则难得一见），例如《尚书》中处处可见关于德治的言论，诸如“德惟善政，政在养民。正德、利用、厚生、惟和”① 之类。

德策略基于这样的政治发现：（1）从长期来看，德的力量大于武力②；（2）德的力量来自民心形成的集体力量。德治确实是一种非常有效的政治策略，假如统治者保持德治，善待万民，人民肯定不会背叛，因为持续可信的好日子使背叛失去意义，即使有少数野心家幻想取而代之，也很难有足够的号召力。理性博弈分析可以证明这一点：现实可得的好日子或许不是最好的，但只要足够好，对现状的任何改变都是一个冒险，它虽然有可能变得更好，但更可能变坏，而理性总是反冒险的，因此，维持足够好的现成日子就是人们的占优策略。大概只有两种情况会使人民义无反顾地选择造反：（1）现成日子差到难以忍受；（2）更好的日子唾手可得，风险很低。第二种情况是废话，如果更好的日子唾手可得，那么将会成为统治者和人民的一致选择，统治者将主动领导人民去改革。因此，只有第一种情况是统治者必须避免的。

一般地说，德策略可以分析为：

（1）德策略以公正为基本原则。公正乃众望所归之原则，无论西方

① 《尚书·大禹谟》。

② 《荀子·议兵》曰：“凡兼人者有三术：有以德兼人者，有以力兼人者，有以富兼人者。彼贵我名声，美我德行，欲为我民，故辟门除涂，以迎吾人。因其民，袭其处，而百姓皆安。立法施令，莫不顺比。是故得地而权弥重，兼人而兵俞强：是以德兼人者也。非贵我名声也，非美我德行也，彼畏我威，劫我势，故民虽有离心，不敢有畔虑，若是则戎甲俞众，奉养必费。是故得地而权弥轻，兼人而兵俞弱：是以力兼人者也。非贵我名声也，非美我德行也，用贫求富，用饥求饱，虚腹张口，来归我食。若是，则必发夫掌窌之粟以食之，委之财货以富之，立良有司以接之，已期三年，然后民可信也。是故得地而权弥轻，兼人而国俞贫：是以富兼人者也。故曰：以德兼人者王，以力兼人者弱，以富兼人者贫，古今一也。”

中国，皆以公正作为首选政治原则（同时也是无懈可击的伦理原则）。《国语》曰："夫正，德之道也"①，孔子曰："政者正也"②。没有公正就意味着没有任何普遍有效的准则，人们就可以编造各种理由去挑战任何规则，那样的话，无论政治还是伦理都无所立足。在古代社会，公正指的都是古典公正，它表现为对称性标准：1）每个人配得什么就应得什么，不配得什么就不该得什么；2）一个人如何对待别人，别人就可以如何对待他。德治的基本要求就是建立一种公正的制度安排，使人们各有所得，各得其所，所得（利益）与所与（成本）成正比。

（2）德策略是一个向善的动态策略。在公正的基础上增加行善施惠的程度就意味着增加德的程度，德甚至可以发展到仁（爱人）甚至达到圣（博施济民）的极致水平，于是，德治是一个"正而偏善"的动态策略，表现为使人民利益最大化。施惠于人的道德行为相对简单，但作为政治策略就变得复杂，因为照顾个别人容易，惠及众人就非常难。资源总是稀缺，利益总是有限，普遍施惠在事实上不可能，因此总是不得不在某种程度上违反公正原则，只能使利益分配相对有利于一些人而同时有损于另一些人。如果利益分配相对有利于人民而非权贵就被认为是真正的德治。人们颂扬远古圣王之德，据说圣王们能够限制自己的利益而让利于民，"罔咈百姓以従己之欲"③，"薄于身而厚于民，约于身而广于世"④。这一思路与后来罗尔斯"公平公正"的取向有些类似。但中国古代是等级社会，实际上不可能出现打破等级利益分配的让利行为，所谓施惠于民与其说是使人民的利益最大化，还不如说是使统治者的剥削最小化。

（3）德策略除了要求在可能范围内让利于民，还特别强调为人民创

① 《国语·周语下》。
② 《论语·颜渊》。
③ 《尚书·大禹谟》。
④ 《晏子春秋·内篇问上》。

造有利生计的各种条件，比如生产条件、投资环境和经济政策，以增长财富、改善社会环境和生存环境去造福于民。这与“生生”信念有关：既然天地之大德为生生，那么天下政治之大德同样也是生生，只有增进众生之幸福才使天下符合天命。管子尤其详细地描述了发展经济和社会福利的德治政策：“德有六兴……曰：辟田畴，利坛宅。修树蓺，劝士民，勉稼穑，修墙屋，此谓厚其生。发伏利，输墆积，修道途，便关市，慎将宿，此谓输之以财。导水潦，利陂沟，决潘渚，溃泥滞，通郁闭，慎津梁，此谓遗之以利。薄征敛，轻征赋，弛刑罚，赦罪戾，宥小过，此谓宽其政。养长老，慈幼孤，恤鳏寡，问疾病，吊祸丧，此谓匡其急。衣冻寒。食饥渴，匡贫窭，振罢露。资乏绝，此谓振其穷。凡此六者，德之兴也。六者既布，则民之所欲，无不得矣。夫民必得其所欲，然后听上，听上，然后政可善为也，故曰，德不可不兴也”[1]。

（4）除了经济利益分配，德策略还表现在政治权力分配，也同样遵循以公正为基准的“正而偏善”原则，这里所要解决的核心问题是如何优先和保证良善贤能（相当于西方所谓的精英）去掌握权力。“建官惟贤，位事惟能”[2]，这一策略的政治目的是明显的：只有统治者与精英形成政治联盟，才可能有好政治，只有当良善贤能之人掌握政治权力，良善贤能的品德才能为人们普遍模仿，为善为公才会成为人们的优先选择。不然的话，即使设计了好制度也会在坏的实践中被消解。这个德策略据说可以追溯到圣王时代任贤选能的“禅让制度”和公推公议制度（《尚书》中多有记载）。有趣的是，它与柏拉图的“哲学王”思路所见略同，都认为权力必须归属精英。这一策略试图使政治精英、道德精英和智力精英三者合一，它要求一种明显有利于良善贤能掌握权力的制度安排，试图创造一个有利于贤人生存、增殖和发挥作用的社会环境，

① 《管子·五辅》。
② 《尚书·武成》。

达到“嘉言罔攸伏，野无遗贤”[1]。这一策略表面上有利于贤人，实质上有利于整个社会，因为贤人的眼界和能力比民众的意见更能够惠及万民。

概括地说，德策略是利益和权力的分配策略，它以公正偏善为原则，特别强调人民得利和贤人得权。德治策略虽然优越，但实际上很难实现，并不比柏拉图的理想国更真实，在实践中必有很大折扣。实践的局限性来自人性的局限性。首先是，道德的力量难以超越利益的诱惑。圣王们所以愿意以道德为本，一方面是他们具有罕见的品德，另一方面是他们认识到经济利益的让利能够获得巨大的政治利益作为回报。可是对于那些无法拥有足够大政治权力的其他人来说，经济利益就成为不可阻挡的诱惑了，因此，通常君主和高层官员对天下公益和政治成功比较感兴趣，而其他人往往更关心私利而导致德治无法贯彻落实；其次，社会里很少有人愿意贤人主持政治（这个困难也是柏拉图理想国的根本困难）。这个困难看起来有些荒谬，既然贤人更能够为所有人谋幸福，人们就似乎应该愿意贤人执政，但大多数事实否定了这一逻辑。

这是个比较有趣的问题。统治者都声称要任贤使能，但实际上除了英明之君，大多数统治者很少有机会结识良善贤能，也没有能力识别良善贤能，即便发现了良善贤能，也多半不愿意让贤人掌权，因为贤人热衷于公善、真理和公正，这会削弱和限制统治者的权力和利益。哪怕明智的统治集团考虑到长远政治利益而愿意让利，中下层的官僚集团也必定集体作梗，于是良善贤能拥有政治权力的努力往往徒劳。

更不合情理的是，民众也未必愿意让良善贤能执政。孔子为“小人喻于利”而烦恼是有道理的。据说民众多为“下愚”（孔子对民众的贬低不亚于柏拉图），他们虽然一心求利，却因智慧有限而看不出什么才是真正好的或对自己真正有利的事情，错误的认识往往使民众选择了损害自

① 《尚书·大禹谟》。

己利益的事情。柏拉图反对民主，也是因为民主可能误导公共领域而形成错误的集体选择。儒家幻想君子以身作则成为“德风”去吹动作为“德草”的民众，类似地，古希腊哲学家也希望真理的“辩证”能够胜过迷惑人心的“修辞”，但都终究是幻想。大多数人感兴趣的利益通常是个人利益或者是能够马上兑现的利益，因此，除非是立竿见影的个人利益，否则大多数人不感兴趣。可是，对所有人真正有利的巨大利益总是需要长时间才能达到，而且往往表现为公共利益。长期利益和公共利益并非大多数人的首选，这正是孔子关于“小人喻于利”的烦恼，也是群众理论所证明的社会选择难题。

更离奇的是，如果试图证明群众是错的，那就更加错误了。对于民众来说，所谓“目光短浅”的利益选择其实是民众精明的正确计算。人们容易忽视一个比较隐蔽的知识论问题：通常，人们只考虑到正确知识应该是普遍有效的，却很少考虑到一种知识是否正确还要取决于它与利益是否一致。一种知识，哪怕是真理，如果与使用者的利益不符，它**对于这个使用者而言**就不是有效的真理。问题就出在这里，大多数人利益计算的有效单位是个人之身，人们以“身”为准去判断什么是利益，进而确定什么是相关有效的知识。对于个人来说，这样的思维没有错。哲学家喜欢去证明短视和自私是错的，但真正错的是哲学家。假如以“身”作为计算单位，那么公益或长期利益与私利或短期利益相比就**的确是**次要的，自私和短视比大公无私更符合理性计算，因此，民众的“错误”选择对于民众并没有错。这是至今都无法解决的难题。

周经验中另一个可能更有价值的政治策略是“和策略”。如果说德策略要解决的问题是“政府必须对人民做什么”，那么，和策略则试图解决“不同利益主体如何形成合作”的问题。和策略可以用于创造良好的国际关系，也可以用于创造良好人际关系。中国思想从来反对“争”，无论是政治还是伦理或者美学都是为了达到“和”的效果，“和”几乎是中国最根本的精神实质。不和源于自私，这是全部政治和伦理困难的根源，管子曰："私者，乱天下者也"[①]。无论是平均、共产、福利制度、个人权利制度，如此等等，都不足以解决自私所导致的冲突。中国思想想象了一种能够**必然形成合作**的和策略，至今极具重大意义。

和的概念源于一种有和声功效的多管古乐器。这已经蕴含了调和多样性使之相辅相成的含义。从《尚书》看，和是保证从各国到万民等等不同主体间合作关系的原则，所谓"协和万邦"[②]、"和恒四方民"[③]。和的意义本来很明确：和就是最好的合作策略。后来由于不明原因而一度产生了理解上的混乱，人们分不清"和"与"同"的意义，以至于春秋时出现了关于"和"与"同"的争论。据《左传》："公曰：唯据与我和夫！晏子对曰：据亦同也，焉得为和？公曰：和与同异乎？对曰：异。和如羹焉，水火醯醢盐梅以烹鱼肉，燀之以薪。宰夫和之，齐之以味，济其不及，以泄其过。君臣亦然。君所谓可而有否焉，臣献其否以成其可。君所谓否而有可焉，臣献其可以去其否。是以政平而不干，民无争心。故《诗》曰：亦有和羹，既戒既平。鬷嘏无言，时靡有争。先王之济五味，和五声也，以平其心，成其政也。声亦如味，一气，二体，三类，四物，五声，六律，七音，八风，九歌，以相成也。清浊，小大，短长，疾徐，哀乐，刚柔，迟速，高下，出入，周疏，以相济也。君子听之，以平其心。心平，德和。故《诗》曰：德音不瑕。今据不然。君所谓可，据亦曰可；君所谓否，据亦曰否。若以水济水，谁能食之？若琴瑟之专一，谁能听之？同之不可也如是"[④]。又据《国语》，史伯曰："夫和实生物，同则不继。以他平他谓之和，故能丰长而物归之；若以同裨同，尽乃弃矣。故先王以土与金木水火杂，以成百物。是以和五味以调口，更四支以卫体，和六律以聪耳，正七体以役心，平八索以成人，

---

① 《管子·心术下》。

② 《尚书·尧典》。

③ 《尚书·洛诰》。

④ 《左传·昭公二十年》；也见于《晏子春秋·外篇第五》。

建九纪以立纯德，合十数以训百体。……夫如是，和之至也。于是乎先王聘后于异姓，求财于有方，择臣取谏工而讲以多物，务和同也。声一无听，物一无文，味一无果，物一不讲”①。这些讨论都力图澄清“和”与“同”的区别：和是多样配合，同就是普遍同一。“同”被认为是坏的，因为“同”使事物失去多样性和各自的独特价值，破坏世界的丰富性，使生活失去创造性，甚至使事物无法成活或存活，因为**无物能够独活**，更别提发展了。“和”则是万物的生机所在，它保持一切多样性和丰富性，形成互相配合，使万物在合作中得到创造性的发展。

人们将“和”与“同”混为一谈可能源于对“乐”的理解。“和”与“同”都与“乐”密切相关，古人对“和”的领悟最初来自于乐，即多种声音的互相配合而产生比任何一种单调声音更美妙的效果，于是以乐的效果去理解自然的多样和谐，把自然变化、万物化生看成与乐具有类似性质的运动；另一方面，乐又能让众人同乐，能够表达普遍人情，沟通统一人心。于是，乐就具有双重意义：就乐本身而言（包括形式、内容和表演），乐遵循“和”的原则，即不同事物互相配合。“乐从和，和从平。声以和乐，律以平声。金石以动之，丝竹以行之，诗以道之，歌以咏之，匏以宣之，瓦以赞之，革木以节之，物得其常曰乐极，极之所集曰声，声应相保曰和”②；而就乐的心理功能而言，乐却表现了“同”的原则，乐使心灵相通而趋同。“乐者为同，礼者为异。同则相亲，异则相敬。和故百物不失，乐者，天地之和也。礼者，天地之序也。和故百物皆化，序故群物皆别。天高地下，万物散殊，而礼制行矣。流而不息，合同而化，而乐兴焉。是故乐在宗庙之中，君臣上下同听之则莫不和敬；在族长乡里之中，长幼同听之则莫不和顺；在闺门之内，父子兄弟同听之则莫不和亲。故乐者，审一以定和，比物以饰节；节奏合以成文”③。

---

① 《国语·郑语》。

② 《国语·周语下》。

③ 《礼记·乐记》。

可见其中有着由和而同的关系：事物的构成方式必须是和，而和的效果能够让人同乐。和与同虽有关系，但和是一个存在论的构成性原则，而同是一个心理学效果，显然不能混为一谈。

“和”被认为是万物万事所以能够存在与发展的条件。管子曰：“和乃生，不和不生”①；《易经》曰：“乾道变化，各正生命，保合太和，乃利贞”②，而“利者，义之和也”③。其中蕴含一种非常重要的中国存在论：(1) **关系决定事物**。事物本身不可能决定它的存在状态和发展可能性，甚至不能决定自身的存在，其他事物永远是某个事物的存在和发展的条件，因此，一个事物的存在和发展取决于它与其他事物的关系。(2) 事物之间的和谐关系是其中每个事物能够生存的必要条件。一个事物单靠它自身不可能生存，任何一个事物都不得不与另一个事物互相依靠而共存，于是，**共存 (co-existence) 成了存在 (existence) 的先决条件**。(3) 各种事物只有互相和谐配合才能使其中每个事物发挥其最大效用而达到其最佳状态，同样，人之间的互惠关系将使其中每个人的利益都获得改善。

给定世界的差异状态，差异可能形成冲突，于是至少有两种解决方案，一是“同”，就是消灭差异成一统。这个方案不可取，因为“同则不继”，当其他事物不存在而只剩下一种事物，这种事物就失去了与其他事物互动而获得活力的条件，也就无法存活了；另一方案是“和”，就是在差异中寻找并且建立互惠合作最大化的关系。如果没有互利，就不可能形成和，而且，这种互利不是偶然的互利，而是必然的互利，这样就必须使双方利益形成共轭联动，共荣共损，各方都无法单方面地获得利益改进。这一“和策略”可以表达为：(1) 对于任意两个博弈方 X，Y，和谐是一个互惠均衡，它使得，X 能够获得属于 X 的利益 x，当且仅当，

① 《管子·内业》。
② 《易经·乾·彖》。
③ 《易经·乾·文言》。

Y能够获得属于Y的利益y，同时，X如果受损，当且仅当，Y也受损。并且（2）X获得利益改进x+，当且仅当，Y获得利益改进y+，反之亦然。于是，促成x+出现就成为Y的优选策略，因为Y为了达到y+就不得不承认并促成x+，反之亦然。（3）在“和策略”的互惠中所能达到的各方利益改进均优于各自独立所能达到的利益改进，因此，“和策略”就是共同的最优选择。从逻辑结构上看，“和策略”是一个互相依存、互为条件的关系，大概相当于逻辑的互蕴关系。

“和策略”显然是个完美的合作策略，它能够保证最稳定的合作，并且创造各方都满意的利益改进，这样，它就比帕累托改进更为理想。帕累托改进其实远不足以表达和保证社会幸福。帕累托改进与经济学喜欢说的“把馅饼做大”的观点是一致的，毫无疑问，当财富“馅饼”做得足够大，对大家都有好处，至少没有坏处，但物质上的好处未必能够消除所有冲突和怨恨。可以考虑一个“心理学馅饼”问题：当帕累托改进仅仅改善了某些人的利益而维持其他人的利益没有受损，或者某些人的利益改善比不上其他人的利益改进，那些利益改善比较小的人们未必感激变大了的“经济学馅饼”，因为人们还需要“心理学馅饼”。如果在“心理学馅饼”上之所失大于在“经济学馅饼”上之所得，人们恐怕不满意。经济学仅仅考虑生存所需的物质利益而忽略心灵所需的精神利益，这样不能解释和解决冲突与合作的问题。只有“和策略”才能达到**人人满意**，不仅在“经济学馅饼”上人人满意，而且在“心理学馅饼”上人人满意。“和策略”是一个强化的合作原则，表现为“自己活当且仅当他人活”（live-iff-let-live）而且“自己发达当且仅当他人也发达”（improved-iff-let-improved）。孔子有个表述很适合这个原则：“己欲立而立人，己欲达而达人”[①]。为了表达对孔子的敬意，可以把“和策略”称为“孔子改进”，相当于全面强化了的帕累托改进。

---

① 《论语·雍也》。

和策略虽然优越，但其弱点是它所要求的适用条件比较苛刻，显然并非处处都存在能够形成和策略的客观条件。从周对和策略的实践来看，在国际关系和世界秩序方面似乎比较成功，周分利分权于诸侯，以天下体系保证诸侯分治天下的政治权利，天下之治成为各国之治的条件，几乎达到万邦协和。至于后来周的崩溃，其实与统治者的堕落并无太大关系，而是与天下体系的互惠共轭合作关系的退化有关。诸侯以及豪族纷纷坐大，利益形势发生明显变化，独立的利益多过合作的利益，天下就失和了。可见德策略与和策略虽然优越，但仍然不足以对付人性之自私妄为。也许从今天的眼光来看，周天下只是分利分权的制度，但缺乏一个天下公议制度，缺乏由世界公共领域所支持的世界立法制度和制度维新，因此其世界治理终究是会退化的。

## 4.7 天下思维的方法论

天下理念作为一种政治思维的意义大于它在中国古代政治实践的成就。实践总是不完美的，人性的局限足以破坏任何理想。但理想的意义不在于被实现，而是为了警告人类不能过分堕落。从理论上看，天下理念创造了一个**容量最大**的政治分析框架，一种容量最大的政治知识论，它提供了政治的世界尺度和世界性眼光，同时提供了一套容量最大的政治分析单位。所有的政治问题，无论是世界政治、国际政治还是国家政治，都可以在天下理论的框架内统一地被分析。

天下理论把“世界”看做是一个完整的政治单位，一个**最大并且最高**的政治单位，是政治的最大情景或解释条件，因此包括了所有政治问题，这样我们就能够统一地思考所有政治问题，没有一个政治问题可以逃逸在外，因此，天下理论是充分有效的政治分析框架。在天下体系中，国家不是最大政治单位，在国家之上，还有天下（世界）。作为对比，在西方概念里，国家已经是最大的政治单位了，世界只是个地理空间。无论城邦，帝国还是民族/国家，都只有“国”而没有“世界”的理念，因此，西方政治哲学的分析单位系列是不完全的，从个人、共同体而止步于国家，国家被当作是思考和衡量各种问题的根据或尺度。这就是西方政治哲学的局限性，它缺少了世界这一必要的政治视界，因此无法表达所有政治问题。西方一直到现代才开始考虑比国家更广阔的政治问题，例如康德关于“人类所有民族的国家”或“世界共和国”的想象，但这一概念只被草草提及。康德认真的想象是“自由国家的联盟制度”[①]，仍然不准备超越民族/国家体系。现在的联合国就是康德想象的一种实践。联合国不是世界政治单位，它并不拥有在国家**之上**的世界制度和权力，而只不过是民族/国家**之间**的协商性机构，因此只不过是个从属于民族/国家体系的服务性机构。

天下概念创造了思考政治问题的“世界尺度”，它能够度量国家尺度所无法度量的世界性问题。按照天下理论，世界才是思考各种政治问题的总尺度，国家只是世界的从属性问题。虽然西方只有国家理论而几乎没有世界理论，但这不是说西方没有关于世界的思考，而是说，西方对世界的思考只是“以国家衡量世界”，国家的视界注定了在思考世界问题时总是仅仅考虑国家利益而无视世界利益，它看到的无非是“属于国家利益的世界”而没有看到“属于世界的利益”以及“属于世界利益的国家”，这样对世界不公。天下意味着比国更大的事情，因此只能以天下的尺度去衡量。天下理论试图“以世界衡量世界”，即老子“以天下观天下”的原理。“以天下观天下”的眼界显然比“以国观天下”的眼界更加广阔和更有责任感。很显然，并非所有政治问题都可以在“国”这个政治单位中被解释。有些事情是属于天下的，有些事情是属于国的，有些则属于家，如此等等。各个层次的事情有不同的意义，所以老子说：“以身观身，以家观家，以乡观乡，以邦观邦，以天下观天下”[②]。管子也有

① 参见［德］康德：《永久和平论》，见《历史理性批判文集》，北京，商务印书馆，1997。

② 《道德经·五十四章》。

类似说法："以家为乡，乡不可为也；以乡为国，国不可为也；以国为天下，天下不可为也。以家为家，以乡为乡，以国为国，以天下为天下"[①]（管子说法似乎早于老子）。老子这个原则意味着：（1）每个政治层次都有着不可还原的利益和权利；（2）不能以某个层次的利益去牺牲另一个层次的利益。既然世界存在，就必定存在不能还原为国家利益的世界利益。

天下体系与华勒斯坦的"世界体系"（world-system）非常不同。"世界体系的生命力由冲突的各种力量构成，这些冲突的力量由于压力的作用把世界体系结合在一起，而当每个集团不断地试图把它改造得有利于自己时，又使这个世界体系分裂了"[②]。显然，世界体系是由国家之间的冲突和互相合作形成的，其中起决定性作用的仍然是国家利益。世界体系或许有些类似中国所谓的"霸主"政治而不是天下政治。天下体系强调世界权力必须有利于世界公共利益，而不是掠夺世界，如荀子所言："汤武非取天下也，修其道，行其义，兴天下之同利，除天下之同害，而天下归之也。桀纣非去天下也，反禹汤之德，乱礼义之分，禽兽之行，积其凶，全其恶，而天下去之也。天下归之之谓王，天下去之之谓亡"[③]。天下政治的目标是使世界公共利益的重要性大到没有一个国家愿意破坏世界公共利益，因此达到世界的冲突最小化和合作最大化。

有效的政治体系需要所有政治层次之间的传递性或可贯通性，这就要求政治的各个层次的制度是同构同质的，从而保证政治秩序是可推广的。从逻辑结构上看，西方政治以个人为基本单位，从个人权利制度可以顺理成章地推出国家主权制度，却无法推出世界制度，因此国家之治无法推出世界之治。天下体系以世界制度为准，下推国家，再推家族，

---

① 《管子·牧民》。

② ［美］伊曼纽尔·沃勒斯坦：《现代世界体系》卷1，460页，北京，高等教育出版社，1998。

③ 《荀子·正论》。

即天子建国，诸侯立家的“天下—国—家”秩序，这样就能够保证政治秩序的普遍覆盖。墨子把这种政治传递性概况为“上同而不下比”原则，即下级政治以上级政治为准，从“一同乡之义是以乡治”到“一同国之义是以国治”到“一同天下之义是以天下治也”①，整个制度体系以“天下之义”作为最高保证。“天下—国—家”的推法虽然传递有效，但它只是单纯的政治有效性，而政治还必须能够普遍被接受才是充分有效的，否则有强加专制的可能，因此后世儒家试图完成“家—国—天下”的推法以保证天下体系的道德普遍有效性，从而形成“天下—国—家”的政治传递性和“家—国—天下”的道德传递性的双向传递，这样天下体系就具有圆满的内在循环。

但是“家—国—天下”的道德之推似乎不如“天下—国—家”的政治之推那么成功。儒家以亲亲为本而向外“推爱”至整个世界，这一推广必须经受“费孝通疑问”的挑战。按亲疏程度层层向外推爱（波纹同心圆结构）意味着关系越来越疏远，最后在陌生人那里消于无形。费孝通在《大学》所谓“身修而后家齐，家齐而后国治，国治而后天下平”这段经典论述中解读出一个自私的逻辑：“一个人为了自己可以牺牲家，为了家可以牺牲党，为了党可以牺牲国，为了国可以牺牲天下”②。商鞅早有类似解读：“其道亲亲而爱私，亲亲则别，爱私则险”③。儒家“道德之推”的困难在于，在家庭之外很难保证利益共轭关系（家庭的共同利益也并非绝对稳定）。墨子也看到了儒家的缺陷，因此想象了普遍之爱，所谓“兼爱”。兼爱并不像通常认为的那样不靠谱，墨子并没有鼓吹无条件的兼爱，而是推销所谓“兼相爱交相利之法”，他相信“爱人者，人必从而爱之；利人者，人必从而利之”④。墨子方案其实比儒家方案高

① 《墨子·尚同上》。
② 费孝通：《乡土中国》，27页，北京，三联书店，1985。
③ 《商君书·开塞》。
④ 《墨子·兼爱上》。

明，但终究同样不可靠，它虽然不算错，但只是或然为真，而不是必然为真，因为爱人利人未必能够保证人皆从之（可以考虑搭便车问题）。看来，“家—国—天下”的传递性虽然是必要的，但恐怕不能依靠“道德之推”去解决。道德经不起利益的挑战，因此，“家—国—天下”的传递性很可能更需要一种经济学的解决。一个稳定的共同体或一种人际关系必须能够满足：（1）它的存在是每个成员的个人利益的共同必要条件；并且（2）其总体利益改进与每个成员的利益改进成正比，或者说集体利益和个人利益总是挂钩一致。如果“家—国—天下”能够形成这样的经济学关系，大概就有望保证有效的传递性了。

无论天下体系还存在什么尚未克服的技术性问题，它仍然是一种最有潜力的政治理想。天下理念创造了最具和平气质和包容性的政治合作原则。天下体系的“无外原则”蕴含至少两个重要结果：（1）既然“天下”与“天”一样都是世界万民的公共利益和公共资源，天下理念就拒绝了把他者看做不共戴天的异己。这一点决定了天下政治的根本原则是“和”，即在承认世界多样性的基础上谋求合作最大化和冲突最小化。（2）既然世界多样性是天经地义，天下体系就拒绝单方面推广某种观念体系和知识体系从而剥夺其他观念和知识体系的生存空间。这是“礼不往教”的文化原则。《礼记》曰：“礼，闻取于人，不闻取人，礼，闻来学，不闻往教”[①]。别人自愿来学，与强加于人显然完全不同。

可以说，天下理念包含了两个基本的制度想象：一个能够保证利益冲突最小化并且合作最大化的世界政治制度；一个能够承认并且维护文化权利的世界文化制度。这是天下理念最重要的遗产，也是今天世界最需要的政治原则。

---

① 《礼记·曲礼上》。

# 5. 治与乱

## 5.1 好制度与坏人性

周之崩溃，又成乱世，礼崩乐坏，诸侯相伐，争为霸主，兼并成风，战争与权谋成为主流。以当时条件而论，西周是个好社会（当然并非没有冲突），据说当时人们重视道德荣誉，人心淳朴，政府推行德治，可是西周还是崩溃了，这似乎意味着即使一个具有优越制度和政策的政权也很难长治久安。文学化的传统解释喜欢把政权的崩溃归于统治者腐败昏庸，这是流俗文人喜欢的解释套路。周幽王为讨女人喜欢而烽火戏诸侯之类的故事就是此类解释的一个典型。这种文学解释基本上不懂政治。其实历史上大多数皇帝都是腐败昏庸的，这不稀奇，腐败政权长期**衰而不亡**是常见事实，而那些腐败政权最后崩溃往往还是因为外部入侵、自然灾害、宫廷政变或者地方叛乱之类偶然情况，主要并非因为腐败本身。

西周后期外有蛮族之患，内有诸侯坐大，这是事实，但仍然不是要害问题。西北游牧民族一直是中原政权的大患。游牧民族全民皆兵，而且勇猛过人。游牧民族有许多生活资料依赖中原，入侵中原去抢劫所需物资始终是一种诱惑。早期游牧民族生产方式和生活习惯大异于中土，还没有意识到入主中原的长期利益，因此战争主要限于抢劫以及非常有限的必要扩张。假如游牧民族与中原能够建立公平稳定的贸易关系，抢劫性战争的积极性恐怕就会大大降低，可是中原物资丰富，对游牧民族没有物资依赖，与游牧民族建立稳定合理的贸易制度的积极性可能一直不高。而且，周推崇朴实生活，反对看重来自远方的“奢侈品”，如《尚书》所载，周虽通道于九夷八蛮，“四夷咸宾，无有远迩，毕献方物”，但周反对“玩物丧志”，主张“不贵异物”、“不宝远物”，甚至“犬马非其土性不畜，珍禽奇兽不育于国”[①]，周如此轻视远方物品，当然就缺乏积极性与夷狄建立具有重大经济意义的大规模贸易关系，这等于与蛮族缺乏实质性合作。

史书吹嘘汤武德盖天下，惠及四夷，万邦宾服，其实大有可疑之处。核心王朝对蛮族各邦的所谓“德”似乎属于政治承认和尊重，这是很虚的好处，到底有什么样的实惠，记载无多，恐怕确实不多。蛮族从核心王朝那里没有明显所“得”，也就说不上王朝有多大的“德”。在理论上说，周很重视天下体系的万国互惠关系，但限于当时的经济水平，核心王朝没有意识到规模足够大而且稳定的经济通商具有巨大的政治意义，而更看重象征性或仪礼性的政治关系，这也许是许多狄戎蛮夷没有真正化入天下体系的原因。西周对屡屡犯边的游牧民族的报复性征讨除了劳民伤财，并无积极意义，反而暴露出军事弱点，最后亡于犬戎突袭——周幽王失信于诸侯而导致无人驰援只是戏剧性故事，并没有决定性意义，何况中原诸侯也未必胜过蛮族。

周东迁丧失了大部直辖地和人民，经济能力和政治威望都大大受损，实力甚至不如一个较大诸侯，再也无力管制诸侯了。东周的统治是靠诸侯的惯性或自觉性勉强维持的，诸侯在名义上仍然尊重周王，但如果涉及实质性利益就不会让步了。春秋早期郑国率先破坏天下秩序，兼并了一个小国。按照周制度，封国只有土地使用权而没有所有权，如果没有天子的命令，就不得兼并或转让。兼并封国显然没有正当性，周不但无力管制，甚至没有政治谴责的记载。后来郑与周发生利益冲突，在战斗

① 《尚书·旅獒》。

中射中周王并大败周师。这两个里程碑式的无礼行为宣告了诸侯在政治上独立于周王，周政权实际上已经从天下领导退化成一个政治符号，其地位不会超过今天的联合国，霸权国家都以匡助天子为名而打击其他国家，由此开创了"挟天子以令诸侯"的政治新传统。同时，诸侯们为了竞争而纷纷扩军备战，大国连连兼并小国，还打破各种具有政治象征意义的礼乐宫殿规制，甚至自行升级为王（王即天子），如此等等，所谓礼崩乐坏。

假定周成功摆平了外患以及胆大妄为的野心家，周的天下体系是否能够成为万世之治仍然非常可疑。据许倬云及葛志毅：周的分封在西周中后期就停止了，因为再也没有土地可分了①。这一点很重要，它正是周制度的一个深刻漏洞。且不说周所控制的土地有限，即使控制了整个世界，土地也终究是有限的，分封迟早要停止，后世的王亲功臣没有机会得到"应得的"分封，为天下公利去建功立业的激励消失了，而滋生了对既定制度的不平之心。按照周制，封国是世袭的，除非有重大错误，否则不能剥夺或改封，于是，诸侯的最好策略就是保守私业而不再为天下公利做出积极贡献。不犯错误比建功立业容易得多，发展自己的私业比发展天下公利更有吸引力，因此，那些既得利益者对天下公利也同样不再关心。周可能过分推崇德治仁政，其赏罚制度在实际执行中宽胜于严，封赏多于惩罚，诸侯实际拥有的权力和权利大于义务，宗主国对诸侯的依赖程度超过诸侯对宗主国的依赖程度，这样导致诸侯坐大。

可见，周的德策略虽然优越，但施德能力或施德所需资源是有限的，人们很快就对其所得习以为常，不以为德了，当施德资源日渐耗竭，人们反而产生不满心理。如果只有"德"而没有"力"去作为可信的威胁，如果没有赏罚的平衡，人们对德就没有正确的认识。当能够给予人们的

---

① 许倬云：《西周史：增补本》，311 页；葛志毅：《周代分封制度研究》，229 页，哈尔滨，黑龙江人民出版社，2005。

利益用尽了，制度就失去影响力。周虽拥有封赏与征伐的合法权力，也对一些叛乱进行过征伐，但周的思想宗旨是和平主义，主要策略是修德，在维持力的威慑方面没有足够的努力，周的军事力量至少在中后期就已经退化到不足以击败某个不臣邦国了，更别提维持天下安全了。由德与力的不对称、权利与义务不对称以及私利与公利不对称所构成的一系列制度不对称才是周制度慢慢崩溃的根本原因。周的衰落表明，好制度仍然对付不了坏人性，单纯的道德主义是一种政治失败，尽管是慢性失败。圣王们的道德主义可以创造暂时性的辉煌政治，但绝无可能保证人皆为尧舜。严格说来，周的衰落是必然的。即使周维持强大军事力量，也只能存在得更长一些，恐怕也不可能做到万世治平。制度是稳定的，可是生活和行为是活跃的，因此，破坏制度的机会总是很多，这是一切制度的一个根本困难。

周天下主要是一个**政治天下**，并没有形成**经济天下**和**社会天下**。缺乏经济意义的政治关系是单薄的。周的经济是各地自给自足，众诸侯以及宗主国之间没有必要的经济互相依赖，尽管也有贸易通商的经济往来，但并非必需。这样，对于诸侯们来说，单纯的政治天下并没有形成各方之间足够丰富的利益关系，因此，诸侯之间的关系必定非常松散，与宗主国的关系也很松散。经济关系疏远，政治关系也不可能非常密切，很容易就退化为一种象征性和仪式性的政治关系。在周实际解体之前，诸侯就已经长期过着独立的生活，周后期的变乱事件只不过促使诸侯纷纷意识到自身的独立性。所以说，周的天下体系还不是一个饱满丰富的天下制度。

随着周天下的解体，诸侯全权负责各自的政治，所谓“政由方伯”①。诸侯之间的竞争关系形成“逐鹿”的乱世，军事和政治阴谋变成行为主流。中国在春秋战国时期出现诸子百家的思想盛况经常与古希腊

① 《史记·周本纪》。

文明的发生同样被认为是思想奇迹，但其实很不相似。古希腊城邦的出现意味着生活的全面创新，城邦首先是政治性的，新政治带来了需要思考的新生活，古希腊城邦以创造性的政治带动了所有事情上的创造性思考。中国思想的原创时期其实是周而非春秋战国，周创制了全新的政治制度以及新伦理和美学生活，而周的崩溃使人们再次反思政治，先秦诸子百家面对的并不是一个从来未有的新世界，而是世界的解体，因此诸子百家思考的是**如何克服乱世**，而不是如何理解新世界。由于见解不一，方案各异，是谓“百家”。诸子皆从周思想中获得不同的思想灵感，因此不能把周思想归属于儒家，而应该把周思想看做是诸子所分享的共同资源。诸子的共同问题是如何去乱归治，重新建立有效的政治秩序。在诸种特别著名的治乱方案中，儒家和老子的选择尽管大不相同，但都属于保守主义，墨子是理想主义，而法家是现实主义。儒家的道德冲动胜过其理论水平，内容虽然丰富，但往往论证混乱，当时并不非常成功，但对后世影响最大；老子思想深刻，但比较偏激，其保守程度超过孔子，他想象的好社会甚至要退回到远古的小国寡民，这种想法在兼并成风的乱世显然不合时宜；墨子团体都是身怀绝技的人，对兼爱理念有着宗教般的热情，乐于无私地助弱抗强，在当时名气很大，但理想主义只会得到人们的颂扬，却不可能被普遍模仿，因此墨家不可能成功；法家思想简单有效，虽然严重片面，但触及一些要害问题，最适合富国强兵，所以终于助秦一统中国，但也终结了天下体系的实验，改变了中国政治道路。

## 5.2 政治的伦理学转向

孔子崇周，梦想“复礼”，他把礼治理解为周政治之根本要义，相信复礼即可治乱。这一理解是创造性的，但弱化了周政治的力度。弱化了的周政治思想就是儒家。礼治只是周政治的一个侧面，周政治视角是很全面的，对政治各个方面力求平衡，并没有特别偏重礼治，比如《尚书》

中《大诰》、《多士》、《多方》、《酒诰》等篇都显示周政权尤重刑政。实际上，在《尚书》和《逸周书》中看不出把礼治作为政治首要原则的倾向。孔子之“从周”实为重新理解和修改，以仁为德之主导，以礼治为政治，因此创造了儒家（儒家对礼如此偏爱可能是因为儒家源于周的礼乐之官）。孔子在给颜渊解释“为邦”时说：“行夏之时，乘殷之辂。服周之冕。乐则韶舞”[1]，这表明儒家文化试图重新组合多个前朝的优点，但此种理想虽美，却似乎偏离国计民生问题，周公绝不会这样避重就轻地谈论政治。孔子把礼治夸张为政治根本，这导致中国政治的伦理学转向，这一转向对后世影响虽大，但却是一条可疑的政治道路。

周政治核心是天下体系以及德和二策。天下体系是理解所有政治问题和政治关系的思想框架，是理解所有政治实体的合作关系的世界观，是以世界利益为核心的制度。在周制度中，刑政礼乐并重（即政治、法律和文化并重），并无偏重之迹象，而贯穿于刑政礼乐之中的指导原则是德和二策。周政治是很实在的，儒家政治则不太实在，这是根本差别。比如，周“德”之义远远大于伦理学意义，而且首先是政治学和经济学意义，其基本精神是，从人民的利益出发，在经济上使人民的利益最大化，在赏罚制度上公正无私并且尽量仁慈宽容。德策略揭示了一个政治秘密：民众的经济利益与统治者的政治利益正好重合，保证人民的经济利益就能够保证政权的政治权力，因此，德策略是民利与政权之间的最佳互动关系。至于礼乐，则是政治的文化表达，是政治的象征系统。礼以可识别的表征形式（待遇标准、礼仪程序、象征符号）去表现政治制度的实质内容。象征性表达对于政治非常重要，但毕竟是形式性的而不是实质性的，因此，礼从属于政治而不能代替政治。尽管儒家声称“从周”，但似乎没有正确理解政治问题的复杂性，往往忽视经济、法律和军事对于政治的实质性意义，夸大礼治的文化功效，把政治问题简化为伦

① 《论语·卫灵公》。

理问题，却不知伦理无力解决政治问题，甚至保护不了自身。

周公创制礼乐，但只把礼看做是政治的一部分而绝非全部。周有六典：治典、教典、礼典、政典、刑典、事典[1]，礼只是其中一典，主要任务是建立互相尊重的仪礼，调和邦国之间、百官之间和万民之间的关系，明确各种待遇和事务的规格和程序，大概相当于《仪礼》所载内容，即礼仪制度。至于政治原则和制度，则多见于《尚书》与《周官》，《尚书》主要表达政治理想和原则，《周官》主要是统治和管理的制度设计，所以是"官"（即政治管理）。后来儒家把《周官》改称《周礼》，这表明儒家试图以礼统摄政治所有方面的意图。儒家概念的礼包括：（1）社会分配和管理制度，其中包括利益、权力、权利、义务和社会地位的分配和管理。大致相当于《周官》所述；（2）社会身份的识别形式，即一套符号系统，包括社会地位和社会角色的可识别标志，诸如仪式、居所、服饰、车马、礼节等等，大致相当于《仪礼》所述。

儒家尤重礼仪，特别是它的伦理意义和规训功能。仪礼符号系统定义了分属各种人的生活空间和生活形式，规定了不同人在不同场合必须遵守的规范。如果礼成为通行的社会规范，它的分类和甄别规则就会像语言的词汇和句法一样控制着心灵，当人们习惯了符号系统所定义的各种生活空间以及"正确的"行为方式，就身不由己地被这些符号所左右，心灵就被训导为一定格式，就不再想"逾矩"了。一个人无法反对作为社会通用规范的礼，因为权威化规范化程序化了的礼已经变成了每个人所**唯一习惯的和唯一知道的**行为方式，人们不会以别的方式行事，也想不到别的事情。这就像只学过一种语言就不会说别的语言一样，假如礼是人所唯一学会的行为方式，它就不可能成为被反思、批判和反对的对象。由此可以理解孔子强调习礼的**深刻用心**。习礼就是修身，修身就是规训心灵，规训心灵就把人做成一定模式，使心灵只有如此这般的价值

---

① 《周礼·天官·大宰》。

观因而只会做如此这般的事情。礼的规训意义类似于意识形态的作用，但比意识形态高明。意识形态试图以洗脑的方式使人们弱智到没有任何背叛的想法和理由，而礼教虽然洗脑，但更重视“洗身”，不仅管理心灵，而且管理身体，它把生活和行为细节规范化，使人不能随便使用自己的身体，这会使人变得无能，不仅失去背叛的想法，甚至失去背叛的能力。儒家意识到礼教的巨大能量，因此把伦理看成政治之本，由此形成中国政治的伦理学转向。

就治理的长期效率而言，以礼治人治国，可能是最有效率的方式，胜过法治和宗教统治。在这个意义上可以说儒家政治是极其高明的治理。但儒家政治有两个致命问题：（1）礼教所定义的生活非常无聊无趣，它取消了生活的创造性和丰富性，取消了激情和奇迹，鼓励了伪善、繁文缛节和废话。礼教虽有惊人的统治效率，却无生活意义，因此，礼教或许不会毁于政治本身，却可能毁于无法忍受的生活。（2）假如社会和生活不需要发展进步，那么礼教政治就是最有效的统治，但是礼教社会缺乏竞争力，无力抵抗强悍的或者技术更发达的外部挑战。这是个有趣的问题，谁说进步是必要的或是更好的？的确没有理由证明所谓的“发展”等于好，越来越多的迹象表明，西方鼓吹的进步发展很可能是一条毁灭之路。但无论如何，无力抵抗外部挑战的政治是失败的政治，不仅是事实上的失败，而且是理论上的失败。如果一种政治没有把**最坏可能性**考虑在内，就是一种思想不全的政治。儒家政治虽然高明但不够深刻，尤其没有理解周政治的深刻意义。周的天下理论暗含着一个深刻的政治考虑：政治安全需要世界的**同步性**，无论是保守的同步性还是发展的同步性。

值得注意的是，儒家是伦理主义，却非道德主义。道德是卓越品德，是自由心灵的**向善性**，它意味着“x是好的，因此我将选择做x”。其中“x是好的”的理由是：x是普遍有效的理性原则所能够证明的正当性（相当于康德原理），或者，x能够给自己同时给他人带来幸福（相当于孔子的普遍人情原理)。伦理却是行为规训体系，是不自由心灵的**服从习惯**，它意味着“x是被规定的，所以只能做x”。其中的x不一定是好的，而仅仅是一种规范。儒家政治的伦理学转向同时也是伦理学的规范主义转向，它以规范去定义价值，这与以价值去判断规范的原则背道而驰。这正是老子看不起儒家的理由，老子发现，失德才需要崇礼。公正地说，儒家也重视作为价值的德，只不过更重视作为规范的礼，问题出在儒家搞错了价值和规范的本末关系，混淆了道德和伦理，于是把伦理看做是定义道德的方式。事实上，道德绝不是由伦理规范培养出来的，人们不得已遵循规范，但不见得因此就有道德。道德具有人类性眼界，因此指向高于个人得失的精神追求，比如真理、人类命运、美以及卓越人性。规范不是道德的基础，伟大的精神才是道德的根据。

儒家对礼的重新解释是比较奇妙的。儒家扩大了礼的含义，使礼的概念变得无所不包，政治制度也被包括在内，于是政治就无非是礼治；同时对礼进行伦理化解释，于是政治就无非是伦理。这一转换奠定了后世中国以伦理治国以及伦理管理生活的文化风格。礼作为无所不包的规范体系在覆盖面上几乎等于古希腊所谓的nomos，但其中的差异不可忽视。nomos是与自然规律相对而言的一切人为规章制度，包括法律、政制、伦理和习俗，其中法律尤为重要。儒家的礼也大概覆盖所有规章制度，但所有规章制度都被看做是伦理性的，必须由伦理去解释。由此可见，nomos所包含的生活场面比较丰富，而礼则把生活缩水为伦理行为。这种对生活单调化的理解实为政治隐患。

把不属于礼的事情都归为礼，这是偏离周政而非从周。从《尚书》以及《逸周书》看，周政治的核心问题是德治而非礼治，礼治是辅助配合德治的文化手段。德治天下换取民心对权力的承认，这是关于政治正当性的深刻问题意识。礼治即使达到人民“有耻且格”，也仍然没有证明其政治正当性。假如一种制度是民主决定的社会契约，它的政治正当性由民主程序所解决；假如一种制度是统治集团根据理性策略而设计的

"王制"，统治者就必须通过德治去赢得民心，从而完成其政治正当性证明。周朝选择的是后者，以"德"去让人民有所"得"，这种实实在在的好处才能获得民心，在德治基础上，就可以锦上添花地发展礼治文化。礼只有以德为基础并且配合德的时候才具有意义，德为质，礼为文，如果没有德治给予人民的实在利益，礼治就是一纸空文。

儒家颠倒了德与礼的"质"和"文"关系，赋予礼以独立绝对意义，把礼看做是第一原则，这就在逻辑上默许了礼与德的脱节，于是，**礼无需德的证明**。这是一个严重的政治隐患。按照礼治，即使一种统治是无德的，礼作为社会规范和秩序也必须坚决维护，对礼的任何挑战都被看做是伦理不正确（以至于后来宋儒主张"饿死事小，失节事大"这样反人性的规范）。既然伦理吞并了政治，伦理不正确就意味着政治不正确，于是任何生活细节就都被政治化了，形成上纲上线的生活管制传统。儒家还把原本以政治和经济意义为主的"周德"变成以伦理意义为主的"儒德"，德就变成了以仁为主导的伦理态度。伦理化的德削弱了德的厚重意义，这是很可惜的一种变化。同情人民水深火热的苦难，固然是应有之仁心，但拯救人民于水深火热之中，才真正是有分量的德政。把政治弱化为伦理在很大程度上减弱了统治者所必须承担的义务和责任。礼治是好伦理，却是坏政治。

尽管儒家也希望统治者能够以仁德爱民（所谓君君），但为政之德被看做是君主的恩惠和人民的幸运，而礼所规定的身份、地位和待遇制度（其实是既得利益制度）才真正被认为是不容置疑不可挑战的秩序，于是，德就只是偶然恩惠，而礼才是必然管制。比如说，如果没有做到君君，只是百姓运气不好，但如果人民因此推翻君主的统治，则被认为是非礼大罪；如果没有做到臣臣，则被认为是不赦之罪。在德与礼的不对称关系中，统治者的政治义务变成了象征性的政治修辞，儒家就言行不一地回避了政治正当性问题。尽管儒家喜欢高调谈论民心，但只要把礼看做是不容置疑的天经地义，就在逻辑上取消了政治正当性问题。后世老谋深算的统治者都意识到了儒家在维护专制政体上的重大作用而尊儒家为国家意识形态，道理在此。

儒家对政治的误导的根本在于相信政治问题可以在伦理中求解，而且以为伦理是政治问题的最好解法。这是把问题化简，把场面变小，此种方法虽有化繁为简之美，却也有削足适履之弊。把政治问题收缩为伦理问题就等于削弱了政治的复杂性和严重性，忽视了政治的许多变量，甚至回避了政治的宏大场面。周的政治思想框架是天下体系，以世界政治为总纲，展开而有国际政治和国家政治，都是场面宏大的政治问题，而儒家转向修身养性的伦理行为，试图以小见大，从修身齐家的伦理行为推出治国平天下的政治结果。伦理有助于政治，却不能代替政治。周的思想路径是天下—国—家，而儒家的思路是家—国—天下，本来，家—国—天下的伦理路径可以良好配合天下—国—家的政治路径，以伦理补充政治，可是儒家却试图由伦理推出政治，这样反而在政治和伦理之间制造矛盾。当然，儒家并非没有自己的道理。制度有礼乐刑政，“礼以道其志，乐以和其声，政以一其行，刑以防其奸”[①]，刑政治身，礼乐治心。儒家也知道制度是多方面的，但儒家相信，如果不能治心，不能通过教化使人都变成好人，那么社会终究是坏的。法律治标不治本，只使人畏惧而不能使人变好，因此儒家把法律看做是为政之末，把伦理看做是为政之本。孔子有个著名论述：“道之以政，齐之以刑，民免而无耻。道之以德，齐之以礼，有耻且格”[②]。这一批评其实对法律不公，因为法律本来就不是用来改造人性的而只是用来惩恶的。至于伦理规范是否具有孔子所想象的神奇效果，则很有疑问。据说礼能使法失去作用，达到“无讼”，这是儒家所以看不起法治的理由，不过这个理由只在不可能的世界里才有意义。趋利避害是最强大的人性，没有一种文化能够强过这

① 《礼记·乐记》。
② 《论语·为政》。

一自然力量，伦理能够改变人性的想法完全是一个神话。儒家试图治本，立意虽高，但基本上属于愚公移山或精卫填海之类可敬而不靠谱的想象。

以礼治心要害在于“治人之情”。人情无非人欲，反对人欲就等于反对所有人，这样的事情绝不可能得到普遍支持，因此，只有合乎人情之礼才可能得到普遍承认。儒家最重视的就是伦理的最大可接受性，或者说普遍的亲和力，这一点颇为成功。儒家不打算徒劳对抗私心，像墨子那样的至善理想既费力又不可靠，于是儒家宁可承认私心的正当性，而试图在私心所能接受的程度上去抑制私心。礼就是人情的合理限度和正确的满足方式，就是为人心所创造的人道。孔子曰：“夫礼，先王以承天之道，以治人之情。人情者，圣王之田也。修礼以耕之，陈义以种之，讲学以耨之，本仁以聚之，播乐以安之。”[①] 孔子将人情比作需要耕作的田地，如果不与耕作，人情之田就成为乱草丛生的荒原。以人情能够接受的限度去治理人情，这一原理很是高明。问题是“度”（限度）的把握，所谓中庸之道。没有人知道什么是真正“合理的”限度，这是一个不可克服的知识论难题。度是一个事情的最合适状态，可是度总是特定事物在特殊情景下的最合适状态，缺乏普遍有效的标准，而且度是动态性的，它随着情况变化而变化，因此又缺乏一贯稳定的标准，最麻烦的是，万事都涉及他人，因此，度还需要得到他人的同意，否则就只是对自己合适而不是对大家合适的度，可是，没有比普遍同意更困难的事情了，因为每个人认为的“普遍”标准无非是对自己有利的标准。

没有一种礼会被人们平白无故地承认和接受，没有人会需要一种无利可图的伦理规范，于是任何一种有效的制度都必须至少满足三个条件：（1）它是一种能够保证所有人都有所收益的分配制度。这是制度吸引力之所在。（2）它是稳定的制度。收益的稳定性使得人们愿意持续维持既定秩序。（3）它是一种尽量趋近公正原则的制度。任何一种制度设计，

① 《礼记·礼运》。

无论是政治、法律还是伦理，只要以某种特殊的价值观为根据，就必定会对某些人比较有利，而对另一些人相对不利，于是，只有最接近公正的制度才能获得普遍支持。

儒家主张以礼分利，其基本原则是确定每个人的名分，使人们各就各位，一切都名实相符，这样似乎接近公正；同时，礼又以普遍人情为准，因此也应该比较稳定。在这个意义上说，礼治具有制度吸引力。亲亲使人们确信从亲人那里能够获得稳定的支持；尊尊使人们确信轮到自己成为长者或者领导就将获得较大利益，因此可以同意论资排辈的社会秩序；君君、臣臣、父父、子子等关系则规定了各种社会角色的稳定利益。如果礼治真的符合孔子的“正名”标准，一切都达到名实相符，任何一个社会角色和地位都能够获得相配的利益和权利，那么礼治就似乎很成功，这也是孔子力主“复礼”的理由。

儒家试图以普遍人情作为礼的根据，这是一个天才的想法。如果一种人情“人皆有之”，并且人皆同意此种人情可以普遍推广，就是普遍人情。如果礼以普遍人情为根据而设计出来的，就应该对于所有人都是可共度的。儒家选择家庭作为人情的基地，这一选择颇为得当，因为家庭是与个人利益最为密切一致而又超越了个人利益的最小社会单位。一般情况是，如果破坏家庭利益，就同时破坏了自己的利益，家的利益与个人利益具有天然的一致性，因此，家庭就成为创造共同利益的最好模式。儒家试图把家庭模式这一“成功经验”推广到其他社会层次上去。不难看出，儒家认为普遍人情中最重要的是亲亲、尊尊和推爱，这都是从家庭模式分析出来的。对于儒家理论，亲亲无疑是一切之本，尊尊也几乎同样重要，所有等级关系都是由尊尊变化出来的，而推爱也必不可少，否则不能及众，这些就成为礼的基本根据。但儒家在选择普遍人情时更多考虑的是人皆有之，而没有充分考虑人皆同意，这就暗含了一些严重困难。除了亲亲是自明无疑的天理，其他原则都只是儒家的偏爱，既非普遍同意也非别无选择的原则。普遍人情之路或许是正确的，但儒家的具体选择颇多不当，它隐瞒了坏的普遍人情，而且又把一些并非普遍的人情说成是普遍的。

尊尊原则就不是一个普遍必然的人情选择。比如说，尊强、尊智、尊能、尊贤甚至尊美，或者干脆人人平等，都恐怕不弱于尊尊的吸引力和支持率。如果认真比较的话，尊尊毫无优势理由，无论是智慧、勇敢还是高尚品德，都是人类从事各种事情所需要的优势能力和条件，而人人平等则普遍尊重了每个人的人格，这些都比尊尊更符合人类需要。上下尊卑关系完全是特定伦理（礼）所定义的，并非人们的普遍意愿。把尊尊说成普遍人情，恐怕颠倒了逻辑关系。不过，尊尊所规定的等级制度和论资排辈秩序是一个老谋深算的统治策略，但从长期来看会造成社会的慢性衰竭。尊尊意味着，一个人即使愚蠢无德，只要熬成老者或者领导就将获得巨大利益；同时，一个人即使弱智卑鄙，只要唯命是从，阿谀奉承，那么他将从领导或长者那里获得发达的机会。尽管儒家声称社会需要倚重贤能，但尊尊原则的地位明显高过贤能原则，因此贤能原则总是在实践中被瓦解。

在一个价值观体系中，选择什么东西作为至高价值是需要无比谨慎的事情，因为当其他价值在与最高价值发生矛盾时，其他价值就必定被牺牲掉，因此，只有最高价值才具有决定性意义。如果最高价值选择不当就会使整个价值体系失去正当性，即使这一体系包含了所有好的价值也无济于事。儒家价值体系在内容上足够丰富，包括了生活所需要的几乎所有价值，但其最高价值的设计不当，其他价值再好再多也会被消解。在儒家最高价值层次中，尊尊原则正是最为不当的一个配置，它本身不是一种普遍价值，而且缺乏来自普遍价值（真善美之类）的支持，其唯一目的就是维护长老权贵的利益。亲亲原则虽然是正当配置，但独力难支，又没有构成对尊尊原则的制约，而且与尊尊原则形成某种矛盾（比如忠孝不能两全），因此儒家价值体系的设计是非常可疑的。陈胜的“帝王将相宁有种乎”的呐喊就是对尊尊的反动，不过陈胜观念也没有正当理由，它促进了与专制同样有害的暴民传统，而腐败统治和暴民作乱是对社会的双重伤害。尊尊原则最为深远的危害就是取消了政治正当性。按照周思想，政治正当性在于贤能德治而获得民心，贤能德治是政治投资，是获得政治正当性所必需的成本。儒家过分突出尊尊原则并且使之超越了贤能德治，这样暗中取消了政治正当性问题。显然，儒家并没有完全“从周”，而是半从周半背周。

推爱更是儒家的关键难题。亲亲虽然感人，但还必须能够推爱及众，才能够构造出普遍有效的伦理。正如孟子声称的，儒家伦理无非“善推”[①] 而已。如果推不成，儒家就难以成立了。可是以亲亲原则进行推爱却形成了后来被费孝通描述为“同心圆”结构的伦理困境：推爱及众的要义在于情感层层外推而达到爱众，但问题是，推爱推不出多远，恩义就非常稀薄了，最后完全消失在变得疏远的关系中，推不远所以推不成。这个困难的另一面是：天下有无数家，此家与他家之间同样存在着与个人之间一样的矛盾和冲突，这同样严重打击了推爱。这说明亲亲模式对于整个社会来说并不是一个充分的伦理基础，它对解决社会冲突并没有决定性意义。由家伦理推不出社会伦理，由爱亲人推不出爱他人，这是儒家的致命困难。

为了弥补这一缺陷，孟子构造了性善论（孔子对人性的估计并不乐观，后世儒家普遍认同的性善论是孟子制造的）。可以想象，假如人性本善，推爱他人就是非常可能的了（尽管还不是必然），而且性善必定增大礼治教化的成功率。孟子的著名论证说，人之本性有恻隐之心等“四端”，好比人有“四体”，一样是天经地义，如此云云。这套论证的每一点都是错的：（1）四端中除了恻隐之心勉强属于自然人性（尚有待证明），羞恶、辞让、是非之心都显然属于教化人性。把教化结果说成是自然本性，这是颠倒因果，瞒天过海。而且（2）在人性中随便挑出几种善

① 《孟子·梁惠王上》。

良之心去证明性善是无效的，因为性恶的证据恐怕远远多于性善，更糟的是，性恶之心比性善之心更有力量，最为显著的是，自私之心无处不在，其动力之大，即使为了蝇头小利也足以使人利令智昏而草菅人命。现代科学的证据也更有利于性恶论，趋利避害、谋求安全、争夺生存条件和生存优势甚至无端侵犯，都被证明是人性中最具决定性的天性。相比之下，恻隐之心等四端对行为并没有强大影响力，通常只在特定情景中才起作用，而且其力量非常有限，只够促成非常有限的善举，无非小恩小惠，有时还是为了沽名钓誉，根本不可能超越私心。总之，人性善的力量远远小于人性恶。（3）人间确实存在一些义薄云天的事迹，但恐怕与孟子列举的性善之心无关。恻隐辞让之心的力道微弱，不足以成就义薄云天的壮举，是非之心甚至不足以感动自己。自我牺牲的动力必定来自某种强大的精神，义薄云天的事情都源于高度精神化的壮丽意识，比如理想、真理、使命或爱情，甚至，无可抗拒的美有时也能够让人愿意牺牲生命，这说明真正的爱和利他行为必定源于伟大的感情和思想，而不可能来自恻隐之心之类的小情小调。既然恻隐之心之类不可能导致人们做出足够大的利益让步和自我牺牲，就显然远远不足以解决社会冲突，那些小小的善良对于人间苦难来说是万里之遥的杯水车薪。（4）孟子的类比论证法完全不伦不类，假如四端与四体是有效类比，那么，既然人性实际上有许多“端”，是不是就应该说人有许多“体”？此类荒谬论证无需多谈。性善论难以成立，使得推爱失去希望。

儒家伦理对于解释社会是不充分的，亲亲尊尊加上推爱还是不能有效建立良好社会关系。一个充分有效的伦理体系到底需要多少原则，这很难确定，但无论一个有效的伦理体系由多少原则构成，其中都必须包括一个能够解释如何对待陌生人的普遍原则，因为陌生人才是典型的他人，**不能解释陌生人就等于不能解释任何他人**。如果能够成功处理陌生人问题，其他关系就相对容易处理了。儒家主要解释了熟人关系，在陌生人问题上含糊其辞，只是幻想推爱，可是推爱方案既无力又牵强，实在不算“善推”。关于儒家思想的局限性有一种辩解说，儒家的熟人伦理在古代是够用的，因为古代就是熟人社会。这一解释恐怕不很真实。古代的熟人比例比较大，但陌生人也不少（除非像老子想象的“老死不相往来”的生活），而且，不同的熟人共同体之间也相当于陌生人关系，比如一乡与另一乡的关系，一国与另一国的关系。因此，陌生人问题是无法回避的，回避了陌生人问题的伦理或政治体系都是无效的。儒家没有能够构造有效的陌生人理论，因此在解决社会和政治问题上能力有限。

在儒家成为国家意识形态之后，礼教发生膨胀而渗透到生活的每个方面。这样确实起到了社会治理的作用，但这种膨胀后患无穷。礼作为一种全方位的分配和管理制度而无穷扩张，它分配人们所感兴趣的一切东西，权力、权利、利益、义务、责任、荣誉、地位以及对待和被对待的方式，它规定价值观，甚至对话语、情感表达方式以及身体使用方式进行管理。大概除了爱憎无法分配和管制之外，礼试图分配管理一切事情。礼既是管制一切的规范，又是解释一切的意识形态，这样礼教就把整个生活都政治化了，在这个意义上，伦理真的变成对政治问题的解决，但这样的解决方式是否可取，却是非常可疑的。当生活细节都被礼教以政治化的方式加以管制，甚至连一个人如何使用自己的身体都被管制，这是非常可怕的生活。礼治与法治虽然都是管制方式，但法律明确划分了自由的行为空间和不自由的行为空间。法律想告诉人们的是：如果希望避免惩罚，就只能选择在自由空间里去行为。礼渗透一切，几乎不留自由空间。礼要告诉人们的是：如果想要得到任何利益，就必须按照礼的管制方式去行为，否则就只好放弃利益。非暴力的礼教虽然比法治温和，但令人绝望。人们一旦反对礼教选择自由，就等于放弃了生活所必需的利益，那样就无法生存了，因此只好自愿屈服。礼教的本质是反自由。中国现代思想家们声泪俱下声讨礼教，认为礼教除了“吃人”别无作为，是杀人不见血的“软刀子”，如此云云，这无疑是过度批判，但也触及礼教要害。其实，周的礼治与儒家礼教不同，从《仪礼》看，周之礼治虽然烦琐，但没有形成对思想自由、言论自由以及性爱自由等基本自由的严格管制，而主要是明确界定不同地位和各种关系。儒家以礼教取代政治，这是导致政治的慢性衰竭的慢性毒药。当礼教疲于应付它本来对付不了的政治问题，礼治就只好败坏自身。礼治变成无孔不入的反自由礼教大概是宋儒之后的事情。宋明儒家错误理解礼治，以为只要增加礼治的强度和密度就能够控制社会，把求和谐的礼治变成了反自由的礼教。

伦理或许能够对付小利益问题，却对付不了大利益问题；只能管住鸡毛蒜皮的事情，对大事则无能为力，人们在巨大利益面前就不再“有耻且格”了。权力或者巨大财富足以改变命运，其力量远远大过伦理，宫廷和官场所以比日常生活险恶得多，因为日常生活较少有值得拼命的利益。即使是日常生活，伦理的作用也很可疑，正如吴思在《潜规则》中所描写的中国古代真实生活，人们只要拥有哪怕很小的权力，也会用于谋取哪怕很小的利益而不惜伤害人命[①]。更严重的是，礼教只尊重名分地位，而不尊重人的卓越德性，无形中鼓励了一种奇特的现象：在损人不利已的情况下，人们仍然喜欢伤害他人，因为有能力伤害他人是地位和权力的证明，这是一种变态的快感。正因为伦理的力量远远小于利益的力量，伦理在社会合作方面的贡献并没有想象的那样大。老子清楚地看到了这一点，对伦理进行了尖刻的批评，但让人啼笑皆非的是，老子解决社会冲突的方案有一种令人绝望而且荒唐的深刻：使生活回归到极其简朴的水平，使社会中根本不存在什么值得争夺的东西，没有可争的，所以才能不争。其实孔子早就知道伦理规范靠不住。除了《论语》的若干言论，《礼记》中有一篇传说属于孔子的言论特别清楚地表达了这一困境，这篇言论如此有趣，不妨大段引述如下（其中删节了一些意思重复的言论）：

① 参见吴思：《潜规则》，昆明，云南人民出版社，2001。

“子云：贫而好乐，富而好礼，众而以宁者，天下其几矣。《诗》云：民之贪乱，宁为荼毒。故制国不过千乘，都城不过百雉，家富不过百乘。以此坊民，诸侯犹有畔者……子云：觞酒豆肉让而受恶，民犹犯齿；衽席之上让而坐下，民犹犯贵；朝廷之位让而就贱，民犹犯君。《诗》云：民之无良，相怨一方；受爵不让，至于已斯亡……子云：父母在，不称老，言孝不言慈；闺门之内，戏而不叹。君子以此坊民，民犹薄于孝而厚于慈……子云：……修宗庙，敬祀事，教民追孝也。以此坊民，民犹忘其亲。子云：敬则用祭器。故君子不以菲废礼，不以美没礼。故食礼，主人亲馈，则客祭，主人不亲馈，则客不祭。故君子苟无礼，虽美不食焉……《诗》云：既醉以酒，既饱以德。以此示民，民犹争利而忘义……子云：升自客阶，受吊于宾位，教民追孝也。未没丧不称君，示民不争也。故鲁《春秋》记晋丧曰：杀其君之子奚齐及其君卓。以此坊民，子犹有弑其父者。子云：孝以事君，弟以事长，示民不贰也……父母在，不敢有其身，不敢私其财，示民有上下也。故天子四海之内无客礼，莫敢为主焉。故君适其臣，升自阼阶，即位于堂，示民不敢有其室也。父母在，馈献不及车马，示民不敢专也。以此坊民，民犹忘其亲而贰其君。子云：礼之先币帛也，欲民之先事而后禄也。先财而后礼，则民利；无辞而行情，则民争。故君子于有馈者，弗能见则不视其馈……以此坊民，民犹贵禄而贱行。子云：君子不尽利以遗民……故君子仕则不稼，田则不渔，食时不力珍。大夫不坐羊，士不坐犬……以此坊民，民犹忘义而争利，以亡其身。子云：夫礼，坊民所淫，章民之别，使民无嫌，以为民纪者也。故男女无媒不交，无币不相见，恐男女之无别也。以此坊民，民犹有自献其身……子云：寡妇之子，不有见焉，则弗友也，君子以辟远也。故朋友之交，主人不在，不有大故，则不入其门。以此坊民，民犹以色厚于德”①。

---

① 《礼记·坊记》。

如孔子所揭示的，无论大利小利，人们都经不起考验。当然，孔子只是说，总有些人见利忘义，但并没有说所有人都见利忘义，因此孔子对复礼怀有顽强的企望。最后的希望在于儒家力推的“见贤思齐”的榜样模式[①]，就是克己修身，以身作则，上行下效，最后达到普遍的见贤思齐。儒家相信光辉的道德形象必有吸引力，于是精心打造各种正面形象，圣人、仁者、善人、君子之类。可惜儒家并不理解榜样问题的要害。榜样被编造成什么模样，这是相对次要的事情，重要的是“道德榜样”是否同时是“成功榜样”，就是说，**道德榜样必须与利益上的成功榜样是一致的**。如果不一致，榜样就失去魅力，因为人们真正感兴趣的是利益上的成功，而不是做一个形象很光辉但在利益上很失败的人。视功名利禄如浮云粪土的伟人高人毕竟凤毛麟角，只能是人们景仰和颂扬的对象，而不可能成为实际上的模仿对象，在社会解释中几乎可以忽略不计。从“坊记”篇看出，孔子也深知榜样的力量绝非无穷。法家尤其怀疑榜样的教化作用，商鞅指出：“仁者能仁于人，而不能使人仁；义者能爱于人，而不能使人爱。是以知仁义之不足以治天下也”[②]。仁者能做的仅仅是自己成为仁者，而不可能把他人变成仁者。**“不能使人仁”**与**“推爱不远”**是儒家的两大局限。榜样和推爱永远值得称颂，但无法克服社会各种难题。榜样和推爱都只是**或然有效而非必然有效**的策略，所以是不可靠的治理。

“榜样”揭示了一个深刻的制度问题：如果一个制度不能在德与利之间建立一致性，就必定导致失败社会。儒家社会所以最后无法坚持，与其说是因为现代化的挑战，还不如说自身失去力量。儒家虽有伦理理想，却事与愿违，问题在于儒家社会的制度安排并没有使有德之人更多受益，反而损害有德之人的利益。亲亲尊尊与任贤使能是互相矛盾的，因为亲

---

① 王庆节曾经论证说，中国伦理学是“示范伦理学”（参见《解释学、海德格尔与儒道今释》，247 页，北京，中国人民大学出版社，2004）。

② 《商君书·画策》。

亲尊尊的结果是用人唯亲和论资排辈，而只要不能做到任贤使能，就在事实上使道德榜样失去号召力而导致社会整体道德水平的下降。儒家思想的自相矛盾是由儒家没有充分理解政治造成的，它在继承周思想时把政治和伦理混为一谈。在周思想中，政治与伦理是有分别的。周之分封优先了亲亲关系，这可以理解，没有人会把既得利益拱手相让。但周在政治治理上强调德治，以无私治亲、任贤使能、养民利民为首要任务，以公正治理去弥补起始的偏私分配，这显示出周公们清楚的政治意识。亲亲与任贤本来可以没有矛盾，亲亲的有效领域是生活关系，而任贤的有效领域是政治管理。当儒家把伦理与政治混为一谈，也就平白制造了自相矛盾。德与利无法统一，这对于儒家是个釜底抽薪的打击。一种意识形态或主流话语高扬什么价值，这不说明问题，重要的是**实际生效的社会奖励**，即做什么样的事情和怎样做事情能够获得什么样的收益。假如主流话语认为道德光荣而缺德可耻，可是在实践中缺德更能获利，那么等于证明了缺德才光荣，道德榜样变成了摆设。所以，政治的关键问题是，是否存在某种制度安排，使得人们好德胜过好利？答案只能是：除非一种制度使得有德是获利的必要条件，否则善就没有诱惑力。

即使仅就伦理学而言，儒家也有严重失误。一种规范是否具有正当性，这需要由道德价值去证明，就是说，礼的正当性必须由道德去解释。可是儒家反过来以礼去衡量道德，合乎礼的才被认为是道德正确的。礼与道德的地位颠倒是严重的伦理学错误，进而是不可救药的政治错误。正如老子敏锐地发现："失道而后德，失德而后仁，失仁而后义，失义而后礼。夫礼者，忠信之薄而乱之首"[①]。很显然，礼不能证明自身的正当性，因此不能把礼看做是无需价值辩护的规则。如果把规范当成对价值的解释，事情就乱了，人们可以按照自己的利益和偏好去建立各种规范，就会有各种互相冲突的伦理，难怪老子说礼是"乱之首"。

---

① 《道德经·三十八章》。

儒家一心希望建立良好社会，但不得其法。伦理不可能解决政治问题，礼治支撑不起政治，克己也不可能复礼。礼教在限制重大罪恶方面的作用微乎其微，却不遗余力去管制与道德基本无关的生活风格和细节，坏事没有管住，却限制了好事。管制不该管的事情就是规范的膨胀。尤其是宋儒之后，礼教压制与众不同的人和创造性思想，抑制思想自由、言论自由和行动自由，使生活充满虚伪、圆滑、懦弱、阴暗、谄媚、人心叵测、人言可畏的气氛。儒家作为国家意识形态和社会主流秩序对其治下的阴暗病弱社会恐怕难逃其责。这一事实不是儒家所能够辩解的。主流话语和宣传不能表明社会真实，民谣民谚才是社会的真实表达，而民谚民谣恰恰表明了儒家社会是缺乏信任的社会①。

也许需要再次思考这样一个问题：礼治本是周的一项有着积极意义的文化工程，儒家却使礼治变成压抑人的礼教制度，这到底是在什么地方出了错？可以注意到，周礼主要是仪礼制度，其基本功能是恰当表达对他人以及对各种事物的尊重和敬意，以促进互相理解和友善交往，因此，周礼是互动的善意表达和交往形式。儒礼过分扩大了礼的力度和功能，把礼变成对生活的全面规训、管理和检查制度，这样就取消了生活的自由空间。当礼获得了全面控制生活的权威，就必定形成变本加厉、吹毛求疵、刻毒苛刻的管理系统，什么事情都可以上纲上线，最后走向生活的窒息（可以想想古代中国妇女、儿童、青年以及有创造性的人们的生活苦难）。这其中有个深刻的社会学定理，涂尔干有过清楚的说明，大概是这样的：如果一个规训监督制度具有了绝对权威，就总要找出一些“不正确”的事情加以谴责和惩戒，否则无法证明规训和监督权威的存在，因此，不断挑错是规训制度的本性和动力。当人们完全服从规训制度，行为完全合格，规训制度就只好吹毛求疵，把本来不算错误的事情进一步升级为错误，以便继续证明谴责和惩戒的权威。比如说，原来

① 参见李庆善：《中国人新论——从民谚看民心》，北京，中国社会科学出版社，1996。

微不足道的过失被升级为严重犯罪，与别人略有不同的行为升级为道德丑闻，甚至掉个纽扣也可能被定义为无礼，如此等等。涂尔干把这种吹毛求疵的规训社会表达为“一个模范的完美的修道院”[①]，在那里，根本没有罪行，只好把鸡毛蒜皮的过失定义为犯罪。儒家社会的失败就在于礼的过分膨胀以至于吞没了整个社会而把社会变成一个单调的规训社会。显然，一个社会的各个方面不能统一为一个方面，各种生活空间不能合并为一个生活空间，不能让管理制度膨胀到取消自由的地步，否则就印证了“同则不继”的原理。

## 5.3 无为之治的自然主义

在先秦思想家中，老子是比较奇特的。先秦思想家大多以周思想为源泉，分别继承了周思想的某些原理，但老子似乎追溯得更远，几乎回到远古时代。看来老子并不满意周思想，这或许因为老子是周政府史官而对周制度的问题了若指掌。老子的政治理论也许是世界上最早的“最小政府”理论，但与现代的最小政府理论又貌合神离。老子思想的深刻与荒唐结合得非常完美，在纯粹理论上很有创造性，但在实践上则比较可疑。在《楚简道德经》出土之前，一般认为老子与孔子强烈对立，但现在根据风格温和得多的《楚简道德经》，人们又认为老子与孔子其实也有相通之处。这些看法都比较偏激。其实，老子与孔子虽然并非处处对立，但老子自以为思考得更加深刻，因此看低儒家思路。老子发现儒家礼治所推崇的仁义忠孝等伦理规范都只涉及治乱的表面问题，而且儒家不懂天上人间都普遍有效的“道”，因此无论在政治学还是伦理学上都不得要领。在老子看来，儒家思想虽然不能算错，但太肤浅，没有理解真正的问题。老子曰：“失道而后德，失德而后仁，失仁而后义，失义而后

---

① ［法］涂尔干：《社会学方法的准则》，83～88页，北京，商务印书馆，1995。

礼。夫礼者，忠信之薄而乱之首”①，“大道废，有仁义。慧智出，有大伪。六亲不和，有孝慈。国家昏乱，有忠臣”②。这些尖锐批评意思是说，儒家方案最多能够糊弄问题，但不可能解决问题。

儒家的一切重要原则都来自家庭模式。老子也同意家庭和亲亲的重要性，但他认为儒家的解释是糊涂的。亲情乃人之常情，是人的情感的自然倾向，并不需要把这种自然情感规范化为伦理制度，因为那种情感关系本来就已经存在，而不是不在。显然，只有当自然情感被破坏，变得不再自然，或有或无，时有时无，由无条件的自然情感变成了有条件的合作关系，才需要把失去的或变态的自然情感强化为伦理制度或道德律令，以期通过克己复礼的行为重新修身复性。老子相信，亲情关系是自然的，自然的东西是绝对基本的，不需要解释，而假如自然情感被破坏了，那么人为制度再好也好不到哪里去，对自然情感的修复只是一种虚伪的形式和做法（人为即伪），因此，修复自然情感是徒劳的，虚伪的做法终究不可能产生真诚的情感，否则就**人人都有**真诚情感了。因此，儒家的努力是多此一举的愚蠢之举。显然，没有失去自然真诚的人并不需要虚伪的伦理，因为虚伪伦理不可能增加他的道德；而对于已经失去自然真诚的人，虚伪伦理只能成为他的伪装而使他变得更坏。儒家伦理就像只防君子不防小人的象征性门锁。在老子看来，儒家所推崇的人为伦理只是“末”而非“本”，而且其作用非常可疑。老子是深有远见的，事实上后来儒家思想统治中国近两千年却没有能够使社会罪恶明显减少，甚至反而增加了普遍的虚伪，因此，儒家社会不但没有回到圣王社会，反而离圣王社会越来越远。老子的思考虽然深刻，至少在理论上是这样，但他对仁义忠孝的理论批评并不等于在实践上也是有效的，因为，儒家的伦理努力虽然不太成功，但既然自然情感已经被破坏，就总需要某种

---

① 《道德经·三十八章》。

② 《道德经·十八章》。

人为制度去成为新的秩序，而不能坐视不管，消极地幻想事情会自动变好。可以说，老子的批评并没有对准孔子的问题，而且也回答不了孔子问题。孔子针对的是“礼崩乐坏”这个既定事实，孔子所关心的不是“基于自然情感的道德更好还是制度化的伦理更好”这样的理论问题，而是“既然礼崩乐坏，我们如何复礼”这样的实践问题。

在老子看来，要解决社会冲突问题，首先需要对问题有完全不同的认识。老子思路和论证虽然顺理成章，但结论却很不可信，这正是其理论的奇妙之处。问题可能是出在前提假定上。老子的政治理论以道的形而上学为基础，他论证说，既然万物都以道为法则而生存，自然之道就是一个事物所以成为这个事物的理由，所以自然之道就是唯一正确的普遍准则，不可能有比道更正确的事情，所以人的生活也要以道为法则才是合适的生活，所谓“人法地，地法天，天法道，道法自然”①。这虽然道理通顺，但问题是，人是个自相矛盾的特殊存在，人的自然之道与天地万物的自然之道有个本质区别，人的自然本性包含了自由欲望和自由能力，包含了超越自然或者反自然的能力，如果不把自由能力计算在内，人就不是人了。这一点使人成为悖论性的存在：人的自由是属于自然的，但又是反自然的。这特别表现为“身”的自然需要远远小于“心”的自由需要，正是由于心的无穷需要，人类社会永远存在供给不足的困难，也因此形成社会冲突。

老子惜身贵生，把“身”看做是人的根本，而把心看做是必须以身为准而加以限制的事情。以身为人之根本，并非没有道理。生命毕竟落实在身上，无身就无命，在老子看来，超出了身的需要的事情就是过分的企求（这样想太狠了）。老子相信社会冲突基本上是由心之所求引起的，而身之所欲不至于导致社会冲突。这一点大致符合事实，人是自然界的一部分，如果人只求身之所欲，自然界应该能够满足这样的需求，

---

① 《道德经·二十五章》。

否则就根本不会有人存在。只有当人听从心的欲求，才会导致资源稀缺和无穷冲突。于是，要真正解决社会冲突问题，就必须反对心之所欲，"绝智弃辩，民利百倍。绝伪弃虑，民复孝慈。绝巧弃利，盗贼无有。此三者以为文，不足。故令有所属：见素抱朴，少私寡欲，绝学无忧"[①]。据说"古之善为道者，非以明民，将以愚之。民之难治，以其智多。故以智治国，国之贼。不以智治国，国之福"[②]。

老子相信灭心存身才真正是根本上解决社会冲突的办法，所以必须使人民变成无智无巧的"无心人"——不过老子显然认为圣人们应该是智慧的，否则就没有人能够来解决问题了。老子和孔子都主张愚民政治（大多数古典思想家都主张愚民政治），区别在于，老子认为儒家试图通过礼治去愚民不得其法，因为礼是矫揉造作的人为制度，漏洞百出，而且，即使建立了公正的制度，假如人们不够愚昧的话，就必定有许多人不满意也不同意公正制度，因为人们容易受野心支配，只要存在着巨大利益，人们就总想多得多占，以为总有机会巧取豪夺。因此，要想让人们不去想超出身体需要的利益，唯一的办法是让人看不到那些炫目的利益，就必须使社会中不存在那些奢华稀缺的东西，人们眼不见心不想，想也白想，就是说，要彻底解决冲突争夺，就必须使世上不存在什么值得争夺的东西，无可争，然后才能不争。所谓"不尚贤，使民不争。不贵难得之货，使民不为盗。不见可欲，使民心不乱。是以圣人之治，虚其心，实其腹，弱其志，强其骨；常使民无知无欲；使夫智者不敢为也。为无为，则无不治"[③]。

从单纯逻辑上看，老子是对的：无欲才能不争，而不存在诱惑才能确保无欲，无可争才能确保不争。但这个似乎绝对正确的解决方案却毫无意义，首先是做不到，即使消除了多余的物质诱惑，只让人"实其腹"

① 《道德经·十九章》。
② 《道德经·六十五章》。
③ 《道德经·三章》。

（这种生活水平也太低了），别的没有了，人们恐怕仍然会创造出别的一些可争的东西去形成竞争游戏，比如权力荣誉名声之类，同样足以导致你死我活的争斗。可以进一步发展涂尔干"完美修道院"的社会原理：既然在消灭了罪行的完美修道院里，人们总会决心吹毛求疵地定义新的罪行以便迫害某些人，那么，在消灭了可争之物的完美社会里，人们也会发明和定义新的争夺对象以便争取高于别人的社会地位或权威。老子只强调了人的自然需要，却忽视了人的社会化需要。社会化需要虽然不能"实其腹"，却能造就优势社会地位，能够用来支配和统治他人，这种安全需要和成就感甚至具有更大的诱惑力。即使老子方案可以减少社会冲突，它所规定的生活未免太过简陋、贫乏和艰苦，尤其是缺乏精神生活，它把人的智力活动降到了不能再低的程度，很难想象人们会真的喜欢这样内容贫乏的生活。老子幸福地想象着："小国寡民。使有什伯之器而不用。使民重死而不远徙。虽有舟舆无所乘之。虽有甲兵无所陈之。使民复结绳而用之。甘其食、美其服、安其居、乐其俗。邻国相望，鸡犬之声相闻。民至老死不相往来"①。这虽有些和平安详的诗意，但看上去更像是一个闭塞的简陋社会，这样的社会与其说是个善治社会，还不如说是尚未进入政治的社会，并非消灭了冲突，而是冲突尚未展开。

基于此种想象，老子推出了一个对后世思想有很大影响的"无为之治"理论，看上去像是一个原始版的"最小政府"理论。老子曰："道常无为，而无不为。侯王若能守之，万物将自化。化而欲作，吾将镇之以无名之朴。无名之朴，夫亦将无欲。不欲以静，天下将自定"②。又曰："无为而不为。取天下常以无事，及其有事，不足以取天下"③。"天下神器，不可为也，不可执也。为者败之，执者失之。是以圣人无为故无败，

① 《道德经·八十章》。
② 《道德经·三十七章》。
③ 《道德经·四十八章》。

无执故无失”[①]。可以看出，“无为”至少具有双重含义：（1）无为等于无伪。凡是超出自然而然的事情都是人为的，也就是“伪”的。**自然不会犯错**，人为才会出错，因此，如果有非做不可的事情，就必须以尽量接近自然的方式去做，所谓顺其自然，因势利导，因地制宜，因时成事。这是自然主义原则。（2）无为等于不作为。人为之事难免出错，如果一件事情做了而又不能确保不会出错，那么不如不做，于是，能不做的都不做，保守其成，静观其变，拒绝任何冒险行为。这是一个极端的风险规避原则。综合起来就是：除非能够做到符合道之自然，否则就什么都不做。只要不去追求人为理想，不去强求成功，人们就总能够回到恰当的自然状态，就像水总能找到出路。这样的政治似乎除了限制奢华享受的政治行为之外，就几乎什么都不做了，而由人民去过自然而然的生活。

老子的无为政治与现代的最小政府虽有某些相似之处，比如都反对破坏自然秩序的政策，都反对积极滥用政府权力，都希望能够尽量不干涉人民的生活，但其实还是有着本质上的区别。最小政府的政治精神是自由，而无为的政治精神是自然，这一精神原则的区别导致了社会格式的不同。最小政府主持的是法治社会，以强大法治限制罪恶和维持秩序，在法律所允许的自由空间里则由人民自由地追求他们想要的任何东西。发达的物质生活是人们想要的，发达的智力生活也是人们想要的，所有难以拒绝的诱惑都是人们想要的，这些都是最小政府所允许的自由选择，这显然不符合老子的想象，因为最小政府并不能减少社会冲突。也许可以说，最小政府的政治是以最少的必要限制去保证人们的自由最大化，而老子的无为之治则是通过创造一个无可争而不争的社会环境去使人们的自由选择与自然选择重合为一，而政治将因为无事可做而无为。可见，在某种意义上，无为之治甚至与最小政府是相反的，最小政府理论为了捍卫自由而不怕罪恶，而老子宁可消灭罪恶而减弱自由。老子所推荐的

① 《道德经·二十九章》。

社会恐怕不符合人们的意愿，因为人们太喜欢一切华丽炫目的东西了。但如果不拘泥于老子过分夸张的想象，而灵活地理解他的思想原则，则可以发现老子所思考的问题是很深刻的：不能克制冲突的政治都是失败的政治，因此政治必须千方百计去克服冲突。毫无疑问，老子方案并不可行，但是难道没有更好的方案吗？

## 5.4 法治与制度的可信性

正如荀子是非标准儒家，管子则是非标准法家。一般认为管子思想丰富而杂，虽以法家思想为主，但也富含儒家、道家等各家思想。这一说法不是很准确，因为管子思想略先于儒道法诸家。多数先秦诸子的思想都是对周思想的重新解释和发展，只是各家理解不同，侧重不同，而管子对周思想的继承可能比较全面，尚未形成创新思路，所以与后来各家思想都有相通之处。管子思想中似乎有许多自相矛盾，不是因为管子思想杂乱，而是因为当时社会和生活变迁所导致的问题杂乱。管子乃齐之名相，需要处理治国问题以及成就霸业的国际问题，他深知治国之艰难，因此更能够发现社会是多么自相矛盾，其思考方式必定倾向于现实主义而与各种理想主义有所不同。从管子特别重视经济学意义上的德治可以看出其根本思想仍然是周的德治思路。如前所述，让人民得实惠的德治才是周政治的根本原则，在这个意义上，管子对周之真义的理解胜过儒家。管子还特别重视法治，这一点倒是根据当时社会形势变化的新发明。周虽有刑政，但主张克制用刑，以从宽处理罪行作为一种德。法治思想大概是管子的发明，由此把管子看成是法家之祖也不为过。管子以及后来的法家都强调经济和法治对政治的根本意义。

诸子的政治思想差异如此之大，与其说是理想不同，还不如说是分析模式不同。理想之间的差异其实很少形成绝对冲突，事实上，各种政治理想都肯定了人们普遍认可的各种价值，只是价值排序有所不同，比如说，管子没有反对伦理，儒家也没有反对经济，各家只对各种问题的本末主次轻重缓急有不同理解。是否把一个政治实体的外部挑战或外部竞争关系考虑在内，这是导致政治思路差异的一个重要问题。当把外部挑战考虑在内，政治的首要问题就必定是国家实力，也就必然首推经济发展和社会治理的效率；如果没有充分考虑外部挑战的严重性，就会更多地考虑缓慢生效的伦理教化。这是法家和儒家的一个根本区别。

管子曰："治国常富而乱国常贫，是以善为国者必先富民，然后治之"[①]，所谓"仓廪实则知礼节；衣食足则知荣辱"[②]。其中道理是"政之所兴，在顺民心。政之所废，在逆民心。民恶忧劳，我佚乐之。民恶贫贱，我富贵之，民恶危坠，我存安之。民恶灭绝，我生育之。能佚乐之，则民为之忧劳。能富贵之，则民为之贫贱。能存安之，则民为之危坠。能生育之，则民为之灭绝。故刑罚不足以畏其意，杀戮不足以服其心。故刑罚繁而意不恐，则令不行矣。杀戮众而心不服，则上位危矣。故从其四欲，则远者自亲；行其四恶，则近者叛之，故知予之为取者，政之宝也"[③]。这一论述几乎完全是周之德治理论：给予人民所要的利益，才能得民心而换来政治权力。因此，发展经济成为政治第一要务。管子大部分论著都在讨论经济问题，不仅研究了以农为本的经济，甚至涉及市场和货币，比如关于市场干预、调控价格和货币流通量以及国家物资储备等技术性问题，这些理论与现代经济学在许多方面不谋而合。

政治不仅依靠经济，还需要依靠有效的制度，特别是法律。除了经济，管子讨论最多的就是法治了，他的法治思想可能就是后来法家的资源。在政治治理方面，管子把儒家最喜欢的"亲亲"和"尊尊"都看做是毁坏国政的事情："凡先王治国之器三，攻而毁之者六。三器者何也？曰：号令也，斧钺也，禄赏也。六攻者何也？曰：亲也，贵也，货也，色也，巧佞也，玩好也。三器之用何也？曰：非号令毋以使下，非斧钺

① 《管子·治国》。
② 《管子·牧民》。
③ 同上。

毋以威众，非禄赏毋以劝民。六攻之败何也？曰：虽不听，而可以得存者；虽犯禁，而可以得免者；虽毋功，而可以得富者。凡国有不听而可以得存者，则号令不足以使下；有犯禁而可以得免者，则斧钺不足以威众；有毋功而可以得富者，则禄赏不足以劝民。号令不足以使下，斧钺不足以威众，禄赏不足以劝民，若此，则民毋为自用。民毋为自用，则战不胜；战不胜，而守不固；守不固，则敌国制之矣。然则先王将若之何？曰，不为六者变更于号令，不为六者疑错于斧钺，不为六者益损于禄赏。若此，则远近一心；远近一心，则众寡同力；众寡同力；则战可以必胜，而守可以必固。非以并兼攘夺也，以为天下政治也，此正天下之道也”①。管子把六种有害事物解释得如此清楚，其中要义就是，所有以人情为准的事情必定破坏公益公利，如果破坏公利，国家必定衰弱无力，社会秩序也将崩溃。这个问题是儒家难以对付的。如果一种伦理不是按照公利去设计，而是按照亲亲尊尊去设计的，就没有力量克服私心私利，如果还允许权贵逃避惩罚，就更不可能建立有效的社会秩序。所以法家坚持认为社会秩序首先必须由法律而非伦理去保证。

法的一个重要性质就是一视同仁，普遍有效，无私无亲。正如管子所说的："如四时之不貣，如星辰之不变，如宵如昼，如阴如阳，如日月之明，曰法"②，所以"圣君任法而不任智，任数而不任说，任公而不任私，任大道而不任小物，然后身佚而天下治。故圣君设度量，置仪法，如天地之坚，如列星之固，如日月之明，如四时之信，然故令往而民从之。不知亲疏、远近、贵贱、美恶，以度量断之。以法制行之，如天地之无私也"③，而"君臣上下贵贱皆从法，此谓为大治"④。古代中国所说的法指一切被清楚明确定义了的国家规章制度，不仅包括法律（刑法）

① 《管子·重令》。
② 《管子·正》。
③ 《管子·任法》。
④ 同上。

而且包括整个政治制度（宪法）。最重要的是赏罚制度，法家称为统治的"二柄"[①]。正如儒家以礼去解释一切制度，法家则以法去定义一切制度，试图把一切制度都按照法的精神去明确规定，使之"如日月之明，如四时之信"，而凡是难以明确界定的规则就被看做是相对次要的制度，比如伦理规则。法家并不反对伦理，只是认为伦理规则的应用总是因人而异，这种灵活性虽富于人情，却无法保证行政号令的普遍有效性和一贯性，因此是不可靠的，所谓"不法法，则事毋常"[②]，所以，伦理不适合成为政治与社会治理的根本规则。

认为伦理无法信任，因此不能当成政治之根本，在这一点上法家们是一致的。不过，在如何理解伦理的意义上，法家们的看法并不完全相同。管子主要属于周思想，因此肯定伦理在文化治理上的教化意义，只是不相信伦理能够承担起政治治理之重任。商鞅则是最激进的，不仅认为伦理在政治上基本无用，而且破坏政治，好处很少而坏处很大，因此认为儒家推崇的伦理礼治属于政治的六害，所谓"六虱"，礼乐诗书仁义孝悌之类都包括在内[③]。韩非认为儒家的主要问题是不合时宜，从长期去看，教化或许有用，但在人性普遍得到改进之前，社会早已崩溃；从短期去看，教化几乎无用，而且还会"乱法"，破坏规章制度的确定性[④]，因此法治优于礼治。可以看出，法家主要考虑的是治理的效率。

法家相信国家和社会都是公共利益，是个人私利的制度保障，因此公利公事重于私利私事。以私废公是最大的错误，因为以私废公等于损害了大多数人的利益，甚至最后也损害自己的利益。以此为据，法家反对儒家的亲亲原则[⑤]。在这一点上，法家的见识十分深刻。法家并不反

① 《慎子·内篇》;《韩非子·二柄》。
② 《管子·法法》。
③ 《商君书·靳令》。
④ 《韩非子·五蠹》。
⑤ 《商君书·开塞》。

对私利，相反，法家明晓人人自私，而统治者正要利用人人谋利这一人性弱点去建立有效统治，赏罚二柄所以有力就在于此。以个人为单位的自私是合理的（法家可能是中国思想中唯一接近西方思路的理论），而以家庭家族为单位的自私则是有害的。这一观点看起来有些奇怪，其中关键可以这样理解：家族对外之私意味着对内之公，家族是一个共同体，具有集体力量，于是扩大了自私对社会的伤害能力，以家族为单位的小社会导致社会分裂，家族公利与社会公利之间的矛盾就成为**两种集体力量**之间的矛盾。正因为家族具有集体力量，因此家族自私就比个人自私的后果更严重。个人虽然自私，但其能量有限，甚至无法独立生存，不得不依靠社会，即使反社会，个人在强大的社会制度面前无力以抗，因此个人更容易与社会达成合作，何况公正合理的社会制度其实是个人私利的保障。法家反对儒家的亲亲原则就是反对由此导致的社会分裂以及私利集团的结党营私。法家喜欢用各种例子证明亲亲原则对国家的危害，比如鲁国士兵贪生怕死因此总是败北，这是因为士兵担心自己死了老父无人养，孔子认为这是孝德，于是推荐这样的人当官，结果鲁国就越来越衰弱了[①]。法家发现，公利对人人有利，因此公有利于私，而私利不仅于公不利，而且对任何他人都不利，因此，以私废公的儒家伦理是严重的政治错误，而只有法才能够发展公利并且保护每个人的私利，因为法是无私的普遍有效制度，就像天地和自然规律是无私的。

法家反对以伦理代替政治或者以伦理干涉政治，因此，除了试图证明伦理对政治有害，法家还试图证明，即使伦理有些积极意义，也由于生效太慢而变得微乎其微。据说伦理能够教化人性，最后达到没有人想犯罪的地步，“从善远罪而不自知”[②]，这是儒家推崇伦理的主要根据。法家认为教化改造人性的速度太慢，在所有人或大多数人的人性被改造

① 《韩非子·五蠹》。
② 《礼记·经解》。

好之前，社会早已充满罪恶而使良善无立足之地。由于善人太少，因此在与恶人的竞争中处于劣势，而能力超强的圣王就更少了，等待圣王出世来慢慢地改造人性是尤其不可靠的事情①。在法家看来，教化能够改造人性的假设也是有疑问的。“仁者能仁于人，而不能使人仁；义者能爱于人，而不能使人爱。是以知仁义之不足以治天下也。圣人有必信之性，又有使天下不得不信之法。……圣王者，不贵义而贵法。法必明，令必行，则已矣”②。商鞅这段分析充分表达了法家要义。仁者能够做到的仅仅是自己成为仁者，而不可能把他人变成仁者。其实儒家礼治并非无用，教化的成功例子也不少，只是远远不够，即使尧舜也无法成就教化之大功③。关键是教化缺乏必然性，并非“不得不信之法”，政治作用有限。所以，伦理的归伦理，政治的归政治。

法家的核心关注可以概括为“必然之治”与“制度信任”。必然之治就是关于普遍必然有效的制度问题。自然秩序是由普遍必然的自然规律所保证的，因此，社会要有秩序，就同样需要普遍必然有效的制度。一般地说，一个能够保证必然之治的制度至少必须满足如此条件：（1）稳定而明确；（2）对所有破坏规则的行为都有可信的制裁；（3）对所有人一视同仁；（4）人们普遍同意并且普遍接受，或者至少符合普遍有效的道德观念。法家所以反对儒家就是因为儒家礼治不能满足以上大多数条件，即使对于条件（4），儒家礼治也很可疑，因为礼教伦理不见得是人们普遍赞成的，更不见得表达了普遍有效的道德观念。法家的法治则满足了条件（1）、（2）、（3），但没有满足条件（4）。那么，法家法治是否有效？这是个有争议的问题。法家的选择和辩护有些类似于英国实证主义法学特别是哈特理论④。法家同样力主把法律与伦理道德区别开来，

① 《韩非子·难势》。
② 《商君书·画策》。
③ 《韩非子·难一》。
④ 参见［英］哈特：《法律的概念》，北京，中国大百科出版社，1996。

并且暗示说，法律仅凭其自身而有效，而无须伦理学的辩护。法家追求的是让法律具有类似自然规律的效果，以法律在行为与后果之间建立一种人为规定和操纵的因果关系，表现为“如果做 x 就必得奖励”并且“如果做 y 就必受惩罚”。法家相信这样就足够了，只要一种法律是稳定明确的赏罚制度，就能够使人们知道这种法律是可信任的，而只要形成对法律的制度信任，这个法律就是有效的，就能达到“令必行”。至于具体哪些事情被规定为可赏该罚的，则是次要问题，即使重刑酷法，甚至有些不合情理的规定，都对法律的有效性没有影响。

法家对法律这种几近冷酷的理解暗含着一个深刻的道理。法律的有效性仅仅在于能够建立对法律的制度信任，有了制度信任就足够了，其他方面的制度优点只是锦上添花。只要法律的实践能够一贯稳定明确地证明法律确实言必行、行必果，人们会信任法律所建立的行为因果关系，而人的本性是趋利避害，因此，人们必定将按照法律所规定的赏罚去自动调整行为选择，把行为自动调整到比较有利的选择上，所谓“见必然之政，立必胜之罚，故民知所必就而知所必去”[①]。比如说，儒家制度规定出于孝而临阵脱逃就可以做官（孔子主张），现在法家制度重新规定为奋勇杀敌才能升官，那么想做官的人们就必定会调节其行为而选择去奋勇杀敌。因此，法治的要义是使赏罚成为必然可信的制度，而不是去论证什么样的赏罚具有伦理意义或者是否合情合理。只要有赏有罚，人们就有机会去得到他们想要的东西，比如升官发财之类。有个著名故事说，商鞅准备建立新的法律，为了使人们信任政府是“不欺”的，于是告示说，如果谁把南城门的一根木头搬到北门就赏十金。人们不敢相信，因为事情太容易而奖励太大。商鞅把赏金加到五十金，于是有人利令智昏就做了，果得五十金，从此人民就信任法律了[②]。

---

① 《管子·七臣七主》。

② 《史记·商君列传》。

法家的逻辑很有些诡异，它相当于说，一个游戏是什么内容无所谓，只要这个游戏的规则是稳定可信的，并且有利可图，有输有赢，人们就愿意参加这个游戏而且乐此不疲。法家逻辑的力量在于它很可能猜中了一个可悲的事实：一个游戏无论多么缺德，只要其中一部分人能够通过这个游戏而获利，有人成功，有人失败，每个人就将假定自己会成为其中的幸运儿而执迷不悟地玩下去。**可信即可行**，制度的可信性比制度的道义性更重要、更有力、更成功。法家发现的这个冷酷真理足以摧毁大多数理想，它说明了，一个制度，一种游戏或者一种法律，即使它有着严重的道义缺陷，只要它是稳定可信的，人们就将把自己的行为调整为合理的从而获得利益。正是制度可信性这个真理使得不合理的制度得以成功运作，包括专制独裁的制度，只要具有制度可信性就是成功可行的。

法家的法治主义虽然取得一时的辉煌成功，但终究不受欢迎，这是因为，尽管法家看准了人性的某些方面，但也忽视了人性的另一些方面。法家看准了人们希望规则是稳定可信的，以便能够更有效率地去谋求利益，可是法家没有注意到，事实上很少有人喜欢公正的游戏规则，除了少数能力超强的人，大多数人恐怕更希望有一个袒护自己的不公正社会，因此能够以最小成本获得最大收益，一本万利甚至无本万利。这一点或许多少可以解释为什么人们更倾向于用人唯亲、论资排辈、结党营私的儒家社会，而不喜欢纪律严明、刻薄寡恩、赏罚有准的法家社会。人绝没有那么容易被法律和纪律所规训，法家迷信法律足以规训人类行为，这几乎把人看成可驯服的动物。这是一切强硬派专制主义的共同错误认识。

中国思维善于进行综合，先秦各派思想虽然互相对立，其中尤以儒家法家的对立最为突出，但后世往往加以融合。据瞿同祖，当儒家成为国家意识形态之后，以礼入法的制度设计使得儒法之争在制度方面失去了意义（思想分歧仍然具有久远的学术意义）[①]。治理社会不用法律终究

---

① 参见瞿同祖：《中国法律与中国社会》，304～324页，北京，中华书局，1981。

不可行，儒家同样也需要法律，只是儒家礼教变成了法律的元定理，礼教成为法律的立法意图、立法依据和解释原则，于是，被定义为不合法的都因为是不合礼的。总的来说，礼法一体化的消极作用大于积极作用。法律本来应该以一些能够经得起普遍理性批判的原则为根据，这样才可能是普遍公正的，如果把一种特定的伦理当成法律的依据就破坏了法律的普遍公正，法律变成了专门为某种意识形态提供暴力威慑的制度，也就变成了维护统治的手段，而不再是维护秩序的手段。在这个意义上说，礼法一体化在很大程度上终结了政治，把政治变成了统治。这也是中国政治思想在秦汉之后很少有重大推进的一个原因，人们更多地被诱导去思考统治问题而不是政治问题。尽管统治属于政治，但毕竟小于政治，如果脱离了政治问题的总体框架和对人类命运的关心，统治的研究就仅仅是管制技术的研究。

## 5.5 反政治的政治

秦并六国是中国政治的一个分界线。周的天下体系崩溃之后，各国都在思考如何治乱，人们所想象的仍然是如何恢复天下体系以及争取成为天下之新主。虽然许多国家已经对传统制度的有效性产生了怀疑而进行了一些改革，比如在部分地区尝试了与分封制不同的郡县制，但只有秦的法家改革是真正彻底的，秦试图发展成为一个新型的超级国家，它是一个帝国而不是传统的宗主国或者霸主。不过，在吞并六国之前，似乎没有证据说明秦已经有了一种帝国的规划，大概只有一种模糊的新政治意识。商鞅韩非等都鼓吹过政治创新，反对先王之法，不过新政治是什么样的仍然不很清楚。一直到成功兼并六国，一个从所未有的新局面成为摆在面前的事实，如何**直接统治**从所未有的大片土地，这是个新问题。

周的天下体系在理论上覆盖了整个世界，但中央政府直辖统治的地面并不大，大部分地面是分封的间接统治。天下部族众多，这是自然形成的多样性，周承认这一既定的多样性事实，这是一种能够获得普遍支持的理智态度。对于周而言，首要的政治问题是如何创造一个既维护多样性又保证天下和平的普遍合作体系。周天下是一个伟大的创造，它成功处理了众多共同体的普遍合作问题。在周的时代，人们不会想到大规模的直接统治问题，因为没有人会有积极性去故意破坏传统的既定事实。天下的众多部族都是历史悠久的存在，大多数可以追溯到无考年代，部族的统治集团都是世代受到尊敬的贵族，天下共主可以变换，但贵族永远都是部族的合法代表。没有人平白无故去怀疑既定现实，因为“一向如此”就是无可怀疑的理由。但对于秦始皇，形势发生了彻底的变化，数百年的兼并已经打倒了绝大多数的贵族，只剩下秦一族，而且，秦并非因为得到万民拥戴而成为天下共主，而是通过武力成为天下的征服者。从武力征服的角度看，秦始皇确为“五帝所不及”。既然秦以武力征服了所有国家，绝对征服者当然不需要与任何部族进行谈判协商，它拥有全权去建构统治。如何处理被征服的天下，这与如何处理顺服的天下，是完全不同的问题。

当时秦统治集团讨论了制度是否需要创新的问题，如《史记》所载：“丞相绾等言：诸侯初破，燕、齐、荆地远，不为置王毋以填之。请立诸子，唯上幸许。始皇下其议於群臣，群臣皆以为便。廷尉李斯议曰：周文武所封子弟同姓甚众，然后属疏远，相攻击如仇雠，诸侯更相诛伐，周天子弗能禁止。今海内赖陛下神灵一统，皆为郡县，诸子功臣以公赋税重赏赐之，甚足易制。天下无异意，则安宁之术也。置诸侯不便。始皇曰：天下共苦战斗不休，以有侯王。赖宗庙，天下初定，又复立国，是树兵也，而求其宁息，岂不难哉！廷尉议是”①。

可以看出，大多数人仍然希望按照天下体系的分封传统治理天下，而李斯对周制度的挑战性分析是深刻的。周天下体系在理论上是一个非

① 《史记·秦始皇本纪》。

常优越的合作体系，但由于制度设计上存在着当时无法克服的漏洞，因此不能**永远**维持合作关系。由李斯的现实主义政治观点看来，问题出在分封制度给核心政权留下的实力太小，以至于无力管制可能出现的作乱，因此天下必定慢慢地重新变成乱世。结果秦始皇支持实行中央集权法令一统的郡县制。郡县制虽然不是秦始皇的发明（战国已有），但把郡县制推广为大规模的帝国制度则是秦的创造。与郡县制相配合，秦统一了法律、文字以及各种技术标准，这不仅降低了社会合作的成本，而且以统一规则影响了人们的思维和行为方式，使人们在同一个游戏中按照同样的规则做事情，这使得中央集权的帝国具有了社会基础（秦来不及建立国家意识形态而由汉所完成）。由秦所创造而经过汉长期建构而确定下来的中华帝国定义了一种新政治。首先，秦汉所奠定的中华帝国结束了天下体系，终结了周朝开创的世界政治思路。从理论上说，尤其从当代眼光看来，秦终结天下体系和世界政治思维是一种政治退化，但从当时的社会背景来看，帝国这一新政治无疑具有更大的诱惑力，它的政治问题和政治思维规模虽然小了许多，但帝国这一政治新形式使得统治权力具有了从所未有的力度、广度和深度，形成了从所未有的绝对权力，而天下体系的天子虽然在理论上拥有最高权力，但却没有帝国那样的强大权力。

秦汉以来的绝对权力导致了人们对权力的变态迷恋。无论权贵还是普通百姓，都把权力看做是最高价值。权力能够支配和兑换一切东西，这使得其他价值都贬值了。权力的诱惑无法抗拒，连鼓吹伦理的儒家们也不能成为例外，儒家们对权力的渴望和迷恋使儒家的伦理追求变成了一种自欺欺人的修辞。一般都把伦理看做是古代中国的基本精神，这一点其实很可疑。权力意识就比伦理意识更为普遍，而且也更强烈。但权力意识并不等于政治意识，而是对政治的否定。毫无疑问，权力的分配和权力的正当性证明是最重要的政治问题，可是当人们不去思考权力的政治问题而只追求权力本身，权力意识就变成了反政治意识了，它意味着“天下人的天下”变成了“一家一姓之天下”（这正是黄宗羲批评秦汉以来帝国制度的理由）。权力问题由权力的正当安排和使用变成了如何夺取和维持权力，**政治问题变质为统治问题**。这种萎缩和变态了的政治意识不仅使统治者不再关心万民，而且也不再关心世界。

中华帝国在观念上虽沿袭天下概念，仍把中原以外的其他地方看做是天下的一部分，但在实际制度上已经重新理解了天下的内外远近关系从而削弱和修改了天下概念。中原统一成为帝国，而统一文字、法律和各种标准又使帝国成为一个巨大文化共同体。这个文化共同体与远方其他民族和文化的差异因此变得特别显眼，蛮夷狄戎原与中原文化自有差异，但中原各国之间也存在文化差异，先秦时代人们虽知文化差异，但不在意文化差异，文化差异仅仅被看做是天下的天然多样性，而没有被看做是分裂意识的理由，相反，多样性被肯定为“和”的条件。因此，天下内部的**文化边界并不构成政治边界**，并不能定义政治对立面，至多形成了远近关系，而远近关系只意味着交往密度的差异，并不意味敌对和歧视。但是，大一统帝国及其统一文化给中原创造了一种新身份，它把成为郡县的地方定义为帝国内部，而把没有纳入郡县制的地方当成了异己的外部世界。汉以来的朝贡体系虽仍然体现了天下观念的影响，但天下观念已被歪曲，大一统帝国这一新身份使原来的文化边界变成了政治边界，原来文化性的华夷之别变成了政治性的华夷之别。

秦修建长城是具有非常重要象征意义的政治事件。长城把中华帝国定义为天下之中的一个国家，不再是属于天下所有人的天下政治中心，而只是属于本地人的帝国。尽管中华帝国仍然把自身想象成为天下的领导，但这是一种不真实的想象。秦以武力征服了许多国家，它相信以力得天下，可是它又知道不可能以武力去征服所有地方，尤其是遥远的外部世界，既然存在着无法征服的外部世界，因此它宁愿把自身与外部世界分割开来，以便更有效地保护自身。尽管对于任何帝国来说都不存在绝对的边界，而只有帝国力量消于无形的边陲，帝国力所能及的地方就是帝国的范围，因此帝国范围总是有弹性的，它随着力量消长而伸缩，但秦修建长城意味着它为帝国想象了一个最低限度的边界，它透露出中华帝国已经放弃了前朝的世界性雄心。长城作为一个超级边防工事是一个伟大建筑，但它暗含的政治意义背离了天下体系，它表明帝国仅仅是对中原的统治，而不再代表整个世界，不再追求世界性的管理和治理，不再追求世界性的政治体系，最多保留了一个已经失去实质的象征性天下概念。

这个只剩下象征意义的天下概念主要表现在汉以来的朝贡体系。朝贡体系也是周天下体系的一个遗产，但已似是而非。周的朝贡体系与分封制相结合，其中包含着实质性的权力关系（政治管理和合作关系）。在天下体系中，天下万邦朝贡是真“贡”，相当于向中央政府纳税，“朝”也是实质性的，是汇报政治情况和接受政治考核监督，而且，天下的宗主国拥有为天下立法和巡狩诸邦考察政务而行赏罚的权力。如果核心政权不再拥有为世界立法和巡狩的权力，朝贡就不再是政治合作的义务，也就不再具有实质性的政治关系。汉以来的朝贡体系基本上是象征性的，很少有实质性的政治关系，“朝贡国”并不是由中华帝国分封的，甚至大多数朝贡国的政治正当性也不需要经过帝国的政治承认，而是本来就存在的。某些周边小国自愿获得帝国的政治承认，主要是为了建立有利于小国的安全和贸易的依附关系。除了少数明确依附于帝国的小国，大多数朝贡国完全独立于帝国的统治，帝国并没有权利和权力去干涉朝贡国，朝贡国对帝国“称臣”只是对一个大国强国的尊重而不是对帝国统治的接受，甚至主要是一种为了和平以及国际贸易的外交行为。汉以来的朝贡体系与其说是政治关系还不如说是经济和文化关系，至于朝贡国对帝国的政治归顺或归属，多半是帝国自己一相情愿的想象和叙事，绝非真实的君臣关系，更不是中央政权与地方政权的关系。由于帝国在朝贡的经济关系上坚持了厚往薄来的政策，帝国的慷慨在经济上损失很大，这一点能够解释许多朝贡国对朝贡的高涨热情，而这种贪图厚报的经济热情并非帝国所幻想的归顺向化。

帝国所企望的是成为世界的文化榜样，以帝国之“文”去“化”诸番，就是说，帝国已经不再奢望“政治天下”而只希望能有“文化天下”。帝国试图以世界文化中心的身份去维持其象征性政治中心的身份，按照今天的话语，就是以软实力去维持政治权威。在古代相当长的时间里，中华帝国是世界上的一个文明—文化中心，确有许多朝贡国向往帝国的先进技术以及迷人的文化，包括造纸、印刷、火药、指南针、某些冶金技术、陶瓷技术和丝绸技术等技术经朝贡国传播到世界各地。帝国在技术上的领先确实增强了帝国的政治威信，但却并没有因此形成帝国所指望的普遍的文化向化，除了一些在生活环境和生产方式与帝国比较相似的近邻小国深受帝国文化的影响之外，大多数朝贡国只对帝国的技术文明感兴趣，却没有被帝国的精神文化所“化”，中华帝国的伦理和价值观、诗书礼乐之类的文化生活形式并没有成功地普遍化。由于没有能够形成文化上的普遍归化，帝国的朝贡体系就进一步成为象征性的交往关系而远离了实质性的政治关系。由于生产方式、生活方式、价值传统、宗教以及地理环境等因素的影响，任何一个帝国的文化推广都有其限度，不是因为帝国文化不够辉煌，而是因为对别的地方不合用。事实上，由于生产方式和精神传统的深刻差异，古代的各种文化都不可能形成普遍吸引力而被普遍化，一直到形成“现代性”这一虽源于西方却缺乏文化个性和地域性的文化，才出现了文化普遍化的现象。

与罗马型的帝国不同，中华帝国并不是一个武力扩张型帝国，这既是因为推崇“德化”观念，也因其军事力量并不非常强大，即使近邻国家愿意归化帝国，帝国在大多数时期未必能够提供稳定有效的保护。中华帝国的有限军力以及和平主义传统观念决定了它基本上是一个自卫反击型的帝国，很少有罗马式的主动扩张行为，历史上几次比较大的领土扩张都是因为游牧民族对帝国的军事挑战失败，战败的外族瓦解远遁而失去大片领地。

《盐铁论》记载的汉帝国一次重要政治争论典型地表明了关于帝国概念的不同理解。当时帝国的强盛诱使官僚集团热切希望建立一个以武力为基本原则的新型帝国，力主武力征服周边不臣之国；可是学者集团则反对这一帝国概念，认为传统的"德化"政策更能使各国臣服："诚信着乎天下，醇德流乎四海，则近者哥讴而乐之，远者执禽而朝之。故正近者不以威，来远者不以武"[①]，这是试图追随天下体系的传统思路。尤其重要的是，学者集团点明了不能依靠武力征服的真正秘密：中国之武力和财力其实十分有限，远不足以征服各国，甚至连击败当时的劲敌匈奴都非常不易，而且，战争终究劳民伤财，很可能会耗尽帝国之财而导致自身统治的崩溃，"匈奴之地广大，而戎马之足轻利，其势易骚动也。少发则不足以更适，多发则民不堪其役。役烦则力罢，用多则财乏。二者不息，则民遗怨"[②]，进一步说，"匈奴牧于无穷之泽，东西南北，不可穷极，虽轻车利马，不能得也，况负重羸兵以求之乎？其势不相及也"[③]。尽管汉帝国有过几次成功的武力征服，但对漠北从来没有能够建立长期有效的统治，可见《盐铁论》的学者们的政治判断更为真实：中华帝国实力有限，不适合穷兵黩武，而只能采用传统的怀柔德化策略，满足于做一个文化帝国而不是武力帝国。儒家一直推崇的怀柔德化策略本身虽是正确的，但儒家往往忽视这一策略所需要的一个生效条件，即**只有强者才有资格去怀柔德化**，或者说，只有强者的怀柔德化才是有意义的。儒家试图以道德去创造政治，却不知政治是道德的生效条件，所以儒家政治是肤浅简陋的。中华帝国只能满足于象征性的朝贡体系，至于"德化天下"的想象，则是对天下体系伟大传统的一种有名无实的继承。按理说，既然放弃了天下体系而建立帝国，帝国与其他国家的关系就只能是国与国之间的外交关系，可是中华帝国又迷恋天下观念的辉煌，

① 《盐铁论·世务》。
② 《盐铁论·备胡》。
③ 《盐铁论·西域》。

于是把外交关系都看成是朝贡关系，这一幻觉最终被证明是有害的。

从天下制度到帝国制度的变化导致了政治的内向转向。帝国本身是一个足够大的政治局面，当一个政治空间足够大，它的问题也就足够多而且不容易对付，其**内部问题**的重要性和紧迫性就超过了它的外部问题，人们对空间内部的兴趣就超过对外部世界的兴趣，尤其当这个政治空间的文明水平超过其外部世界，人们就会更加关心内部而忽视外部。对于中华帝国来说，如何管理这个巨大的政治空间成为首要政治问题，它比如何去理解外部世界、如何去与外部世界进行交往重要得多。可以说，当一个国家足够大，不仅地域广大，而且文明发达，在任何意义上都足够强大，那么其政治问题就更多地表现为国家内部问题，除非其外部挑战大到国家几乎无法承受，它才会去关注外部问题。事实上中华帝国一直到晚清遇到西方的严重挑战才认真关注外部世界。

在观念上说，所有帝国都是“世界性的”，但实际上几乎都是伪世界性的，因为庞大帝国关心内部超过关心外部，除了对外部的征服，它对外部世界缺乏认真的兴趣和尊重的态度，与外部世界的交流既不积极也不严肃，外部世界似乎仅仅是尚未征服或者是不值得征服的地方，甚至是被蔑视和漠视的地方。只要一个国家漠视或蔑视世界上“其他地方”，把“自己”与“其他地方”割裂看待，缺乏与其他地方普遍合作的兴趣，就只是一个地方性的政治存在而不是世界性的。正是在这个意义上，帝国其实是反世界的而不是世界性的。从理论设计潜力上说，唯有天下体系才是真正世界性的政治制度，除此之外似乎还没有别的世界政治制度。帝国不是，现代帝国主义的“世界体系”（华勒斯坦意义上）也不是世界政治制度，而是在世界中的国家霸权体系。天下体系不是帝国，而是一个无限开放的世界政治网络，其中有负责世界秩序和世界公利的政治中心以及各地分治中心，特别重要的是，天下政治中心的执政权力是向世界万民开放的，并不专属某个地方或某个民族。

由天下体系退化而成的中华帝国具有一个自相矛盾的政治世界观：

一方面在理论上继承了天下一家观念，但已经退化为一种有名无实的修辞性宏大话语；另一方面，它把帝国与世界分割开了，华夷之别被重新解释为文野之分的自大定位，帝国的礼仪文化被自我定位为高级文化的标准。华夷之辨的意义演变很能表现从天下思想到帝国思想的变化。在周时代，华夷差异只是表达政治上的远近关系以及生活方式的差异，而与文化自我中心观点以及民族歧视无关。从后世的地理概念去看，古代圣王们都来源于东夷或西戎，并非中原部落，甚至本来就无所谓中原主流部族。在圣王时代，中国本就有多民族多部族，很难说哪一个民族是主体民族，中国后来的主体民族是混成的，而且一直保持开放性，不断有其他民族同化融入到主体民族中来，而且中华文化也同样是混成的。因此，民族观念在中国思想中一直没有重要地位。据傅斯年，圣王时代的众多部族大致可以分成东西两系，这两个体系的部族在中原交汇而多次争战，后来才混合形成占据中原的所谓主体民族，再后来才由东西争胜模式变成南北争胜模式[①]。按照后世标准，圣王们都是蛮夷出身，只不过移居中原，而与圣王们同族同源的一些人留居原地，后来就被认为是蛮夷了。

按照天下理论，华夷差异只是文化与地理差异，只有远近，并无断裂，而不是对异己的定性。在政治上完全加入到天下体系中来的诸侯都算华夏，尚未充分加入天下体系的部族都算夷狄，或者说，天下体系的标准成员国就是华夏，而尚未建立全面政治合作的邦国都是夷狄。因此，当时与天下宗主国（周）尚未建立充分政治合作关系的楚、吴、越等都算做蛮夷，但后来它们深深卷入中原政治之后就都成为华夏了。天下体系是无限开放的，它将接受任何一个愿意加入天下体系的部族，而没有异己设定和壁垒，这是天下体系的根本性质，即“天下无外”原则。含有文化尊卑意义的华夷之辨一般被认为源于孔子笔削春秋，这一理解恐

---

① 参见傅斯年“夷夏东西说”，见《民族与古代中国史》。

不可靠，因为孔子对夷邦并无反感，甚至曾经“欲居九夷”[①]。据公羊春秋，孔子笔削春秋的原则是：“春秋内其国而外诸夏，内诸夏而外夷狄。王者欲一乎天下，曷为以外内之辞言之？自近者始也”[②]，这一原则显然是从政治关系去理解华夷之别的，它指出，越接近天下政治中心的事情和问题就在政治上越重要，这与歧视无关。《春秋》是对政治事件的记述和批评，既然天下一家，为什么又有内外的说法呢？是因为天下政治中心的活动和事件对世界的重要性和影响力显然大过其他地方事件的分量，因此需要优先论述。可以看出，内外之别只是表示政治重要性的优先次序，而不包含文化歧视。

帝国使华夷关系发生本质变化，而这一变化归根到底是由政治制度的变化所导致的。天下体系是分治体系，其成员国能够维持其独立统治，成员国与宗主国之间在本质上是政治合作关系。但是帝国制度改变了这一格局，帝国无法直接统治的地方不仅不属于帝国，甚至与帝国没有实质的政治合作关系，变成了真正的外部存在，因此，凡是帝国无法统治的地方就具有了异己性这一新性质，外部世界意味着异己存在。如果不是因为对帝国形成了潜在的或现实的挑战和威胁，外部世界就几乎只是一个陌生世界。当帝国把直接统治看做是一统天下的条件，无法统治的远方就变成了异己的外部世界，这就解构和分裂了天下。作为对比，天下体系在理论上覆盖整个世界，那些尚未加入天下体系的地方并非异己存在，而是被理解为天下体系的未完成部分，同样是天下的合法组成部分。放弃天下世界观就失去了理解“其他地方”的政治能力，“其他地方”不再是政治对象，而退化为军事对象。但中华帝国的军力有限，这一点又使外部世界甚至不是军事对象，于是帝国对外部世界进一步失去兴趣。有趣的是，帝国还必须把外部世界描述为落后地区，这样才能心

① 《论语·子罕》。

② 《春秋公羊传·成公十五年》。

安理得地轻视外部世界。班固清楚论述了帝国为什么不值得去招惹夷狄，他说，夷狄难以征服，即使征服了也没有意义。如果与夷狄合作，经济投资很大，还难免被欺诈，如果与夷狄交战，不仅劳民伤财还招来报复，即使打败了夷狄也得不到实惠，“其地不可耕而食也，其民不可臣而畜也”，因此还不如不理夷狄。如果夷狄来犯则防守反击，假如夷狄仰慕中原，非要来朝贡，自当以礼相待，如此云云[①]。此类言论鼓励了帝国政治的内向化，于是，世界政治消失了。中华帝国在很长时间里维持了某些方面文化优势（绝非所有方面），但其故步自封的文化慢慢失去了创造力，当帝国在外部挑战下崩溃的时候，人们终于发现，衰亡的不仅是帝国，而且是文化。

如果说错误的文化政治使帝国失去创造性，那么中华帝国为什么能够持续达两千年？儒家喜欢的解释是，尽管多历磨难战乱，但由于中华帝国具有优越文化，因此得以长期存在。这类解释完全找错了原因，甚至颠倒真相，其背后仍然是文化优越论的幻觉。先秦文化虽然辉煌，但帝国时期的文化由于失去了创造性而很少有什么思想创新，也没有发展出科学。由于故步自封，帝国甚至不懂得如何正确处理与周边国家的国际关系。儒家自认中国文化优势在于社会道德水平高，这一点其实缺乏实证，即使确实道德高，也与帝国的长期持续毫无关系。帝国统治的成功另有原因，这就是帝国发明的**反政治的统治**。

这是一种新政治。这种政治之新在于它是反政治的，它试图以一种特殊的政治制度去取消政治问题。如前所论，既然告别天下体系，中华帝国的政治思维重心不在世界，而在国内。以“安内”为主导的政治思路落实在社会管理问题上，而社会管理又落实在有效专政上。但问题是，仅仅规定了至高无上的皇权并不能形成有效专政，因为君主制远远不足以完全管理庞大社会，它无法深入社会基层，甚至不足以控制统治阶级，

---

① 班固：《汉书》卷九十四下《匈奴传下》。

各个实力集团都可以利用家族或部族的凝聚力而质疑和挑战最高权力，皇帝不得不始终应对各个实力集团的挑战。于是，皇帝必须建立一种能够瓦解任何政治集团的凝聚力的制度。专政不仅需要集权，更需要能够把权力下达渗透到基层，这就需要创造一种只属于并且服从于皇权的社会组织，其组织密度足以控制整个社会，其力量足以解构民间政治集团，这个组织就是官僚体系。集权专制制度的有效性是通过官僚制度去实现的，没有官僚制度，专政必定是无效率的。

中华帝国创造了官僚制度而形成官僚社会，官僚成为政治、社会、文化和生活的核心，甚至可以说，中华帝国其实是个官僚帝国。官僚政治是一种独特的政治，其本质是反政治，它是对政治的终结，它把**政治变成了统治**。政治退化为统治，就变成了一种自动的习惯运动，政治问题被屏蔽了，人们似乎不再需要思考政治问题，而只需要完成行政工作。当然，政治问题并非真的消失，而是隐蔽起来变成隐性或潜在问题，似乎无需过问也不成问题，就好像已经一劳永逸被解决了，而只剩下社会管理工作，按照孔子说法，就是不再有“政”而只剩下“事”了①。政治变统治的意义就在于回避了政治的原则性难题，特别是政治正当性、政治责任以及政治理想等等问题。当政治被假定为无问题时，就只剩下统治的稳定性和效率等等“技术性”问题了，于是对于帝国的统治来说，唯一问题就是如何维持统治。这就是**反政治**，即**以统治去替代政治从而否定政治**。

自秦汉以来，帝国两千年处于政治麻痹状态，政治问题几乎没有推进，只有行政制度的不断完善和执政政权的变更。这一政治转向是比较奇妙的，它首先放弃天下体系，从而放弃了世界政治而转向国家政治，然后又进一步放弃国家政治，把国家政治变成了国家行政。反政治虽是失败政治，却是非常有效率的统治。中华帝国作为一种统治制度是非常

---

① 《论语·子路》。

成功的，它有效地管理了社会，维持了稳定秩序，但它作为一种政治却很失败，这一失败虽是慢性的，但却严重，失败的政治对于一个社会来说是釜底抽薪的错误。反政治的制度抑制了创造性的思想方式，破坏了人们对公利公德的责任意识，推行了一种反对卓越人性的生活方式，形成了精神软弱压抑的文化。由官僚主导的社会和文化更有利于发展懦弱、自私、虚伪、阴暗、阴毒的病态人性，而不利于发展正大光明、勇敢无私、坦诚真挚的健康人性。中国的现代启蒙论者经常抱怨说，贫弱中国是由不良政治所导致的，这一理解并不准确，真正的问题是，中华帝国的统治是反政治而不是不良政治。没有政治，这才是帝国最大的政治失败。这一反政治的状况，黄宗羲称为“无法”，即没有政治正当性也没有政治理想，所谓“三代以上有法，三代以下无法”，三代之法“未尝为一己而立也”，而后世帝王“唯恐其祚命之不长也，子孙之不能保有也，思患于未然以为之法。然则其所谓法者，一家之法，而非天下之法也。是故秦变封建而为郡县，以郡县得私于我也”[①]。就是说，秦汉以来的国家制度变成“为统治而统治”，只追求有效的统治方式，而不考虑统治正当性和政治理想，完全遗忘了统治是为了政治，而政治是为了天下利益、国家利益和万民利益。

如果一种统治是反政治的，社会是无政治的，就必定拒绝反思统治的正当性。当一种统治是不容反思的，政治就终结了。为了拒绝政治反思就必定消除一切具有创造性和力量感的精神和思想，因此形成压抑的文化和病态人性。政治关心的不是个人欲望和情感，而是共同的命运、理想和事业，政治思维超越了个人私利而使公共物品具有优先价值和意义，从而使思想具有公共精神。当一种统治拒绝了政治思维，君主就以为天下乃自家之私产，因此放肆滥用天下资源，正如黄宗羲所批评的：君主“以我之大私，为天下之大公”，以至于“敲剥天下之骨髓，离散天

---

① 黄宗羲：《明夷待访录·原法》。

下之子女，以奉我一人之淫乐，视为当然，曰此我产业之花息也”[①]。与此相应，人民也就很少关注公共事物，一切“身外之物”，无论天下、国家、公德、公利、人类命运甚至他人的死活，都与己无关。即使文人集团也很少有人关心天下公利，专注于个人情感表达的文人文化就是没有政治思维的一个典型表现。作为文化代表的文人尚且如此，民众就更容易浑浑噩噩，麻木不仁，没有公共意识，只求自己苟延残喘而无视社会危机或国家兴亡，更别提他人之苦难。人们漠视公共事业只求私利的结果是，在巨大危难来临之时无人能够避免灭顶之灾，这并非天数所致的命运性**悲剧**，而是人人自私而集体自掘坟墓的报应性**惨剧**。尽管总有一些仁人志士，但这些例外无法改变社会总体状况。无政治的文化破坏了人们对身外公共事业的关心和责任，这就是反政治的根本危害所在。

反政治把政治变成了统治，同时必定把某种价值观变成意识形态。除了某些短暂的时期，中华帝国选择儒家作为国家意识形态，也因此把儒家思想变成不再生长的教条。意识形态就是把某种价值观定义为唯一正当的规范观念，把一家之见视为天理，就好像它与自然规律一样不容置疑，无可争议。建立意识形态在本质上就是建立**观念的专制制度**。管制观念的专制制度与管制行为的专制制度，或者说，**管心的专制制度与管身的专制制度**共同形成对人从内到外的全面管制，这样的双重管制配合得天衣无缝：外在行为的行政管理依靠官僚，内在心理的规范管理依靠教条。意识形态是政治变统治的一个关键保证，它直接否认了政治正当性问题，于是，统治的正当性变成了统治意识形态的自我辩护，相当于自己说自己是正当的，这显然是不合法的证明。

在周文王问题上存在一个儒家解释悖论，它典型地表现了帝国意识形态试图否认政治正当性问题所导致的思想混乱[②]：按照周的政治思想，

---

① 黄宗羲：《明夷待访录·原君》。

② 参见刘家和：《史学、经学与思想》，283～302页，北京，北京师范大学出版社，2005。

政治之德是有德于民，敬民事、重民生、惠及万民，因此，周推翻商之暴政而建立德治，理所当然具有政治正当性。可是，按照后来帝国时代的儒家意识形态，政治之德首先是忠君，但又不好意思否认应该惠民，于是，忠君与惠民构成了矛盾。刘家和发现，后世儒家在关于周文王的解释上陷入了困境，一部分儒家只好含糊其辞回避问题（朱熹等），另一些比较直率的儒家则否认周革命的正当性（孔颖达、刘知幾等），把周文王看成与司马昭差不多的阴谋家①。这个故事说明，帝国虽然继承了先秦关于德治惠民的一些说法，但只当成宣传性措辞，即使偶尔有些安抚人民的策略，也是为了避免民不聊生而揭竿而起。从根本上说，忠君话语才是真正的意识形态。

回避了以德得民心、以民心得天下的政治正当性问题，也就改写了先秦的革命理论，革命与政治正当性不再必然相关，不再是一种政治对另一种政治的挑战，而变成了符合五行循环迷信的政权更替，变成了“气数”的神秘轮回，变成了单纯的权力游戏。在这种单纯的权力游戏中，无论统治者还是被统治者都愿意选择中央集权的专制制度，只不过被统治者试图变成统治者以便享受专制的权力。历史上无论是权贵政变还是农民起义，都是希望轮到自己当皇帝，根本没有人反对专制制度，而是人人想成为专制制度的受益者。一家一姓的政权更迭根本不是政治革命，而只是利益拼搏事件。既然革命已经与政治理想无关，革命不再是对既定制度的颠覆，政治问题就消失在执政问题中了，人们只关心谁将成为执政者。

革命的政治性消失了，政权更迭的理由就成为一个混乱问题，人们从来也没有真正说清楚到底什么是“正统”。通常把“全有天下，号令海内”看做是正统的标准，可是人们又往往试图把秦隋王莽以及元清排除在正统之外，于是只好寻求政治之外的伦理或文化的标准去进行解释，

① 刘家和：《史学、经学与思想》，293 页。

比如阴谋篡权或蛮夷入侵就算是“得位不正”。按照这样的标准，元与清固然不正，晋与宋也成问题（司马昭之心固然路人皆知，陈桥兵变也恐怕不算正当行为），甚至唐太宗和明成祖也很可疑，这样就剩不下什么了，也就形不成什么正统了。关于正统的理由如此混乱，皆因人们不好意思诚实地承认帝国的政权变更已经与政治正当性毫无关系，而仅仅遵循了成王败寇原则。相比之下，敢作敢当的皇帝们更容易诚实地承认成王败寇原则，而伪善文人们才容易卷入愚蠢混乱的讨论。例如朱元璋坦诚认为：“元以北狄入主中国，四海内外罔不臣服，此岂人力？实乃天授”，又曰“自宋运既终，天命真人于沙漠，入中国为天下主”[①]，于是在1373年所建历代帝王庙中把元世祖与三皇五帝并祀，承认其正统。无论承认成王败寇还是纠缠于正统的糊涂含义，都意味着屏蔽了政治正当性问题。一直到民国的国民革命和中国共产党的革命，革命才恢复了政治意义。

官僚制度是一项惊人的政治创造，但这一政治创造却又是反政治的，是对政治问题的否定，这使得它具有悖论性质。由于帝国领土广大，人口众多，中央政府无法直接操纵民众，法令政策也无法直达民众，为了解决鞭长莫及的问题，分层别类的官僚制度就是最优选择。虽然自古就有官员制度（officialdom），但职权分工不够细致，权力过于笼统，不清不楚，没有专业化、职业化和规范化，权力的实际有效性要依靠个人魅力和权谋去确定，这样的管理机制对于比较小的社会是可行的，但对于大规模社会来说，权力界定不清、行政规范不明、管理效率不定的原始管理制度就远远不够了，而成熟的官僚制度（bureaucracy）就成为必要。

官僚制度保证了管理的渗透力和统治的有效性，这在当时是一个非常成功和先进的制度发明。西方几乎到19世纪才有真正成熟的官僚制

① 《全明文》卷一《即位诏》，《全明文》卷十七《谕齐鲁河洛燕蓟秦晋民人檄》，上海，上海古籍出版社，1992。

度，不过，西方官僚制度虽然大大晚于中国，但它却更严格，按照韦伯的观点，西方现代官僚制度才是真正有效的官僚制度，是现代性的一个重要因素，它典型地表达了现代“合理性”（rationality）观念，是一个技术化、专业化、职业化特别是非人格化的只认法规不认人的科层管理制度，因此具有可靠效率，几乎是“机械式的”运作[①]。不过韦伯对官僚制度效率的描述有些可疑，韦伯依据的是普鲁士式官僚体制的效率，而这一效率更可能来自普鲁士的严明纪律传统，而别的地方的官僚体制就没有那么高效了。按照韦伯的“理想的”官僚制度，中国官僚制度大概就不太标准了，至少不符合法规至上的非人格化标准，因此终究是人治而非法治。假定韦伯是对的，中国官僚制度就应该无效率，甚至导致社会混乱，可是这与历史事实不符，中国官僚统治非常成功。也许问题在于所谓的“效率”指的是什么方面的效率，如果指的是公共利益、公共服务和社会发展成就等公共事业，中国官僚制度就确实是无效率的；如果指的是维持政府的统治和驯服民众，则很有效率。

当帝国回避了政治理想、政治正当性以及社会公利等问题，而只考虑统治的“千秋万代”问题，政治就变成统治，而行政管理本来只是政治的一个手段，现在却变成了政治本身，政治就变质了。当**政治手段错位地变成了政治目的**，政治就是反政治。官僚制度和官僚集团变成了国家的核心和统治权力的实际所在，皇帝虽然拥有“一切”权力，但既然事事必须依靠官僚去代理统治，官僚集团就在实际上拥有大部分资源的使用权和管理权，因此掌握了国家的主要权力，至少是国家权力的执行权，这样就无可避免地导致了官僚集团与皇家在利益上的不一致，也导致了地方与中央在利益上的不一致，由此帝国虽以忠君作为最高伦理原则，却很少有真正忠君的官僚。这并非因为官员道德水平低下（没有证

① Max Weber：*Bureaucracy*，*in From Max Weber*：*Essays in Sociology*，ed. by Gerth and Mills，Oxford University Press，1958. Part Ⅷ，pp. 196－244.

据表明官员道德水平低于民众），既然官僚集团掌握了实权，官僚们就自然要优先考虑自己的利益而不可能优先考虑国家利益，因为国家利益和人民利益都与官僚利益相矛盾。这是官僚制度本身所蕴含的必然性，官僚制度本来应该是一种行政服务制度，但这种行政服务制度又同时是权力使用制度，这就形成了官僚制度的内在矛盾。因此，帝国的“政治”问题主要是官僚集团与皇家的博弈，而在现代专制国家则表现为地方官僚集团与中央政府的博弈。

正因为政治制度缺失而只有统治制度，这一严重的制度不健全必然一方面生产大量暴君昏君，另一方面生产大量贪官奸臣，这是非常匹配的互动关系。皇帝为了证明皇权是最高权力，就往往滥用暴力，因为暴力是权力的最清晰、最可信、最直接的最后证明；另一方面，在暴力上官僚无法与皇帝竞争，于是就以欺骗和诱骗去对抗皇权。双方的策略都非常得当，都是有利于自己利益最大化的策略。于是，政治博弈退化为行政博弈。权谋游戏虽然显示了高水平的智力，但精神水平极低，几乎没有任何精神性的意义，毫无理想追求，道德和美学的价值都退化到趋近于零，只剩下单纯的无耻斗争。秦汉以来中国历史所记载的“政治斗争”其实都没有什么政治意义，只是一些荒谬、残酷、变态、阴毒的宫廷斗争、朝廷斗争以及地方与中央的斗争，都是为权力而权力、为利益而利益的单纯比赛。

从长期和整体来看，在皇帝与官僚集团的竞赛中，或者在中央与地方的竞赛中，官僚集团才是真正的胜利者。尽管总有某些官僚被气急败坏的皇帝杀掉，也总有某些官僚在竞争中失利，但官僚集团在总体上总是取得胜利，这是因为，尽管皇帝拥有最后的生杀大权，好像掌握了终极主动权，但皇帝终究不得不依靠官僚集团去执行统治，否则什么事情也做不了，于是实际上是被动方。而且，对官僚集团的斗争一旦太过分，就等于是统治上的自杀行为，类似伤害自己的耳目和四肢。只要皇帝对官僚集团的斗争足够强有力，就会导致统治失效和失败，因为官僚集团不再与皇帝合作，官僚们将离心离德乃至众叛亲离。因此，允许官僚腐败弄权是使得官僚愿意与皇帝合作的重要条件。另外，皇帝以暴力作为斗争手段，官僚们很容易根据“形势”而避其锋芒，而官僚所采取的欺骗和诱骗策略则具有良好隐蔽性，很难被揭穿，即使能够揭穿，收集信息的成本显然太高，而且还是需要通过官僚去完成这项工作，这又将再度受骗。因此，皇帝在与官僚集团的竞争中有着天然劣势，除非出现才智过人的英主，其不可思议的权术和阴谋甚至超过官僚，才可能取得短暂的胜利。

由于阴谋和权术事关生死存亡，因此，关于阴谋和权术的研究压倒了关于政治制度和理念的思考，使政治文化退化为阴谋文化。在帝国时代，儒家和法家在不同方面和层次上各自取得了胜利：儒家观念取得了国家意识形态的地位，它被整个统治集团（包括皇帝和官僚集团）用于欺骗与互相欺骗，尤其用于全民宣传而成为冠冕堂皇的主流话语；另一方面，法家的权谋和阴谋技术，所谓“术”，则成为整个社会心照不宣的生存技巧，不仅是统治集团的博弈策略，也是全民的博弈策略。由于权术绝非可歌可泣之事，人人心知肚明，所以全民宁愿假装权术只是旁门左道并且假装鄙视权术，事实上，权术的社会影响力即使不是远远超过至少也绝不小于礼教伦理。通常的情况是，权术用于为自己谋利益，而伦理用于诱导他人为自己谋利益。

官僚制度所导致的统治模式变化是极其深刻的。官僚集团这一职业化的管理阶层阻止了皇帝与人民的直接联系，皇帝不得不依赖官僚去代理一切统治，于是，政治生活在帝国制度中被切割为两个层次：一是皇帝与官僚的关系，另一个是官僚与民众的关系，只有官僚才能够上通下达。这与远古圣王时代非常不同，圣王们不仅是天子，同时也是部族首领，而且辅助圣王的那些贵族也是部族高层，首领、贵族和子民对部族有着共同的身份认同，都是“一家”之成员，部族成员对部族的共同利益以及共同情感和信念都有着一致的关心，这样，首领与任何一个成员之间的关系就具有直接性，即使没有实际上的接触（因为成员众多），利益、情感和信念的一致性也已经蕴含了直接沟通和合作关系，就是说，首领与子民之间有着共同承认的、随时可以落实为交往行动的心灵沟通关系，因为首领与子民都是部族的自己人，由此可以理解为什么圣王时代特别重视民心。

在圣王时代，有可能破坏部族内部团结的是“人神关系”，假如家家甚至人人都可以通过独特的巫术而得到神的特别照顾，部族共同体的一致性就容易被破坏，所以圣王才会坚持“绝地天通”的政策[①]，否定民间宗教的自主性，把通神的权力由民间收归为由首领把握的公有权力，这是非常高明的政治。自从帝国把社会关系变成了行政管理关系，而帝国又没有创造新的共同政治理想，皇帝与人民之间不存在共享利益，当皇帝依靠官僚集团去统治人民，官僚集团就成为皇帝与人民之间的中介，又因为官僚集团试图把自身的利益最大化，其最佳策略就必定是“绝帝民通”，或者说是**“绝上下通”**。只有上下不通，上下就都不得不依赖官僚的操作，官僚作为中介才能使权力最大程度地集中在官僚手里，于是必定欺上瞒下，谄上压下，于中取利，结果形成了人民最痛恨的官官相护以及皇帝最痛恨的结党营私。

帝国统治基本上由官僚集团操盘，而官僚集团又创造了“绝上下通”的权力策略，这样既危害国家利益又危害人民利益。官僚集团谋求利益最大化，就只好挤掉国家利益和人民利益，而国家利益归根到底是人民利益的一种保障，因此从根本上说是挤掉了人民的利益。皇帝是官僚集团的唯一压力，但除了个别明君能够意识到国家利益和人民利益是长治久安的基础之外，目光短浅的大多数昏君只好默许官僚集团的利益膨胀。一般情况下，官僚集团总能够成功地把官僚利益的最大化推进到人民所能够忍受的临界线，而中国人民一向能忍，所以帝国政权往往长时间垂

① 《尚书·吕刑》;《国语·楚语下》。

而不死。荒谬的是，官僚集团所以能够保持其“绝上下通”的优势地位，是因为官僚统治一旦形成就别无选择，它是国家唯一的垄断性管理集团，不存在市场竞争，不会破产，无论是皇帝还是人民，即使对它所提供的管理服务感到忍无可忍，也不可能到别处寻求管理服务，因为官僚是唯一的“此处”，没有什么“别处”可求。官僚集团非常类似于唯一的垄断企业，它超越了市场竞争和制约，人们别无选择。皇帝急了无非是杀掉换掉少数官僚，但对于整个局面是杯水车薪；人民急了无非发动暴乱，所谓官逼民反，即使成功也无济于事，人们早已告别了政治思维，起义成功无非是换了政府，换另一些人来做与过去一样糟糕的事情。

中华帝国的另一重要发明是与官僚制度密切相配合的科举制。当代不少人盛赞科举制，但是，其得其失，仍需进一步分析。科举制是一个非常精明的制度发明，它给智力比较优越的人提供了一条做官谋利的直通道。官僚制度决定了做官最能够谋利，因此，做官是中华帝国社会里大多数人心中的最高价值，于是，科举制有效地使统治集团与智力精英集团形成稳定的政治同盟，从而保证了统治的稳定性。对于任何统治来说，智力精英都是最危险的潜在反叛力量，因为他们更有能力制造新的政治理念和话语，有能力进行强大的宣传煽动，也有更强的组织能力去发动各种可能的变乱，总之，智力精英构成了一切社会变数的根源，因此，**如果统治集团不能与智力精英集团形成政治同盟，那将是非常危险的事情**。就智力精英集团中的大多数人来说，除了智力比较优越，其道德水平并不优于大多数普通人，甚至更低也未可知。科举制开辟了直通“黄金屋”和“颜如玉”的“人上人”之路，利用人性弱点而成功摆平了智力精英集团，堪称创造了统治集团与智力精英集团之政治联盟典范。中华帝国能够维持长期统治，主要与官僚制度和科举制度这两项制度发明有关：官僚制摆平了民众，科举制摆平了智力精英。

但是，科举制与作为国家意识形态的儒家相结合，以儒家意识形态的知识作为科举标准，则又严重破坏了国家智力事业的发展，这一在智力事业上的严重失误几乎抵消了科举制在社会治理上的优势。当一个国家把某种观念规定为国家意识形态并且把它定义为不容置疑的“天经地义”，就已经是一个严重的政治错误，它在很大程度上削弱了智力事业的创造性。只给智力活动规定一条道路而堵住其他可能性，就等于只保留一种智力资源而抛弃了其他一切资源，这样，国家的智力储备必定非常贫乏。而且，仅剩下的思想道路被规定为国家意识形态之后，其不容置疑的地位又使其自身的发展失去积极性，为了更容易获得更大的政治支持，人们就宁愿按照“政治正确”标准去选择复制性的知识再生产而放弃思想创新，结果，国家的智力仓库不仅资源品种贫乏而且几乎没有新的积累。

在科举制之前，以儒家为主导的官学已经控制了主要学术资源。作为科举制的前身的察举制也以儒家的品德学识作为主要的评价标准，但仍然保留着有限的智力自由空间。察举制不够规范化，因此为科举制所取代。科举制似乎成功地鼓励了人们学习知识的普遍热情，但儒家意识形态却被规定为唯一的学习内容，人们修习到的只是一些复制性的知识。按照官僚帝国的制度，只有学好了意识形态才能做官，而做官是这个社会中能够以智力投资而获得最大利益的唯一途径，这样的诱惑基本上否定了其他所有智力投资方向，帝国的智力事业就萎缩成为学习儒家意识形态。这种学习不是为了发展和创新，而是为了不断重复、不断体会而巩固既定观念，这种永远自身复制的意识形态几乎彻底摧毁了帝国的智力事业，使思想和精神成为荒漠。这才是帝国在外部挑战下不堪一击的根本原因。

本来，任何一种思想或者知识都是为了解决某个问题或者开拓某种眼界，可是意识形态的目的是为了复制自身，这不是思想，而是**反思想**，而反对思想必定反对自由，因此，意识形态的本质是反思想和反自由。在意识形态控制下，人们残存的创造性就只能用于“文采”，遣词造句花样文章，如此而已。帝国的智力事业稀薄到主要剩下诗词文章。这些文采上的成就虽然迷人，却无法解决任何真实问题，无法用于国计民生与治乱兴亡。当意识形态的无穷复制使国家智力事业几近枯竭，国家就失去了所有力量，因为无论软力量还是硬力量终究都要依靠智力事业去创造和维持，**智力事业的终结就是国家政治的终结**。所以说，帝国选择把儒家意识形态当作科举内容，这样固然能够加强儒家意识形态的统治进而加固帝国的行政统治，但这却以摧毁国家智力事业作为代价，这是得不偿失的政治自杀行为。帝国最后崩溃时，国家无可救药，百病暴露无遗，已经说明了一切。

帝国所创造的官僚制度、科举制度和伦理化意识形态就**每一样**本身而言，尽管有弊病，但没有一样是致命的，甚至每一种本身都是非常高明的，然而当三者结合为一，不但互相抵消了优点，而且互相放大了弊病，从而形成不可救药的社会体制。帝国在统治上相当成功，但在政治上却很失败，政治失败又导致智力事业的失败，当智力事业彻底失败，无论多么老谋深算的统治技术都将无力回天，因为那时国家的危机已经不是统治的稳定，而是无力经受任何外部挑战了。

# 6. 硬道理和软道理

## 6.1 强者是光荣的

以罗马帝国为代表的是与中华帝国非常不同的另一类型帝国。中华帝国更关心如何把帝国内部的万里江山和亿万民众有效地管理起来，使造反的可能性降到最低，所谓“安内”。在“安内”的前提下，再去想象成为世界的道德楷模和政治中心。中华帝国是个退化了的天下概念，已经不再认真放眼世界了。罗马帝国则更关心帝国作为强者的光荣梦想，这种光荣表现为军事征服和领土扩张，最后成为一个“世界性的”帝国，形成“罗马治下的和平”。这是强者的政治逻辑，强者就有统治的合法性。罗马帝国是武力扩张型帝国之典型，事实上世界上大多数的帝国在性质上都比较接近罗马帝国模式，尽管未必都有罗马帝国的世界雄心。中华帝国模式的自卫反击型帝国反而不多见。武力扩张型帝国一般都拥有令人生畏的军事力量和气吞山河的气概，都非常迷恋英雄主义，都有过永远被传颂的所向无敌的故事（例如蒙古帝国），尽管事实上并非天下无敌，无论多么强大的帝国都毕竟力有穷时，都无法避免强弩之末的命运。这是一种神秘的有限性，似乎没有必然理由能够圆满地解释力量的局限性，比较好的解释可能是中国政治思想所喜欢说的，强力不能普遍获得人心，无法成功治乱，因此终将失败。不过这种解释仍然没有说明强力为什么无法永远强大。

帝国爱好者们都不愿意相信力之限度，超级强者如拿破仑或希特勒都是强力崇拜者，但无比辉煌的帝国最后总会崩溃，这是人们无法回避的事实和问题。一直到帝国主义时代，西方人（特别是英国人）才建立了一种复杂的帝国新思维。与传统帝国不同，帝国主义不再单纯地迷信武力，而把直接的征服转变为以武力为后盾的经济和文化支配。只有在利令智昏的情况下，帝国主义国家才会进入约等于做梦的状态去挑战力量的极限而回复到帝国旧思维（例如纳粹德国和日本帝国），然后彻底失败。但无论如何演变，帝国总把武力作为最后的保证，这一点不会改变。美帝国作为帝国观念的集大成者，建立了几近完善的帝国概念，使帝国拥有从硬实力到软实力的全方位力量。软实力具有争取人心的功能，新帝国主义关于软实力的政治意识有些类似于中国关于“得民心”的政治理解，不过美帝国仍然把武力看做是一切之本，它试图使其武力强大到能够防止世界上任何一种潜在的可能攻击，或者说，使其武力强大到能够与整个世界为敌。按照美帝国这一显然过分紧张的想象，只有绝对可靠的武力才能保证“美国领导下的和平”。绝对优势的武力是自身安全的可靠保证，这固然是真理，但绝对优势武力并不能保证对他者的成功统治，这也是真理。帝国主义试图以强者逻辑去理解政治问题（统治、和平、秩序和合作等等）虽是自然常理，却是一个文明错误。

罗马帝国的基本思维方式是以力平天下的军事思维，人们相信成功的武力征服证明了帝国的优越性，从而证明了其统治世界的权力合法性，而军人武士的德性如荣誉感、尊严、勇气、力量、坚忍不拔之类则成为人们普遍敬佩的品质，这些不仅是道德价值，甚至是人们普遍迷恋的美感。罗马人对角斗和斗兽的热情就表现了这种强烈的美感追求，而不是对杀戮本身感兴趣。由于勇气是美的，所以为了表现勇气就必须认可杀戮。假如按照现代观点将其丑化为对杀戮本身的激情，恐怕不符合事实。以武力征服去证明权力的合法性，这是古老的自然法则。尽管战争或其他暴力行为给人类带来的灾难有目共睹（不仅给他者也给自己带来灾难)，而且人们也越来越坚信以暴力去征服他人是极其错误的行为，但至今仍然是一个难以避免的人类行为。这在一方面说明，人们在心灵深处仍然暗中承认武力是权力的来源；在另一方面也说明，就像武力不能解决任何问题，仁慈也不能解决任何问题，在仁慈无所作为的问题上，就只能武力解决。马基雅维利当年恶狠狠地说出这一人人默认的真理，但人们还是伪善地假装纷纷晕倒。

人们对武力或暴力怀有自相矛盾的理解：一方面反对这一错误行为，另一方面又不得不依靠暴力去制止暴力。为了解决这一自相矛盾的问题，唯一的出路似乎是以正义去为暴力的“正当性”进行辩解。但所谓正义的暴力永远只是抽象的正确，并无实际鉴别能力，所有国家在声称“正义之战”的时候都以自己利益为准编造出似乎正当的理由，这样，抽象正义就在具体理由中被消解了。在利益冲突中，其实没有哪一方是**完全正义**的。正义的理论原则是清楚的，但谁是正义的却总是不清楚，而具体哪个行动是正义的就更不清楚了。这说明，普遍有效的、清楚明白的正义原则仍然不足以构成一个充分有用的正义理论，要解释正义还需要一个普遍有效的价值理论。各种价值（各种善和权利）正是解释具体行为的正当性所需要的情景和条件，如果各种价值判断不是普遍清楚的，那么正义原则就不可能被正义地解释。

就一般共识而言，侵略是非正义的。但在财富归属和权利尚未明确界定的地方，或者在财富归属和权利难以清楚界定的地方，就几乎无法判断正义是非了。在无法有效讨论正义的地方，要证明强者逻辑是道德错误就非常困难。现代社会的人们由于对战争的极度恐惧而宁愿假装强者为王的原则已经被证明是无疑的错误，并以此信念去掩盖和回避这个其实一直没有被解决的难题。即使人们真的相信武力征服是错误的，也还会在某些时候为武力征服的巨大收益所诱惑，于是宁愿犯错误。在这个意义上，强者思维一直都没有被放弃，仍然具有当代性，只是人们宁愿掩盖它而代之以在道德上比较堂皇的措辞。也许，真正能够否定强者原则的理由并非道德理由，而更可能是中国古代博弈论的理由，即任何力量都有极限，力不能远，力不能久，力不能服人心，力不能保证合作，因此，力不能保证长期或稳定的利益，如此等等之理由证明了暴力原则并非统治之最佳策略，就是说，人们放弃暴力原则的真正理由是暴力策略的收益其实不如想象的那么好，而不是因为暴力是道德错误。

罗马帝国虽是军事思维，但恐怕不是专门好战，罗马帝国的目的据说是为了普遍和平，只是它相信先有征服而后才有和平。不过一般认为罗马确实特别好战，孟德斯鸠对罗马的好战给出了非常有趣的解释：君主制国家并不特别好战，因为君主即使有过雄心也会很快堕落在享乐和懒惰之中，而罗马自从成为共和国以来就特别好战，因为共和国领袖为了继续当选就必须成就赫赫功业，于是就不断“劝说元老院建议人民发动战争，他们每天都向人民指出新的敌人”。元老院也有发动战争的积极性，因为人民总是请愿要求解决生活困难，令人厌烦又无计可施，因此，用战争把人民的精力放到“对外事务”上不失为转移矛盾的好策略。尤其对于人民来说，“战争几乎永远是一件快意的事”，因为人民能够在战争中掠夺其他人民的大量财富①。孟德斯鸠的解释并无必然理由，但罗马帝国在共和国时期发动的战争确实远远多于帝制时期。

罗马的扩张使罗马超出了城邦国家的概念而成为一个帝国，古希腊城邦虽然早就有帝国主义行为，但并没有建立帝国以及帝国概念。吉本相信这是因为古希腊城邦过于孤芳自赏的自珍偏见所致。古希腊宁愿保持自己城邦的优雅和纯洁，不愿意良莠兼收扩大自身，而罗马有鲸吞万物的气概，“目光远大的罗马才智之士轻虚荣而重抱负，认为将不论发现于何处，不论来自奴隶或外族人，来自敌人或野蛮人的高尚品德和优点，全部据为己有，乃是一种更明智也更光荣的行为”②。这正是罗马帝国的

① ［法］孟德斯鸠：《罗马盛衰原因论》，4页，北京，商务印书馆，2007。
② ［英］吉本：《罗马帝国衰亡史》，上册，32页，北京，商务印书馆，2007。

基本精神。罗马的扩张非常惊人，图拉真时达到全盛，罗马帝国大概控制了 590 万平方公里的土地，地中海变成了罗马帝国的内海，罗马帝国在当时显然是世界第一大国（大过秦帝国）。在古代历史中，大概只有蒙古帝国和清帝国等少数帝国的版图超过了罗马帝国，但如果论影响力，则没有一个帝国能与罗马帝国相比。

在理论上说，帝国至少在理想上是世界性的，尽管从来没有一个帝国做到这一点。帝国的世界性统治之“势”决定了帝国没有边界，只有模糊的边陲，而边陲随着帝国实力的消长而变化。前面在讨论中华帝国时，我们发现，秦汉以来的中华帝国并非真正的世界性帝国，因为它对帝国内部空间的关心远远超过对外部世界的兴趣，这一保守的内向性使它的世界性话语具有伪世界性。与此有所不同，罗马帝国的世界性兴趣明显高过了中华帝国，它在外部征服上投入更多，几乎全力以赴，并且把它理解为帝国的光荣责任。不过，罗马帝国的世界性兴趣虽然是认真的，但也没有真正理解什么是世界，它把世界看做是需要征服的外部空间，这就在根本上误解了世界。只有周朝“天下无外”的世界观才把世界任何地方都看做与本地同样具有合法性，把世界万民看做是世界上同等合法的居民，把世界的文化多样性看做是与自然多样性同样合法的存在方式，而且把协和合作而不是把征服或者霸权看做是世界的统一方式，这样才有可能理解并创造出真正的“世界”。在这个意义上，只有把天下看做是天下人的天下的中国天下观才是唯一理解什么是世界的政治观念。罗马开创的是另一种世界性，这种世界性在概念容量上堪与天下的世界性相比，但它把世界看做是属于罗马的世界，各地人民要成为世界合法居民就必须被征服而后变成“罗马人”。罗马开创了单边主义的世界观，这种世界观所理解的与其说是“世界”还不如说是扩大成世界的罗马帝国。

虽然罗马帝国在征服上有巨大成就，但行政管理似乎并非罗马帝国之所长，其行政管理远远不能与秦汉帝国的高效官僚制度相比，罗马帝国的行省制度（provincia）[①] 与中华帝国的郡县制度相比是相当混乱的，罗马帝国的中央政权与中华帝国的官僚集权制度相比也可以说是很混乱的，整个行政管理制度都缺乏统一章法。罗马帝国的混乱统治在某种程度上决定了欧洲长期的政治混乱，罗马帝国崩溃之后，欧洲长期处于无数领主军事割据的格局，其中虽有个被讥讽为“既非神圣也非罗马也不是帝国”的神圣罗马帝国试图主事，但其基本格局仍是四分五裂的割据统治。西方古代缺乏关于大规模政治体系的制度构思，古希腊城邦或罗马共和国虽然都是伟大成就，但其政治操作方式都是按照小社会而设想的，都不是能够推广为大规模社会的政治制度。民主制度和共和国制度一直到现代经过改进之后才成为适合大规模社会的政治制度。罗马所征服的广大地区有着复杂的文化多样性，还存在着公民与非公民之分，各种人群各个地区的权利和权力界定也因为情况复杂而有些混乱，罗马帝国选择的是武力和法律的联合统治，这是一种简练的统治模式，但缺乏细致管理。自从奥古斯都把共和国变成帝国，罗马就变成了专制体制，尽管保留了共和国的一些特征，但基本上是军事首领统治，帝国首领是军事首领，行省长官也是军事统帅，其统治威信取决于手中掌握的军队，以至于许多外省甚至不知道有什么共和国。罗马人真正相信的是武力和法律，在行政管理制度上并没有特别用心费力，而把心力都用于军事和法律的建设上。武力是权力无可怀疑的保障，它保证了统治者的权力是明确有效的，而法律是公正的保障，它用于保证公民合法权益。罗马人似乎认为有了这两者就足够了。这一政治意识简洁有力，但对于大规模社会来说还是太粗糙了。

一般认为罗马在思想观念上没有太多的成就，远不及古希腊，这一

① 行省本来只是罗马境内的行政区，后来也指由征服而得的由罗马官员治理的地区，即向罗马国家纳贡的属地。开始时行省由元老院制定治理该行省的权利和义务以及纳贡的品种与数量。行省的土地以及各种自然资源为罗马国有财产。元老院向行省派遣总督。后来又有自治市，行省城市有了自治权。

看法并不很正确。虽然罗马没有柏拉图和亚里士多德那样伟大的哲学家，甚至连西塞罗这种级别的思想家也不多，但最重要的观念未必都是在文本中被陈述出来的，有些对人类社会特别重要的观念并没有写在个人著作中而是“写”在制度实践中，如果把这一点考虑在内，罗马的思想贡献就同样重要。罗马至少有三个政治贡献：（1）如果说古希腊创造了民主制度（古希腊没有创造民主理论，民主理论也是现代补上的），那么罗马则创造了同样重要的法治制度。罗马法不仅深刻影响了后世的法律制度，而且还开创了以法治为核心的政治制度。（2）除了法治，罗马的军事帝国观念同样影响了整个欧洲历史，直到当代仍然具有影响力，它说明了，任何一个国家想要获得最好的生存条件，就不得不成为一个军事强国。这一生存模式无疑是危险的，但人们至今还没有能够找到能够有效保护一个国家的另一种更好的生存模式。（3）共和国同样是罗马的辉煌政治成就。按西塞罗的经典定义，共和国（respublica）即人民公器（respopuli），它要兼顾到国家所有人的利益，因此共和国只能是混合政体，即由君主制、贵族制和民主制共同构成的混合政体，所谓共和政体。尽管混合政体并非罗马首创，斯巴达是混合政体的更早典范，但罗马的混合政体影响更大。罗马混合政体使执政官、元老院的贵族们、公民大会的护民官和公民代表们分享了政治权力和政治影响力。罗马混合政体的思想在现代发展成为所谓共和主义，一种据说能够克服自由主义缺点的强调参与式民主治理的政治理想。

罗马虽然勇于战争，但并不仅仅是为了生存，而且是为了普遍和平。战争本身不是政治，而是前政治的暴力冲突，只有当战争以普遍和平为目的才有了政治性。在和平统治的目标下，战争成为强者或优越者取得统治地位的合法性证明。这种对统治权的证明是非常危险的，但如前所论，要否定这一证明也很困难。武力是一个难以抗拒的诱惑，尽管战争本身不是政治，但战争能够终结政治对手的生存，因此等于解决了相关的政治问题。幸亏经验事实证明，强者总是暂时的，力量总是有限的，强弱的转换是可能的，强者逻辑无论对谁，包括强者和弱智，都是危险的。表面上看，强弱的转换似乎是因为强者**总会**慢慢衰落，强者很难保持长期紧张，总会松弛懈怠，堕落退化，但更深刻的原因是，**弱者总会模仿强者**，弱者会通过模仿强者的优势策略而变得强大，无论强者有多少策略，都会被模仿，最后就可能导致强弱转换，所以，强力统治终究是不可靠的。当代政治的一个主要任务就是超越战争而以和平方式去创造永久合作——康德的永久和平理论是西方政治思路的一个重要转变。古代人还没有这样清楚的认识，罗马人相信，征服之后的和平统治如果是公正合理的就足以维持社会合作，于是罗马人试图创造一种对所有人普遍有效的公正法律。公正法律管制下的生活对于每个人来说都是足够好的，法律公正会慢慢抹平原先冲突造成的创伤，人们会满足于公正的对待而失去反叛的积极性。罗马不仅是个军事帝国，而且是个法律帝国，它以武力摆平各地，以普遍有效的法律统一治理社会，这就是罗马治下和平的实质。

这一政治追求是深刻的。法律一视同仁，由法律所创造的平等使每个公民获得同样的权利，法律所承认并保证的自由具有普遍有效性，从而超越了原来的城邦、民族、部落等特殊共同体身份而成为普遍和平的基础。这就是罗马所创造的法治对现代社会的深远影响。罗马法治和古希腊民主同样构成了现代性的原始成分。即使以今天的标准来看，罗马法也是非常成熟的法律，它涉及当时生活中的所有事务和问题，只要根据法律，就足以处理各种问题，因此，这样的社会不需要法律之外的规则，这是最简洁的治理方式。罗马法治思路与秦法家有些相似，都相信只要建立了对人人有效并且对事事有效的法律制度就能够完全满足社会治理的需要。不过罗马法比秦法成功得多，秦并没有能够建立完全解释社会生活的法律，而如果一种法律不足以解决社会各种问题，其法治就不是简洁而是简陋了。罗马法不仅区分了公法与私法，还创造了市民法和万民法，这已经形成了现代法律的基本构架。由于时代不同，罗马法与现代法律在许多问题的理解上并不一致，但已经在政治上明确了人们的义务和权利，而明确界定的权利和义务是有序社会最重要的制度基础。特别值得一提的是罗马创造的“万民法”。市民法是适用于罗马人自己的法律，是罗马人本有的法律。随着罗马版图不断扩大，统治范围内民族众多，文化各异，帝国需要处理罗马人与其他民族之间、某一民族与另一民族之间的法律纠纷诉讼关系，于是发明了据说能够为所有人所认可的、通用于任何一种文化的万民法，其基本精神反映了人类普遍的正义直观的自然法。由于法理相通，罗马市民法慢慢失去了特殊意义，变得越来越接近万民法，最后终于统一为万民法。

由万民法可以看出罗马帝国确实具有世界性的政治意识，它意味着，所有纳入帝国范围的人民都将受到帝国法律的保护，这一法律被认为是普遍有效的。罗马时代的古希腊哲学家阿里斯蒂德有些夸张地歌颂了罗马的世界性：“大地是全人类之母，是全人类共同的故乡。古希腊人和野蛮人，无论有无财产，均可自由地前往其欲去之地，如同从一个故乡去另一个故乡。没有难以逾越的群山，没有不可济渡的大川，没有仇外排外的部族，倘若要安全，就成为一个罗马人，确切地说，成为帝国的臣民便已足够。我们已经确实实现了荷马的宣言——大地乃众人之财产”①。吉本也同样赞美了罗马的世界：“被征服的民族完全和一个伟大的人民融合在一起，便完全放弃了重新获得独立的希望，不，甚至连那种愿望也不存在了，他们几乎不再感觉到罗马的存在与他们自身的存在有什么区别。罗马皇帝建立的政权毫不费力地笼罩着他们统治的广大国土”②。

按照这类罗马崇拜者的颂词，罗马帝国的世界意识几乎接近了中国的天下思想。不过，罗马帝国的世界意识与天下体系的世界意识终究貌

① 引自［英］巴洛：《罗马人》，127页，上海，上海人民出版社，2000。
② ［英］吉本：《罗马帝国衰亡史》，上册，42页。

合神离。罗马和天下的世界意识是同等规模的，但世界理想却有本质差异，罗马的世界性基于世界化，即帝国先征服世界，并且把帝国的观念和法律推广为世界的普遍观念和法律，把所有人都变成“罗马人”，这是由征服而来的普遍化或世界化，就是说，只有先把世界变成“罗马的世界”，然后才有世界性；与此不同，天下体系不是帝国，它反对把世界窃为己有。天下在本质上是一个**反帝国主义**的政治体系，它相信世界不是一个征服对象，而且征服也不能拥有世界，天下体系想象的是一个能够“协和万邦”而使万民归心的世界政治制度，认为世界的构成原则是“和”而非“同”，而世界的治理原则为“王”而非“霸”。从可能性上说，罗马以“同”的霸业原则去制造一个世界与中国以“和”的王者原则去构成天下，都可能成功，都是同等有效的方式。至于何者更优，这是一个属于未来的问题。

罗马的共和政体或者说共和主义是一项与法治传统同样重要的政治遗产。罗马人对其混合政体很是满意，赞美有加。按照柏拉图和亚里士多德等古希腊哲学家大同小异的看法①，政体无非君主制、贵族制和民主制，各种政体分别有其优缺点，而糟糕的是每种政体的优点往往抗不过其缺点，因此难免走向堕落，它们的堕落形式是暴君统治、寡头统治和暴民统治，而到了暴民统治一般就会转变为暴君统治，其中有一种退化循环。这种古希腊式看法未必为真，但却是非常深刻的想象。既然单一政体被假定为坏的，混合政体就被想象成能够形成制度优点互补同时又形成制度缺点互制，它的分权模式和权力互制模式就是各种制度互补互制的机制。混合政体虽然不是罗马首创，但历史学家们几乎一致认为罗马共和国是混合政体的典范，它的执政官代表了君主制，元老院代表了贵族制，人民大会则代表了民主制。执政官掌握国家行政权力，主持

① Plato：*Republic*，544c－569c. *Statesman*，291c－292a. 亚里士多德：《政治学》，131～201页。

召集元老院和人民大会，提出议题，并执行所通过的法令和决议，同时也领导军队，拥有管理军队的各种权力；元老院则主管财政和外交等，更重要的是，元老院是国家最高咨询机构，对于国家政治军事事务，虽无直接权力，但有权威影响力；人民大会拥有批准或否决议案的权力，以及选举和审查政府官员的权力，还有对重大案件的终审权，诸如此类。可以看出，罗马共和国确实具有分权体制和权力互相制约结构。

不过，罗马的分权体制仍有混乱之处，权力缺乏清楚界定，因此具体问题的决定往往最后取决于谁具有实际政治影响力。而且，罗马混合政体并非平均的制度混合，在共和时期，贵族权力具有较大比重，这是最好的时期；而在帝制时期，军事领袖权倾一时，暴君昏君颇多。可见混合政体的制度比例是很重要的问题。混合制度是否能够实现制度优势互补还要看具体实践，当有不同利益的社会群体都有权利和机会参与政治和支配权力，其权力斗争的局面未必能够互相抑制缺点，没准更容易互相抑制优点，因为一个利益集团只有克制了别的利益集团的权力，才能够获得更大权力，这样的政治竞争很容易导致混乱（罗马政治混乱的情况并不少）。根本问题在于，各种利益集团只有在能够形成团结时才能形成优势互补，**团结是优势互补的先决条件**，可是团结正是不同利益集团难以达到的合作关系。混合政体并没有能够解决政治团结问题，至多比较有效地形成各种利益集团的互相制约，但仍然不是和谐之道。由此看来，罗马强大和成功的主要原因未必是罗马人自诩的最好政体，而更多可能是它的强大军力和成熟法律。武力和法律是最朴实也最有力的硬道理，虽不能减少社会冲突，但能够控制社会秩序。

罗马法治的成功使许多政治问题弱化为法律问题，同时，混合政体作为最好政体的神话又使政治反思进一步失去了冲动和理由，罗马人因此淡化了政治问题的反思。如果一种政治制度是比较稳定可信的，人们就对制度下可能的竞争策略更感兴趣，而对政治反思的热情就会减弱。或者说，一个制度所定义的生活相当于一个游戏，如果游戏规则是可信的，人们就倾向于忘记这些规则的设置是否需要批判，而会更多关心哪些博弈策略是可行的，因为在此种条件下，可行策略与人们的利益有更大的相关系数。人们忘记革命而只搞阴谋，这正是一个政治制度比较成功的标志。罗马史学家们都颂扬了罗马政体如何优越以及罗马的成就如何辉煌，却几乎没有进行反思性的分析和批判，这似乎说明罗马制度是比较成功的。退一步说，即使一个政治制度所定义的生活算不上太好，但只要这个游戏明确地定义了个人成功的条件、机会和策略，那么仍然有更多的人选择去争取“在游戏中”的成功，而不是去推翻这个游戏。先秦法家早就指出了这一道理：只要法令是明确可信的，而且按照法令规则去行为就总有获利机会，那么人们就只会选择按照游戏规则去奋斗，而几乎忽视了这些游戏规则是多么无理和残酷。

## 6.2 精神政治的四大发明

任何统治都必须考虑民心向背问题。不同的人们，甚至每个人，有着各自不同的利益、偏好和价值观，所谓各怀异心。各异之心（hearts of peoples）之间是否存在一个普遍之心（universal heart of peoples），这是个问题，它与通常所谓的普世价值问题有关。心（heart）与思（mind）的问题不同，古希腊哲学家成功地开拓了思的哲学：有效的思想总是理性的，而理性是普遍的，所以普遍之思是可能的。但古希腊哲学家试图以思的哲学去解决心的问题却是以知识论去解决价值观问题的奢望，苏格拉底—柏拉图—亚里士多德以来的哲学家相信，人们的意见分歧是由于对好的事情缺乏知识，而正确的知识显然依赖正确的思想，因此，如果能够正确思想就能够有正确知识，有了正确知识就会放弃错误意见。可是那些严重的或根本性的意见分歧**并非因为缺乏知识**，而是因为价值观不同。普遍之思不能形成普遍之心，这是西方哲学难以对付的一个问题。从古希腊以来，西方哲学一直都重“思”不重“心”，从来没有深入思考心的问题。与西方思路相反，中国哲学从来最重视“心的哲学”，这很可能与天下政治直面协和万邦的问题有关。不过，尽管西方哲学家忽视心的问题，但西方政治家却从来没有忽视过心的问题。心的问题是任何政治无法回避的挑战，政治家不会视而不见。罗马对基督教从迫害到接受，就是有关“心”的一个政治解决。

民心问题一直是任何统治者的心头大患。除非赢得民心，否则统治无法长期维持，这是统治者的共同知识（个别弱智或太昏之君不算）。民心问题并不在于“是否需要获得民心”而是“如何能够获得民心”。假如民心问题无非是统治者与民众如何分权分利，以及民众之间如何分利，问题就会变得比较简单，尽管仍然难以得到一个普遍满意的解决。真正困难的是，人们并不满足于物质利益，即使利益分配是公正的，也仍然不能保证获得民心。虽然物质利益是最基本的需要和诱惑，但物质收益无论如何增长都会很快使人习以为常，人们不会永远为物质而激动不已。物质利益与民心之间的关系大概是这样的：如果不让人民获得物质利益就不可能获得民心；而如果只让人民获得物质利益也不可能获得民心。人民除了物质还要精神，人民想要全面的“好生活”。精神是最麻烦的事情。

在大规模社会和大规模政治出现之前，不同人群按照各自的精神偏好追求各自心中的好生活，各过各的，不同文化和生活方式之间没有形成严重竞争。正如布赖斯描述的：在罗马帝国之前，“人们彼此了解很少，对于巨大的政治联合没有经验；因此他们认为种族间的差别是自然而不可逾越的障碍。同样地，在他们看来，宗教也纯粹是一个地方的和民族性的事情；因为有许多山神、河谷神、陆地神、海洋神等等，每个部落只喜欢自己特殊的神祇”①。人们或许互相看不上别人的文化和生活方式，但这不是敌视而是互相不感兴趣，各过各的，各美其美，人们满足于自己的地方文化，各自觉得自己的生活方式是最好的，但不以文化

① ［英］布赖斯：《神圣罗马帝国》，81页，北京，商务印书馆，1998。

为由而成为敌人，即使自高自大也没有想到要强求别人按照自己的文化去生活。优越感并不必然蕴含普遍推广自己的欲望。

布赖斯相信罗马追求的世界性是文化普遍化的开头，但基督教追求的世界性才是更为成功和彻底的普遍化运动："罗马帝国给了许多民族一个共同的语言和法律，在政治上摧毁了地方感情；基督教以在上帝面前人人平等的信仰代替了地方神祇的多样性，从而更加有效地从心灵上扫除了地方感情"①。罗马帝国的"世界性"使归顺的人们都成为"罗马人"。具有世界性的"罗马人"只是给了帝国中各种民族一个新的身份，但仍然没有否定人们各自的旧身份，罗马式的普遍化创造了一种高于地方性的价值观，但仍然没有否定人们各自的价值观，虽然多了一种新精神，但并没有消除人们各自的旧精神。基督教试图进一步给人们另一个"世界性"身份，即"基督徒"，基督徒这一身份是精神性的，基督教决心以新的精神身份取代各种地方性的精神身份。关于这一点，沃格林说得特别清楚："世界帝国是作为一个权力机构出现的，但是相应于这个庞大的结构体系却没有出现任何精神上一致的民族，罗马帝国只是人们聚集在一起，但是并没有成为一个民族"，而基督教的主要作用"就是创造了一个新的社群本质"②。罗马式的征服和普遍化运动显然没有能力完成世界性的目标，因为罗马还不理解**精神战争和精神政治**，还没有理解到只有精神的普遍化才能形成真正的世界性。精神政治是基督教开始的。如果说罗马的世界性发明在于法治，基督教的世界性运动则发明了许多东西——下面将讨论到这些惊人的发明——它甚至是现代普遍化运动的发端。

罗马帝国曾经对基督教大加迫害，很可能是因为罗马皇帝们敏感到基督教在抢占人心方面的巨大威胁。德尔图良得意扬扬地描述了基督教

① ［英］布赖斯：《神圣罗马帝国》，82页。

② ［美］沃格林：《希腊化、罗马和早期基督教》，191页，上海，华东师范大学出版社，2007。

在罗马帝国的成功发展："我们已经布满你们的所有地方，你们的城市、岛屿、村庄、市镇、集会、营地、部族、部队、宫殿、议会、论坛，给你们只留下你们自己的神庙"[1]。基督教传播如此成功使得罗马皇帝最后只能顺应潮流，承认基督教以便获得多数人的支持。喜欢神话的人们乐意把罗马对基督教的态度转变归于一次戏剧性事件，据说康士坦丁(Constantine the Great) 在一次决定性战役之前看到天空有十字架形状的光芒幻象，接着又梦见神显灵，告诉他以十字架标志作为征战护身符，于是他决定以十字架作为军旗的标志。在大胜后康斯坦丁便停止对基督徒的限制与逼迫，后来更公开支持基督教。基督教在罗马不单成为合法宗教，而且进一步成为罗马国教。这种戏剧化故事多半是捏造的，人们编造此类故事是为了增加政治的神秘说服力。康斯坦丁转向支持基督教固然是因为基督徒已经太多而无法控制，同时很可能还有一个更深刻的原因，当时基督教是一种充满活力的新精神，而帝国精神日渐老化，于是，把基督教纳入帝国精神正是给罗马帝国注入活力。精神活力实在是比人数更重要的政治因素，一个人数众多的群体未必有活力和影响力，也未必能做成什么大事，只有当人们具有活力时才成为"有效人群"。这一点可以解释为什么在革命的时候，那些"被唤醒的"大众变得特别重要。

基督教对罗马构成挑战正是因为基督教在当时是一个文化革命。基督教也提出了一种"世界性"的精神要求，而又完全不同于罗马的"世界性"想象，更具威胁性的是，基督教的世界性比罗马的世界性更有力，因为基督教声称其世界性来自上帝因而神圣。在精神气质上，基督教也有一种似乎胜过罗马的吸引力，与罗马的强者观念不同，基督教是一种平等观念。平等观念胜过强者观念的一个关键之处是，平等观念的适用性更广泛，因此容易获得更多人的同意和支持。基督教还有一个长处，

① Tertullian：*The Apology of Tertullian for the Christians*. Ch. xxxvii.

它斩钉截铁地（尽管是无理的）回答了人人为之困惑的生活基本问题，比如生死、灵魂、磨难、归宿等人心亟需安慰的问题。古希腊—罗马式的思维更关心公正、勇敢、智慧和快乐，这些卓越追求虽使人奋进，可是大多数人的生活其实是苦多于乐，大多数人无力追求卓越，人们更需要普遍的安慰和救助。古希腊理性思维虽然强大无比，无坚不摧，却无法回答那些深刻的心灵困惑，在那些终极性的问题面前，理性失去了知识能力（按照康德或者维特根斯坦，那些终极问题都是落在知识界限之外的问题）。尽管基督教的回答根本不是知识和真理，而完全是文学虚构和叙事，但问题在于，在没有真理的地方，荒谬的观念也能够满足人们的需要。重要的不是有没有正确答案，而是有没有答案。甚至，人们似乎更愿意得到荒谬的答案，因为人生基本问题或终极问题在本质上是心理问题，在有人给出答案之前，人们就已经事先期待着能够安慰可怜心灵的美好答案，心灵的救命稻草才是人们真正需要的。当然并非所有荒谬的答案都广得人心，比如虚无主义虽能得到怀才不遇、愤世嫉俗人们的共鸣，但远不如基督教的天堂文学那些无法兑现的美好许诺能够迎合大多数人的朴实愿望。荒谬而美好的东西虽然不是真实存在，但只要相信了，这一信念本身却是一个**真实的安慰**。上帝之城虽非真实世界，却是一个真实的心理世界。基督教所以震动罗马正是因为上帝之城比罗马之城更具普遍性而且更具精神性。

罗马帝国与基督教的合一是典型的双赢策略：世俗权力得到宗教权威的支持而增加了软实力；宗教权威得到世俗权力的支持而获得了硬实力。罗马人与基督徒几乎变成重叠的身份，这一**双重身份认同**从此成为西方的身份认同，至今如此，只不过罗马人扩大为西方人，基督教扩大为西方价值观。罗马与基督教的互相承认奠定了世界帝国和世界宗教的政治追求。后来罗马帝国虽然崩溃了，但教会和政府的联合统治模式却被继承下来，世俗政治家和宗教政治家都意识到硬实力和软实力之间的互相需要。中世纪的神圣罗马帝国尽管算不上帝国，而且很不成功，但对世俗政治和宗教政治的双重政治最为重视，它力图把神圣罗马教会和神圣罗马帝国看做是一体两面：帝国管理肉体，而教会管理灵魂。两者所以必须统一，是因为它们“同样都要求人民的服从，其理由是：真理只有一个，凡是一个信仰的地方就应当只有一个政府”①。

罗马与基督教的共谋虽说双赢，但也双双变质。罗马由于基督教的洗礼而变得虚伪，基督教由于罗马的好强而富于进攻性。特别是基督教，由于借助了世俗权力而不再宽容，有了力量就特别好战，基督教护教斗争和无限扩张的使命感一直保持到今天。所以说，基督教开创了精神政治和精神战争。后世各种意识形态斗争都沿用了基督教的斗争模式。精神政治给传统政治概念增加了一种深层的政治含义，它把原来局限于权力和物质利益分配的政治扩展到精神资源和话语权的政治，从身体管制扩展到心灵管制，这使政治问题变得更加丰富复杂也更危险。

基督教在精神政治上有诸多惊人发明，概括地说是发明了**意识形态**，具体落实为意识形态的四大发明：**心灵管理、宣传、群众、绝对敌人**。所有这些政治发明都是为了**再造心灵**。没有比再造人心更有力也更危险的政治了，它能够解决权力和利益这些政治所难以解决的各种问题，因为再造人心就是以釜底抽薪的方法消解不同意见和欲望。宗教是心灵专制主义，是思想自由和创造性思想的敌人。宗教信仰还导致社会生活的全面政治化，使政治斗争变成一种遍及日常生活细节的生活形式，导致了许多无法解决的文明死结。从今天的世界可以观察到，各种无法调解的冲突所构成的“不共戴天的社会”就是各种宗教和意识形态冲突的后遗症，今天世界上的泛政治意识以及各种所谓“政治正确”的意识形态都是宗教的不正常发展。宗教信仰导致了世界和社会的分裂以及永远的斗争。

以基督教为代表的成熟宗教的出现是精神史上的重要事件。成熟宗

① ［英］布赖斯：《神圣罗马帝国》，325页。

教与原始宗教的差异并不是“量级”上的差别，而是“本质”上的差异。原始宗教只是思想和知识的一种补充，是用来填补知识空白的，在人们不能对事情给出有效的知识解释的地方，就以原始宗教充当解说，这样，对于那些不知道应该怎么去做的事情，就似乎获得了去做决定的理由，即使是错误的理由，也算是有了理由。原始宗教（巫术或 shaman）对生活疑难问题以通灵术进行解疑，但没有对世界和生活的所有问题做出完整一贯的系统解释，因此并不能完全支配生活，不可能成为生活的统一思想基础。成熟宗教却不是对思想和知识的补充，相反，它试图超越甚至取消思想和知识，从而成为对世界和生活的全盘并且最高的解释（甚至是唯一解释）。或者说，巫术只是通神的神秘技艺，而宗教则是以神之名去控制心灵的万能话语。成熟宗教不仅排斥巫术，而且更排斥真理和知识，因为真理对宗教的威胁更大。真理属于世界，也属于每个人，真理是以世界为身份的，无论相信还是不信，真理都对人一视同仁，真理不可能专门为某些人服务，没有人能够独占对真理的解释权。可是成熟宗教声称其万能话语拥有对一切事物的**解释特权**，于是，一种观念是否为真，就不再是一个知识问题，不再需要客观证明，而在于是否与宗教话语一致，宗教话语变成了审判其他观念的特权观念，享有解释一切的特权观念就是意识形态。宗教发明了意识形态就开始了精神政治。

以宗教为代表的意识形态首先是精神和思想领域的政治统治方式。宗教的具体教义并不重要，重要的是宗教的精神和价值观的独裁模式：**信仰高于思想并且信仰等于真理**。既然一切都必须以信仰为准，信仰就终结了思想。精神独裁比政治独裁高明得多，政治独裁是人身控制，人们只是暂时无法造反，而异心未改，人们将伺机而动，因此政治独裁并不能解决意见冲突问题；精神独裁则是心灵控制，让人们只相信一种东西，化众心为一心，自然就无人反叛了。可以说，宗教是对思想意见分歧的政治解决。由政治来解决思想分歧，这是宗教的发明，而这是最早的一种现代性。通常以为，现代社会结束了以宗教和封建为基本特征的中世纪，这种看法是错误的。事实上现代社会只是终结了贵族统治和等级制度，而宗教却被保留了下来，而且不断与时俱进，改头换面，推广为各种各样的变相宗教，也就是各种各样虽无宗教之名却有宗教之实的意识形态。宗教再造心灵的工程是否成功，要取决于其意识形态技艺。基督教的意识形态技艺最为突出，成为后来各种意识形态的模范。基督教所发明的意识形态技艺至少包括：

（1）**心灵管理制度**。为了再造心灵就需要保证灵魂的纯洁性和单一性，于是发明了灵魂的自我检讨方式，告解忏悔，也就是坦白交代彻底认罪，同时由牧师神父进行批评教育并且指导被救之道，这一认罪—教育体制能够使人们的心灵体制化。通过自我批评来提高自身修养本是人类普遍的一种觉悟，例如儒家也认为应该一日“三省吾身”。正常的批评与自我批评通常是调整自己与他人或社会的关系，例如儒家的三省吾身就主要是反省自己对他人是否足够好。但基督教的反省角度却是自己与神的关系，他人不再在场，而他人的缺席使反省变成**自己对自己的斗争**，其中关心的是自己的灵魂是否足够纯洁，是否已经符合宗教的信念，认罪程度是否足以通过神恩而获救。牧师神父不是他人，而是上帝的代言人，牧师神父的施教不是人与人的关系，而是神与人的关系。可是神也不在场，这使自我批判变得非常诡异，自我批判的回响不是他人的情感，也不是神的来临，而是无人称的政治原则。因此，使自己的灵魂符合宗教要求就是使自己符合一种政治要求。通过教育诱导和自我认罪的心灵管理制度，基督教开创了政治思想工作，它把人们的思维、观念、行为以及生活方式和生活态度都上纲上线变成了政治问题。后世各种极端化的政治党派或团体都沿用了这种思想政治工作模式。

（2）**绝对敌人**可能是基督教最重要的政治发明。生活中既然有冲突就会有敌人，但敌人并非不能化解，就像人们喜欢说的，没有永远的敌人，也没有永远的朋友。普通意义上的敌人取决于特定关系和情景，是一个关系性的事实。基督教发明了一种由其自身本质所规定的敌人，即本身注定为敌人的人，这是存在论意义上的敌人，所以是绝对敌人。在基督教之前，政治问题主要限于权力和利益分配，因此政治主要是物质利益的斗争。人们虽然在各种问题上有着不同意见和争论，但没有成为也**不需要成为**不可讨论和不可让步的斗争，没有形成不共戴天的精神战争。正是宗教把政治变成了无可商量的话语斗争和精神战争，开创了心灵争夺战，这就重新定义了政治和战争，从此“战争”不仅仅为了物质利益，而且为了精神权力；不仅为了攻城略地，而且为了攻心夺魂，因此需要制造出精神敌人或文化敌人。

上帝与魔鬼，信徒与异教徒，这就是精神敌人或绝对敌人的原型。上帝是存在论上的正面存在，魔鬼就是反面存在，同样，信徒是正面存在，异教徒就是反面存在。“不信我的话，你们就是魔鬼的儿子”①。即使异教徒与信徒从来没有利益冲突，甚至没有来往，其异己性也已经注定了是敌人。基督教制造了与人的行为和交往无关的身份分类和识别，制造了纯粹概念上的**自己人和异己**，于是，异教徒就**平白无故地**变成了信徒的绝对敌人。正如卡尔·施米特在解释政治基本精神时所指出的，绝对敌人是与利益冲突之类的私怨无关的“公敌”（hostis），是仅仅因为异己性而不共戴天的敌人。基督教所发明的绝对敌人定义了人类社会中一种无法谈判、无法化解的分裂方式：既然敌人是死敌，就只能斗争到底。于是，斗争不再是为了解决冲突的手段而变成了永远的使命。

可是，难道非要与敌人相遇吗？即使不能接受异己，难道不能各过各的，不相往来，相安无事吗？对于基督教来说，绝不能容许敌人自己过自己的日子，因为基督教自认为是普世性的，它必须传遍世界，必须在精神上统治世界，把所有人变成基督徒是绝对使命，所以不可能与异己不相往来，不可能容忍异教徒逃逸在外。这正是基督教与犹太教的根本差别，尽管基督教来自犹太教，但犹太教只属于作为“中选之民”的

① 《新约·约翰福音》8：44。

犹太人而与别人无关，因此犹太教缺乏普世使命而只关心自己的命运。基督教试图把得救的权利散布给所有人，这就破坏了犹太人作为“中选之民”的特殊性，相当于把犹太人的特殊神恩给共产了，所以犹太教反对基督教这一叛徒。犹太教虽有“中选之民”的私心，但基督教却发展了精神帝国主义的野心。基督教的敌人意识和普世意识从根本上修改了西方的政治概念。政治的本义是城邦公共生活（polis），这已经不能表达基督教创造的新政治，因为基督教的新政治要求越出城邦而走向一切地方。卡尔·施米特关于政治就是“识别敌友”的著名定义对于古希腊的政治传统显然是离谱之说，但对于基督教以来的西方政治却是神来之笔，其灵感或许来源于马太福音：“不与我相合的，就是敌我的”[①]。

绝对敌人一开始只是文学想象，但它所显示的巨大政治力量使这一想象固定成意识。敌人意识至少有两个功能：一是外部斗争可以增强政治集团的自身认同、内部凝聚力乃至激情和活力；二是可以把自身的一切错误、失误和困难归咎于人而推卸责任，坏事都赖别人，就可以使自己所作所为都变成正当的，这能够极大增强信仰的合法性。任何政治或者任何社会都会有短处和缺点，事所难免，人们喜欢追究责任，于是就有了“归罪于谁”的问题。人们愿意找到替罪羊，而大家皆大满意的替罪羊就是敌人。人们太喜欢有替罪羊了，有了替罪羊，自己就都是优点，没有缺点。替罪羊在今天仍然是一种非常普遍的政治潜意识，例如美国集团总能挖出一些坏国家，从法西斯到共产主义国家，从专制国家到流氓国家，诸如此类。失去敌人就无处归罪，甚至，失去敌人就会失去行动的方向，所以没有敌人也要创造敌人，旧敌人消灭了就创造新敌人。敌人焕发了“我们”的力量和激情，政治领袖们扮演救世主，带领群众去消灭邪恶敌人。正如沃格林指出的，这种对敌人的“末世论仇恨是西

① 《新约·马太福音》12：30。

方大众政治运动的一种本质特点”①。

基督教不仅发明了**外部敌人**，而且还发明了**内部敌人**。外部敌人是异教徒（pagan），内部敌人则是“异端”（heretic），这样就形成了全方位的敌人体系和全方位的精神政治斗争。不过内部敌人是一种比外部敌人要荒谬得多以至于非常可笑的发明，丝毫没有积极作用。如果说外部敌人能够增强政治凝聚力和信念合法性，内部敌人的意识却只能形成完全负面的内耗、分裂以及无理由的仇恨。中世纪基督教各宗派互相敌视，几度杀得昏天黑地。现代基督教内部斗争明显减弱了，但这种内部政治斗争模式却为现代一些极权政治组织所继承，演变为各种政治清洗运动。内部敌人虽是一个明显愚蠢自损的观念，却是宗教或意识形态的内在逻辑所致，问题就在于信仰先于并且高于思想这一意识形态规定。尽管信徒们都相信“同样的”教义，但由于没有一条教义是严格和必然的，因此总能够被不同地解释。人们对同一个信念有不同解释，而又拒绝了客观真理的证明和理性论证，意见之争就失控了，不同意见的人就变成了敌人，而为使自己的意见获得成功，除了以政治斗争去斗倒不同意见，就别无他途了。

（3）基督教最奇妙的发明当属**宣传**。古希腊城邦的广场上那些 demagogoi（群众领袖，政治煽动家）已经能够熟练使用各种欺骗、诡辩、煽情、炒作的动员手段，但仍然没有形成严格意义上的宣传，只能说是宣传的技术性准备。宣传的发明是由基督教完成的，古希腊只发明了煽动。那么，基督教在煽动技艺上增加了什么新事物使之变成了宣传？至少有这样几种特别重要的东西：超现实的美好**许诺**；简单而完整的**世界观和历史叙事**；具有道德优势的**形象设计**；话语的无限**重复**。

古希腊广场的辩论虽有许多诡辩和煽情，但仍然是思想性的，是观念与观念之间的比赛，诡辩与煽情只不过是比赛作弊。宗教或意识形态

① ［美］沃格林：《希腊化、罗马和早期基督教》，203 页。

的基本观念开始也是思想，但这种思想的性质十分独特，它要求的是不再思想并且反对任何别的思想，它是一种终止思想的思想。这样一个反思想的思想结构否定了自身的思想性，把思想活动变成了政治活动。宗教对于自身信念B的论证采取的是这样的形式[①]："相信B是这样的，于是B就会被理解为这样的"。虽然信念B总能够必然操纵对于B的理解，这一点没有问题，可是B却不具有"别无选择性"，信念B**并非唯一选择**，这是个关键的漏洞。在人类的意识里，B只是其中一种可能性，除了B还有许多别的可能性。只要愿意的话，人们可以自己编造出各种同样好甚至更好的信念，根本无须去相信别人的信念。既然不存在关于信念B的必然性和唯一性的证明，宗教的自身论证就没有意义，它在思想上就总能够被怀疑。宗教不可能"以理服人"，因为不存在这样的思想条件，因此宗教必须以政治方式去争夺话语权。为了把未经证明的原则当成不可怀疑的真理，宗教在思维上采取了一个颠倒结构：任何问题的答案都是预先给定的。这一结构拒绝了真理和正当性论证，于是，唯一能够确立信念权威的方法就是通过宣传而使人相信。

使人相信某种东西并不容易。古希腊的诡辩与煽情技艺虽有些用处，但仍然远远不够。诡辩和煽情只是搞乱了人们的思想，它更多的时候是让人不相信而不是相信，事实上古希腊式论辩的过分诘难导致了古希腊后期盛行怀疑论的思想迷茫。基督教发明的宣传技艺才是真正有效的。如果说古希腊式论辩试图在逻辑学上投机取巧，那么基督教的宣传则遵循了心理学规则。人们都有基本的恐惧和迷惑，比如人都怕死，人都想要完美的好事。基督教在这些问题上都给出了足以消除恐惧摆平善恶的各种美好许诺：天堂、拯救和最后审判等等。如果美好的许诺不够多，人们就不会喜欢；如果美好许诺太多，各种许诺之间就容易出现矛盾。但只要美好许诺不准备在现实世界里兑现，而仅仅属于一个完美世界，

---

① 主要根据奥古斯丁的名言"相信因此理解"（crede ut intelligas）的意思改写的。

比如“上帝之城”，那就一切都不成问题了，不兑现就遇不到矛盾，而完美世界既然是完美的就当然能够摆平各种矛盾（逻辑矛盾不算在内，上帝也摆不平逻辑矛盾）。因此，越是不可能兑现的美好许诺就越有迷惑力。尤其重要的是，基督教的美好许诺据说是一视同仁的，这种人人平等的普世观念具有极大魅力，因为自然事实总是不平等的。人人平等至今仍然被证明是最受欢迎的观念之一，例如从基督教的人人平等观念演化出来的人权。

如果从科学的角度或者从历史学角度去看，基督教的世界观和历史观是非常简陋荒谬的，完全缺乏可信证据，而反面证据却很多。如此不通的世界观和历史观却大获成功，其成功原因仍然是心理学的。对于大多数人来说，越是简单完整的世界观和历史叙事就越容易被理解和接受，简单性和完整性的吸引力远胜于真实性。真实性比较高的知识和思想总是对事物的谨慎分析，只要谨慎就不敢随便解释一切，而永远只能是对世界和历史的部分解释。部分或片面的真实知识无法使人安心，人们不愿意承受真实的紧张感而宁愿接受简单完整的安全感，人们喜欢能够解释一切的宗教就像喜欢包治百病的万能药，或者，人们本来就只想要讨好的解释而不想要正确的解释，因为人们没有耐心等待遥遥无期的真理。这是许多荒谬宗教能够成功的一个原因。基督教关于最后拯救、终极审判、善恶大决战之类的想象虽然幼稚荒谬，却成为西方政治的一种潜意识，以至于到今天西方仍然以这样简陋的格式去理解政治特别是国际政治，这种理解方式不仅表现在通俗文化比如电影中，而且也表现在思想学术中。

基督耶稣是基督教极其成功的一个形象设计，这个形象具有明显的道德优势，他牺牲自己仅仅为了给世人指明拯救之路。这个形象还具有明显的心理学作用，他受苦受难，无怨无悔，这样最容易引起同情心，世人为之感动不已。尤其是，这个形象非常平民化、通俗化，又具有神话气质，事实证明，这种形象比那些高贵的帝王将相或者古希腊式的浪漫的诸神更为成功，它更为亲民因此最容易为大众所接受。通俗与神奇相结合的形象设计在后来成为了现代政治动员以及现代大众文化的一个通用模式。形象的影响力远胜道理，形象设计成为政治软实力的一个重要部分，从国家形象到领袖形象都成为政治公关。

最后，基督教发明的最有力的宣传技艺是话语的无限重复。这是一个最难以置信的成功发明。基督教怀有普世雄心，基督徒把传播当成使命，使命感鼓励了艰苦卓绝、不厌其烦、持之以恒的宣传——这一形式与今天各种成功的商业宣传和政治宣传别无二致。或许是无意的发现，基督教创造了重复、重复、再重复的话语传播方式而取得惊人的宣传效果。简单而不真实的信念经过不断重复就能够产生巨大影响力，这一“谎言千遍即成真理”的神奇效果至今仍然无法获得充分的科学解释，也许人类在智力上或心理上有着缺陷也未可知。与“不断重复”这一简单得简陋的宣传技艺相比，古希腊人的诡辩和煽情反而是一种事半功倍的技艺，很可能过分卖弄花哨的逻辑技巧反而分散了人们的注意力，而且产生了轻浮不严肃的气氛。在今天，不断重复的宣传方式已经成为现代生活方式，从意识形态、国家和企业宣传、商业、市场、传媒、广告到电视和网络以及各种属于政府的和非政府的运动，都可以看到宗教宣传的变相存在。

（4）现代性的许多特征都能够追溯到基督教，**群众**的发明就是其中之一。群众不等于复数人民。在基督教之前的人们属于各种共同体，比如某个城邦的公民，但他们不是群众而仅仅是复数人民，在平时，复数人民虽然是一堆人，但各有各的意见，各自都以为自己有一套 logos（道理），当一起闹事或狂欢时他们是众人（crowd），是乌合之众；当需要保卫国家时，他们是众志成城的集体。这些都还没有形成群众（mass）。形成群众的一个关键条件是人们在精神上的高度相似性。这一点在成熟宗教出现之前几乎是不可能的。虽然众人有着高度一致的利益时，比如保家卫国的情况，也有可能形成类似群众的现象，但这是临时性的，缺乏稳定性，事后就作鸟兽散；形成群众的另一个关键条件是超越地域局限的普遍精神。一种地域性的宗教也能够形成众心一致的集体，但这种集体由于其封闭性而仅仅是某个特殊集体，而成不了普遍意义上的“通用的”群众。群众不是一个特定集团，而是一个无限开放的通用概念，它具有试图使所有人都变成一样的人的势，群众不想看到另一个集体，只想看到人人都是同样的人。这就是基督教强于其他地方宗教的原因。基督教试图一统江湖，把所有人都变成基督徒，不许别人形成另一个精神集团，这样才能够制造群众。

基督教开始了**以精神为名的群众动员**。正是精神性的群众动员创造了群众，而不是先有群众。在基督教发明这种以精神为名的群众动员方式之前，集体动员的理由都是一些物质性的实际问题，比如国家利益、集体利益、社会反抗或国际战争之类，这些理由都是一时的实际利益，因此集体动员也只是临时性运动。以精神为理由的群众动员才是长期的和稳定的，它不是为了解决具体的实际需要，而是为了在国家或政权之外建立另一种以精神为依据的权威统治，以信仰去另立中央，通过建立对精神文化领域（也包括思想和知识）的统治而最后统治所有心灵。只有成功的精神统治才能够完成再造人心的工程，制造出人皆此心的群众。值得注意的是，群众虽然心灵高度相似，却未必团结如一人，制造群众只是减少了心灵的复杂性和多样性，使人变得单调容易支配，但并没有因此减少社会矛盾。按照中国的话说，群众只是“同”，却未必“和”。无论如何，群众的发明对于后来的现代社会非常重要，现代社会需要群众去实现各种大规模的运动和运作，甚至，如果没有群众这样具有一致偏好的大规模人群，试图把产品卖给所有人的现代市场经济是不可能的。如果没有群众，无论资本主义还是社会主义或者别的什么主义都是不可能的。

基督教的精神政治四大发明对人类生活的影响至今仍然非常深远，尽管严格意义上的宗教在今天的世俗社会已不再具有统治地位，但社会的各个方面已经在模仿宗教的政治模式上走得太远了，各种宣传、话语市场、传媒以及各种主流意识形态和非主流意识形态，还有各种思想和话语禁区（政治不正确），都是宗教的变相形式。作为终结思想的企图，宗教把思想论辩变成话语斗争和政治宣传，把生活方式问题变成了政治问题，把知识问题变成权力问题，把观念（ideas）变成意识形态（ideologies），所以马克思发现了意识形态斗争的严重性，福柯发现了知识/权力的政治关系的普遍性，诸如此类。在今天，各种意识形态、知识体系和文化体系都已经深深卷入在思想政治斗争的模式中，从而形成观念之乱世，而观念乱世实为政治乱世和生活乱世的深层结构。

## 6.3 狐狸和狮子

政治的现代性总是与马基雅维利联系在一起。马基雅维利与其说是个天才还不如说是个坦率的人，他自认为特别敢于直陈真理，“我毅然踏上了迄今未有人涉足的道路”[①]，他不装谦虚。马基雅维利的思想问世之初很恐怖，人们认为他够无耻够邪恶，什么坏话都敢说，后来又觉得他的思想很特别，似乎有什么微言大义，一直到当代还有大量分析解读。尽管马基雅维利甚至被认为是第一个现代人，但他的政治思想其实不是现代政治的基础，甚至与现代政治理论没有太多必然关系，他没有想象一种能够被确认为现代政治的政治理论，他喜欢和怀念的是罗马。可是马基雅维利又确实给了传统政治观念可怕一击，客观上有助于现代政治的来临。这一打击很是特别，它没有发明什么新政治，而是指出传统政治观念是假的装的，并且指出政治的真相。传统政治观念认为政治追求的是一些高尚的道德目标，以至于政治理论往往被看做是伦理学的一部分。马基雅维利没有跟随这一套路，他藐视这种思路，所以没有编造另一种更好的道德目标来批判和取代传统道德观念，而是指出传统政治观

① 马基雅维利：《论李维》，43 页，上海，上海世纪出版集团，2005。

念在关于政治**这件事情**上说了谎，因为传统政治观念所谈论的实际上只是某种道德，根本没有讨论到政治。他不谈道德，而要从头来谈论政治，就好像前人根本不知政治为何物。

马基雅维利决心直截了当而且诚实地讨论政治的真相，并且仅仅从政治的角度去讨论政治，而不需要给政治蒙上完全不合身的道德外衣，从而让人们（他想象的是君主们）看清道德其实不仅与政治无关，甚至对政治非常有害，他鼓吹说，既然要搞政治就只需要按照政治自身的规律去赤裸裸地做想做的事情，完全不需要任何道德负担，因为道德负担使人目标矛盾，头脑混乱，意志软弱。马基雅维利对政治的这种理解方式被后人认为是第一次把政治学与伦理学分开的创举。马克思和恩格斯说：从马基雅维利以来，“政治的理论观察摆脱了道德，所剩下的是独立地研究政治的主张”①。克罗齐也说：“马基雅维利发现了政治的必要性及其独立地位，即超越了道德善恶的政治，它有自身的、与其对抗纯属徒劳的规律，依靠圣水是无法将它从世界上驱除或禁止的”②。马基雅维利剥开道德外衣，露出政治真相，把政治看成是“为政治而政治”的行为，这当然有他自己的道理，但从今天的眼光来看，政治固然并非从属于道德，但也并非与道德无关，越来越多的事实表明，道德与政治是部分重叠关系，政治大于道德并且包含了一部分道德问题。马基雅维利显然不理解道德在政治中的功能，尤其是道德对于政治的长期成功和稳定的重要意义。马基雅维利嘲笑基督教道德观念使人们变得懦弱伪善顺从，却不知这正是基督教在统一人心方面的政治优势。看来马基雅维利不懂精神政治。无论如何，把马基雅维利和现代政治联系在一起，其实有些勉强，马基雅维利并不知道现代政治将会是什么样的，他也想象不出来，因为他沉溺于怀念罗马的伟大。

---

① 《马克思恩格斯全集》，第3卷，368页，北京，人民出版社，1956。
② 引自［英］伯林：《反潮流：观念史论文集》，65页，南京，译林出版社，2002。

马基雅维利所开创的与其说是政治科学（political science）还不如说是政治艺术（political arts），也许可以说是一种政治的实用博弈技艺，但也够不上博弈论。而且，假如马基雅维利知道古代中国政治中的那些权术、阴谋和策略，一定会发现他所津津乐道的古代西方的那些权术阴谋其实颇为粗糙生硬，从他描述的那些故事可以看到，那些“懂政治”的邪恶君主们的主要策略无非是当自己取得压倒优势时就杀它个血流成河，当不再需要朋友时就背信弃义，能骗就骗，能抢就抢，欺软避强，此类坑蒙拐骗斩草除根的“技艺”与其说手段高明，还不如说是无耻和残酷，大概相当于“无毒不丈夫”之类的狠毒策略，远远不及中国式的成形取势不战而胜的远大策略，也远远不及基督教的换心夺魂的深刻策略。

无论如何，马基雅维利看到了一些经常被伪善观念所掩盖的东西，他发现道德解决不了政治问题，政治要面对的和处理的仅仅是争权夺利的事情，因此政治问题主要是如何击败对手压服人民的技巧。这一思路的前提是对人性的悲观估计，马基雅维利对丑恶人性的评论比比皆是：“人类是忘恩负义的。容易变心、伪装、做戏、逃避危难、追逐利益是人类的本质”①，“人的野心节节攀升，先是谋求不受他人侵害，继而便要侵害他人”②。如此等等。政治家为了成就伟业就必须不择手段，伦理说教可以用来欺骗对手但自己不能被其所骗：“不管什么人，都会认为，君主应当守信，立身行事，一本正经，不施诡计。这确是值得赞美的！然而，我们这个时代的经验却表明：那些曾经建立丰功伟业的君主却没有一个是这样的，与此相反，他们不但不把守信放在心上，而且非常善于运用诡计，搞得人们晕头转向，并且最终把那些讲究信义的人一个接一个征服了”③。在需要阴谋诡计的时候就用阴谋诡计，在需要立威克敌时

① 马基雅维利：《君主论》，17 章，见《西方四大政治名著》，68 页，天津人民出版社，1998。

② 马基雅维利：《论李维》，163 页。

③ 马基雅维利：《君主论》，18 章，见《西方四大政治名著》，71 页。

就可以杀人如麻，马基雅维利于是说出著名的“狐狸和狮子”理论：君主应当“同时效法狐狸与狮子。狮子没有狐狸具备的那种识别陷阱的本领，狐狸则没有狮子具备的那种战胜豺狼的本领。因此，君主必须是一只狐狸以便辨认陷阱，他又必须是一头狮子，以便让豺狼望而生畏。……当遵守信义而使自己陷于不利处境之时，当自己原来做出诺言的理由已不复存在之时，一位英明的统治者绝不会再操守什么信义。假如人类都是善良的，情况就不同了。问题是，人是恶劣的，别人对你并不忠信不渝，因此你也同样地无须对他们讲什么信义”[①]。马基雅维利赤裸裸鼓吹阴谋与暴力的思想被认为开创了现实主义的政治思路，后世的现实主义政治论者尽管从马基雅维利那里收益良多却一般都不承认自己是马基雅维利主义者，可能是因为马基雅维利的论点太缺德而又太坦率。人们更愿意采取似乎不太缺德的“学术性”语言以免面目过于狰狞。后世多数现实主义政治论者迫于形势而都有些伪善，好像只有卡尔·施米特坚持了坦率。

实际上马基雅维利并没有什么系统的政治理论，他的政治名著《君主论》和《论李维》都是在分析历史上种种实例，基本上都在说明成功的君主对敌人如何残酷无情、背信弃义、坑蒙拐骗以至于恶魔也自愧不如，但他对君主也有所告诫，有趣的是，他不断劝告君主必须有所节制的事情主要是不能抢夺自己人尤其是有用将士们的“妻女财物”，对敌人可以烧杀奸淫，对自己人则万万不可，否则将众叛亲离。这说得上是“话糙理不糙”。这一**双重标准模式**倒是影响深远。尽管现代政治在建立有效的法治和民主制度之后就削弱了阴谋诡计之类的马基雅维利权术，但却把那些残酷斗争的原则全都用于仍然处于无政府状态的国际社会中。如果说马基雅维利对现代政治有某种实质性的影响，可以说主要集中在国际政治上。马基雅维利对自己人和敌人的双重标准演变成为现代西方

---

① 马基雅维利：《君主论》，18章，见《西方四大政治名著》，71页。

国家对国内和对国外的双重标准。现代的帝国主义者、殖民主义者、种族主义者在对待其他国家时都是马基雅维利的信徒，希特勒对犹太人的大屠杀、日本军队的南京大屠杀、美英空军对德累斯顿的全民毁灭轰炸、美国原子弹攻击日本、美国对越南和伊拉克的空袭，诸如此类，都是马基雅维利的现代实践。

我们有理由说，马基雅维利所揭示的“政治真相”其实也是对政治的一种误解。马基雅维利所批判的那种自欺欺人的伪善道德固然是对政治的误解，可是他所推荐的仅仅作为技艺的政治同样也是对政治的误解。正如中国在汉帝国之后的体制化和意识形态化的儒家政治是一种“反政治的政治”，马基雅维利所谓的政治也是一种“反政治的政治”，都回避了政治合法性以及政治目的等基本问题，简单地说，都不知道“政治何为”。儒家式的反政治的政治和马基雅维利的反政治的政治当然不同，可谓南辕北辙，一种“崇文”，一种“尚武”，但都错误地以为政治的目的仅仅是统治。如果政治不是试图去建立一个幸福共享的世界，而仅仅是战争与统治，那么与动物世界又有什么区别？又何须什么政治思想？弱肉强食、唯利是图、贪生怕死、自私自利，这些都是自然本性和自然规律，根本不是思想，因为这些都不是想出来的，而且不用想就会。人类所以发明政治，不是为了重复天然罪恶，而是另有追求。世界是坏世界，但思想不能是坏思想。

马基雅维利总结为“狐狸加狮子”的政治博弈技艺也是有缺陷的。毫无疑问，冷酷无耻的人在与善良仁慈的人的博弈中占有心理优势，坏人在博弈中的心理弱点比较少，顾忌少，优势就大。但品德败坏这一博弈“优势”并不稳定可靠，它只是暂时有效，而且，这种缺德的优势到底是不是优势也还两说着，这要看相对于多大规模的政治事业而言。所有的背信弃义心黑手辣坑蒙拐骗行为都只在单方面拥有信息优势的情况下有效，所谓信息不对称。《孙子兵法》中早已说清楚了这一众所周知的道理：一方知己知彼，而对方不知彼，甚至不知己，这样就容易战胜对方。当代博弈论也同样发现，在信息不对称的情况下，或者在一次性的博弈中，背信弃义的一方具有优势。但问题是，情况总会发生变化，知识可以学习，优势的博弈策略将会被模仿，一旦优势策略被普遍模仿，人人都学会了如此这般的博弈策略，比如说按照马基雅维利语境，最后人人都学坏了（学坏容易学好难），此时坏人就没有优势了，因为大家都变成了坏人，人人将因此利益受损。马基雅维利策略是经不起普遍模仿的，普遍模仿的结果就是引火烧身，自食其果，自取其祸，所以，从长期或多次博弈来看，它是个失败策略。马基雅维利策略只有在人心淳朴的古代社会里作为君主独知的政治“秘笈”才有意义，绝非普遍有效的政治规律。启蒙时代终结了各种知识秘笈的优势，知识变成公开共享的资源。

马基雅维利策略至多相当于简陋版本的古代中国“霸业之术”。古代中国人已经认识到，不择手段的成功只能成就一时之“霸”，而威德兼备才能够成就万世之“王”。但是在理解中国政治思想时最好忘记诸如“西方科学好，中国道德高”之类的新儒家幻觉，新儒家的此类自我表扬会让马基雅维利笑话，而先秦法家已经提前笑过了。中国政治思想的高明并非来自道德理想，而是来自深思远虑，所思考的政治问题规模更大，视野更远。尤其重要的是，中国思想总是把“他者”认真计算在内，这种以他者为核心的思考模式是非常优越的，这并不意味着中国思想专门爱护他人（这种道德高调没有意义），而是说，中国思想特别重视他者的存在意义和互动能力。如果像马基雅维利那样勇敢地揭开底牌，可以这样分析他者的政治意义：（1）政治的成功是为了让他者为我所用。假如消灭他者，等于毁灭可用资源，这是愚不可及之事。假如仅仅武力征服他者，这样无法获得人心，反而如坐针毡，疑心他者永远不合作，而且伺机反叛，所以武力征服也不可取。因此，尊重他者才可能与他者合作。（2）他者具有模仿一切策略的能力，因此不存在一种具备永远优势的策略，而在经得起普遍模仿的对等互动策略中，与人为善、与人合作是最优策略。中国所以反对强者逻辑的霸业而推崇和谐原则的王业，道理在此。马基雅维利鼓吹的霸业虽不虚伪，但却是简陋的。

伯林对马基雅维利的分析也许值得一提。他认为，以克罗齐为代表的对马基雅维利的主流解释把区分政治与道德看做是马基雅维利的主要成就，虽大体不差，但却不够深入，不足以解释西方人持续数百年的对马基雅维利的解读热情。伯林自己的发现是，马基雅维利蔑视道德理想的现实主义政治分析暗含了文化多元论，不同的人们认为各自的理想才是神圣的，这等于说各种理想相对于不同的人们来说同样神圣，同样终极。在理想上寸土不让注定了无法解决理想之争，现实主义的暴力征服就变成是唯一可能的策略。伯林说："马基雅维利的主要贡献是他揭示出一种无法解决的困境，他在后来者的道路上树起了一块永恒问题之碑。他实事求是地认识到，各种目标同样终极，同样神圣，它们之间可能发生冲突，整个价值体系可能相悖，而且没有合理仲裁的可能……如果马基雅维利的信念为真，它便瓦解了西方思想的一个重要假设：对于人应当如何生活这个问题，总可以找到最后的答案"①。在这个意义上，伯林说马基雅维利是现代多元论的创始人也不无道理。假如真是这样的话，我们似乎还可以说，马基雅维利还暗示了永远不可调和的文化冲突，是亨廷顿的先驱。

① 伯林：《反潮流：观念史论文集》，91～93页。

# 7. 一切事物都有政治边界

## 7.1　制造个人

现代最重要的产品是个人。

一般认为现代社会至今只有三百年左右，不过现代性却要早得多。现代性是逐步形成的。所谓现代性的许多因素其实是西方文明一直存在的基本特性，尽管经历多种变化，但一脉相承，比如理性原则、民主和法治可以追溯到古希腊罗马。同样，另一些因素则可以追溯到基督教所发明的诸多重要事物，包括意识形态、绝对敌人、宣传，还有群众，除此之外，基督教还发动了另一项极其重要的发明：**个人**。现代社会是以个人为第一特征的社会，个人的概念蕴含着现代性的大部分秘密。无论赞美或批判现代性，人们的关注焦点都落在“个人”这一或伟大或渺小的事物上。当然，基督教并没有完成对个人的创造，只是开了个头，个人这一事物和概念的完成是启蒙以来的思想和社会成就。

要理解个人这一发明就必须进一步理解群众的发明。群众代表着现代社会的一种典型通用人格，群众是现代工业、现代市场和大众文化所以可能的必要条件。假如没有“所见略同”的群众，就不可能形成诱人蜂拥而上而卖遍全球的商品，而趣味标准化的产品又进一步强化了人们的群众性。群众是心灵相似具有通用人格的人们，群众不等于集体，也不是个人的对立概念。个人的对立概念是共同体。群众是由个人组成的集合，群众与个人反而是相辅相成的概念。基督教带来的社会革命正在于它发明了普遍通用的群众，从而打破了各种传统共同体和小社会，使任何人都可以获得一种通用身份（基督徒）。破坏特定社会关系所定义的特定身份是残酷的，就像一个人被逐出家庭和村庄。不过有一点不同，基督教鼓励人们为了一种新身份而**主动背弃**家庭和共同体。与被逐不同的是，主动背弃虽然也痛苦，但却是为了一种神秘诱惑。耶稣给出十分夸张甚至恐怖的说法："凡是为了我和福音的缘故而撇下房屋、父母、兄弟和财富的人，必得到百倍的回报"[①]，并且"若不恨自己的父母、妻子、儿女、兄弟姐妹和自己生命的，就不能作我的门徒"[②]。背弃所属家庭、社会关系和共同体而后获得一种新身份，一种人人相同、人人平等、超越了自然个性的身份，一种以基督教信念为普遍精神的通用身份，这就是基督教发明的群众。群众的魅力在于，每个人在这种新身份中似乎分享了所有人的力量，每个人都似乎变得强大而且安全。人们迷恋成为群众，正是谋求力量感和安全感，它比传统共同体的安全感更加通用。

基督教的群众性使古代那些属于特定共同体和小社会的神话和文化受到严重挑战，而从精神到物质都具有通用性的现代社会则进一步最后摧毁了属于共同体和小社会的美德体系，以至于厚古薄今的麦金泰尔只能在书本中"追寻美德"（after virtue。麦金泰尔名著题目）。可以说，基督教凭借群众这一发明而成为现代性的发端之一。既然人们变成了通用群众，与原来的社会和共同体失去必然关系，也就失去原来的情感和精神归宿。基督教试图使人们相信上帝正是新的归宿，一个对所有人一视同仁的通用归宿，于是，每个人所拥有的归宿都是一样的，每个人只需要相信上帝而不再需要依赖特定共同体，每个人在精神上不再依赖别人，每个人都有了不依赖**任何他人**的独立性，这种独立性不是他人给的，而

---

① 《新约·马可福音》10：29。

② 《新约·路加福音》14：26。

是上帝给的。这里发生了奇妙的转化，人人拥有一模一样的平等身份，这一事实导致了双面结果：人们变成了群众同时也变成个人。正因人人平等，每个人独立于他人，人人无需通过他人去定位自身，每个人就开始变成“个人”。创造群众同时就势必创造个人，这就是基督教的社会革命。

当然不是说，在基督教之前不存在作为个体的人。作为自然事实，人是一个独立的身体存在，但这种物理学意义上的个体并非政治和文化上的“个人”。身体虽是独立存在，但心属共同体，所以身体的个体仍然不是价值上的个人。个人必须是一个独立于他人而具有自足绝对价值的存在。稍微夸张地说，如果共同体价值高于个体价值，就还没有个人；如果个体价值优先于共同体价值，就有了个人。基督教之前的宗教，无论是罗马传统宗教还是犹太教，都没有基督教那样强劲的个人主义精神倾向，尤其是保罗的“因信称义”传统制造了每个人与上帝之间等距离的直接关系，因此每个人都能够因为信仰而自己独立完成个人灵魂救赎，而不需要信仰之外任何别的理由，这是通向个人概念的重要一步。在基督教之前的社会里，个人意识显然不够明确，与其说是个人意识，还不如说是某种集体意识的个性化表现，就是说，集体意识是个人理解和判断的依据和标准，个人意识只不过具体地表现了集体意识。

基督教虽然开始了创造“个人”的工程，但这一工程颇为曲折。基督教在取得精神领域的统治地位和合法权威之后就逐步腐化变质了，教会忍不住模仿俗世权力机构（可见权力和利益是挡不住的诱惑），它通过宗教机构去管理精神事务，垄断宗教解释权力而成为话语权威。中世纪的教会无法免俗而不断变本加厉地开拓敛财之道，教皇和主教们都变成巨富，基督教精神不再纯洁。这一点颇具讽刺性，因为按照基督教教义，据说富人得救比穷人困难得多，而且，耶稣及其圣徒们曾经身体力行地藐视了财富。教会对精神解释的垄断否定了个人精神意识的独立性，这一点严重威胁着基督教初步创造出来的个人观念。教会终于堕落到俗不可耐的地步，在16世纪初甚至出现教会向教徒出售“赦罪券”的怪事，一个人只要向教会缴纳相当数量的金币就可以被批准已经赎了罪，获得免除在地狱受苦的大赦。这等于承认金钱可以购买一切，可以抵消一切罪恶，金钱的力量因此也就在事实上大于和高于信仰。这一可耻之事终于引发了路德的反抗。路德指出，拯救不可以也不可能是金钱买卖，教会也无权替上帝赦免罪行，只有上帝才有这样的权力，而教徒只要诚心信仰、真心悔改就会直接得到上帝的宽恕，根本不需要教会的代理。路德试图回到因信称义的保罗传统上去，即**每个人**与上帝之间能够直接沟通，每个人与上帝的交通不需要代理人，更不需要缴纳交通费。

这个“路德问题”至少有两个方面：一方面，决定人们命运的到底是上帝还是教会？这个问题的分量和意义相当于人们应该尊重真理还是尊重权威？这是精神的路线斗争；另一方面，如果人们必须听上帝的而不是听教会的，或者，如果人们需要的是真理而不是权威，那么，每个人就是平等的因而是独立的。很显然，无论是上帝还是真理，都是在人之外与每个人等距离的客观标准。路德重新指出在上帝面前人人平等（相当于真理面前人人平等或法律面前人人平等），这是决定性的突破，只有当每个人是平等的，才有可能拥有**独立于他人**的自我意识，才可能成为仅仅因其自身而具有独立价值的“个人”。既然平等，就没有人在作为人的价值上高于别人，于是，每个人的社会地位、社会关系、特定身份就变得无足轻重了，每个人都获得了一种超越社会关系的新身份，即人与上帝之间关系所定义的信徒身份。既然人人都可以获得这个平等身份，每个人就不会被别人所代表，每个人也不能代表别人，每个人只能代表他自己，人人平等因而人人独立。平等是每个人变成个人的一个关键条件。路德的宗教改革（实际上是恢复原教旨）使人向现代意义上的个人逼近了一步。新教精神明显比天主教精神更接近现代，韦伯甚至把新教精神看做是现代精神的一个决定性来源。不过基督教最终也没有完成创造个人的工程，这是因为，对于个人概念来说，平等虽是必要条件，却仍然不是充分条件，个人概念还需要另一个关键条件，这就是自由。只有**平等加上自由**才能够形成充分有效的个人。个人概念所需要的自由是现代社会创造的。基督教要求信仰绝对优先而且信仰决定对一切事情的理解和价值判断，信仰的这一绝对地位已经拒绝了自由，不仅拒绝了思想自由而且拒绝了价值选择的自由。所以基督教只创造了半个个人概念，而现代进一步完成个人概念的创造。

现代个人观念的准备工作甚至早于路德宗教改革，可以追溯到文艺复兴的意大利人文主义，只是这种思想在当时是前卫性的，还没有普及到群众。虽然意大利人文主义的思想焦点并不是与集体相对的“个人”，而是与神相对的“人”，但人的觉醒显然是重要的一步，只有发现人的意义，个人的意义才是可能的。人文主义作为一种新精神突破了信仰对精神领域的垄断地位。基督教初期的精神政治非常成功，基督教依靠它发明的意识形态宣传得以传播到五湖四海而统治了西方精神世界。但是，维持精神权力的关键在于**榜样的力量**，精神的权威性在于言行一致，一旦言行不一就会失去说服力和号召力，没有人会相信一种严于律人而从不律己的原则。基督教的精神权威性在中世纪后期变得可疑就是因为其榜样的崩溃，教会变成言行不一的典型，教会通过敛财而极尽奢华，生活腐化，行为不端，道德败坏。根据薄伽丘等许多当时作家的作品可以看到教士们的虚伪贪婪无耻无知，他们通奸、鸡奸、骗财骗色、买卖圣职，无恶不作。在基督教自毁形象的背景下，人们从那些难以拒绝的世俗罪恶中重新意识到世俗欲望和世俗生活的分量，人们意识到，与自然本性为敌是没有希望的，没有什么精神能够消灭自然欲望，没有什么精神能够拯救肉体。当然，文艺复兴的思想开放并不是为俗世罪恶辩护——罪恶终究是丑恶的——而是对世俗欲望的合理化。

尽管教会自毁形象，但基督教已经成为西方人无法抛弃的一种精神身份和精神资源，人们仍然喜欢和需要这一精神身份，只是人们不再拒绝别的精神。在文艺复兴时代，很少有人想抛弃基督教，人们只是希望在神的世界之外还可以开拓人的世界，甚至希望人的世界可以获得与神的世界同样重要的地位。因此，人文主义不是企图取代基督教的另一种文化，而是新增的一种并列文化。据说是文艺复兴第一人的彼得拉克说："有的人对野兽飞禽和鱼类的事情知道得很多，对狮子头上有多少鬣毛、鹞子尾上有多少羽毛、水螅下沉时要打多少个旋涡，了若指掌。还知道凤凰如何被芳香的火烧死后又会复活，刺猬能够阻止航船行驶，但一见水就失去力量，如此等等。所有这一切或大部分都是无稽之谈，但是即使这些说法都是真的，对我们寻找幸福生活又有什么用处？知道飞禽走兽的特性而对人的本性一无所知，不知道我们从何处来，到何处去，以及为什么生活，这到底有什么好处？"[①] 如果考虑到当时人的问题已经被遗忘很久了，彼得拉克的这番话就算是惊世骇俗的了。1487 年皮科在罗马的哲学辩论会上以"论人的尊严"为题的讲演更彻底地摆明了现代问题，他声称，任何动物都受其本性限制，狗只能像狗那样生活，狮子只能像狮子那样生活，如此等等，只有人没有自身限制的本质，人能够选择和创造各种生活，人是自己的主人，所以人能够是并且应该是自由的[②]。皮科说出了现代人的共同心声。关于人的这种理解在今天已经平平无奇，甚至过时或恶俗，但在当时则是石破天惊的。如果比较亚里士多德对人的理解就可以看出其中的重要变化，亚里士多德断言："人生来是政治动物……在城邦之外非神即兽"[③]。所谓政治动物就是属于并且参与城邦公共生活的人，而"城邦以正义为原则"[④]，所以人的特性在于追求正义。皮科却相信人所以异于动物在于自由，而不在于社会生活和公共价值。以自由去定义人就是定义了现代人。

文艺复兴式的个人仍然还不是现代臭名昭著的"原子式个人"。文艺

① 引自［意大利］加林：《意大利人文主义》，22～23 页，上海，上海三联书店，1998。

② 同上书，124 页。

③ 亚里士多德：《政治学》，7 页。

④ 同上书，7 页。

复兴式的个人充满了对自由的浪漫主义想象，也许可以称为“自我人”，这与后来由资本主义所定型的“经济人”相去甚远，但作为**自我人**的个人与作为**经济人**的个人虽然不同却不矛盾，这两种个人概念后来在成熟的现代社会里终于合二为一，变成了现代人的两面。“自我人”试图成为精神主体，相信自己是自己的精神权威，自己有精神全权去进行价值判断，自己的精神不依赖他人而具有完整意义，还特别重视私人性，强调私人经验或私人知识的不可替代性和不可还原性，突出所谓“自我”以及自我价值，这种夸张的自我或多或少有某种自恋倾向。简单地说，“自我人”的个人概念意味着精神上独立自主的个人；另一方面，“经济人”把个人确认为利益主体，永远自私自利，漠视他人利益，永远理性地追求自己的利益最大化，毅然决然地避免一切无助于个人利益的不必要付出并且规避任何风险。如果按照康德式的描述，这种个人总是把他人看成是实现自己利益的手段，不把他人看成是目的。

当自我人与经济人合二为一，就形成了原子式个人。这种个人无论在精神上还是在物质上都坚决与他人划清界限，与社会划清界限，与国家划清界限，就好像自己是一个拥有主权的独立王国，所以现代人一定要明确个人的政治边界，以便有效地保卫个人。传统人总是属于他人、社会和国家的存在。当人们试图与他人、社会、国家划清界线，就意味着反对传统，反对古代，反对权威，反对等级，反对一切强加于个人而压缩私人空间的事物，力图把自己从对个人自由的种种限制中解放出来——所谓解放（liberation）就是解脱束缚而获得自由（liberty），使自己属于自己，让自己拥有对自己的主权，这是现代人所以成为“现代人”的关键条件。在这一点上，自我人与经济人的意图是一致的，所以自我人与经济人终究能够合二为一。

经济人的概念虽然源于亚当·斯密和约翰·穆勒的论述，但经济人的事实却是现代社会所创造的，而且先于经济人的观念。经济人的成长与商业、工业、城市化所创造的市场经济有关。无论商业还是工业，还有城市化，都是对传统农业社会的否定。农业社会的财富总是有限的，因为农业社会的财富主要由土地所定义，而土地总是有限的。在农业社会，拥有土地就拥有稳定的财富，土地还定义了古代人的权力，没有土地就没有权力，甚至没有自由。所以农民关心的是如何保护既有的土地，而不像现代人那样点铁成金地甚至无中生有地创造财富。就像拉吉罗描述的，靠土地过活的人们没有什么事情刺激其个性发展，因此农民的个性意识总是“懒散疲沓”的，缺乏创新精神①。在农业社会里，要成为财富暴发户就必须依靠暴力和不正当手段，只有战争才能够掠夺足够惊人的财富，而古代的商业只是为了互通有无，并不是一种真正创造财富的手段。在没有能力发动战争时，人们就接受和平下的稳定财富。对于古代人来说，与生存有关的主要问题只是战争与和平以及自然灾害，几乎没有别的问题。

只有当工业创造了远超出人们基本生存所需的无数新产品，社会财富总量才有可能获得惊人的增长。工业给商业带来了崭新的意义，尽量多的产品要卖给尽量多的人，这导致了市场竞争。竞争不再是生活中的一个偶然事件，而变成了一种新的生活方式，甚至就是现代生活本身，它是一种非暴力战争，很适合用来代替血腥冲突。在自由市场条件下，竞争这一比赛不是比暴力，而是比革新和推广，斗智不斗勇。生活中的任何失败不再是一声叹息的命运，而变成了必须改正的缺点。这一切明显地促进了个人自助和创新的个性精神以及疯狂生长的自我，同时也使人们普遍陌生化。普遍的竞争使每个人在警惕、不安、紧张和忌恨中重新理解人际关系，竞争伤感情，所以现代生活的一个突出表现就是感情退化。现代性的集结地是不可思议的都市。现代城市包含一切可能性，但这些可能性并非现成可得，于是城市成为具有创新精神和冒险投机精

① 参见［意］圭多·德·拉吉罗：《欧洲自由主义史》，43页，长春，吉林人民出版社，2001。

神的人们的乐园。城市不是一个以土地定义财富的地方，而是以货币定义财富的地方，它是一个人们可以不依靠土地而依靠个人能力去获得财富、权力和自由的地方。可以说，工业、商业、自由市场和城市化的本质都是使人们“背井离乡”，而以个人身份和能力去开创无法预知的生活。这种**背井离乡**不仅离开土地，而且离开了原来的共同体，不仅离开家乡，而且离开精神故乡，不仅告别熟人，而且告别传统，告别集体意识，变成在陌生人环绕之中独立自主的个人。《共产党宣言》有一段声情并茂地写道，资本主义“把一切封建的、宗法的和田园诗般的关系都破坏了。它无情地斩断了把人们束缚于天然尊长的形形色色的封建羁绊，它使人和人之间除了赤裸裸的利害关系，除了冷酷无情的现金交易，就再也没有任何别的联系了。它把宗教虔诚、骑士热忱、小市民伤感这些情感的神圣发作，淹没在利己主义打算的冰水之中。它把人的尊严变成了交换价值……一切固定的僵化的关系以及与之相适应的素被尊崇的观念和见解都被消除了，一切新形成的关系等不到固定下来就陈旧了。一切等级的和固定的东西都烟消云散了，一切神圣的东西都被亵渎了”[①]。

人所依靠的传统关系被破坏了，所以人就成为只能依靠自己的个人。以个人为生存方式的新生活要求新的生活保障。既然传统关系不再能够保护人，就需要建立以个人精神所定义的保护性制度，这就是个人**权利**制度，它是现代社会最重要也是最根本的政治发明，所以现代社会就成为一个“权利本位”的社会。与现代一起成长的启蒙运动的基本诉求正是个人权利，即政治制度所明确定义和保护的个人自由，也就是贡斯当指出的有别于古代人的自由的“现代人的自由”。以个人权利为核心的个人概念就不仅仅是经济人了，他还是一个主权人或者说“政治人”。一个人仅仅依靠自身就能够理性又自私地追求自己利益的最大化，但却不能保证个人安全和利益不受侵犯，这意味着，一个人可以决心成为经济人，

① 《马克思恩格斯选集》，第1卷，274～275页，北京，人民出版社，1995。

但经济人不能保护自身去实现经济人的目标。经济人保护不了自己，这对个人概念是一个根本的威胁，要解决这个问题就必须使个人同时成为一个**政治人**。至此可以看出制造个人这一工程的四个步骤：先是基督教构造的平等的“纯粹人”；同时是文艺复兴追求的“自我人”；接下来是资本主义自由市场、商业和城市塑造的“经济人”；最后是启蒙运动要求的“政治人”。四者合一而成现代标准的个人。

奇怪的是，现代社会的政治人却基于一种非政治的假设之上。如果以古代概念去看，现代人才是非政治人，因为现代政治背离了古代所定义的政治概念，即由 polis 演化出来的 politics 概念。按照亚里士多德的“政治动物”概念，政治人是公共生活的合法成员和参与者，于是，人只有从属于一个公共存在（比如城邦）时才拥有政治身份，也就是说，不存在属于个人自身的政治意义。现代创造的政治人意味着一种新的政治概念，它偷换了传统政治概念并且颠覆了传统政治。关于这一奇妙的偷换工作，列奥・施特劳斯有个出名的分析，他发现，首先是霍布斯拒绝了亚里士多德传统的政治概念，并且以非政治也非社会的身处“自然状态”的自然人为起点去分析政治问题。这种先于城邦或任何共同体的政治实际上另辟蹊径地开创了一种新的政治（尽管沿用了“政治”这一概念）。在逻辑上说，这种先于社会的政治似乎应该是更基本的，假如确实存在着先于社会的政治的话。霍布斯理论是否正确并不特别重要（人们有理由认为霍布斯理论不正确），关键是霍布斯为现代政治创造了一个概念。霍布斯把政治问题拉回到前社会的自然状态，也就把政治问题落实到孤独的原子式个人身上，使个人成为政治的起点，而共同体不再是政治的起始单位。

霍布斯设想，在自然状态中，每个人都是每个人的敌人。人人都贪生怕死、趋利避害、见利忘义，人的这种自我保全欲望是最基本的自然事实，从这一自然事实可以推论出真正普遍有效的自然法。列奥・施特劳斯对此的出名分析是这样的：“如果自我保全的欲求乃是一切正义和道德的唯一根源，那么，基本的道德事实就不是一项义务，而是一项权利。所有义务都源于自我保护这一根本的和不可转让的权利。因此，不存在什么绝对的或无条件的义务；只有当履行这些义务而不至于危及我们的自我保护时，这些义务才是有约束力的。唯有自我保护的权利才是无条件和绝对的。按照自然，世间只存在一项不折不扣的权利，而不存在不折不扣的义务。确切地说，构成人的自然义务的自然法并非一项法律。既然基本的绝对道德事实是一项权利而非义务，那么公民社会的职能和界限就必须以人的自然权利而非自然义务来界定”①。这段概括比霍布斯本人在《利维坦》等著作中的滔滔之词说得更为清楚②。霍布斯有时被认为是自由主义的开创者（更多的人相信是洛克），正是因为他以个人自然权利而非义务作为基本法则去定义现代政治，这一思路的关键点在于个人权利优先于义务的**非对称性关系**，它开创了“权利为本”的现代政治并且挑战了“美德为本”的传统思路。启蒙时代的人们虽然已经具有越来越强的个人意识，但要使“个人”成为理解一切的最后依据，却还需要一个足够理直气壮的理论，否则终究名不正言不顺。在这一点上，霍布斯的贡献是革命性的，他把个人权利以及权利高于义务的原则论证成“天理”。当然，霍布斯论证虽强，但他关于人性、自然状态以及生活事实的假设却很可疑，而且，霍布斯想象以强权政府去解决自然状态冲突的方案似乎考虑不周，因为专制主义政治会适得其反地威胁到个人自由。

在制造个人的现代工程中，洛克思想虽然简单朴素，却是关键性的，他发现了真正能够保证个人自由的一个至关重要的条件，即**私有财产权**是自由的首要基础，从而基本上完成了“个人”的庞大创作工程。洛克理论也从自然状态开始，但他推出了与霍布斯非常不同的结论，洛克相

① ［美］列奥·施特劳斯：《自然权利与历史》，185页。

② 参见［英］霍布斯：《利维坦》，第13、14、15章，北京，商务印书馆，1997。

信，每个人自我保全的自然权力并不必然需要专制政府，相反，它更需要的是能够保护个人自由的有限政府，因为真正的自由是免于强权压迫的自由，拥有这种自由才能做到自我保全。因此洛克打赌人们不会同意霍布斯所想象的专制政府，而多半会同意一个有限政府——从今天来看，洛克显然说对了。洛克是个实在人，没有知识分子想入非非的毛病，他更关心自由的实际保障而不是形而上学发挥。虽然人人愿意个人自由能够得到保障，但个人自由本身是空话，只有能够真实兑现的自由才是自由。什么东西能够保证自由的真实兑现？这才是关键问题。

洛克发现，保证个人自由的最重要条件就是在政治和法律上得到保护的私有财产权利。只有当一个人拥有“神圣不可侵犯的”私有财产，他才获得了能够落实而非一纸空文的自由。人们所以需要国家和政府，根本上说是因为国家和政府有可信能力防止对私有财产的侵犯，从而人们能够“安稳地享受他们的财产”①。这里又有一个问题：什么样的资格或者标准能够判定个人财产的正当性？显然，如果没有标准，事情就乱了，产权不清，纠纷冲突就不可避免。洛克认为合法占有财产的标准是“劳动”，“劳动在万物之母的自然所完成的作业上面加上一些东西，这样它们就成为他的私有的权利了”，或者说，“只要他使任何东西脱离自然所提供的和那个东西所处的状态，他就已经掺进他的劳动，因而使它成为他的财产”②。这是说，劳动之前的自然资源是共有的，没有个人特征，所以不是私有财产，而劳动则是个人所有的，当施加劳动于自然之物，就把无个人特征的自然变成个人性的存在，这是私有化的合法程序。洛克这一经典主张貌似合理，其实颇为可疑，它暗含着帝国主义的掠夺逻辑。尽管洛克的财产合法标准有着严重争议，但他把私有财产权看做是自由的关键，这切中了自由问题的要害。私有财产权的重要地位大概

---

① ［英］洛克：《政府论》，下册，59页，北京，商务印书馆，2003。

② 同上书，19页。

可以这样理解：有了私有财产权，自由就有了落实成真的可能，没有私有财产权，自由就缺乏基本保障。“神圣不可侵犯的”私有财产权使一个人具有了真正成为“个人”的条件和能力，否则他绝无可能与集体划清界限，因为他将不得不依附某个集体以便能够生存。私有财产权使“个人”成为一个自足独立的封闭概念，此后人们对个人观念的种种推进都只是补充、发展和完善，假如不是过度发展而使“个人”变成一个有害观念的话。

无论对自由的理解有何不同，标准的现代人在以个人作为利益、观念和权利的基本计算单位这一点上是相同的。在正常情况下（特殊的危难挑战时刻不算），标准的现代人总是以个人自由作为最高价值标准去开展生活，而且不承认有什么高于个人的价值。现代生活就是个人主义的生活，现代政治的基本问题都是围绕个人的问题。

## 7.2　权利为本颠覆了什么?

既然现代以个人为单位去展开生活，现代政治的核心问题就必定是个人权利或个人自由，所以人们喜欢说现代社会是个“权利为本”的社会。自由和权利是密切相关的概念，但不能说自由等于权利。两者的关系是：自由是权利的内在含义，权利是自由的实际体现。如果不体现自由，权利就没有意义；如果不落实为权利，自由就是空话而且不受保护。自由可以被无限幻想，在理论上说几乎是无限开放的，可是人总是生活在给定条件的有限世界里，因此实际能够兑现的自由或可能实现的自由总是非常有限，在这个意义上，权利只是**可能的自由**。自由与权利同质不同量，权利总是小于自由，于是，在自由和权利之间就存在一种紧张。什么样的权利、哪些权利、多少种权利才足以实现自由？或者才是自由的合理表现？这是问题。

自由总是个人的一相情愿，但是权利——可能的自由——却需要他人的同意，或者说社会的同意。假如得不到他人或社会的同意，就没有人能够拥有权利。自由属于主体，而权利则只能在主体间被定义，权利不可能超越人际关系而被确定。一个人可以野花花想象他想要的各种权利，却无法通过想象而使权利生效，在他人同意之前，想了也白想。霍布斯和洛克可以论证人的自然权利是“理所当然”合法的，却不可能证明自然权利必定“马到成功”生效，因为他人的同意正是另一个不可或缺的理所当然条件。既然他人的同意或社会的同意是自然权利的生效条件，权利只能因契约而存在。因此，准确地说，自然法之类的天经地义至多证明了自然自由（natural freedom），却没有证明自然权利（natural rights）。列奥·施特劳斯批评霍布斯等现代哲学家把古代哲学家所说的“自然正当”（natural right）偷换成“自然权利”（natural rights）是有道理的。自由是自然正当的，却仍然不是自然权利。现代哲学家经常搞混自由和权利，把权利说成是“自然的”，就等于把政治权利看成是自然属性，这不仅不符合事实，而且会给确定权利项目造成混乱和困难。自然并没有提供任何证据以便确定哪些权利是自然合法的，因此人们想要的任何权利都有理由被说成是自然合法的，这样事情就乱了。我们只能把自由看做是自然合法的，而把权利看做是约定合法的。

在体现自由的诸种权利中，私有财产权最为关键。点明私有财产权对于自由的特殊地位是洛克的贡献。私有财产权是现代最重要的政治成就之一，而且很可能是最具正面价值的现代政治成就（现代有许多其他的政治成就或许更堂皇美丽，例如民主和人权，但也有严重危害）。从洛克到布坎南等现代理论家都力证私有财产权是自由的真正保障，这一点看来是正确的。私有财产权不仅保障了自由，而且也是社会安定的重要条件，还是社会经济发展的重要条件，如此等等。私有财产权虽然面目庸俗，但它对于现代社会却是第一基石。现代社会被认为是“权利为本”的社会，而权利为本又以私有财产权为本。这不是说其他权利都不如私有财产权重要，比如生命权就比财产权更重要，但生命权并不是现代社会的根本识别性特征，财产权才是现代社会之所以成为现代社会的首要因素。有了生命权就有了生活，人人从来知道这一点，但有了私有财产权才有了个人自由的生活，这是现代成就。洛克力推私有财产权，这是切中要害的真知灼见（奇怪的是洛克在其他哲学问题上的见识却大多平平无奇）。

在“五月花”号到达美洲之前，船上由清教徒以及其他形形色色冒险家构成的殖民团队于1620年7月1日签订的“五月花号公约”被认为是现代政治的一个重要事件，它是人们在类似自然状态的情况下达成合作的一个范例，集中表现了理性、对话、民主程序以及对个人权利的界定，还被认为是后来的“美国精神”的一个基础。当然，五月花故事很可能是后人故意美化的，这就不得而知了。按照传说中的故事，“五月花号公约”的内容几乎全都是关于私有财产权利的界定，这似乎说明，在准备开展一种既需要合作又需要分利的未知新生活时，私有财产权利是一切问题的关键和基础。当然，这些殖民者已经稍具现代意识，所以才会直截了当想到私有财产权利。假如是古代人，即使想到大秤分金，但想到“权利”就难说了。“五月花号公约”的第一条款写道：“投机家和垦殖人都同意，每一个去美洲的年龄在16周岁及以上者都配得10英镑，且10英镑算作一股”，第二条款写道：“去美洲的人不管是捐出10英镑的现金还是价值10英镑的财物，都可算作是应得20英镑的股份，在实际分配时都应得双份股份”①。如此等等。“五月花号公约”这一典型实例证明了当陌生人准备组成一个现代社会所要考虑的第一要务就是确立受到契约和法律保护的私有财产权和利益分配。私有财产权利对于现代社会的基础性意义就在于，受到明确保护的私有财产权利正是人们**实际上的自由边界**，这个自由边界之内就是人们拥有完全主权的自由空间。与其他华而不实的权利相比，私有财产权把自由真正落实到了实处。

---

① ［美］W. 布莱福特：《五月花号公约签订始末》，56页，上海，华东师范大学出版社，2006。

私有财产权的必要性没有疑问，但私有财产来源的正当性却是需要反思的大问题。如果不能合理解决这一问题，现代社会的存在方式就是可疑的，一切权利、自由和规则都涉嫌欺诈。很显然，一个合法的契约必须得到参与者的普遍同意，一种获得普遍同意的权利才具有普遍有效性：如果一个人拥有某项权利，那么所有其他人也就拥有此项权利，每个人都有同样资格拥有同样权利。反过来说，只有普遍的权利才能获得普遍同意，不能获得普遍同意的权利就必定是偏心或歧视性的，就只不过是特权而非权利。根据这一原则可以看出，洛克对私有财产权依据的理解非常可疑，恐难获得普遍同意。把改变自然状态的行动称为劳动，又把劳动所施加的对象视为神圣不可侵犯的私有财产，这样定义私有财产权利是帝国主义的，它默许了掠夺霸占行为。例如欧洲殖民主义者对非洲、美洲、亚洲和澳洲以及各大洋中各岛屿的名为拓荒实为霸占的掠夺行为就会被说成合法的，据说都是“改变自然状态”因而就算是劳动。按照这一逻辑，假如谁有能力的话，还会以劳动之名霸占大洋、南极、北极、太空、月亮之类。这样的强盗逻辑显然没有得到其他人的同意。假如西方处于弱势，洛克们是否还会这样定义劳动和私有财产权利，就难说了。当然，这里绝不是反对私有财产权，而是说，私有财产权的正当性不能建立在强盗逻辑上，而必须另有合理依据。

私有财产权利的疑点与自然法有关。自然法是人们对普遍默认并且普遍有效的行为原则的一种古代想象，中国的说法是“天经地义”。尽管许多人并不相信自然所定或天地所造的行为法则，但确实存在着一些普遍有效以至于“好像”是天地所设之原则，中国所谓的“天道天理”或西方所谓的“金规则”都属于自然法的想象。从现代的眼光来看，自然法与理性所能够断言的普遍原则往往是一致的，正如霍布斯说的：“自然法是理性所发现的戒条或一般法则”[①]。自然法或天经地义只是象征性的

① ［英］霍布斯：《利维坦》，97页。

文学说法，与其说是自然法还不如说是理性法，因此，自然法无非就是人类普遍理性能够承认的普遍原则。按照理性法，世界一切自然资源应该属于全人类，就是说，自然资源就其初始状态而言是共有的，人人都**在原则上**拥有基本同等的一份，或拥有同等分享共同资源的权利，这是自然公正。奇怪的是，自然资源的共有状态并不是好状态，这一点似乎不可理喻，但事实如此，经济学证明过“公共财产悲剧”：没有人会理性地对待公共财产，人们必定对公共财产进行放肆无节的掠夺，甚至竭泽而渔，杀鸡取卵而至毁灭公共资源。这种非理性掠夺正是自私的理性计算的必然策略。洛克并不知道后来经济学家发现的这个真理，但无论如何，既然私有财产权利是人的生存利益的最好保证，私有财产权就是头等大事。这一点洛克并没有错。

从自然法或理性法可以推出自然资源是全人类共有的，同时也可以推出每个人都有权获得私有财产。这两者虽非必然矛盾，但如处理不当就非常容易形成矛盾。问题在于化公为私的正当性。洛克选择以“个人化”的劳动作为化公为私的原则，虽有令人赞叹的想象力和某种合理性，却也暗含大麻烦，这个原则实际上允许强者剥夺别人原本拥有一份自然资源的权利——尽管只是“理论上的”一份。洛克的私有化原则与其说是劳动原则还不如说是侵占原则，是一个反公正原则。理性不可能承认任何反公正原则，因为反公正不可能普遍有效。洛克的“劳动即可占有”的私有化原则终究违反了自然法或理性法。卢梭想象，最初个别野心家进行圈地，宣布是其私有财产，而“愚昧之众”相信了这种鬼话[①]。这样的故事恐怕不太可能，再傻的人也不会同意别人随便化公为私。比较合理的猜想应该是，最初的私有财产是由暴力确立的。卢梭还进一步天真地想象，要是当时有人起来反抗就能够避免许多不平等的罪恶。这也

① 参见［法］卢梭：《论人类不平等的起源和基础》，106 页，桂林，广西师范大学出版社，2002。

同样是糊涂想象，因为，反对者除非是更强者，否则就被杀掉了，而更强者必定同样乐意进行非法的化公为私。不过，卢梭对洛克的劳动原则的批评却一针见血："难道只要踏上某块公共的土地就可以自称是这块土地的主人？难道只要有力量将别人暂时挡在土地之外就可以剥夺他们再次踏上该土地的权利吗？一个人或一个民族如果不是巧取豪夺又怎么能够占领一块辽阔的土地从而剥夺整个人类对它的权利？这种巧取豪夺行为该受惩罚，因为它剥夺了自然普施给其他人的居住权和食粮"①。

可是，什么才是私有财产权的合法标准？这是一个至今未能真正解决的问题，它是现代政治的一个隐患。洛克不是完全错误的。劳动应该是私有财产权正当性的一个必要条件，因为劳动是一种个人投资，以投资求回报是合理正当的。问题是，劳动并非私有财产的充分条件。批评相对容易，但要找出一个能够获得普遍同意的解决方案却非常困难，看来我们只能暂时回避这一挑战。幸亏无论私有财产的正当性有什么样的疑问，人们至少都同意私有财产权是必不可少的。

私有财产权利的正当性隐患只是权利社会一个典型问题。"权利为本"的现代性还暗含着更广泛更一般的危险，即**权利为本**的现代性颠覆了**美德为本**的传统性所导致的政治与社会问题。传统是长期被默认而固定了的社会格式和生活方式。传统所规定的生活未必有多么好，但它总是一种稳定秩序，已经尽量减少和降低了生活中的不可测因素和破坏性风险，这却是明显的优点。保守主义者常常希望能够维护传统，道理在此。中国政治以"治"为第一原则，求治去乱，这是非常深刻老到的政治意识。治的效果一般都源于共同体原则同时成为每个人的准则，共同利益优先于个体利益，因此，传统社会必定是"美德为本"的。很显然，任何善或美德都是由社会定义的，当说到"这是好的"或"那是坏的"，

① ［法］卢梭：《社会契约论》，18页，西安，陕西人民出版社，2004。

其中的好坏概念和标准并不是某个人能够说了算的。比如，人们都认为坑蒙拐骗、见死不救、落井下石是坏的，如果某人特立独行地把这些定义为好的，恐怕说了不算，无人会理睬这种“个人自己的”标准（不把他办了就算客气）。可是，公共善优先于个人自由，这正是现代人要反对的。现代人自有现代理由。虽然公共善在一般情况下能够维护每个人的稳定生活，但非常可能被权力所利用，各种权力机构很容易以公共利益之名侵害个人安全和利益。此类经验使现代人决心告别传统社会，从可能压迫个人自由的制度、观念和生活方式中“解放”出来。

现代是一个不断解放、不断自由化的过程，同时也是一个不断失去稳定性、权威性和可信性的过程。尽管现代以法治和规范化程序去保证社会秩序，但从根本上说，现代社会是一个不可测的社会，尤其是，现代心灵是失序的。“权利为本”的现代制度以权利压倒美德，以自由压倒权威，生活就失去了标准，自由就失去了方向和控制。尽管古代人在利益上同样存在严重冲突，但在价值观上却比较统一。古代人会以战争去解决利益之争，会以论辩去解决思想之争，却不会想到要“解放”自己，因为个人还不存在，也就不存在需要解放的自我。现代创造了个人，个人需要各种权利来保护，权利使个人有了自治权，**权利就是个人的政治边界**，它划定了个人的主权范围。在个人所辖范围内，个人想怎么想就怎么想（无论多么愚蠢），想做什么就做什么（无论多么无耻）。颠覆美德的结果是，义薄云天的高尚行为难得一见，不计得失的高远境界百年不遇，爱情、友谊甚至亲情都大幅贬值，生活失去美感。不过，权利为本颠覆美德为本虽是生活的失败，却是政治的胜利。

现代人把个人权利看成政治第一要务自有道理。在生活上以个人为本，在政治上就必定以权利为本，没有权利就没有个人。个体的力量远远弱于权力机构，因此，现代社会必须从保护个人做起。现代政治的基本原则就是**以权利抵抗权力**，除了权利，个人就没有什么可以用来保护自己的了，所以德沃金才会说：“个人权利是个人手中的政治护身符”①。不过，归根到底，只有权力才有能力抵抗权力，权利就其本身而言不堪一击，除非权利得到法治制度力量的保护，否则权利就没有力量，因此，权利的力量终究源于为权利提供保障的制度化权力。以法治保护权利，再以权利抵抗权力，这是现代政治的基本结构。应该说，现代的“权力—权利—权力”复杂对抗结构比古代的“权力—权力”的简单对抗结构在政治上要成熟得多，它减少了野蛮冲突、暴力革命和血腥镇压等高破坏性的社会斗争。权利社会在政治上的成熟或多或少减少了“权利为本”原则颠覆“美德为本”原则对社会所造成的伤害。人们有理由怀念美德社会的好处，但实际上恐怕更愿意选择权利社会，一方面因为权利社会带来了人人喜欢的一些新的好处；另一方面，美德观念虽然退居次要地位，但毕竟没有彻底消亡，仍然发挥着不无小补的作用。人们在观念上喜欢走极端，但遇到真实问题则要明智得多，因此，现代人在真实生活中的实际行为不至于像现代观念所鼓吹的那样极端化。

权利为本的现代原则更危险之处在于它颠覆了比美德更重要的另一个传统，这就是**义务为本**的传统。古代社会并不仅是“美德为本”，同时也是“义务为本”。美德主要表现为人的各种“卓越性”，是生活的美感，因此美德是生活理想的原则；义务则是对行为的要求，是人们必须满足和完成的事情，因此义务原则是生活标准的原则。在古代社会，权利并非不存在，但没有被宪法和法律“永久性地”加以确认和保护，古代的“权利”是由义务所保证的，有义务才有权利，拥有什么样的权利是以承担什么样的义务为条件的。权利与义务之间的正确关系是两者的对称性关系，没有一种权利也没有一种义务能够因其自身而获得正当性，权利与义务之间具有互为正当性证明的结构。只有对称的权利与义务关系才能形成平衡而避免失调，类似于收支平衡关系（权利相当于收益，

① ［美］罗纳德·德沃金：《认真对待权利》，6页，北京，中国大百科全书出版社，1998。

义务相当于支出），因此，权利和义务理应并列为本，优先或偏重其中某一方面都使权利或义务失去正当性，导致关系失衡，进而造成社会失序。

现代社会以权利为本，这是对古代社会以义务为本的矫枉过正。无论是义务为本还是权利为本都是政治不完善，但各自错误有所不同。义务为本的古代社会在某种程度上压制个人自由，这固然是一种政治弊端，但义务为本条件下的“义务—权利”关系比较容易保持平衡，原因是，没有人能够承担也没有人愿意承担太多的义务，一旦义务大于权利的制度安排（这在古代社会是非常可能的）过分挑战了人们的承受力，人们就会有很大的积极性去反抗这种失衡。比如说，当坏的统治者强加给人们太多义务（比如苛赋重役）而给人们太少的权利（比如缺乏行动与言论自由）使人们忍无可忍，逃亡、背叛、破坏和革命就势所难免，因此义务的过分膨胀难以持久。与此不同，权利为本的现代社会却有可能损害公共义务和公共利益，这是另一种政治弊端。权利为本条件下的“权利—义务”关系比较容易失衡，这是因为，当权利高于义务，就没有什么东西能够锁定权利了。权利再多，人们也不嫌多，人们只有积极性去反抗义务，绝不会拒绝权利。正如人人都对最小化投资而获得最大化收益感兴趣，人人都对承担最小化义务而享有最大化权利感兴趣，自私之心导致没有人有积极性去纠正不正当的权利增长，因此权利疯长势在必然，而过分增长的权利会导致社会灾难。权利太多会造成各种权利之间的矛盾，而且社会资源和自然资源也不足以支付和承担太多的权利，那些无法兑现的权利反而积累起社会怨恨和愤怒。虽然权利为本的弊病可能不如义务为本的弊病那么让人怨恨，但却更加难以纠正。

权利优先的理论思路是由霍布斯和洛克奠定的。据说个人自保的欲求是无可争议的事实，任何违背这一事实的道德都是没有依据的，而符合这一事实的道德则必然正确，所以最基本的道德并非美德和义务，而是自保的权利，即“利用一切可能的办法来保卫我们自己”的权利[①]。因此，个人自保权利就是绝对优先无条件的，一切义务都是相对的，权利是第一性的，义务是第二性的，权利是一切义务的根据，义务是派生性的约定，任何义务都只能根据是否有利于个人自保权利去确定。在霍布斯和洛克看来，传统观念认为国家和政府的目的在于促进高尚美好的生活，这是错误的，国家和政府的正当性仅仅在于以人们共同同意的权力去保护每个人的个人权利，**权力的正当性**仅仅在于人民授权，而**权力的正当使用**仅仅在于保护个人权利。只重视财富的洛克甚至把问题简洁地表达为：国家或政府的目的就是保护人们的财产[②]。霍布斯和洛克不仅开创了自由主义，而且给定了权利为本的政治分析框架，后来各种现代政治叙事都在此框架中展开。

权利为本的政治是一次彻底的社会革命，它定义了与传统社会完全不同的现代生活。权利为本的现代生活迎合了自私人性，因此更受人们欢迎。但更受欢迎未必是好事。正如列奥·施特劳斯尖刻指出的，个人权利一点也不高尚，它所表达的无非是每个人的私欲，个人权利这个似乎很正确的名称只不过“把每个人的自我利益神圣化”[③]。于是人们可以理直气壮地为私利而战，可以千方百计推卸义务，从此不分现眼和露脸，不分高贵和卑贱。麦金泰尔甚至认为，被说成自然权利的人权“只不过是一种虚构”，人权的存在完全缺乏证据，根本无法证实，其难以置信的荒谬程度就像“魔法和独角兽”[④]。那些怀念美德和义务社会的哲学家们对现代的批判是有道理的，可惜这些批判并不能证明传统社会就比现代社会更好。现代社会确实远不及自由主义者和进步论者喜欢吹嘘的那么辉煌，权利社会也没有比美德和义务社会产生更多幸福，只不过以一种

① 参见［英］霍布斯：《利维坦》，98页。

② 参见［英］洛克：《政府论》，下册，77页。

③ ［美］列奥·施特劳斯：《自然权利与历史》，186页。

④ 参见［美］麦金泰尔：《德性之后》，89页，北京，中国社会科学出版社，1995。

优点替换了另一种优点，同时以一种缺点替换了另一种缺点，而绝非兼优。不过，既然现代创造了个人，个人为单位的生活方式必定解构共同体为单位的生活方式，个人为单位的生活方式就必定需要个人权利去加以保护，这一切都势在必然。麦金泰尔说人权乃是虚构，基本正确，更客观的说法应该是，人权是一项发明，就像个人是一项发明一样，人权与个人是现代的配套发明。现代这一选择与其说出于价值论上的理由，还不如说是出于博弈论上的理由——既然“人们”的存在方式变成了“个人”的存在方式，就必须有能够捍卫个人的东西，这就是个人权利。

马基雅维利发现政治是无关道德的利益和权力斗争，为现代政治指出了非道德之政治方向，但他没有能够发现与道德无关的政治制度方案，他所鼓吹暴力与阴谋根本无法解决利益和权力分配问题，只会加剧冲突。暴力和阴谋根本就不是政治性的，而是前政治博弈方式。因此，马基雅维利只是发现了现代的政治问题，却没有发现政治问题的现代解决方式。现代政治方案是由霍布斯和洛克定调的，这就是以权利为本的制度去解决政治问题，而且这一方案与道德无关，完全出于技术性需要。权利为本的制度预设了一个不属于特殊社会的普遍政治局面：人人自私是一个**给定条件**，所谓政治问题，就是在这个令人失望的给定条件下去解决如何由冲突发展出合作的问题。于是，如果一个制度设计是有效的，它就必须**足以对付**人人自私的世界中所可能出现的任何困难。这是一个划时代的理论成就，它的理论优势就在于它所分析的世界（行动者及其外部环境）是按照**最差情况**去设想的，而最差情况蕴含了所有坏情况，因此，只要找到足以对付最差情况的制度方案，就等于找到了**普遍有效**的制度方案，尽管这种方案**不一定**就是最好的普遍有效方案，但肯定是行之有效的方案之一种。

权利为本的制度对付社会冲突的方案是改变政治游戏的规则，这是一个高明之策。传统政治的典型模式是单纯权力游戏，其游戏博弈者是政府和各种政治集团，而现代政治游戏把个人引入游戏，以个人权利使个人获得博弈力量，于是部分地修改了政治游戏规则，政治游戏不再仅仅是权力政治，它同时也是权利政治。尽管权力政治不可能取消，但权利政治或多或少减弱了权力政治的暴力、压迫和罪恶。权利无疑是抵抗权力的堤坝，尽管绝非万无一失之堤坝。事实上，权力侵犯权利的事情仍然不断发生，但权利政治毕竟削弱了权力政治，应该说，权利政治比较成功地对付了人人自私的罪恶环境。但是，有所得必有所失，在权利政治里，美德和义务退居次要地位，而且经常为权利所解构，这就导致了价值危机。权利政治的技术操作是明确清楚的，可是其价值判断却是模糊不定的，这相当于，知道**怎么**做事情却不知道该做**什么**事情。

人们同意人人必须拥有权利，可是，人人应该拥有哪些权利？这些权利又应该如何解释？哪些权利应该优先？这些问题都必定存在严重分歧，要解决这些问题就需要普遍有效的价值标准，可是权利政治已经摧毁了价值标准。现代总是以权利取代价值，或者以权利去定义价值，却使权利陷入无法判断的困境。权利颠覆了美德和义务的地位所带来的损失绝不只是失去更有美感和激情的生活，更重要的是失去了价值标准。

权利政治在现代初期并没有形成明显困难，因为现代初期人们所要求的是一些容易被满足又不至于形成社会矛盾的“基本”权利。随着时代发展，人们想要的权利越来越多而且越来越不靠谱，权利越多就越想要更多，贪心不足，得陇望蜀，人性如此，于是难免出现各种权利的“权界”矛盾和冲突，产生大量有争议的问题，从税收、福利、教育、民主、平等、言论、战争、反战到隐私、吸毒、同性恋、堕胎、安乐死、克隆、基因、动物保护、环境保护，如此等等无数问题。人们把代表各自利益的私心和偏见都说成是普遍价值，重新回到了人人都有意见的政治广场，把权利政治变成了伪善和谎言的政治。柏克在现代早期就已经意识到了单方面推崇自由权利的危险：“可是既没有智慧又没有美德，自由又是什么呢？它就是一切可能的罪恶中最大的罪恶了，因为它是缺乏教养和节制的愚蠢、邪恶和疯狂"[1]。正因为价值标准的缺失，哪些权利具有正当性，哪些权利更有理由优先，这些就是不可解的问题。正如麦金泰尔在分析了关于战争、堕胎和教育问题的典型争论之后发现的，此类争论在现代社会没完没了，无法解决，因为此类争论的论证总是"互相匹敌的"[2]，而不同观点所以总是互相匹敌，是因为现代颠覆了传统价值标准而又没有本事创造新的普遍价值标准。缺乏普遍一致的价值标准等于没有标准。权利虽是通用概念，但人们的权利理由却不可通约。权利虽是保证自由的王牌，但权利又是特殊利益或特权的借口，这是价值标准缺失所导致的权利悖论。

只有权利受到均势约束，权利才是可信的，这种约束就是义务。反过来也一样，权利也是义务获得正当性的根据。权利和义务的**对称性关系**是权利和义务的存在论条件：义务是权利**所以存在**的条件，反之亦然。假如一种权利没有相应的义务，它就不再**是**权利，而变成了特权；假如一种义务没有相应权利，它就不再**是**义务，而变成了奴役。如果不在对称性关系中被锁定，无论权利还是义务都必定产生非法膨胀和扩张。对称性关系正是公正的本质，只要偏离了对称性关系就是偏离了公正。权利为本原则很容易导致对义务的一种诡异误解。现代人喜欢把义务理解为"尊重他人权利的义务"。这的确是一种义务，但被掩盖的问题是，我们不能平白无故不明不白就尊重某种权利，而必须知道声称需要被尊重的到底是什么样的权利，还必须知道这种被声称的权利是否具有正当性。假如没有令人信服的解释，我们凭什么无条件无理由地尊重一种被声称的权利？又凭什么相信它不是伪装成为权利的特权？声称"这是一种权利"是阴险的，证明"这种权利是正当的"才是正直的。权利有可能用于诈骗义务。

---

① ［英］柏克：《法国革命论》，315页，北京，商务印书馆，1998。

② ［美］麦金泰尔：《德性之后》，11页。

一种权利蕴含着两种义务而不止一种义务，这是一个经常被忽视的关键问题。其中，尊重他人权利的义务是**“权利之间的义务”**，它承诺的是：每个人都有权利 r，并且每个人都不能侵犯别人的权利 r。这一义务来自关于权利 r 的契约，它证明的是“互相尊重权利 r 是正当的”，但没有证明“权利 r 是正当的”。权利的另一种义务是**“权利本身的义务”**，这种义务是权利的正当性证明，它证明的是“权利 r 是正当的”。关键在于，权利之间的义务不等于权利本身的义务，权利之间的正当性不等于权利本身的正当性，权利之间的义务不能替换权利本身的义务。这两种义务的区别涉及大是大非的问题。比如说，几个帝国主义国家都想侵占某个弱小国家，列强们达成一个利益均沾协议：每个强国都有权利分得一份利益，并且有义务互相尊重各自这一权利。这种互相义务仅仅证明了列强们同意互相尊重各自的权利，却没有证明这种权利的正当性。这虽是一个极端的例子，但足以表明，权利本身的正当性是不能回避的问题，不是随便什么利益都可以被搞成权利，互相尊重权利的义务也不能证明这种权利的正当性。

事实上，权利之间的义务从来不是问题。一人有权利 r，别人也就有权利 r，这是**自动成立**的一种公正。但是，每个人都应该有权利 r，这件事情却不可能自动成立。每人都想要的东西完全可以是愚蠢的妄想或罪恶。权利本身的正当性才是值得追问的问题。一种权利本身的义务必定是一种**积极义务**，即“必须做什么”或“必须付出什么”的义务。有付出才可以有收益，这才是公正的。与此对比，权利之间的义务只是一种**消极义务**，即“不做什么”的义务，也就是不去破坏他人权利的义务。消极义务不能证明任何一种权利的正当性，因为“不做什么”根本不是一种付出。假如从“不做什么”的消极义务可以推论出权利的正当性，那么就能够以此制造一切权利并且推论出一切权利的正当性，这是极其危险的逻辑，这一逻辑意味着，人们总能够把各种错误的欲望说成权利。现代人在“如何保护权利”的问题上过于焦虑，因此有意无意地忽视了

“如何证明权利”的问题。想要证明权利的正当性就需要积极义务，而要判断积极义务的是非就必须引入价值标准。因此，我们有理由说，没有哪一种东西能够单独为本，权利、义务和美德必须具有同等重要的地位，它们只有形成合理配合才足以应付各种可能的问题。权利，义务和美德如何才能协调？这是未来需要解决的问题。未来社会不可能是古代的复兴，也不可能继续现代，而只能是兼备各种优势的制度创新。

## 7.3 被自由误导的自由

权利的形而上学深层问题表现为自由，权利就是获得合法承认的自由。形而上学的自由和政治自由的意义虽然不同，但密切相关，权利的种种困惑源于自由的困惑。在自由的复杂路径中，自由迷失了自身。形而上学的自由是与必然性相对的概念，它意味着：一个人在可能的条件下对可能的事情做出自我决定的选择。必然之事是别无选择的唯一事情，而可能之事就是存在多种选择的事情。在可能选择的范围内，一个人想做 x 并且做了 x，这是纯粹意义上的自由。这种自由虽然符合人们对个人自主性的直观，但暗含许多混乱。在“我想做 x 就做了 x”这一自由直观中，“想要”是一个颇为混乱的事情。想要可以是主观意愿（want），也可以是客观需要（need）。主观意愿只是偏好，客观需要则是真实利益。假如以主观意愿为准，那么，自由选择有可能选择了对自己实际不利的事情，比如有人自愿选择了吸毒。在这个意义上，自由意味着：我自愿想做 x 就做了 x，无论 x 是好是坏。这种自由最充分表现了一个人的完全独立自主。但这种彻底的自由蕴含着“选择错误或坏事的权利”，这难免令人不安。

苏格拉底早就指出：无人自愿犯错误。他的意思是说，人人都愿意选择对自己好的事情，可是人们往往缺乏关于好事情的知识，因此难免不知好歹地做出错误选择，但无论如何，只要人们知道了什么是真正好的，就肯定不会选择坏的事情。苏格拉底这个问题显然制造了大麻烦，他自己苦恼的是找不到判别好坏的“真正知识”，而且那种真正的知识还未必存在，没准根本就没有这样的知识。还有比苏格拉底烦恼更麻烦的事情：什么是真正的知识很大程度上取决于什么**被认为是**真正的需要，这就更糊涂了。需要（need）未必都是客观的，有时候与主观标准或主观意愿（want）是不可分的，比如说，人们一般认为，好死不如赖活是真正的需要，可文天祥偏认为“照汗青”才真正可取。还可以考虑与苏格拉底假设相反的情况：假定某人知道什么是他真正需要的，但他仍然故意选择错误的事情。比如有人明知贪污难逃法律惩罚，但仍然选择了贪污。这样是否算是自由选择？假如按照德国先验哲学的标准，这当然不是自由的，因为他受到欲望的支配和奴役。但这种理论上很漂亮的纯粹自由缺乏真实性。假定只有超越了因果关系成为不受任何欲望支配的纯粹的人才有自由，这种自由也许是最彻底的，可也是无意义的，因为不存在纯粹的人，纯粹的自由又有什么用？所谓皮之不存毛将焉附，就是这个道理。哲学喜欢编造一些纯粹的东西，都像庙中之神，虽然威风，恨无灵验。即使推崇纯粹性的哲学家也都不是纯粹的人。

有意义的自由是一个政治概念而不是一个形而上学概念。形而上学的自由或许具有理论分析上的意义，但没有真实意义。超越了因果关系的自由仅仅属于神，可是神的事情解释不了人的生活。人们真正想搞清楚的是决定人的命运的政治自由。人们并不奢望超越因果关系，而且乐意沉溺于享受，特别喜欢受欲望支配。人们只求能够免于权力的支配，免于被他人所强制。被物的力量所支配不是被奴役，而只是被限制。局限虽不完美但不是问题，人们不会抱怨不如猎豹雄鹰。被人的力量所支配才是被奴役，这才是人们耿耿于怀的问题。人们真正追求的那种据说连爱情生命皆可抛的自由是：一个人没有受到任何人或权力的强制而做他想做的事情。在大多数情况下，一个人总有多种不能同时实现的意愿（wants）或者不能同时被满足的需要（needs），但他毕竟独立自主地选择了其中某一种，无论这一选择多么错误，他都是自由的。我们这里所理解的自由基本上符合麦卡勒姆的自由公式：某人 x 摆脱了妨碍性条件 y 而做了事情 z[①]。麦卡勒姆定义的自由不仅符合一般直观，而且表达了霍布斯以来的现代自由精神，尤其这一自由概念有一个学理优势，它表达了自由的所有相关因素，因此能够容纳各种类型的自由而不会把自由的问题搞乱。

麦卡勒姆的自由概念是为了纠正被伯林搞乱的自由概念。伯林“两种自由”理论如此著名，以至于成为当代自由研究的一个基本场面。伯林的自由理论虽然深入了自由的一些实质问题，但他过于泾渭分明地区分了两种自由，即“消极自由”和“积极自由”，反而搞乱了自由问题，似乎弄巧成拙。伯林对两种自由的区分有其深远渊源，最重要的灵感来源是贡斯当在 1819 年提出的两种自由的区分，即“古代人的自由”和“现代人的自由”。贡斯当的两种自由与伯林的两种自由虽有诸多相似之处，但并不完全一致。粗略地说，贡斯当的“现代人的自由”约等于伯林的“消极自由”，而“古代人的自由”约等于“积极自由”。贡斯当主要分析了从古代人的自由到现代人的自由这一历史变迁和两种自由的特性，而伯林则把两种自由夸大为政治上的两条路线斗争，暗含刀光剑影，腥风血雨。

贡斯当指出，现代创立了代议制政治，于是创造了与此相配的“现代人的自由”，它表现为：对于每个人来说，“自由是只受法律制约、而不因某个人或若干人的专断意志受到某种方式的逮捕、拘禁、处死或虐待的权利，它是每个人表达意见、选择并从事某一职业、支配甚至滥用财产的权利，是不必经过许可、不必说明动机或事由而迁徙的权利”，还有结社、信教、选择生活方式的权利，最后还有选举政府和官员、以申

---

① MacCallum：*Negative and positive freedom*. Philosophical Review，76（1967），pp. 312－334.

诉、请愿等方式对政府施加影响的权利①。古代虽有民主，但没有发展为保护个人的代议制（按照我们的分析，根本原因是古代还没有发明个人），因此古代人的自由就很有些不同。古代人的自由是一种“集体性的自由”，它表现为人们“以集体的方式直接行使完整主权的若干部分，诸如在广场协商战争与和平问题，与外国政府缔结联盟，投票表决法律并作出判决，审查执政官的财物、法案及管理，宣召执政官出席人民集会，对他们进行批评、谴责或豁免”②。这两种自由根本的区别在于，古代人没有真正的个人自由，尽管在公共事务上是主权者，但作为个人其实是奴隶，尽管人们有权利决定战争与和平这样的国家大事，还有审判执政官之类的大权，但作为个人却无法抗拒所属的集体强加给自己的迫害③。贡斯当并不像伯林那样试图在绝对意义上证明消极自由是好的而积极自由是坏的，他只想指出，由于社会条件和生活方式不同，古代人喜欢作为公民而分享政治权力的那种自由，而现代人则喜欢制度保障下享受个人快乐的那种自由。社会条件和偏好差异使古代人宁愿牺牲小我以参与大我，而现代人却认为牺牲小我去参与大我是得不偿失的④。

贡斯当所谓古代人的自由与现代人的自由之分就是集体自由与个人自由之分。古代人的生存条件和生活乐趣对集体（共同体）的依赖性很强，个人没法活，也没意思，个人只有通过集体的力量才能实现自己的愿望，甚至，个人只有成为集体的成员，生活才有可能。现代人其实仍然对集体自由保留兴趣，只不过对个人自由更感兴趣。现代人对两种自由都有兴趣，这使自由产生了一种内在矛盾：个人自由使个人免于他人

① 参见［法］邦雅曼·贡斯当：《古代人的自由与现代人的自由》，26页，北京，商务印书馆，1999。

② 同上书，26页。

③ 参见上书，27页。

④ 参见上书，33页。

的支配，所以人人喜欢；可是如果能够支配他人而充分放大自己的个人自由，人们就更喜欢。这一矛盾使自由危机四伏。只有当自由仅仅是支配私人行为的个人自由时才是单纯的自由，一旦自由成为集体行动，自由就悄悄地转变成为权力。柏克也许是最早意识到这一点的人，他敏感到："当人们集体行动时，则自由便是权力"[①]。人们既喜欢自由又喜欢权力，这就是问题所在。这就不难理解伯林所强调的，通常表现为集体自由的积极自由会对作为个人自由的消极自由构成严重威胁，在他看来，这是现代许多政治灾难的根源，比如极权主义灾难。伯林在"两种自由的概念"这篇划时代的论文中讨论了两种自由的冲突，他一方面深化了自由问题，但同时也搞乱了自由问题。

按照伯林，消极自由试图回答这个问题："主体（一个人或人的群体）被允许或必须被允许不受别人干涉地做他有能力做的事、成为他愿意成为的人的那个领域是什么？"而积极自由要回答的是："什么东西或什么人是决定某人做这个而不做那个、成为这样而不成为那样的那种控制或干涉的根源？"[②] 伯林所理解的消极自由就是标准的个人自由，即"免于被强制去做某事的自由"（free from）。有了消极自由，人才能成为独立的"个人"。积极自由是"去做想做的事情的自由"（free to）[③]，它源于人想成为主人的追求，即人想自己独立做主去贯彻落实自己的意志，也就是想成为"主体"。这样两种自由本来并不矛盾，甚至也并非"两种"自由，而只是同一种自由的两个方面。伯林自己知道这一点，他说："成为某人自己的主人的自由，与不受别人阻止地做出选择的自由，初看之下，似乎是两个在逻辑上相距并不太远的概念，只是同一个事物的消极与积极两个方面而已"[④]。尽管如此，伯林还是坚持对两

① ［英］柏克：《法国革命论》，11页。
② ［英］伯林：《自由论》，189页。
③ 同上，200页。
④ 同上，200页。

种自由进行断然区分，力顶消极自由而狠批积极自由，这其中必定大有文章。

消极自由和积极自由是自由的两个不可或缺的因素，按照麦卡勒姆公式，在“某人 x 摆脱约束 y 而做了事情 z”这一完整的自由概念中，“免于约束”是自由的第一环节，相当于消极自由，但如果仅仅是免于约束，就还没有实现自由，因为此时还什么都没有做，什么都不做，自由就等于空集，因此，自由的第二环节是必需的，“做了某事”才实现和完成了自由，这相当于积极自由。由此可见，消极自由和积极自由其实是一个连续过程的两个步骤或环节，伯林把自由拆成两种，学理上很是可疑，不仅没有必要，而且导致混乱，使人们误以为存在着两种各自独立的自由，一种好，一种坏，可以任选其一。事实上，正如麦卡勒姆所表明的，自由是不可分的，消极自由是积极自由的必要条件，而积极自由正是消极自由的用处。消极自由必须包含积极自由，否则消极自由无以致用，自由就无意义。更清楚地说，消极自由可以表达为这样的结构：（{x 做某事 z} 是免于约束 y 的）。显然，消极自由（免于约束 y）必定包含积极自由 {x 做某事 z}，否则自由的意义不完整。（{x 做某事 z} 是免于约束 y 的）这个改进版的自由公式应该完全清楚地表明了自由的含义。既然消极自由必定包含积极自由，因此就没有单纯的消极自由，两种自由的划分就很诡异了。

伯林的区分自有深意。伯林为了突出他在积极自由那里所发现的危险，故意把自由划分为两种，使危险变得更加显眼。他相信，积极自由“常常成为残酷暴政的华丽伪装”[①]。那么，暴政如何能够伪装成积极自由？这是关键。积极自由总有所追求，比如追求某种理想，公正、幸福、善、智慧、平等，诸如此类，一般都是很漂亮的理想，但追求理想会使人疯狂，所以危险。人们往往不知道哪些事情是好的，即使知道了，也

① ［英］伯林：《自由论》，200 页。

不知道如何去追求那些好事物（苏格拉底难题），于是，就会有人声称比别人更知道那些好事物，他们以更高知识或以普遍理性为名去代表大家，并引导煽动大家采取集体行动去追求美好事物。那些有能力扮演引导者和人民代表的权力机构（政府是典型）就非常可能以权谋私，假公济私，以引导带领人们追求好事物为名而实现暴政和奴役。即使强迫人做的是好事，这一强迫本身也是坏的。比如说，强制酒鬼戒酒是对酒鬼好，但强制本身是奴役。因此，积极自由就从做事的自由暗中转变为某种权力实施强制的自由，人们的自由就蜕变为权力的自由。积极自由不仅容易被权力机构所利用，还同样容易被众人利用来迫害少数人，多数人会以民主或公意之名去迫害少数人，所谓多数人的暴政。所以伯林不信任卢梭或黑格尔式的自由。

伯林拒绝假自由之名的专制和独断是对的，但因此拒绝积极自由却是错的。冒充自由的专制只是对自由积极方面的滥用，如果因此就否定自由的积极方面，恐怕是因噎废食。失去了积极方面，自由就不完整了，也就不成其为自由了。正确的理解应该是把自由理解为一种完整的自由，它意味着个人在免于被强制的条件下做了他想做的事情。这样的自由才能够充分表达人的现代性。人的现代性就在于现代人既想成为“个人”同时又想成为“主体”，两样都不能少。假如一个人仅仅想成为个人而不想成为主体，或者相反，都不是标准现代人。假如一定要把自由划分成两种，伯林的解释其实也不够清楚。更简练清楚的解释是：如果一种自由是摆脱他人的干涉，就是消极自由；如果一种自由干涉到他人，则是积极自由。但无论如何，两种自由的划分是生硬的，而且容易导致混乱。事实上伯林划分的两种自由就很容易导致“自由”（liberty）和“自由权利”（liberties）的混淆。当一个人拥有自由权利，并不等于拥有了实际上的自由。自由权利是实现自由的必要条件，却不是充分条件。比如说，一个人享有神圣不可侵犯的财产权，这不等于他因此就有了财产。伯林其实知道这一点，但由于他或许故意混同自由和自由权利，于是他坚决反对把“没钱买面包”之类的贫困无助状态归入不自由[①]。他相信，只要拥有免于被强制的消极自由就已经拥有了自由，穷人即使穷死也与富翁拥有**同样多的自由**。这样的话，自由就可以永不兑现，可以仅仅是“画饼充饥”，可以一无所获，可以是一纸空文，这无论如何是非常奇怪的事情，必定什么地方出了错。

如果自由缩水为单纯的消极自由，恐怕不可能获得普遍同意，很多人不会同意一纸空文、画饼充饥的自由（这种自由又有什么用呢），很多人也不会同意把这种一无所有的自由看做是高于任何其他价值的首要价值。不能获得普遍同意的自由就没有正当性。在自由状态下，一个人同意某种东西，是因为这种东西使他所得大于所失。如果一个人生存都成问题，饥寒交迫，挣扎在水深火热之中，那么，无论从博弈策略去看还是从自然法的自我保护原则去看，穷困交加的人都有充足理由**退出社会**，退出消极自由的契约，不再承诺尊重他人的消极自由，因为消极自由对他毫无意义，他的生活没有什么需要消极自由去保护的东西，因为他一无所有。这个“没钱买面包”的人只有背叛社会才能够生存，否则会饿死，他一定不会感激伯林说他拥有不少于富豪的自由。一个伯林式或诺齐克式的消极自由社会将不得不面对可怕的破坏性活动。在这个意义上，罗尔斯理论更合情合理。

悖谬的是，当一无所有的人放弃他的消极自由，换来的是更多的自由，他所能做的事情反而更多，比如他将自己卖身为奴，终于有地方吃饭。据说“自愿卖身为奴”是个自由的悖论。一个人自由地把自己变成不自由的，确实像个悖论，但假如一个人一无所有，所有想要的东西都没有，而把自己卖身为奴却能够换来某些东西，又怎么不对呢？卖身为奴并非自由的悖论而是悲剧，画饼充饥的消极自由才真正是一个自由的悖论。

---

① 参见［英］伯林：《自由论》，190页。

自由是一种存在状态，而权利是一种政治状态。存在状态绝非纯粹的“存在”（to be），任何存在都必须实现为行动，不动的存在是无意义的，所以我愿意说，存在即行动（to be is to do）。个人所以需要一个免于被强制状态，是因为免于被强制才能去做想做的事情。前者的意义在于后者，消极自由的状态是为了达到积极自由的行动。假如划分为两种各自独立的自由，消极自由就可能出现画饼充饥状态，想做的都允许做，但都不可能做，有做某事的自由，但没有条件做这件事。没有人不许你寻找独角兽，但独角兽不存在。这样的自由就缩水为“空想的自由”而不再是“行动的自由”，是否有人兴高采烈地满足于空想的自由就不得而知了。无法兑现的自由作为一种不可能的自由而否定了自由本身。不把兑现问题考虑在内，就会把自由搞成一个悖论。

对于权利，则不存在自由悖论的问题，因为权利只是一个政治状态，它仅仅承认可以做如此这般的事情，却没有承诺做成如此这般的事情，因此，没有做成某事不等于没有做某事的权利。可以看出，只要分清自由和权利，问题就迎刃而解。自由只有一种，自由是不可分割的，权利才可能是多种多样的。伯林的两种自由问题应该修改为“两种权利”问题，即**消极权利**和**积极权利**的问题。自由总要落实为具体的权利项目，每项权利都明确地规定了此处自由的具体内容。只有当自由转换为权利，才能够明确哪种行为是被允许的或被禁止的。尽管自由和权利本质上是一致的，但各自的问题却有些不同，不加区分就会产生伯林式混乱。

自由是从个人角度去定义的事情，它仅仅考虑：对于一个人来说，如果他是自由的，那么他就免于被强制而可以做想做的事情。在仅仅考虑个人时，自由当然多多益善，以个人为准的自由是没有边界的。但是当他人在场，自由的形势就发生根本变化，他人的存在是对我自由的约束，他人的自由就是我的自由的边界，自由不可能最大化了，于是必须通过制度把自由转换为权利。在这个意义上，权利就是我与他人共同定义和承认的有边界的自由空间。概括地说，个人所追求的自主行为的无限空间是自由，人们的相互关系所定义的有限自由是权利。

权利定义了具有明确内容的有限自由，因此，权利才能够被划分为消极权利和积极权利。在兑换成权利之前的自由是无法划分的。把消极自由和积极自由问题转换为消极权利和积极权利问题的一个明显的好处是，自由悖论消失了。如果自由仅仅是画饼，显然说不通，可是，拥有某种权利却不可能实现这种权利所允许的事情，这就说得通了。权利与自由的一个重要区别就是自由所担保的事情大于权利所担保的事情，自由担保的是行动的结果，而权利仅仅担保了行动的资格。比如说，当某人拥有参加入学考试的权利，这不能保证他能够入学；但如果说他拥有入学的自由，显然是说他只要愿意就可以入学，这类似于“吃饭的权利”和“免费（free）午餐”的区别。把自由混同权利是一种比较隐蔽的指鹿为马。

那么，在消极权利和积极权利上，是否存在伯林式问题呢？看来是这样，积极权利会产生伯林所担心的危险，这是必须解决的问题。首先需要明确消极权利和积极权利。消极权利意味着：对于每个人，如果他愿意做如此这般的有限 n 种事情，他将不会受到他人或权力机构的干涉。其逻辑结构为：（{x 做有限 n 种事情} 不会被权力所干涉）；积极权利意味着：对于每个人，他可以提出要求并且参与决定每个人享有的消极权利，参与决定哪些事情可以又哪些事情不能成为消极权利。其逻辑结构为：（x 可以参与决定 {n 种事情是消极权利}）。显然，消极权利保护个人自由，而积极权利则保证消极权利的正当性。虽然积极权利有可能促成多数人的暴政，但积极权利仍然是必要的，无论积极权利多么危险，它都是不可拒绝的。假如取消积极权利，哪些事情可以成为消极权利就不由人民决定了，这反而促成专制。积极权利是好是坏，要看情况。

个人不可能随便去追求他想象的自由，没有获得他人承认的想当然自由是无效的，他人有自由去反对某人想象和定义的自由。一个人有自由反对另一个人的自由，这一霍布斯式的状态决定了从自由不可能推论出权利，或者，自由不可能直接兑换成权利。于是，“个人”不是分析权利的合适原则，权利只能是在人际“关系”中被确定。有效的自由只能是普遍承认的权利所限定的自由。在这个意义上，契约论的思路是正确的。不过，契约所确定的权利需要权力去保护，如果没有权力的保护，权利也同样可能变成一纸空文，因为权利无法自我设防。社会里每个人力量不均等，各种势力也不均等，社会总处于很不均匀的状态，因此自由只能由权利来保证，权利又只能由权力来保证。正是这一点决定了积极权利的重要地位。消极权利事关自由，积极权利事关权力，积极权利正是人们用来保护消极权利的武器，人们只有通过积极权利才能够获得权力并因此去限制统治集团的权力。但积极权利所蕴含的危险是必须永远警惕的。革命就是人们用来反抗权力的一种最具破坏性的积极权利。通常相信，如果人们拥有民主这一非暴力的积极权利，人们就会放弃革命。不过，民主从来就不是一件无可置疑的好事，民主很难建立一个好社会，而要形成一个坏社会反倒不是很难。

人们试图通过积极权利去参与把握自己的命运，可是，积极权利具有一个“成也萧何败也萧何”的悖论形式：人们只能通过积极权利去维护自己的消极权利和利益，同时，积极权利无法阻止某些人利用积极权利去破坏另一些人的消极权利和利益。这个难题与其说与伯林问题相关，还不如说与贡斯当问题相关，更准确地说，是与民主问题相关。多数人的意见以及利益集团的影响力总能千方百计把积极权利演变成部分人而非每个人的政治工具，因此形成种种或明显或隐形的专制。以为民主就是人民制约政府以便捍卫人民的利益，这是现代政治的一个典型胡说。把社会分成人民和政府，这已经是胡说，如果把人民看成一个整体，更是胡说。人民有许多集团，利益未必一致，只有当人民的利益碰巧一致，民主才是针对政府的，而更多的情况是，民主主要用于人民各个集团之间的利益斗争，比如穷人斗富人，农民斗城市，能源斗交通，诸如此类。如果人民的某个集团能够通过民主去损害另一个集团的利益而增长己方利益，人民对此种成功的博弈策略恐怕乐此不疲。精明的政府会把民主引向群众斗群众。民主的坏的使用正是优势的博弈策略。自由需要民主，但民主未必保护自由，至少对于少数人来说，民主与其说是争取利益的手段，还不如说是损害他们利益的手段。

自由主义对积极权利有警惕性。自由主义强调，消极权利是“基本的”因而必须是优先的权利，而积极权利虽然也需要但却是次要的。生命权、私有财产权、契约权这些消极权利确为基本权利，但这并不意味着积极权利就都可以是次要权利。一个有效的权利体系所以必须包括消极权利和积极权利，是因为许多消极权利和积极权利总是互为条件而生效的。即使是为了保护消极权利，就算不喜欢也不得不承认一些积极权利。现代人最重要的积极权利就是民主选举权，它是所有自由社会都认可和必需的。除此还可以举出许多不可忽视的积极权利，例如，获得基本生存条件的权利、言论自由和新闻出版自由权利、受教育的权利、获得医疗的权利、获得健康食品的权利，乃至享有阳光、清洁空气和水的权利，等等。自由主义乃至右倾保守主义也不好意思否定这些积极权利。

阿马蒂亚·森相信有理由可以证明某些积极权利至少与消极权利同样基本或者同样重要，比如民主权利以及各种有利于提高人们生活“能力”（capability）的权利[①]。森对消极自由和积极自由的流行划分也不满意，他认为以“能力集”去理解自由才比较恰当[②]——如果一个人的“能力集”非常小，他就几乎没有自由了。借助“能力集”这个中性概念，森也能够消除自由悖论。极端自由主义相信，一无所有的穷人拥有与富人一样多的自由，尽管是永不兑现的自由。这个悖论在森的自由概念中消失了，因为那种无法兑现的自由不再被定义为自由了，而恰恰是不自由。对消极权利甚至还有更极端的不同意见，霍尔姆斯和桑斯坦甚

① 参见［印度］阿马蒂亚·森：《以自由看待发展》，北京，中国人民大学出版社，2002；《贫困与饥荒》，北京，商务印书馆，2001。

② 参见上书，62～63页。

至断言“所有权利都是积极权利”①，因为所有权利都要花钱，都需要政府税收去实现并且加以保护。他们发现，自由主义最喜欢的假设“权利用以制约政府权力”是误导性的，政府权力虽有危险，但“无政府意味着无权利”②。

自由主义推进个人自由居功甚伟，但过分强调个人自由而形成两个有害教条：（1）消极权利总是优于积极权利；（2）消极权利是不证自明和无条件的。一般而言，消极权利说的是“不要什么”，积极权利说的是“要什么”。人们在“不要什么”的问题上似乎有着明显共识，因为人人都愿意免于各种约束和伤害。至于“要什么”，人们则有很大分歧。不过消极权利与积极权利的区分并不总是很清楚。个人拥有免于被非法剥夺的财产权，这是理所当然的消极权利。如果一个人要求得到面包，就被说成是可疑的积极权利，但假如换个描述方式说成：他要求免于被剥削的权利以便有钱买面包，这就变成了消极权利了。消极和积极的划分虽然有助于理解自由和权利，但恐怕仍然不是最优的分析框架。伯林颇受欢迎的消极自由和积极自由的区分与其说是学理性的，还不如说是政治性的，人们为了给法国大革命、纳粹运动和斯大林社会制造一个可以清楚辨认的标志而强化了消极自由和积极自由的路线斗争。这种情感意义大于理论意义的区分反而给自由和权利问题增加了许多混乱。

如果回到真实的自由问题，会发现事情本来清楚得多。自由就是为了保护个人，这没有错，问题是，个人可能遇到的迫害很多，除了政府权力的迫害，还有不公正制度的迫害、强者对弱者的迫害、舆论的迫害、歧视性价值观的迫害，诸如此类，总之，社会的各个方面都有可能形成对个人的迫害。当具体地而非抽象地要求保护个人，就会发现个人需要被保护的事情太多了。假如把政府看成是个人自由的唯一敌人，其他各

① ［美］史蒂芬·霍尔姆斯、凯斯·R·桑斯坦：《权利的成本：为什么自由依赖于税》，35页，北京，北京大学出版社，2004。

② 同上书，6页。

种迫害个人自由的力量就会冠冕堂皇地乘虚而入。权力能够伤害权利，可是**权利也能够伤害权利**。今天的世界已经显示出，社会的各种势力、各种集团甚至各种观念都在迫害个人自由，各个集团要求的不同权利正在互相伤害。自由不是一个独立有效的问题，它马上就会涉及民主、公正和幸福问题。民主的问题是：什么样的民主才能把对个人自由的伤害降到最低程度？公正的问题是：什么样的制度安排能够使社会合作最大化同时使社会冲突最小化？幸福的问题是：什么样的社会能够使自由有创造幸福的用武之地？这些都是现代以来几乎没有推进的问题，现代民主与其说促进自由还不如说把对自由的直接伤害变成隐形的伤害；现代公正只关心程序公正而忽视实质公正，从而把程序公正变成形式主义表演和摆设；现代社会虽有更多的自由，但自由并没有更多的条件和机会去创造幸福。

人并非都是坏人，但世界总是坏的。自由问题所以复杂就在于自由是一切欲望的借口，人的欲望互相冲突但都有合情合理的理由，因此即使人都是好人，世界也是坏的。自由是抽象的，一旦落实就要出事。一个社会必须确定什么是能够成为权利的自由和不能成为权利的自由。确定私人空间的个人自由权利比较明确清楚，问题出在公共空间，人人希望自己在公共空间里也是自由的，于是编造各种理由宣称各种权利，试图把公共空间的规则改造为与自己私人空间的规则尽量一致。把自己的偏好加于公共空间就等于实际上扩大了自己的自由，但这往往就抑制了别人的自由。所以，仅仅明确消极权利仍然不能保证自由，人们还需要确定消极自由在多大的空间里有效。争夺公共空间之战才是自由的决定性战争。

把自己的偏好以权利之名加于公共空间，自己合适了，别人就不合适了。在这个多元化时代，想支持什么或反对什么从来都不缺冠冕堂皇的理由，无论什么利益和价值偏好都能变成自由权利的正当要求。在一个缺乏价值标准的时代，反对偏好就变成政治歧视。所谓“政治正确”，即以自由权利为名去支持或反对剥削、税收、市场、贸易保护、死刑、同性恋、女性主义、资源浪费、卖淫嫖娼、环境污染、生态保护、野生动物、经济发展、能源、塑料、噪音、放肆言论、打击流氓国家、颠覆他国政府，如此等等，好像都有似是而非的理由。多数人认为必须禁止吸毒，素食者们觉得肉食真正恶心，环保主义者声称对塑料袋和汽车尾气忍无可忍，非吸烟人士控诉二手烟令人无法忍受，好静的人提出噪音是恐怖的听觉污染，爱美的人则认为广告和城市彩光是疯狂的视觉污染，诸如此类，都有道理。

很少有人满足于限于私人领域的个人自由，人们希望把自己的利益和价值观扩大到公共空间，使自己的规则变成公共规则，增加自己的自由并且压制他人的自由。假如人是理性的利益最大化者，正如现代理论通常所假定的那样，那么人类本性必定既是自由主义者又是专制主义者，这两者都最符合利益最大化，分别用来对己对人。人们不遗余力地制造各种各样的权利去争夺公共空间，把公共空间改造成合适自己准则的地方，这样才能在实质上扩大自己的自由。消极权利如果不能在公共空间里去积极实现，它的用武之地就变得很小。比如私有财产权规定个人可以任意使用甚至滥用自己的财产而不受干涉，但假如制度规定不能生产豪华汽车、游艇、私人飞机、豪宅以及其他奢侈品，如此等等，财产就无处可以“滥用”，私有财产的自由就实际上很小以至于没有明显意义。同样，个人拥有过自己喜欢的生活而不受干涉的权利，但假如制度规定，那些“自己喜欢的”生活方式只能在私人空间里实现，那么这种自由也就大打折扣。但是，人们以权利为名在公共空间中扩大自己的实际领地，这样势必造成权利膨胀与过度繁殖和权利之间的战争。**政治正确有可能造成社会不正确**。世界和社会无法承担过度繁殖和膨胀的权利，不仅在资源和经济成本上不可能承担越来越多的权利要求，而且在社会秩序和法律上也很难合理安排和协调越来越多而又互相冲突的权利要求。当各种权利都有似乎同样好的理由去改变社会游戏规则，这个游戏就会发生根本性的混乱。过去人们因为利益而冲突，现在以权利为名去斗争，背后仍然是利益。问题从来没有改变，只是说法变了。

自由的真正问题并不在于消极权利与积极权利之争，不在于消极权利应该优先于积极权利还是相反。正如前面分析的，自由的完整表述是（{x 做某事 z} 是免于约束 y 的）。人们总是选择自己喜欢的事情去填空，使之变成消极自由所应该保护的，可是人们喜欢的事情往往互相冲突。日本人会认为捕鲸应该免于被干涉，动物保护者不同意；印度人认为吃牛肉是犯罪，爱吃牛肉的西方人反对；有人认为裸奔和色情电影应该免于限制，保守主义者坚决抵制；诺齐克认为富人应该免于强迫征税，罗尔斯则有异议。显然，除了人人反对的杀人放火之类罪行，几乎所有的积极要求都有理由说成应该“免于干涉的”消极自由。伯林的两种自由之分在真实的自由问题面前变得毫无意义。自由的问题根本不在于自由到底是两种还是三种或四种，而是什么样的自由是正当可行的。一种自由应不应该成为一种受保护的自由权利与这种自由本身的性质无关（消极的或是积极的），而与这种自由在社会游戏中的**正当性**和**可行性**相关。

不考虑一种自由权利在社会游戏中的正当性和可行性是不负责的。现代社会的一个危机就是人们想要尽量多的自由权利和尽量少的义务（这与个人利益最大化的现代欲望是一致的），这是误导自由的根本原因。只想要权利不想要义务的自由意味着“无负担的权利”，这样的权利将使社会不堪重负。这种被误导的自由首先源于霍布斯对自然权利的论证：自然权利是无条件的，而义务是有条件的。这一不对称的关系诱导人们忽视权利的**积极义务**而只强调权利的**消极义务**。权利与义务有两种必要的正当关系：（1）一种权利如果是正当的，那么它必定承诺了“做某事”的积极义务。在其中，权利相当于收益，所承诺之事相当于成本。拥有一种权利就承诺了某种相应的负担，反过来，承诺了某种负担就理应获得相应权利。这种积极义务是权利的**第一正当条件**。（2）一种权利如果是正当的，那么它必定不是某人或某些人的特权，而必定是每个人的普遍权利。因此，拥有一种权利的每个人都必须承诺尊重任意另一个人拥有这一权利的消极义务。这种消极义务是权利的**第二正当条件**。权利的这两种义务缺一不可，否则不是正当的。

如果仅仅以消极义务去证明一种权利的正当性，就会出现康德式错误。康德相信，如果我愿意采取行为 a，并且同意 a 成为普遍行为，人人都可做 a，那么 a 就是正当的。以消极义务去证明一种权利正当性的方式与康德原则几乎相同：如果我想要权利 r，并且同意 r 成为普遍权利，人人都有权利 r 并且都有尊重别人权利 r 的义务，那么 r 就是正当的。这种康德式论证至少有两个错误：（1）形式主义错误，即控制不住行为内容。康德原则无法拒绝坏事被说成普遍有效的，比如某人愿意酒后开车和吸毒，他也愿意每个人都像他那样。（2）独断论错误，即个人独断地代表了所有人。按照康德想象，人人心同此理，可是心同此理不能保证人同此心，因此一个人并没有权利去代表他人并为他人做主，别人有权利不同意我的主张。为了克服这两个困难，也许可以在康德论证中加上“众心一致”论证（尽管康德不会喜欢这种不纯粹的理由），即某种行为或某种权利获得所有人的同意就是正当的。这样虽能克服独断论，但其结果必定极其贫乏。就权利而言，能够无条件得到所有人同意的权利少之又少，恐怕只有生命权。即使是私有财产权也未必能够获得全体同意，共产主义者就不会同意，而诺齐克和罗尔斯虽都赞成财产权但理解各异。众心一致原则解决不了生活的绝大多数问题。

我们有理由怀疑关于自由和权利的现代理论在方法论上存在严重错误。现代理论在考虑自由和权利问题时，其**计算单位**是完全独立自主的**主体**（个人或国家），而在考虑义务问题时，其**计算单位**却是**主体间关系**，这造成方法论上的不配套和不协调。尤其可疑的是，主体间问题被看成从属于主体问题，就好像在主体间关系之前，主体就已经具有自身完整的意义，就好像自由和权利能够不把他人的利益计算在内而被确定。这样一种“主体为本”的方法论歪曲了生活事实。无论自由、权利还是义务这些生活事实都是由主体间关系所定义的，没有一个生活事实是由个人做成的，相反，生活事实都是主体间事实，个人只能在主体间的生活事实中出场并且受制于生活事实。不是个人创造了生活事实，而是生活事实创造了个人。因此，从个人的内在性（内在性质或内在要求）或个人的自然性（自然欲求）都不可能推论出任何自由和权利。由霍布斯定调的权利理论方法论是完全无效的，它无法推论出任何一个生活事实。在主体间关系所定义的生活事实之外，“我”什么也不是，“我”甚至不存在，更加不存在“我”的自由和权利。除非在一个没有他人的世界中，否则没有一种自由或权利是由个人决定的。如果没有他人的同意，谁都不可能拥有自由和权利，自己想象的一切权利都是一相情愿。无论对于权利还是义务、自由或者权力，**关系事实**都是一个更为合适的计算单位。尽管中国哲学没有提出自由和权利的问题，但中国思想以关系事实作为分析框架的方法论却更可能解决自由和权利问题。按照关系事实，所谓自由和权利就是他人同意由我自行决定的行为空间。

## 7.4 革命的浪漫想象

阿伦特说革命意味着“历史进程突然重新开始了，一个全新的故事，一个之前从不为人所知的故事将要展开”[①]。这也是人们对革命的一般期待。革命总要重新开创历史、制度和观念，开创新的生活方式和新游戏，树立新的价值观和理想，否则怎么能算是革命呢？在人们对革命非同一般的热情背后是渴望和想象：革命将创造新事物，新事物是闻所未闻的好事情。新事物被等同于好事情，这是现代革命的一般逻辑，也是现代进步论的一般逻辑。

革命自古有之。古代有革命之事，却无“革命”问题。古代人在不得不革命时就干了革命，却没有把革命看做思想问题。革命只有在现代

① ［美］阿伦特：《论革命》，17页。

才成为需要反思的问题，现代革命是人们的主动追求，所以需要理由。古代革命虽然也是制度和观念的根本性变迁，但与现代革命有着原则上的区别。传统革命需要间隔很长时间才发生，而且总是与必须解决的政治问题有关，是迫不得已的革命。尽管古代革命也需要天才想法，但古代革命不是由前卫观念带动的，不是为了实现某种没有把握的理想，因此，古代革命的目的不是反对传统，它即使开创了新的生活和思想，也会迅速变成一种新传统而稳定下来，总之，古代革命是为了给已经失去稳定性的社会重新创造一种稳定结构，是为了对付社会失衡而去创造一种新的均衡，是为了拯救确定性而去创造新的确定性。周朝创制天下体系，秦汉建立专制帝国，古希腊创造城邦，罗马建立共和国，罗马接受基督教，路德进行宗教改革，这些古代革命仅仅是制度或文化上的某种必要改革，是解决政治问题的一种实用方式，而且明确知道这一变革要什么或者不要什么，而革命本身并没有成为革命的目的和指导性观念，也与激情基本无关，更不意味着对新事物的崇拜，不像现代革命那样使“人们的想象力预先就沉浸在即将来临的闻所未闻的幸福中……一心朝着新事物奔去”①。现代革命所想象的新事物到底什么样，好不好，都不清楚，也不需要清楚，现代革命因为前卫而盲目。

现代革命是一种生活方式和思维方式。现代革命是现代性的一部分，是现代社会的一种游戏规则，一种用来颠覆一切权威和一切传统的游戏规则。革命就是否定传统和权威，而革命本身又变成了现代的一个新传统，一个专门反对各种传统的传统。这其中显然具有悖论性质。不过，反传统的传统这一悖论在现代革命的连续性中得到缓解。只要不断持续地反传统，反传统的行为就似乎变成合理的了。现代人意识到，现代革命一旦颠覆了传统就必定带来各种问题，于是，为了解决革命造成的问题就只好不断革命，只有不断革命才能拯救革命。托洛茨基最早提出

① ［法］亚历克西·托克维尔：《旧制度与大革命》，211页，北京，商务印书馆，1997。

“不断革命”，毛泽东也提出一个表现为“继续革命”的不断革命论，但与托洛茨基很有些不同。托洛茨基以为在革命最后完成之前，革命必须不断一路向前推进、深入和扩大，这样才能够获得最后胜利。这是贪功冒进式的不断革命。毛泽东虽然对不断推进革命也很有兴趣，但他真正忧虑的是现代革命的另一问题，他深知“革命无法停车”这一秘密。革命所以无法停车，并非革命需要不断升级，而是因为革命一旦停车就会倒退，被打倒的旧事物将会卷土重来，革命为了保护自身而不得不继续革命，否则会被社会倒退压垮。这是一个“西西弗斯”式的困境：停止革命就等于否定革命。毛泽东强调继续革命，就是试图抵抗卷土重来的权力腐化、官僚作风和脱离人民的政府，因此发动了高风险的文化大革命。现代革命无法彻底解决社会问题，当革命热情消退，各种腐化堕落的现象就死灰复燃（人性如此），这注定现代革命是一个饮鸩止渴式的连续革命过程。

在某种意义上说，现代就是革命本身。现代精神就是要超越过去的一切，不断创造新起点。这一观念本身就包含了悖论性的或自身否定的因素：假如今天必须抛弃昨天，那么今天就是要被明天抛弃的，一切都是将要被抛弃的。于是，一方面，现代在整体上是一个连续革命的不断创新故事；另一方面，现代的不断创新又是对自身每个创新步骤的不断否定，因此，现代革命是自身否定的革命。现代革命**把革命本身变成了一个使命**，如果不革命就似乎陷入难以忍受的无发展和停滞。这样的革命对破坏的兴趣大大超过了对建设和积累的兴趣，甚至误以为否定传统这一行为本身就已经构成了创新。正如毛泽东精辟概括的：“不破不立”，新旧事物之间是“生死斗争”[①]。不破不立就是现代革命的本质，而正是这一革命本质使革命总是演变成为极端化行为。在社会或文化的某些方面，确实存在着不破不立的情况，但并非总是如此：（1）新旧事物之间

① 参见《毛泽东选集》，第2卷，695页，北京，人民出版社，1991。

并非都存在“生死斗争”，事实上许多传统与创新是能够兼容的；（2）即使破坏是创新的一个条件，破坏本身也不等于创新，也不会自动导致创新，破坏行为很可能仅仅留下一片废墟；（3）革命的破坏往往多于创新，一个重要原因是，革命所追求的新事物很不清楚，在破坏了旧事物之后，新事物仍然不清楚，因为那些所谓的新事物其实只是一些抽象的形而上学概念，根本对付不了真实的具体问题；（4）即使某些创新成为可能，也不能保证新事物是更好的，人们甚至无法判断新事物的好坏，因为关于好坏的标准都是传统的，因而是要被颠覆的。这一点是现代革命特别危险之处。当基于优越概念的各种价值标准都被破坏，就只剩下“新”这一标准，可是，新与质量高低无关，如果不顾质量标准，新就只是失控的差异性，是毫无质量的任性。

现代社会发生了全方位的革命。人们在追求新事物上一往无前，在人为发明的各种观念下改变了人类自然而然的进程和方向。有一些特别重大的现代革命被认为具有划时代的历史地位，比如法国大革命。阿伦特说，“法国大革命以灾难告终，却成就了世界历史”[①]。确实如此，后继的大多数现代政治革命几乎都源于法国大革命的启示，而且都和法国大革命一样导致了社会混乱和动荡。如果不限于政治革命，而在广义上去理解现代革命，工业革命就往往被认为（例如霍布斯鲍姆）是与法国大革命具有同等决定性的现代革命，因为它使得“人类社会的生产力摆脱了束缚它的桎梏”从而完全改变了人类的生活方式[②]。假如说法国大革命试图在政治和精神上解放人类，工业革命就是在物质上解放人类。工业革命显然比法国大革命成功得多，尽管工业革命的结果未必都是好事，但它至少不像法国大革命带来那么多的灾难。不过，工业革命似乎还不是真正能与法国大革命相提并论的现代革命。科学革命就比工业革

① ［美］阿伦特：《论革命》，44 页。

② 参见［英］霍布斯鲍姆：《革命的年代》，34 页，南京，江苏人民出版社，1999。

命更深刻和更深远地改变了人类的命运，科学革命不仅从根本上改变了人类的物质生活，而且改变了人类理解事物的世界观，因此，科学革命才真正是能与法国大革命并驾齐驱的重大革命。现代各种革命互相促进，相辅相成，其重要性其实难以比较。我们没有十足理由认为现代的文化革命不如政治革命和科学革命重要。现代的文化革命，比如文艺复兴和启蒙运动，从根本上改变了人类的精神世界，其重要性恐怕不亚于改变了物质世界的科学革命或改变了社会制度的政治革命。应该说，科学革命、文化革命和政治革命这三大革命分别改变了物质、精神和制度，从而创造了现代生活。通过这三大革命，人类试图按照人为的观念重新设计人和生活，重新定义自然原本规定的人类命运。现代人就是试图自我设计命运的新人类，无论现代人是否还信仰上帝，都已经在实质上背叛了上帝，难怪尼采说上帝死了。

现代革命带来的好处都使人们喜出望外，可同时带来的坏处却又使人们痛心疾首，问题是人们原来只想着革命的好处而没有想过坏处，后来知道了坏处却割舍不下那些好处。科学革命的后果或许是最危险的，但并非最严重的，真正严重的挑战来自政治革命和文化革命（这两者往往交织在一起而不可分），因为它们颠覆了人类在长期历史经验中顺理成章所形成的价值观和思想模式，而使人类陷入精神和思想混乱。人们满怀理想主义之心把各种形而上学概念搞成指导行动的意识形态，虽然幻想了一切事物，却解决不了任何问题。革命以理想主义态度去追求一切新东西，但那些新东西并不是唾手可得的新事物，而仅仅是一些被完美化的概念。以概念去看事物，就是以完美标准去看事物，也就是选择了不可能的事物。因此，**以新概念去打倒旧事物**并不因此就自动有了新事物。概念无法化为事物，这是理想主义者的典型痛苦。概念要真的变成事物，显然需要听从事实提出的问题，而不是听从概念提出的要求。只有当现实问题真的需要概念的指导时，概念才能变成事实。概念与事实之间的鸿沟就是革命与实践之间的鸿沟。革命力图强行让理念向现实靠拢，“但由于现实并不往理念靠拢，两者之间出现的一条沟，比从前窄是窄了，但却深了许多”①。革命理想与现实所以无法靠拢，是因为现实问题都源于人性的缺陷，而完美概念至多将人性缺陷反衬得更加显眼，却不可能修正人性。理想不是点铁成金的魔术，而革命的根本错误就是人们以为革命就是点铁成金的魔术。当革命魔术在货真价实的现实问题面前完全失效时，泄气的人们就会发现旧社会的种种通病迅速卷土重来。毛泽东对革命的悲剧命运有着天才的洞察，他深知“一万年太久”，如果不能继续革命就必定前功尽弃。可问题是，在不断革命颠覆了一切传统之后，革命就只好否定自身了。这就是革命的悲剧。

革命故事的悲剧性以法国大革命最为经典。法国大革命充分表现了革命的理由和革命的命运。彻底的革命当然是为了使每个人在各个方面都获得解放，既然革命是为了人的解放，所以革命首先就是为了**自由**；同时，既然革命是人人的革命，因此革命又是为了**平等**。自由和平等是现代革命的两大通用目标（尽管不同的主义对自由和平等有不同的解释）。自由和平等是人人想要的，因此革命从来不缺群众基础，从来都一呼百应。自由和平等的共同欲望并不意味着共享欲望，这里存在着巨大隐患。人人都希望自己能够获得自由和平等，却未必人人希望别人都获得自由和平等；即使人人都愿意每个人获得自由和平等，人们的利益和意见也仍然冲突。因此，自由和平等作为抽象目标时似乎众望所归，但一进入具体问题就未必皆大欢喜了。

法国大革命根据自由和平等这样抽象完美的概念推出了同样抽象完美的人权概念，唤起了人民对一个不清不楚的抽象完美世界的宗教般激情。阿伦特说过，“一切现代革命本质上都源于基督教”②。基督教以人人与上帝的等距离平等而反对一切世俗权力和权威，这是现代革命的一

① ［意大利］安琪楼・夸特罗其、［英］汤姆・奈仁：《法国1968：终结的开始》，133页，北京，三联书店，2001。

② ［美］阿伦特：《论革命》，14页。

个基本精神来源。在更早时候托克维尔就已经指出："法国革命正是依照宗教革命的方式展开的……宗教把人看做是一般的、不以国家和时代为转移的人，法国革命与此相同，也抽象地看待公民，超脱一切具体社会。它不仅仅研究什么是法国公民的特殊权利，而且研究什么是人类在政治上的一般义务和权利"①。法国大革命从基督教那里获得了普世主义和抽象人的灵感——这或许是无意识的——从而发动起人民去打倒一切传统和权威，"法国革命的目的不仅是要变革旧政府，而且是要废除旧社会结构，因此，它必须同时攻击一切现存权力，摧毁一切公认的势力，除去各种传统，更新风俗习惯，并且可以说，从人们的头脑中荡涤所有一贯培育尊敬服从的思想"②。

法国大革命摧毁各种传统，这使柏克极其失望。在柏克看来，随便摧毁传统是无理的疯狂行为，必遭报应，因为传统是人类长期积累起来的智慧，是文明遗产，它包含值得尊重的各种美德、经验和秩序，因此柏克对法国大革命几乎全盘否定。传统是否可以颠覆？这是一个值得分析的问题。强调传统的重要性不等于反对创新，而是反对在没有准备好比传统更优越的东西时就摧毁传统。假如发明了确实比传统更优的新事物，除了那些对优越事物毫无感觉的愚昧之人或自己利益因此将受到挑战的人，很少有人会反对真正优秀的新事物。确实有了可立之事，破旧才有意义，立的同时就是破，可是破的同时却未必就是立。保守主义者们反对颠覆传统的另一个理由是，一个传统往往有好的方面又有坏的方面，颠覆传统经常摧毁的仅仅是这个传统中比较好的方面，而坏的方面却总是被保留下来。这是因为，好的事物比较脆弱，而坏的事物更为顽固甚至坚忍不拔。人们经常抱怨说，学好比学坏要难得多，道理是一样的。背后的秘密是，文化中坏的方面源于人性局限，多数人都自私自利、

① ［法］亚历克西·托克维尔：《旧制度与大革命》，52页。

② 同上书，48页。

贪生怕死、好逸恶劳、见利忘义、愚昧庸俗，这是令人失望但难以改变的人性事实。传统总是包含着抑制人间罪恶的许多智慧，这些智慧未必最优，但总有不可忽视的用处，否则社会早就崩溃了。当革命良莠不分地摧毁传统，可能仅仅摧毁了好的方面，而坏的方面却因为社会失序而更加泛滥。因此，推翻传统的革命很容易变成不负责任的集体行动。

在柏克看来，法国大革命就是典型的不负责任的集体行为。人民可以成为国家和社会的主人，但人民必须首先学会做负责任的主人，必须重视“什么是他们从自己先人所得的东西以及什么是应该留给后代的东西”，这样人民就会知道他们没有权利去“随心所欲地摧毁他们社会原来整个的结构，从而割断永业、损坏遗产”。可是法国大革命的不负责任行为给后人留下的是“一片废墟，而不是一幢住宅”。这种不负责任的革命有着长久的后遗症，人们不负责任的行为成了坏榜样，等于在“教导他们的后代不尊重他们的设计，就像他们自己不尊重他们前人的制度一样”[①]。柏克还深刻地发现，法国大革命那种全盘否定传统、否定过去的自以为是态度实质上是一种冒充豪迈的卑微心态，于是他对法国人说：“你们是以鄙视属于你们的一切事物而开始的……只有尊敬你们的前人，你们才学会尊敬你们自己。你们就不会认为法国人是一个昨天的民族，是一个天生低贱、奴颜婢膝的可怜虫民族，直到1789年的解放为止”[②]。这一点是一针见血的。可悲的是，现代革命总是乐意全盘否认自己国家、民族和文化的过去，这不仅是对历史不负责任，而且也是在否定自身。

革命追求解放，追求自由和平等，追求人权，这些本身没有错。错误不在于革命的目标而在于革命的方式，而革命采取什么样的方式很大程度上取决于主导革命的是什么人。从柏克、托克维尔到勒庞和阿伦特等思想家，他们尽管对法国大革命的评价各不相同，但有一点看法却大

① ［英］柏克：《法国革命论》，127页。
② 同上书，47页。

致接近，这就是，如果一场革命，比如法国大革命，是由想入非非的知识分子带领群众进行的，那么革命多半会采取错误的方式而造成灾难性的结果。那些沉溺于理想主义抽象概念、不切实际而又伪善的知识分子喜欢约等于做梦的思维方式，热衷于社会批判，假装自己是人民的良心，并且为自己伪装的良心形象、人民代表形象或公共知识分子形象所感动，忘记伟大目标而埋头于民愤小事。按照阿伦特的说法，那些知识分子过于关注所谓的“社会问题”，即社会中种种不平和贫困现象，急于一劳永逸地解除群众的痛苦，而忽视了重大的制度问题，以至于“错过了以自由立国的时刻”（罗伯斯庇尔语）①。阿伦特尖锐地指出：“群众投奔了法国大革命，发动它，驱使它前行，最终葬送了它，因为这是穷人构成的群众”②。由穷人组成的群众必然注定了革命不得不去优先关注群众痛恨的那些社会问题，可是那些琐碎问题将淹没伟大目标。但假如不按照群众的兴趣去解决群众的社会问题，就恐怕没有太多群众追随革命了。于是，无论革命领袖们本来有什么鸿鹄之志，结果必然是，“革命掉转了方向，它不再以自由为目的，革命的目的变成了人民的幸福”，同时，本来追求的普遍人权变成了穷人的权利③。

当人民处于水深火热之中，到处皆是不平事，即使坏政府也不得不进行某种改革调整以改善人民的处境而缓解政治压力，但是在强大压力下的改革是最危险的政治时刻，正如托克维尔所发现的：“革命的发生并非总因为人们的处境越来越坏。最经常的情况是，一向毫无怨言仿佛若无其事地忍受着最难以忍受的法律的人们，一旦法律的压力减轻，他们就将它猛力抛弃。被革命摧毁的政权几乎总是比它前面的那个政权要好，而且对于一个坏政府来说，最危险的时刻通常就是它开始改革的时刻。……人们耐心忍受着苦难，以为这是不可避免的，但一旦有人出主

① 参见［美］阿伦特：《论革命》，49 页。

② 同上书，48 页。

③ 参见上书，49 页。

意想消除苦难时，它就变得无法忍受了。被消除的流弊似乎更容易使人觉察到尚未被消除的那些流弊，于是人们情绪更加激烈。痛苦的确已经减轻，但是感觉却更加敏锐”①。托克维尔这段至理名言十分清楚地解释了为什么革命总是发生在社会情况开始好转的时候这一似乎于理不通的现象。饱受苦难的人民身上的锁链一旦略为松动就迫不及待地翻身，即使激烈的革命有可能导致更坏的结果，即使革命成果可能被新的统治者所篡夺，群众也宁可试试运气。从群众的角度去看，群众有理由以革命赌明天，因为即使在一个传说中的民主社会里群众也从来没有真正当家做主，而作为集体行动的革命使群众有了哪怕是暂时的做主机会，可是这将形成最危险的暴民民主。

由群众主导的运动必然是危险的。勒庞说：“彻底摧毁一个破败的文明，一直就是群众最明确的任务……创造和领导着文明的，历来就是少数知识贵族而不是群体。群体只有强大的破坏力，他们的规律永远是回到野蛮阶段”②。在革命行动中，群众由于数量优势而使其中每个人似乎获得了力量。“在孤身一人时，他不能焚烧宫殿或洗劫商店，即使受到这样的诱惑，他也很容易抵制这种诱惑。但是在成为群体的一员时，他就会意识到人数赋予他的力量，这足以让他生出杀人劫掠的念头”③，于是，“在群体中间，傻瓜、低能儿和心怀妒忌的人，摆脱了自己卑微无能的感觉，会感觉到一种残忍、短暂但又巨大的力量”④。关键在于“群众是个无名氏”⑤，因此谁也不必承担责任。集体的力量和无责任状态，这两者的结合使群众运动难免走向荒谬甚至作恶多端。做好事需要创造力和智慧，而做坏事只需要不负责任，因此人们在想干点什么而又干不了

① ［法］亚历克西·托克维尔：《旧制度与大革命》，210页。
② ［法］古斯塔夫·勒庞：《乌合之众》，9页，北京，中央编译出版社，2000。
③ 同上书，27页。
④ 同上书，37页。
⑤ 同上书，20页。

具有积极意义的事情时，就只能批判、破坏和打倒一切。不过群众在以革命为名进行破坏活动时，并不认为是在破坏，革命的破坏活动意味着自由和解放，当打破各种限制，人人就**象征性地**平等了。卡内提说：对群众来说，“房子激怒他的是紧闭的大门……对于群众，一切都是巴士底狱”①。但这样的解放只是廉价而虚幻的自由和平等，人们并没有由此真的得到什么，最多过了把瘾，然后一切照旧。

更糟的是，集体行动有着强大的催眠作用，头脑清楚的人一旦卷入群众运动也会被催眠。勒庞发现，集体行动的催眠作用使得有意识人格消失，无意识人格得势，“法国大革命时期，国民公会的委员们如果分开来看都是举止温和的开明公民，但是当他们结成一个群体时，却毫不犹豫地听命于最野蛮的提议，把完全清白无辜的人送上断头台”②。柏克也同样指出，法国大革命的民主运动使群众拥有不受限制的放肆的权威，这说明“完美的民主制是世界上最无耻的东西”③。在肆无忌惮的民主中，法不责众使得无人害怕遭到惩罚，人性中坏的一面充分发挥出来。所以柏克相信多数人的暴政甚至比王权暴政更加残暴，“在群众的迫害之下，每个受害者处于一种比在其他任何迫害下都更为可悲的境地。在一个残暴的君主统治下，他们可以得到人们的慰藉和同情以减缓他们创伤的刺痛，他们可以得到人们的称赞，在他们的苦难中激励高洁的恒心。但是那些在群众之下遭受伤害的人们却被剥夺了一切外界的安慰。他们似乎是被人类所遗弃，在他们整个物种的共谋之下被压垮”④。法国大革命讥讽性地以它的实践破坏了它所高调宣布的自由、平等和人权。

柏克认为英国革命更为稳妥，阿伦特则发现美国革命更可取，一个重要理由是，英国革命和美国革命都不是由喜欢妄想的小知识分子领导

① [德] 埃利亚斯·卡内提：《群众与权力》，5页，北京，中央编译出版社，2003。
② [法] 古斯塔夫·勒庞：《乌合之众》，22页。
③ [英] 柏克：《法国革命论》，125页。
④ 同上书，165～166页。

的群众革命，而是由政治家和社会杰出人士基于对现实问题、政治形势和真实人性的理性估计而进行的制度革命。好的革命并不强求按照理想去创造一个好社会（现实总是不向理想靠拢），而仅仅试图创造一个更有利于社会发展、政治风险最小化的稳定制度，这种制度首先强调普遍有效的法治以及那些能够界定清楚并由法治提供保护的个人权利。悖谬的是，尽管法国大革命带来巨大灾难，却只有法国大革命成为了革命的普遍榜样。也许法国大革命看上去最像革命，所以最符合革命激情。

在资本主义获得充分发展之后，物质财富的大幅度增长创造了富裕社会，革命热情似乎成为往事，革命似乎不再激动人心，但革命却在1968年的法国戏剧性地重登舞台。与法国大革命不同，五月风暴不需要去解决贫困、等级和歧视之类属于资本主义初期的社会问题，而是要解决属于资本主义后期的歪曲人性的文化问题，更确切地说是精神危机问题。正如精神拯救不了物质，物质也拯救不了精神，物质虽然发展了，精神却萎缩了，正是精神危机导致了新革命。巴黎学生们从打击腐朽愚蠢的教育制度入手，进而批判了整个资本主义生活方式，人们对物质富裕但精神上自私自利、庸俗空虚、缺乏意义的生活深感失望，因此幻想能够有一次文化革命。索邦大学的大字报说："当下这个革命不但质疑资本主义社会还质疑工业社会。消费社会注定得暴毙。将来再也没有任何社会异化。我们正在发明一个原创性盎然的全新世界。想象力正在夺权"①。在充满知识分子幻想这一点上，1968年革命与法国大革命倒是一脉相承。用想象力去夺权以便创造一个新世界，这是革命者幻想革命能够点铁成金的标准思维。革命的问题虽然变了，但思维方式相去不远。人们想象的仍然只不过是一些抽象概念，新世界到底什么样，却无法想象。当缺乏建设新世界的智慧和能力时，是不可能想象新世界的。1968年革命悲剧性地延续了法国大革命"让修辞勇敢地凌驾于现实之上"的

① ［意大利］安琪楼·夸特罗其、［英］汤姆·奈仁：《法国1968：终结的开始》，132页。

政治修辞传统[1]。修辞虽然迷人，终究无大用处。说出美丽的修辞并不等于拥有了建设新世界的知识。结果，1968 年革命成为"资本主义最后一场喜剧"，一场"笑不出来的深刻喜剧"[2]。假如革命与物质匮乏有关，那么革命的失败就是悲剧，可是假如革命与"心智剩余"（奈仁语）有关，就只能是笑不出来的喜剧。按奈仁的说法，心智剩余就是心智生产远远超出物质生产之所需而造成的智力供给过剩[3]。现代发达社会不仅生产了大量剩余物质，还生产了由小资产阶级构成的大量剩余心智。剩余心智有不靠谱的幻想，又眼高手低，喜欢幻想革命，可是革命并不是实现幻想的好办法，革命善于打倒旧事物，却不善于建设新事物。精神问题也不是社会革命的恰当理由，因为没有哪种权力能够为精神负责。

革命的首要问题不是革掉什么，而是应该搞清楚**什么是不能革命的**。无论革命发动多少想象力，也不可能挑战思想的界限，革命必须承认一些无法挑战的智慧界限。只有知道了什么是不能革命的，才能够发动具有建设性的革命。为什么科学革命比政治革命和文化革命更为成功？科学基于新知而革命，而政治却因无知而革命。科学从来不会也不可能盲目革命，除非获得了突破性的知识进展，使人们能够事先知道科学革命的结果（这里不包括科学被滥用的情况，那恰恰是人文问题而非科学本身的问题），而事先的知识保证了人们能够大概判断一种科学革命的可信度和好处。在政治革命上，人们缺乏关于革命后果的知识，正因为对未来无知所以勇于革命。人类对人类命运归根到底是无知的，但这并不意味对人类命运的悲观态度，而仅仅意味着审慎态度。政治革命的经验已经表明，不留余地的革命是非常危险的，政治革命不应该颠覆所有传统，而必须留出某种余地，必须使社会能够包容多种思想，而不能使社会变

① 参见［意大利］安琪楼·夸特罗其、［英］汤姆·奈仁：《法国 1968：终结的开始》，187 页。

② 同上书，147 页。

③ 同上书，198 页。

成由单一意识形态控制的单调社会。任何一种革命意识形态，无论所高扬的理想看上去多么美好，都会造成社会单调化而失去修复错误的余地。那种基于知识分子的社会批判以及群众仇恨的社会革命往往发展为破坏性的过度革命，并且留下长时间的社会后遗症，这是特别需要警惕的。

按照群众理论，革命是非理性的集体行动。这个看法虽然大致正确，但仍有些疑问。现代思想的一个基本假设是理性人（经济人），根据这个假设，个人理性容易实现，而集体理性却难以形成。奥尔森的集体行动理论指出，小集体比较容易形成集体行动，但大集体要形成集体行动就非常困难，哪怕这一集体行动的目标是该集体中每个人都能获益的共同利益，“尽管集团的全体成员对获得这一集团利益有着共同兴趣，但他们对承担为获得这一集体利益而要付出的成本却没有共同兴趣”①，因为无论是谁付出了成本，集团的任何成员都能够分享到集体利益，于是大多数人按照个人理性计算都希望别人去承担全部成本，而自己选择搭便车，等着个别有献身精神的人出头去卖力冒险，而自己坐享其成。据此而论，革命这种集体行动就只有在集体非理性的情况下才可能。可问题是，人们又为什么会被革命激情冲昏头脑？为什么会从理性状态陷入非理性状态？这一点仍然没有被充分解释（催眠理论也只是部分的解释）。问题恐怕没有那么简单。更可能的情况是，在革命中，人们仍然是半理性的，仍然有能力进行某种利害计算，关键在于，革命将创造的新世界是**不清楚的**，人们在那个模糊的新世界里各自将分得多大份额的利益也是不确定的，对利益的无知恰恰是革命的一个理性条件，冒险家看到了新世界的巨大机会，群众则担心被潮流所抛弃。可见，冒险并非全然无理，尤其当人们一无所有，以至于“失去的只是锁链”，铤而走险就是造反有理了。

---

① ［美］奥尔森：《集体行动的逻辑》，18页，上海，三联书店，1995。

## 7.5 民主如何正当

自由是现代政治理所当然的第一步。自由的目的是解放个人，使个人免于政府的强制干涉和迫害，这一成就具体落实为界定个人自由的个人权利。民主则是现代政治得陇望蜀的第二步。人们不仅希望能够免于强制，进而还希望能够当家做主，人民不仅想要权利，而且还想要主权，不仅拒绝当奴隶，而且想成为统治者，这事想大了。虽然现代人喜欢把自由和民主一起颂扬，其实两者的境界相差甚远。尽管自由尚未完善，但即使是不完善的自由，也比民主更具政治正当性。事实上，**单就民主本身**而言，根本就没有正当性。假如人多等于道义所在，那么有理就等于声高。自由意在**保护个人**，民主则试图**支配他人**。凡是试图支配他人命运的事情，其政治正当性就总有严重疑问。就像专制是对他人的支配，民主也是对他人的支配，以人多去支配他人，正如以强力去支配他人一样无理。从德性上说，以多为胜甚至不如恃强凌弱体面，“多”不算本事。柏拉图以来许多最重要的思想家都质疑民主，他们有可能什么地方想错了，但绝非无理，他们对民主的怀疑至少比今天世上流行的对民主的盲目和过度颂扬更为深刻。不过，这里需要思考的是，尽管民主漏洞百出，从来无法自圆其说，尤其非常容易威胁到公正、自由、和谐、秩序、卓越、美德等这些对于人类幸福生活不可或缺的价值，可是在现代社会里，民主却作为时代最强音而胜出，比以上各种最重要的价值都更为耀眼，这是个问题。

民主往往被看做是现代社会的一种核心价值，这是错的。民主不是一种价值，而仅仅是一种政治制度或者一种公共选择策略，总之是一种**技术性手段**。一种政治好不好，要取决于这种政治是否惠及所有人，是否能够促进有利于所有人的普遍价值。这一要求对于民主政治来说显然过高，因为民主在理论上注定了有利于多数人而非所有人，而在实践上往往只不过有利于多数人的政治代表们而非多数人。无论在理论上还是在实践上，民主都没有价值优势。如果民主有什么优点，**民主的优点也与道义无关**。如果民主显得好像有些道义优势，完全是与专制对比而被衬托出来的。柏拉图等古希腊哲学家早就发现，民主确比暴政（坏的专制）好一些，但这没有证明民主是好的。群众总是**按照利益**去思考，他们在算计自己的利益上大致不差，但让群众为国家做主则是危险的，因为思考国家利益需要更大的眼界。柏拉图相信，具有卓越美德的人才能够**按照原则**去思考，才能够按照政治美德（正义）去发展各种美德和好生活。从现代观点来看，专制无法在制度上克服政治偶然性，无法保证不出现暴政和奴役，圣君可遇不可求，因此，专制肯定不是好的选择（海耶克、波普尔、伯林都论证了这一点），而民主虽无美德光辉，但据说能够杜绝最坏的政治状况，因此民主被认为是“最不坏的”制度。可是，除非能够证明每一种现实可求的政治制度都非常坏，这样才能够使民主以“最不坏”制度获得相对道义优势，但要证明这一点恐怕无望。

民主的致命问题是，民主与专制一样伤害某些人的利益，而且同样没有正当理由。要证明多数人伤害少数人好过少数人伤害多数人，恐怕太难。而且，关于专制总是迫害多数人的故事其实也不太真实。在正常情况下，专制采取的也是维护多数人利益而迫害少数人的政治策略，因为这样才能够获得更多人民的支持而巩固统治。只有不可理喻的暴君才会昏到搞成众叛亲离，或者只在危机严重的情况下，专制政府才会狗急跳墙与多数人为敌。按照理性人假定和博弈规律，无论民主政府还是专制政府，明智的统治策略都是代表多数人的利益，因为触犯众怒是很冒险的，而暴政是最失败的政治策略，除非疯了，没有人会采取如此差的策略。因此，在正常情况下，无论民主还是专制政府都更可能选择损害少数人而不是多数人。当然，关键问题不在于专制和民主何者伤害的人数更多，而在于伤害是否具有正当理由，而专制以权力去害人与民主以票数去害人都同样缺乏道义理由，这才是问题所在。

如果一种政治制度偏离了对所有人同样有利的普遍价值，就不是一种好制度。何种行为是否体现了普遍价值，或者，何种价值是否是一种普遍价值，有一个或许最好的检验原则：**普遍模仿原则**。它意味着：(1)当一个行为策略 s 被普遍模仿，s 就被推广为任何个体之间的对称相互关系，无人能够独自幸免于难，也无人能够独享其成，既没有人能够排斥他人同时受益，也没有人会单方面受害；于是 (2) 如果 s 由于被普遍模仿而导致玩火自焚自取其祸，导致每个人利益受损，s 就显然是坏的，而如果 s 被普遍模仿而使每个人获得利益改进，则显然是好的。其中道理是，只要一种行为被普遍模仿，就形成波及所有人的游戏，人们只能同命运，所以这一游戏之善恶立判。显然，有许多事情经不起普遍模仿的考验（比如战争、侵犯和欺骗等），那些经得起普遍模仿考验的事情就必定体现了每个人能够共享的普遍价值，而那些通得过普遍模仿检验的普遍价值就将被视为任何一种制度必须加以参照的正当性指标。根据如此标准，可以发现公正、自由、和谐，诸如此类，确是普遍价值，因此可用为制度的评价标准。

根据以上标准，民主显然是不正当的。专制以强凌弱，民主以众暴寡，同样都违背公正。民主的逻辑是多数人的偏好高于正义或天理，这是对少数人的歧视和对真理的蔑视。专制和民主还同样都抑制了部分人的自由。关于民主优越性有一个似是而非的流行论证认为，民主国家的人民享有更多的自由。这一阴险的论证暗中非法占用了不属于民主的证据。民主国家比较自由的真实原因与民主几乎无关，保证自由的是**法治**而不是民主。民主的本性是反对个人自由的，正如伯林论证的，民主此类过于“积极的”行为往往假自由之名去反对自由。对于一个成功的制度，法治比起民主重要得多，而法治的原理是公正。自由可以是民主的一个条件，但民主却不是自由的条件，两者关系不能颠倒。至于社会和谐，就更与民主无关，也超出民主所能，民主不能减少社会冲突，不能增大社会成员之间的利益相关性。专制和民主都是权力游戏，而权力游戏的逻辑直接就把人们划分为赢家和输家，这必定有损共同幸福。如何使一个社会冲突最小化并且合作最大化，这要比民主更重要也更深刻。总之，无论民主还是专制都同样严重偏离公正、自由、和谐等普遍价值。现代人为了支持民主而给民主想象了太多好处，比如达尔给民主优势开列的清单[①]，其中大多不太靠谱，有些甚至毫不相干。

既然民主并不高尚，民主的优势与道义无关，那么，民主的优势到底在哪里？这是关键问题。民主真正的优势在于它是一种具有**技术优势**的政治策略。从目前已有的政治制度来看，任何制度都不得不面对一个巨大麻烦：既然总有人利益受损，那么如何对付利益受损人们的不满和反抗？一般地说，利益受损人们的政治反抗策略主要有：革命、反叛、分裂和消极抵抗。对于专制制度来说，这四种危险都存在，这是专制的技术劣势。即使专制政府能够依靠强大的国家机器去镇压反叛，也仍然相当危险。对于民主制度来说（如果是合格的民主制度而非伪装的民主制度），革命和反叛的危险几乎不存在。这是因为，在民主制度下，各种利益集团通过选举而获得胜利或者获得部分权力的机会和策略永远存在，至少还能通过舆论和宣传去争权夺利，于是，政治竞争显然优于革命和反叛的暴力冒险。因此，民主制度能够提供**相对安全的政治**，尽管政治不合作的危险仍然存在，特别是分裂和消极抵抗，但毕竟不是最危险的挑战。在这种技术意义上，民主优于专制。不过这一切都是在给定了法治和自由的条件下的比较，假如不存在法治条件，民主就很可能还不如专制。当法治缺席，民主非常容易变成比专制更可怕的暴民乱政。假如缺乏法治保护的个人自由，民主对个人的侵犯不见得弱于专制，恐怕有过之而无不及。表面上看，民主和自由似乎都代表了人民的利益，其实不然。民主和专制一样都是争夺统治权的权力政治，只是代表了不同利益集团，但都不代表人民。民主只是假装代表人民利益，实际上代表的是群众领袖的利益。这其中的秘密颇为有趣：按照民主的逻辑，多数人

① 参见［美］R. 达尔：《论民主》，52～68 页，北京，商务印书馆，1999。

共同体首先排挤了少数人共同体，在多数人共同体中又会出现不同意见，其中分裂出来的多数人再次胜出，如此等等，可以发现，最终决定一切的那个“多数人集团”与最初的多数人集团相比已经完全是个少数人集团，这个假装代表多数人的少数人集团就是群众领袖。与民主不同，自由并不争夺统治权，而是试图限制统治权，以划清权力界限去限制政府的权力范围而给个人留出不可侵犯的空间，因此，自由才真正代表了人民利益。民主与其说是为人民谋利益的方式，还不如说是解决公共选择问题的一种政治技术，认清这一点非常重要。

民主的技术性优势特别表现为能够以可量化评估的方式去表达政治正当性。在民主之前，民心向背没有清楚的统计依据，人们以直观方式估计的“民心所向”虽然大致不假，但不是严格证据，难免有争议，于是，政治正当性是可质疑的。正当性的质疑是严重的政治危险，它正是革命和叛乱的理由。避免质疑的最好办法就是民主，在这个意义上，民主就是让人民为自己的选择承担政治责任和政治风险，即使是错误和愚蠢的选择，也仍然是政治正当的，人民只能自己承担责任。民主**本身**虽然缺乏政治正当性，但却可以使公共选择具有程序合法性，从而使政治质疑失去理由（因为政治选择是人民自选的），因此民主能够成功回避对政治正当性的深度追问。**民主导致政治问题肤浅化**，这个学术缺点却正是民主政治的成功之处。既然民主创造了一个肤浅的**政治循环解释**，即人民自己决定如何统治自己，这就解构或回避了各种令人心惊胆战的政治问题。政治问题的复杂性决定了不存在完美解，任何政治原则和制度都经受不起严酷和深刻的思想质问，人们总能够发现问题仍然没有被真正解决，这种不满可以导致胡思乱想和不信任。民主所蕴含的政治循环解释却戏剧性地中止了政治质问：谁应该是统治者？当然是人民，那么谁又是被统治者？还是人民。人民自己决定如何统治自己，这一自相关意味着人民的选择同时就是选择的合理标准，于是，人民的任何愚蠢选择都不过是咎由自取，所有政治问题都似乎无从质疑了。尽管民主没有能够证明任何一种政治正当性，甚至不能证明自身的正当性，却使政治正当性问题在循环解释中消于无形。这一点很是奇妙，民主通过取消政治正当性问题而使自身成为唯一似乎政治正当的——当然这不是真的正当，而是使正当性问题失去了讨论的基础，从而掩盖各种政治问题，比如说，一种政治是否正义？是否真正使人民获益？是否增进人们的幸福？是否促进了社会信任？是否保护和发展了美德？如此等等。

民主创造的“统治者同时也是被统治者”或者所谓“人民自主统治自己”的政治故事到底有多少真实性，这要取决于民主故事中的人物角色成分，不同成分组合的人物阵容将决定民主故事的真实性在“大致为真”和“完全骗局”之间波动。如果一个社会中人民的成分差异越小（包括文化、语言、宗教、民族、经济水平等等），或者说，如果人民的相似性和齐一性越高，那么民主故事的真实性就比较高，反之，民主故事的欺骗性就很高。只有人民有着大体一致的想法和利益，民主才能够比较真实地代表人民的利益；如果各怀异心、利益相悖，民主就是骗局。高度相似的民意保证了可靠的民主，而不是民主创造了一致的民意。民主所以在发达社会比较成功，部分是因为发达社会生产了越来越相似的大众，还有比较接近的经济水平，同样，民主所以在现代民族—国家中比较成功，也是因为人民有高度相似的民族性和宗教。人民的相似性才是民主制度比较成功的真实原因。这也部分地解释了为什么民主在社会差异很大的国家就比较失败。

现代社会以批量生产和标准化生产为特征。大众也是批量生产和标准化生产的产品，他们有着通用心灵。古希腊发明了民主，但古希腊社会的主体部分是思想活跃具有创造性的“公众”，完全不同于现代社会的心灵具有复制性的“大众”，虽都是众人，但心智性质已经发生根本变化，民主也随之变质。大众教育、大众传播以及大众生活方式不仅生产了大众，而且生产了“大众知识”。大众与其说统一于大众利益还不如说统一于大众知识，因为大众利益虽然相似却互相冲突，所以大众利益是个很不可靠的概念，而大众知识则有高度一致性，人们按照习得的大众知识千人一面地解释各种事物，异口同声地支持民主、平等、人权等不甚了了的观念，却同时被这些冠冕堂皇的观念所出卖。所以说，民主并不代表大众利益而是代表了大众知识，不是人民在夺权，而是大众知识在夺权。

大众教育和大众传播已经使现代民主势不可挡，而互联网的大众写作则有可能使民主走向最后凯旋。现代社会里，知识和信息的广泛传播在相当程度上缩小了精英和大众在见识上的差距，无论精英还是大众的观点都无非来自通用和共享的知识库。通用知识一方面增进了群众的见识水平，另一方面却降低了所谓精英的思想水平（其实是自私愚蠢的伪精英），而那些确实见识更高的思想已经无力反对膨胀的大众知识和大众文化。事实上大众文化正是文化精英迎合大众趣味而故意生产的，同样，现代政治精英为了获得权力和成功也只能采取大众知识的标准观点和价值观。结果很是有趣，在现代民主下，到底是谁掌握了权力，变成一件很糊涂的事情，既非大众，也非精英。按照古希腊人的看法，民主归根到底不是人民的胜利，而是伪装成民众领袖们的胜利，即那些所谓 demagogoi（依靠政治煽动而成为民众领袖的人）的胜利；如果从现代情况去看，则似乎应该说，民主的结果不是人掌握权力，而是最具传播力和煽动性的大众知识在掌权，人民只是大众知识的载体而已。因此，对于现代民主，具体是谁掌握了权力是无所谓的，只要是承载了大众知识的心灵就行，爱谁谁，谁都一样。现代民主游戏归根到底并非多数人与少数人之间的权力斗争，因为少数人毫无胜算，还没进入游戏就直接靠边站了，民主在实质上是几个多数集团之间的博弈，是各种大众观念之间的博弈。这是个严重问题：既然民主只不过是两个以上的优势利益集团和两种以上的主流大众观念之间的权力斗争，那么，民主的正当性就益发可疑了。

只在一个特殊语境中，民主才是充分正当的，这一特殊语境就是，强势的少数人掌握权力并且压迫弱势的多数人，也就是所谓专制或集权的语境。但在反抗专制的斗争胜利之后，民主就由反抗压迫的行为演变成优势政治集团之间的争权夺利，这是性质完全不同的**两种民主**。每个优势政治集团都试图掌握政权以追求自身的利益，没有什么证据能够证明哪一个优势政治集团的趋利行为是更为正当的，情况反倒是，无论哪一个优势集团都有不正当的一面，无论哪个集团胜出，都同样压迫少数人。因此，当民主由反抗的政治变成常态的争权政治，由反抗强权的王牌变成争权夺利的王牌，民主的正当性就基本终结了，因为一旦民主完成了反抗少数人的暴政这一政治使命，就蜕变为多数人的暴政，这是一个自然而然的蜕变趋势。如果忽视民主蜕变的这一秘密，就没有真正理解民主。

为了克制民主的蜕变，就必须使民主受制于能够压缩民主空间的政治条件，这就是法治和自由。这意味着，假如民主要成为至少相对有益的政治行为，就必须满足这样的条件：（1）民主绝不能在政治上优先；（2）法治和自由必须优先于民主，如果不存在法治和自由，就绝对不能行使民主，或者说，民主必须以法治和自由作为先决条件。法治和自由是绝不能省略的条件，是绝对必要的大治秩序（kosmos），民主只有基于这种秩序才能避免成为大乱状态（chaos）。显然，只有当法治规定并且保护了表现为个人权利的自由，社会才能够保持一种不被民主随便破坏的基本秩序，个人才拥有不被民主随便侵犯的自由空间和基本利益，有了这样的基本保障之后，民主的行为空间就被压缩到可以接受的范围内。这样，民主才是一个低风险的政治策略，否则将是最危险的政治冒险。法治、自由和民主三者结合是西方现代政治的最高成就，法治维持公正，自由保护个人，民主为众谋利。三者之中，法治和自由堪称公理，唯有民主乏善可陈，绝非独立可行之政治原则，只有在法治和自由的限制下使民主无法作乱，民主才是可用的。民主只能是有限民主而不能是无限民主。

给定存在法治和自由的制度安排，假如非要选择民主制度不可，那么必须思考什么是最优的民主模式。目前流行的现代民主模式并不能令人满意，其实很可能还不如古希腊。这里准备提出一种改进的民主理论，可以称为**“兼容民主”**（compatible democracy），即能够与普遍理性以及各种普遍价值达到兼容的民主。由于民主本身并不具备正当性，民主就只能从其他事物那里借来正当性，因此，假如民主能够改进为与明显正当的各种普遍价值保持一致和兼容，大概就是所能够指望的最优民主了。即使如此，民主是否能够获得充分正当性，还仍然是个开放的问题。

当一个社会的公共选择成为需要通过制度安排去解决的问题，民主才成为必要，而公共选择所以成为问题，则是因为社会共同体成员的偏好不一。社会共同体本身就是一个有些诡异的事情：如果一个共同体是由荣辱与共、志同道合的人们组成，那么，这个共同体**本来**就已经万众一心，公共选择自然不成问题。显然，一个事事都能同心同德的完美共同体必有完美民主，可是完美民主反而使民主成为多余的。因此，只有当共同体是不完美的，民主才有意义。可问题是，人们为什么非要组成不完美共同体？这是因为，完美共同体往往不可能（没那么多同心同德的人），即使可能，其规模一定太小而做不成什么事情，尤其在与比较大的共同体竞争时会非常不利甚至无法自保，因此，能够立足的共同体都需要有一定规模。不完美共同体有两种情况：（1）共同体包含一些其实不愿意加入而不得已加入的人，这意味着共同体具有强迫性；（2）共同体成员在某些事情上有着共同利益，在另一些事情上却存在着冲突，但每个人通过共同利益之所得毕竟大于互相冲突之所失，因此那些利益相对受损的人们仍然理性地选择忍受留在共同体中，以便享受相对更大的共同利益。情况（1）是坏的共同体，但最为常见，其中的民主往往成为无理的压迫。民主所以需要改进，意义就在于此。改进的民主或许能够使（1）转变为（2）。尽管（2）也不完美，但勉强过得去。

在不完美共同体内，人们是否应该追求完美的公共选择？答案是否定的。完美公共选择遵循的是全体一致规则（unanimity），看上去很美，其实是灾难性的。秘密在于，假如采用全体一致规则，那么每个成员都有否决权，这样势必杜绝任何改变现状的可能变化，特别表现为：（1）好事都做不成。导致社会变化的好事（比如技术进步、更合理的经济政策或者漏洞更少的法律之类）总会影响某些人的既定利益，受影响的人会行使否决权。（2）坏事都难以改变。总会有人为私利去否决纠正坏事的方案，比如资本家会否决提高征税率，奴隶主会否决取消奴隶制[①]。全体一致不仅难以做到，而且全体一致规则本身就不可取，于是，以多为胜的民主就成为合理的公共选择，因为没有更合理的办法。其实，民主以多为胜的“合理性”也是一个权宜的说法，一旦深究，恐怕连合理性也变得非常可疑，更别提正当性了。一个重要的疑点是：在说到“人民”的时候，总是忘记“将来的人民”的权利和利益，就是说，民主的多数并没有把将来的人们计算在内。今天人们的民主决定在事实上不由分说地代表了将来人们，这一点严格说来是很不负责任的，比如说，今天人们为了自己的好日子而疯狂使用自然资源。也许可以辩解说，将来人们如果不喜欢今天的选择，将来人们可以另有选择。这种辩护其实没有道理，因为今天的选择很可能不可逆地伤害了将来人们的利益。当然，我们不可能提前知道将来人们的想法，因此，民主的这个缺陷无法当真计较，但它进一步表明，民主绝非理直气壮的事情，尤其与任何高尚或正义没有丝毫关系。

民主的**合理性**不能混同于**正当性**。人们有时候会误以为民主的合理性等于正当性，这看上去似乎相去不远：既然不存在好过民主的策略，那么民主就是正当的。这种相似性其实似是而非，其错误类似于说，既然没有能够治病的药，水就算是合格的药。如前所论，民主必定损害部分人的利益，这已经严重偏离公正、自由以及和谐等普遍价值，因此民

---

① 参见［美］D.C. 缪勒：《公共选择理论》，134页，北京，中国社会科学出版社，1999。

主在正当性上毫无优势可言，民主的优势**仅仅在于**它在技术上的合理性，但这一点绝不是以合理性代替正当性的理由。以蒙混过关的方式去论证民主正当性反而拒绝了对民主的改进。如果满足于“民主毕竟是最不坏的”之类的安慰性陈词滥调，就不可能深入民主的问题。民主不是什么好东西，而是好东西的替代品。由于民主本质所注定的局限性，也许民主不可能彻底改良，但仍有机会去增大民主与公正、自由、和谐等普遍价值的兼容性，从而借得相对的正当性，这才是必须努力的。

民主鼓励了伯林批评的积极自由（其实是假装为自由的专制），这是民主的危险本质。由于积极自由是“积极有为的”，因此容易被不良人性所利用。积极自由意味着人们可以追求他们认为是好的事情，而所谓好的事情往往只对某些人是好的，而对另一些人是有害的。因此，以多为胜不可能是正当的，多数人不等于道义优势。民主的目的仅仅是使公共选择在操作上成为可能，即打破意见分歧的僵局而使公共决定和公共行动成为可能，而绝不证明真理和价值落在多数人手中（更常见的是真理在少数人手里）。民主只是在不同意见之中做出选择，而绝不是对不同意见做出判断。**民主无权判断任何事物**，无论是知识判断还是价值判断。民主只在**理性无法决断**的地方才成为替代性选择方式，这一“民主语境”可以表达为：

（1）给定某共同体需要做出公共选择；

（2）但是存在两种以上的不同意见；

（3）而且根据理性，无法找到不可怀疑的理由证明其中任何一种意见是正确的或更为正当的；

（4）于是，在缺乏知识判断和价值判断的情况下，以多为胜的选择比其他选择更有现实可行性。

民主就是在这样的语境里才成为合理的。可以看出，民主只是形成公共选择的一种技术手段，它不意味多数人比少数人拥有更值得尊敬的价值偏向，而只是承认以多为胜是唯一可行的方案。合理的民主不应该伤害少数人，也不是多数人利益最大化的专用工具，否则民主与暴政无异。民主必须始终只是终结分歧而形成公共选择的一种可行操作。对少数人的伤害是民主在技术上无法避免的一个缺陷，既然对少数人的伤害不具有正当性，只是不得已而为之，这就注定了民主承担着尽量减少对少数人的伤害这样一项**先验义务**。既然民主必定造成某种负面影响，就必须对此负面影响负责任。只有承认这一点才能改进民主。

目前流行的民主往往忽视民主的义务这一错误倾向。流行的民主制度更多考虑的是人们更喜欢什么，而忽视人们更不喜欢什么，更多地考虑让多数人得利，而相对忽视不让少数人受损，这一点特别表现为投票制度一般只设计赞成票（这个似乎微小的问题其实极其重要，后面将进一步讨论）。人类生活需要趋利避害，而避害比趋利更根本也更重要，安全和自由的重要性高于利益，更多的安全和更有保障的自由对于每个人都永远是必需的，而更多的利益只是一种奢华，于是，对安全和自由的伤害最小化必定高于利益最大化。在这里，民主的义务问题变得至关重要，强调民主的义务正是为了减少民主的害处。由此我们获得一个**民主义务原理**，可称为**"最小伤害原则"**：既然民主决定的公共选择必定有损部分人的利益，那么民主有义务使这一伤害降到最低程度，否则民主就变成赢家对输家的专政。假如民主把赢家定义为多数集团而把输家定义为少数集团，这不是解决冲突，只不过是把冲突制度化。

忽视民主的先验义务，忽视民主的最小伤害原则，这将蕴含着严重的政治危险，这就是共同体的分裂与输家的不合作。民主在政治合理性上优于专制，从而大致能够避免革命和叛乱，但仍然不能有效避免分裂与不合作。在民主制度下，由于放弃了专制的强大暴力控制，共同体分裂（尤其表现为国家分裂）的可能性反而有所增加。我们不能忘记，最强悍的民主方式（也是最初始的民主方式）是以脚投票。当一部分人在共同体中的利益明显受损乃至无利可图，其景况还不如脱离共同体，这一部分人就非常可能谋求分裂以便组成新的共同体。即使由于缺乏足够实力而无法达到分裂，利益受损的输家也会采取各种非暴力的甚至暴力的不合作方式去反抗强势赢家的剥削或支配，这样势必导致社会各群体之间互相拆台而使利益普遍受损。很显然，社会合作程度越低，各方收益就越差。因此，要保证有效的社会合作，民主就必须保证输家在与赢家合作中的收益仍然**明显大过**不合作的收益，或者其利益受损程度**明显小于**不合作的受损程度。这可以看做是最小伤害原则的另一种表述。只有保证了利益伤害最小化才能够维持人们对共同体的兴趣，而只有当共同体得以维持，民主才有意义。假如民主的结果反而使共同体分裂崩溃，大家利益都受损，这必定是坏的民主。无论如何，任何一种为全民着想的善意民主必须遵循最小伤害原则，以使民主能够尽量使全民受惠，与公正、自由、和谐等普遍价值尽量兼容而增加民主的正当性。

自古希腊以来，民主就由两个方面组成：选举和公议，或者说，投票和公开辩论。最小伤害原则作为民主的一条减灾原则首先必须落实在投票规则中。在投票制度中，唯一可能的技术原则就是多数决胜。多数决胜原则没有问题，但如何产生多数？以何种方式产生多数？产生什么样的多数？这些具体策略却都是难题，因为在理论上存在着多种在程序或技术上**同样好**的表决规则，这些不同的表决规则能够产生完全不同的结果，这意味着，操纵了表决规则就在很大程度上操纵了表决结果，这样，民主就难以避免阴谋、欺骗和腐败。

孔多塞最早发现，当竞标方案（或人选）在三个以上时，多数规则就无法杜绝赢家循环这一怪事。以最简单的三方模型而言，完全有可能出现违背传递性公理的循环：比如，三分之二的人偏好 A 超过 B；而三分之二的人又偏好 B 超过 C，同时三分之二的人又偏好 C 超过 A，这一荒谬的循环是现实可能的。人们的偏好循环导致了“孔多塞投票悖论”。人们本来幻想凭借理性的伟大力量就总能够创造一种“最好的”投票规则以消除孔多塞悖论，于是人们发明了各种各样的投票规则。目前的各种投票规则在理论上说都同样好但又都并非绝对好，而这些同样好的投票规则有可能生产完全不同的选举结果。有个有趣的例子是这样的：内阁55个成员准备在5个党派的代表A、B、C、D、E中选一个当总统，假定人们偏好排序碰巧是这样的：

| 排序/人数 | 18人 | 12人 | 10人 | 9人 | 4人 | 2人 |
|---|---|---|---|---|---|---|
| 1 | A | B | C | D | E | E |
| 2 | D | E | B | C | B | C |
| 3 | E | D | E | E | D | D |
| 4 | C | C | D | B | C | B |
| 5 | B | A | A | A | A | A |

那么结果是：

（1）按照最多数票规则，A当选总统；

（2）按照复赛决胜规则，票数领先的两位接着表决，则B当选总统；

（3）按照逐轮淘汰规则，每轮末位淘汰，则C当选总统；

（4）按照波达记分规则，以5、4、3…记分，则D当选总统；

（5）按照依次对决规则，每两位按多数规则对决，则E当选总统。①

既然每种规则在程序和技术上都同等公平，人们就无法决断了。人们在解决投票悖论上前仆后继，但阿罗定理毁灭了这一希望，阿罗证明了，完全公平的选举是不可能的，因为没有一种选举规则能够同时满足表达理性公平所需的各个条件，因此投票悖论无法消除，除非采取某种强加的专制规定，可是那样的话，民主就变成专制了。人们又试图逃脱阿罗定理，布莱克以及森等人提出过几种重要方案，但可惜都不是真正的解决，因为所有克制悖论的方案都包含某种强加于人的限制条件。只要对人们的偏好自由形成干涉，就不再是真正的民主了，而且，一旦允

① 这个有趣例子来自盛立人：《数学家走进社会学》，16～18页，合肥，安徽教育出版社，2001。

许强加某种限制规则，就等于为任何一种专制规则打开了大门。看来，投票悖论所以解决不了，并非人类智力不够，而是因为人类偏好本来就包含各种循环或两难，就是说，人本来就不像机器人那样，在偏好上总能满足 A＞B＞C……这种非循环的传递性。除非把人做成机器人，否则无法避免偏好循环。

民主归根到底不是数学问题，我们有理由质疑追求无懈可击的投票规则是否有根本性的意义。投票悖论吸引了人们太多的注意力，可问题是，即使将来万一人们天才地解决了投票悖论，也并不能使民主变成公正的，因为以多胜少规则本身就已经不公正了。其实，最简单也是最传统的解决方案是，如果采取只有两种候选方案（比如两党制）的“理想投票状态”，偏好循环的客观条件消失了，投票悖论也就自动消失了。这时就回到了民主的经典难题上：即使是绝对多数规则也不是公正的，它只不过反映了超过半数的民心。反正总是多数伤害少数，那么 51％：49％还是 40％：30％又有什么本质区别？这才是投票的根本难题。

我们必须改变思考方向。人们原来思考的是，什么样的投票规则才能准确地反映多数人的偏好，这一思考方向是错误的。人不是数字，数字优势不能转换为道义优势。“多数”并不蕴含“更好”或“更正确”，相反，多数为胜必然蕴含对少数人的非正当伤害，所以说，如何减少民主的伤害，才是更应该思考的投票问题。因此，关键不在于投票规则多么精巧，而在于如何设计一种最小伤害的投票规则去减弱以多胜少的危害。当改变了思考方向，就不难发现，投票悖论其实是个陷阱，我们完全可以绕过这个陷阱，不与纠缠。既然每种投票规则在程序上都同样合理，那么无需吹毛求疵，基于简洁性的考虑，只要采取单轮多数决胜规则就足够好了（无需超过半数，以最多票为胜）。现在问题在于如何改进单轮多数决胜规则以减少多数人对少数人的伤害。

考虑这样的情况：方案 a 有利于所有人，每个人收益为 n；但方案 b 有利于 51％的人，收益为 n+1，而有损于 41％的人，收益为 n−1。多数人为了利益最大化就非常可能昧良心选择 b。按照多数规则，b 显然通过，而抑制 b 是不可能的，这正是民主的典型坏处。现在根据最小伤害原则去改进投票规则，为了给无视输家利益的赢家方案增加通过的难度，同时使弱势方拥有更强能力去抵抗伤害，我们就必须在赞成票之外再引入**反对票**，于是，每人都有两票——赞成票和反对票。一人双向两票的好处是显而易见的，这一制度使人们的**肯定性偏好**和**否定性偏好**都同样得以表达。双向偏好都得到表达才是偏好的全面充分表达，人们“不要什么”比“要什么”甚至更重要，因为“不要什么”涉及人的安全和自由的问题，人们只有凭借“不要什么”的权利才得以自保，而“要什么”涉及的只是利益甚至是奢华利益的问题，人们往往在“要什么”的权力中膨胀而堕落。因此，人们的否定性偏好比肯定性偏好更基本也更重要，更不容忽视也更需要优先表达，尤其不能以肯定性偏好去替代否定性偏好，这两者不能兑换。

**双向票**的结果可能非常不同于**单向票**。双向票规则如下：(1) **净支持率计算**。如果 A 获得 51%赞成票，但同时获得 41%的反对票，则 51%－41%＝10%净支持票；如果 B 获得 41%赞成票，但同时获得 21%的反对票，则 41%－21%＝20%净支持票，于是 B 胜出。容易看出，这一结果完全不同于单向票表决。这一规则体现了考虑**伤害率**而不仅仅考虑**得利率**的最小伤害原则。(2) **支持率比较**。如果 A 和 B 碰巧获得同等净支持率，则按照传统的多数胜出规则，比如 A 获得 51%－41%＝10%而 B 获得 41%－31%＝10%，那么 A 胜出。

可以看出，双向票的好处是它能够相对增强弱势群体的自保能力。假如采用双向票规则，任何一个政治集团为了增加胜出的可能性，就不得不对其利益最大化的自私欲望有所控制，就会去改进其候选方案以避免获得太多的反对票。而弱势集团本来就没有能力去过分伤害其他人群，因此获得的反对票可能就相对比较少。由双向票规则所引导的博弈必定迫使博弈各方都尽量公正地思考问题和分析形势，最后，无论是哪一个集团的方案胜出，可以想象，这个中选方案必定比较有利于社会普遍利益和公共利益。当然，强势集团的获胜机会仍然较大，但双向票毕竟能够有效限制强势集团的过分要求。双向票的根本设计意图正是体现最小伤害原则，而最小伤害原则背后的理由则是共同体中每个人的自由和安全高于多数集团的利益。按照双向票的规则设计，大概能够保证：（1）输家在与赢家的合作中的收益仍然明显大过不合作的收益，因此能够有效维护共同体的政治稳定，避免共同体分裂；（2）使赢家对输家的损害降到最低，从而使公共选择的利益分配尽量接近和谐和公正（尽管不可能达到完全和谐和公正）。这样就使民主获得某种程度的正当性，同时比较有效地促进社会合作。

除了投票制度，民主还必须有另一方面，即公议制度。在民主政治中，公议制度甚至比投票制度更基本也更重要。民主本就发源于古希腊的公议制度（agora，广场制度，今称公共领域）。所有公民都有同等资格参与关于公共选择的公议，这是古希腊民主的核心，而投票只是一个辅助性的技术性制度。公议是投票的前提，只有先通过公议摆明问题，发表意见，自由辩论，使人们对所要解决的问题以及各种可能方案有了足够清楚的认识之后，投票才有意义。无公议的投票是盲目的，无知盲目的投票是非常冒险和不负责任的。公议和投票构成了民主中由“说”到“做”的两个环节：公议把事情**说清楚**；投票对事情**做决定**。正确的“说”是“做”正确之事的条件。由于现代社会变迁，现代民主特别推重投票制度而弱化了原本作为民主核心的公共领域，全民投票变成了现代民主的核心。现代民主这一转变与平等观念成为现代核心价值观有关，而平等观念的优势地位则显然因为现代社会的大众化性质。投票比公议更具平等色彩，可是单纯的投票抹杀了智力和德性差异，因而更加偏离公正。不以公议制度为核心的民主是不合格的残废民主，公共领域的退化意味着民主的衰退。阿伦特和哈贝马斯等人要求修复足够强大和健康的公共领域，道理在此。

公共领域比投票的问题更复杂。早在古希腊，公议制度就已经暴露出公共领域的内在困难。广场是公共领域的意见表达场所，公民们在广场公议城邦事务，所有公民都有发表意见和辩论的自由权利，于是 agora 就具有了双重功能：它既是意见的**“广场”**同时也是意见的**“市场”**（agora 本来既指议政场所也指商业场所）。广场与市场双义合一暗示了公共领域的内在矛盾：一方面，广场是政治性的，人们的意见应该严肃认真为公益着想，因此，意见辩论的决胜标准应该是真理与理性规则（事实与逻辑）；但另一方面，市场是商业性的，人们发表意见是为了推销意见，就像推销商品，于是，更为成功的意见推销就需要花言巧语和欺骗，意见辩论的决胜标准变成了话语感染力和炒作欺骗的魅力。这个意见和话语的民主困境在古希腊表现为“辩证法与修辞术之争”。古希腊的辩证法指的是通向真理的理性论辩方法，大概相当于正确的逻辑分析和推论方法；修辞术是指以花言巧语说服别人的方法，大概相当于宣传炒作方法。意见困境就是公共领域如何去劣存优、去伪存真的问题。

话语和意见民主的困境原因在于，真理、知识以及理性分析远不如花言巧语、欺骗和诡辩那样有着蛊惑人心的魅力，因为：（1）真理和知识表达事实，而真实世界或事情真相总是没有人们期望的那么美好，人们不喜欢，而且人们也有权利不喜欢。花言巧语描述了不真实而美好事物，向人们许诺各种不靠谱而迷人的事情，人们即便明知为假，还是为之所惑；（2）真理和知识为了能够切实解决问题而使用理性分析方法，因此显得冷酷单调枯燥。花言巧语则动员了一切能够打动人心的资源，尤其是情感感染力；（3）真理和知识总有一定智力深度难度，不如花言巧语通俗易懂。总之，真理和知识的市场竞争力也即大众化能力不如花言巧语。这也是柏拉图和亚里士多德所以看不起民主的理由。意见和话语民主的本意是使各种观念都有自由表达的机会，以此克服专制一言堂，可又正是在民主的条件下，错误意见往往（尽管并非必然）在话语市场上胜过正确知识，于是形成民主悖论：有了思想的自由广场才能够有民主，但思想广场一旦是自由的，就难免蜕变为花言巧语控制的市场。

当广场民主蜕变为市场民主就形成“民主丛林”。如果霍布斯丛林是个人主义的弱肉强食丛林，那么，民主丛林就是多数主义的以众暴寡丛林；霍布斯丛林以强权为真理，民主丛林则以声高为有理。显然，思想民主必须有一种制度或者规则使得民主无法随便为任何事情辩护。如果一种意见无论多么错误荒谬，无论多么低俗堕落，只要大多数人喜闻乐见，就能够胜出并且决定人类命运，那么民主就成为罪恶。公共领域的运作本是为了使投票表决具有清楚理智的意向，假如辩论民主退化成为投票民主，那么，任何丑恶的事情就都可能假民主之名而横行。因此，公议民主不能缩水为投票民主，公议民主需要不同于投票民主的原则。公议制度肯定不能采用以多为胜规则，这是解决公议问题的基本条件。为什么公议制度不能采取以多为胜规则？这是因为，无论多少人，只要支持的是**同一种**观点，这在思想上就**等于一个人**，所谓同心如一人，或者说，一种思想背后无论有多少人支持，它都只是**一种**思想，而不是多种思想。人数并非一种思想是否正确的变量。所以，意见公议不是比较人数，而是比较各种思想的合理性和优越性，不是**某些人与另一些人**的竞赛，而是**一种观念与另一种观念**的竞赛。公议民主关心的不是一种观念代表了多少人，而是一种观念是否代表了真理或更好选择。

既然排除了以人数证明思想的合法性，那么，逻辑分析和推论（古希腊推崇的辩论标准）是否能够解决问题？毫无疑问，逻辑非常有用，它能够清除混乱模糊的表述和荒谬矛盾的观念，也就消除了大部分理性上不合格的意见。宣传家和煽动家最喜欢的就是混乱含糊的美丽话语，因为许诺给人们美丽而模糊的东西最能博得人们欢心。比如说，某种宗教可能声称能够使**每个人**幸福，声称它代表了真善美，能够拯救每个人，乃至包治百病，如此等等，但其中所有的美丽话语含义模糊，无一能够落实，甚至说不清到底指的是什么。美丽谎言不能说清楚，一旦说清楚就不再有魅力了，因为世上不存在无限好的事情。不过，逻辑虽能清除胡说，却不能决定什么是好的，逻辑无法管制内容，这正是古希腊的辩证法终究无法胜过修辞术的原因。逻辑有用但意义有限，不能解决问题。

观念的抉择至少有两个根本困难：（1）指导行动的观念都在选择某种未来，可是无论多少知识积累都不可能形成关于世界的全部知识，也就不可能构成关于未来的必然推论，相当于不存在事先诸葛亮，因此，知识永远不能证明某个观念在未来实践中的正确性。这是休谟定理；（2）任何人都几乎不可能有一个满足传递性的偏好排序，即使在某个特殊时刻是可能的，也是不稳定的，原因是，人类价值体系中并不存在一种绝对的最高价值，而是多种价值并列为最重要价值，高下难分，因此总会遇到许多无法两全的两难选择，或者难以比较的选择。既然人在知识和价值上都无法绝对证明哪个观念更为可取，人不可能知道什么是确实正确的和真正想要的，我们就陷入了思想抉择的困境。这个思想困境本质上是一个**事关未来**的思想困境：我们的每个行动都在选择未来，可是不知道哪种未来是更好的。未来之事是人类思想极限，无人能够知道未来。事实上，人类所有的科学发展、经济发展以及政治制度都是对未来的冒险选择。对于这个困境，或许真的没有最好的解决，但并不意味着不存在相对合理的解决。

古希腊为公议埋下了自相矛盾的追求：在不存在真理的地方，人们就试图以公议去对共同命运做出公共选择；可是同时，人们又希望能够说出真理并使真理获得普遍支持。公议既是一个知识活动又是一个政治活动。民主这个概念很容易误导人们对公议的理解。公议有一个秘密：公议虽是民主政治的一部分，但公议的本质是自由而非民主。正因为古希腊民主政治以公议为内核，所以柏拉图认为民主制的首要德性是自由。可是，民主所承认的平等很容易毁掉民主所追求的自由。民主的两个方面，投票和公议，分别表现了平等和自由两个原则，而这两个原则之间存在矛盾。为了保证民主的有效性，投票和公议必须始终分别坚持平等原则和自由原则，万万不能混为一谈。如果平等原则越俎代庖去主导公议，使思想服从多数决胜规则，则必定毁灭公议。公议的意义就在于保护思想自由，反对思想独断。思想自由的必然结果就是拒绝绝对真理（但不包括逻辑和科学），在这个意义上，古希腊怀疑论是对的：既然不能证明何者为绝对真理，那么就应该拒绝独断，使思想处于“无决断”状态。但是，思想可以无决断，行为却不能无决断。唯一的出路就是，在行为的公共选择问题上必须摆脱知识论思路，公议必须放弃真理这一过高目标，而转向可取的价值目标。

当代复兴公共领域的努力无疑是修复民主的重要贡献，如哈贝马斯的对话理论以及近来流行的“审议民主”理论。这些理论批评了投票民主的局限性，重新明确了理性公议的重要性，但这些仍然还是虚话，仍然说不出公议到底应该如何生产出可靠的公共选择。需要解决的关键问题是：既然意见不能采取加总方式并按多数原则决胜，那么，什么才是意见胜出的理由和标准？我们凭什么必须同意某种意见成为公共选择？

一般来说，正当的公议至少需要这样一些条件：（1）公议民主的计算单位是**意见**而不是**个人**。即使一种意见获得无数人的支持，而另一种意见只获得寥寥数人的支持，这两种意见都只计算为同等的一个单位。这一条件否定了多数决胜原则在公议中的合法性。（2）每种意见都不被歧视，都有自由表达的机会和权利，而且一切相关知识和信息公开和共享。这是古希腊的广场原则。（3）不同意见只能通过公开对话、讨论和辩论去争取共识，并且，对话和辩论必须遵循理性所能理解和所能确认的规范，至少符合哈贝马斯交流理性的“理想谈话条件”。尽管哈贝马斯条件并不完美，不足以解决比较复杂或比较深刻的冲突，但理性对话和辩论至少能够充分摆明问题和展开解决问题的各种可能方案。这样一组条件大致定义了理性公议。可以说，理性公议条件已经几乎穷竭了公议所必需的知识论条件。对于公议，知识论条件固然重要，但无论多么好的知识论条件都不能保证有效解决意见冲突，因此公议问题最终还需要谋求价值论上的解决。

既然公议民主的目的是获得能够普遍接受的公共意见，那么，公议的最优标准应该是**最大兼容原则**，它意味着：任何一种试图成为公共选择的意见如果是普遍可接受的，就必须至少与某种普遍价值是兼容的，即与某种普遍价值不矛盾或暗含对某种普遍价值的承认，而且，如果一种意见与更多普遍价值是兼容的，那么这种意见的可接受度就越高。普遍价值对于所有人都有效，因此不存在反对普遍价值的理性理由。假如一种公共选择与任何普遍价值都不能兼容，就显然是不正当的。至此，唯一的遗留问题是如何确定普遍价值，这是非常困难的问题，尚无充分有效的解决，在此不论。

根据以上分析，可以获得关于民主的两个基本理解：

（1）民主不是也不可能是一种自身完整的政治制度，民主必须与保证个人自由的法治相配合，否则没有政治正当性，也不会有政治效率。中国传统的“治乱”标准是一种非常优越的社会评价标准。一个社会如果是好的，首先必须是治世，然后才谈得上其他各种政治原则，如果是乱世，无论什么价值都将土崩瓦解，没有什么原则能够幸免于乱。现代社会的治乱首推法治，在不存在法治和自由的情况下，民主就是坏过专制的暴政。只有法治和自由才能有效预防失控民主给个人带来的灾难性伤害，同时预防民主可能导致的社会动乱。

（2）民主至少包括两个方面的公共选择制度：公议制度和投票制度。公议制度用于意见的理性辩论并且促成普遍可接受的公共意见；投票制度用于形成有关权力和利益的公共选择。对于公议制度，意见的决胜标准是在公正的表达和辩论条件下的**最大兼容原则**，这是一个反多数决胜规则；对于投票制度，表决标准是满足**最小伤害原则**的双向票多数决胜规则。如果没有健康的公议制度，民主将是盲目、糊涂和危险的，因此，公议制度比投票制度更为基本。

## 7.6 扁平化的正义

从法律、道德到政治，正义（也称公正）一直被认为是核心原则。传统意义上的正义是人们直观所理解的正义，称为古典正义（以区别于现代的正义概念）。古典正义表现**对称性关系**（或者说对等性关系），至少有两种对称情况：（1）一个人的行为与另一个人行为的对称性，大概相当于“投之以桃报之以李”或“以牙还牙”的关系；（2）一个人行为与其结果的对称性，相当于“善有善报，恶有恶报”或“种瓜得瓜”的关系。无论理论上还是实践上，正义原则都是对“如何对待他人”或“如何获得利益”问题的唯一理性回答。正义只考虑某种关系是否正当，而不考虑偏好、目标、立场或理想是否正当。无论对于人际关系还是事际关系，正义可以反映为逻辑的等值关系或经济学的等价交换原则，可见正义总是无偏私的。正义还包含一些从属性原则，这些从属性原则因为正义原则的存在而自动成立，其中特别重要的有：（1）法律平等（isonomy)。法律平等是游戏规则上的平等，既不等于也不保证经济平等和地位平等，与平等主义（egalitarianism）毫无关系。（2）公平（fairness)。这是游戏操作的正当性，表现为，同样事情同样待遇，不同事情不同待遇，或同样事情同样操作，不同事情不同操作。（3）对等相配。特别表现为权利与义务的对等关系或权力与责任的对等关系。

古典正义的要义表现为形式上的对称性，这种对称性虽是无懈可击的正义，但并没有完全解决正义问题，它不能解释内容上的正当性，就是说，古典正义只能解释什么样的关系是正当的，却不能解释什么样的事情是正当的。根据正义原则可知，假如 A 以 x 方式对 B，因此 B 就有正当理由以 x 方式对 A。可是这种正义只能证明“B 以 x 方式对 A”是正当的，却无法证明“A 以 x 方式对 B”是正当的。还可以考虑一个结构稍微复杂的“豫让原则”：某人以对待什么人的方式对待我，那么我就以什么人的方式回报他，即 A 以（B=X）的方式对 B，因此 B 有正当理由以X的方式对A。这样也只能证明“B以X的方式对A”的正当性，却不能证明（B=X）这一方式的正当性。同样，西季维克的正义原则大概可以表述为“按照标准X，A和B是同样的，所以给予A和B同样待遇”，这也只能说明对于给定标准X，A和B得到同等待遇是正当的，却无法证明设定标准X是正当的。这些情况说明了一个共同问题：对称性正义只能证明“**后继行为**”的正当性，却没有理由证明“**始发行为**”的正当性，类似于逻辑推论的正确不能保证前提的正确。

为了使一种相互关系能够得到在场各方普遍承认，就必须使在场各方都认可一个“地位互换”原则：如果A以x方式对待B是正当的，当且仅当，A认可“当A处于B的地位而B处于A的地位，B以x方式对待A是正当的”。地位互换原则在利益分配上同样有效，它表现为：如果A按照标准X把A和B看成是同等的，因此A和B得到同等利益分配是正当的，当且仅当，A认可“当A处于B的位置而B处于A的位置并且B按照X把A和B看成是同等的，并且因此得到同等利益分配是正当的”。这个地位互换原则是传统的角色互换原则的改进版。传统的角色互换表达的是“将心比心”或“同情”的直观，这个直观大体不错，但仍然不是一种理性关系，而同情有可能滥情。对称原则加上互换原则可以构成一种比较完整的古典正义概念。首先，正义表现为对称性。这意味着允许假设某种标准X，然后根据X形成对称性。这样能够保证给定标准下的正义关系；其次，正义进一步表现为互换性。这是对假设的标准X的检验，如果X能够获得不同地位人们的普遍承认，就被证明为普遍有效的。在理论上说，地位互换原则可以消除在设立价值标准上的不公正。

古典正义在原则上无懈可击，实践上却无法保证效果。由于世界太差，所以无法形成正义的普遍选择。虽然人们在理论上可能愿意承认古典正义原则，但人们在进行实际选择时从来不考虑理论原则而只考虑对自己有利的特殊利益，除非正义原则或其他原则碰巧对己有利。人们喜欢想象古代人精神高尚，更能按照原则做事，恐怕半是神话，但古代人比现代人看重原则，却也可能是事实。现代人按照利益而非按照原则去做事，这是一种典型的现代性。这一现代事实改变了正义的问题环境。正义的问题不再仅仅追问什么样的正义在理论上无可置疑，也不再追问什么样的正义是最好的，而是不得不去追问人们**最有可能**想要什么样的正义，就是说，决定什么是正义不再是个原则问题，而是个可能选择的问题。

由此问题方向之改变也许可以理解罗尔斯对正义的现代解释的重要性。罗尔斯不从理论原则去界定正义，而从公共选择去理解正义。他相信，如果有一个足够公平（fair）的公共选择程序，就能够产生人们实际想要的正义，这等于说，公平必定产生正义，罗尔斯自己说是“作为公平的正义”（justice as fairness）。于是，寻找正义变成了寻找“真正公平的”环境。这一对正义问题的导航变化是意味深长的。一般认为罗尔斯的正义理论继承了契约论传统，他试图假设一个虚拟的完全“公平的”社会初始状态作为博弈环境去形成作为普遍选择的社会契约，以此作为判断社会制度正当性的正义原则。这是对契约论的重要改进。古典契约论虽然奠定了契约论的基本思路，但其实暗含一个很不可靠的形而上学假设，它假定自由平等的个人会理性地创造合理的社会契约，可是，自由平等的个人其实正是合理的社会契约的产物，没有合理的社会契约，自由平等的个人就难以存在。可见，假设自由平等的个人先于合理的社会契约就形成了循环论证。罗尔斯放弃这一形而上学假设，他只需要经济学、政治学和博弈论所假设的那种总是追求利益最大化和成本最小化的“经济人”。以经济人作为计算单位似乎更为合理，因为经济人具有初始性，他不具有任何文化特点，这样就不会提前挪用自由平等之类的文化特性。当然，经济人并非人类真实形象。经济人假设非常可疑，但这是另一个问题了，在此不论。

罗尔斯对正义概念的修改基于“无知之幕”（veil of ignorance）的创

造性设计。无知之幕是一个纯属想象的人为条件，它定义了一个不真实但很有理论意义的游戏。引入无知之幕这一博弈条件意在制造人人平等完全公平的博弈环境，由此迫使人们“仅凭理性”去做出真正合理的选择。由客观环境迫使人们做出正确选择，这比孟子或康德要求人们“凭良心”做出选择要可靠得多。事实上良心或善良意志之类是最不可靠的事情之一。按照罗尔斯想象，无知之幕这一“完全公平的”博弈环境所定义的初始状态中的博弈各方都是自私的经济人，完全无视别人的利益，又都充分理性，而无知之幕完全遮蔽了博弈各方的利益、身份、地位和偏好，人人对自身状况一无所知，不知道自己与他人在各方面的差异，甚至不知道自己的价值观点以及所处社会和时代[1]。相当于既不知己又不知彼，甚至不知“魏晋”。在这样条件下，人们无须以良心去思考问题，也无法以自己特殊利益为准去思考问题，只好按照风险规避原则（博弈的首要原则）去设想一种任何人在任何情况下都不至于落入悲惨处境的社会制度。据说在无知之幕的公平条件下，人们理性选择的社会制度必定表现“公平正义”的两条基本原则[2]：（1）最大均等个人自由原则。人人都有平等权利去拥有最大程度的基本自由，而且，每个人的自由与他人的自由相容。（2）分配的平等原则。其中包括两个原则：1）差异原则（the difference principle，其实是优待原则或偏袒原则），说的是，既然社会和经济上总是存在不平等，那么就必须使之对处境最差的人最有利；并且 2）所有的职务和机会应该向所有人平等开放。还有一条次序规则：原则（1）即自由原则优先于原则（2）即平等原则，就是说，如果两条原则形成冲突，自由原则必须优先被满足。罗尔斯相信，这就是人们实际上需要的正义。

罗尔斯设计虽然有趣，但有许多疑点。首先，在博弈条件的设计上，

---

① Rawls：*A Theory of Justice*. Cambridge，Massachusetts，the Belknap Press of Harvard University Press. 1971，p. 137.

② Rawls：*A Theory of Justice*. 1971，p. 60，p. 302.

博弈方被假定为只有思维（mind）而没有心（heart），这种理解在单纯经济学中或许合适，但对于解释社会和生活则是严重缺陷。社会中许多根本冲突是心的冲突而不是利益冲突，而且没有理由证明物质利益比精神价值更重要。罗尔斯在规定“人人都需要的”基本物品时就忽视了精神需要，这对于人和生活都是歪曲，因为生活根本不是那样的活法，也并非所有人都同意罗尔斯式的生活。仅仅从理性和物质利益去理解的社会太过单调，以至于无法由此辨认出任何一个实际上可能的社会。这不是罗尔斯一个人的失误，而是现代学术的流行错误。

无知之幕虽独具匠心，但无知状态的博弈与有知状态的博弈无法过渡或无法兑换，它们是**本质不同**的世界，所以不能互相兑换或转换，这一点严重削弱了无知之幕的意义。任何真实的社会博弈都是某种程度的有知状态，人们必须知道自己有什么需要保护、有什么值得争夺以及是否有条件争取自己想要的东西，否则这个游戏是无意义的。人们不可能不知道一个游戏是什么样的游戏就盲目同意加入这个游戏。这就像说，有人提出大家都去做“某事”，但必须大家先同意之后再告诉大家要做的是什么事，这太危险了，谁敢随便答应做不知道的事情？出于风险规避原则，大家有理由拒绝。当然，罗尔斯需要一个充分公平的博弈环境，这一点可以理解。自然差异无法改变，弱者对于强者无力以抗，于是罗尔斯用“无知之幕”来让自然差异暂时失效，这样人们在黑暗中就只好选择一个公平的社会契约，以免自己万一吃大亏。这个想象虽不真实，但作为一种理论实验并非完全无用。因此，暂且接受无知之幕这一奇怪的游戏。

可惜这个游戏还存在一些更严重的困难。其中有个难以自圆其说的条件：无知之幕规定，人们甚至不知道“关于好东西的理解”（conception of the good）以及自己的“生活计划”（plan of life），这样的话，人就不知道他想要什么了，可是人必须知道想要什么才会做出选择，否则又能选什么呢？这不仅在行动上不可能，在思想上也是不可能的，其错误相当于，有“我思”（cogito）却没有“所思”（cogitatum）——胡塞尔已经证明了如果没有所思，我思就失去意向性，就思不成了；或者相当于及物动词没有宾语，仅仅“我要……”是说不通的，“我要这个东西”能够被满足，但是“我要”不可能被满足，谁知道要什么呢？估计罗尔斯知道这个麻烦，为了自圆其说，他假定，虽然人们不知道他们的特殊偏好，但仍然知道那些“对任何人生计划”都必需的“基本必需品”（primary goods）。可这是个更大的麻烦，它涉及一个从来也没有得到解决的“价值排序”问题：在哪些东西算是“基本必需品”这个问题上人们并没有一致意见，而所以意见不统一，是因为人心各异。把人看成“有思无心”显然是在回避困难，而如果把所有博弈者看做是同心同好的特殊人群（比如说一群葛朗台或者一群弗洛伊德），那倒是说得通，可是那样的话，罗尔斯理论就缩水为特殊有效理论而不是普遍有效理论了（罗尔斯不会满意的），那还有什么用？

就罗尔斯强调的“基本必需品”来看（个人权利、个人自由、机会和财富），他想象的大概是个自由主义群体（一群洛克）。但人是多种多样的，在基本必需品上，恐怕有些人会首推“权力”（尼采会同意），很多人会首推“家庭利益”（孔子会同意），如此等等。罗尔斯式的“基本必需品”并非显而易见别无选择，比如说，权利的好处恐怕没有权力的好处那样明显，权利、自由和机会甚至财富不见得能够换来权力，而权力却能够换来一切，这才是更加显而易见的。即使局限于罗尔斯所罗列的那些“基本必需品”，人们在优先顺序上恐怕也有不同意见，哪些权利应该优先？各种权利之间的冲突如何解决？都是未决问题。罗尔斯隐去了对价值的理解（conception of the good）而同时又承认关于“基本必需品”（primary goods）的知识，此间矛盾恐怕难以避免，因为后者依赖着前者。对尚未确定的知识的**非法透支**是一种很隐蔽但不可接受的学术赤字。

罗尔斯的初始状态背叛了霍布斯的初始状态思路并且回避了霍布斯

问题。霍布斯问题才是必须克服的真困难，它把各种可能困难都考虑在内，而不像罗尔斯那样回避困难。罗尔斯把初始状态问题缩水为无知之幕下如何理性地形成社会契约，这过分削弱了霍布斯开拓的如何从冲突形成合作的宏大问题。即使在无知之幕下形成了理性的社会契约，合作的难题也并没有因此被真正缓解，契约不能限制人们以合法手段互相坑害并且在必要时撕毁契约。社会始终存在这样一个悖论：在大多数情况下，尤其从长远考虑，合作对于博弈各方（无论强弱）明明都有利可图，但合作却总是非常困难，人们总是难以超越个人的眼前利益。罗尔斯的无知之幕削弱了这个根本问题的难度，它使人们在黑暗中人人自危，只好“几乎必然地”选择了罗尔斯预先准备好了的合作方式。这个事先安排好的圈套不能代表人们真正的意愿，更不代表真实世界中人们的选择。无知之幕降低了初始博弈的严重性，这是对初始状态问题的一个多少有些轻浮的解决。

即使按照罗尔斯的游戏条件就事论事，无知之幕也**并非必然地**产生罗尔斯式契约，特别是其中最有名的“差异原则”。差异原则声称，如果社会不得不出现某些不平等的制度安排，那么这些不平等的制度安排必须是为了最弱势群体的利益最大化。很多人赞赏这一劫富济贫的制度安排，但也有许多人坚决反对，例如诺齐克就认为这是对个人自由和个人合法权利的非法侵犯。诺齐克和罗尔斯的争论，或者说彻底自由主义和平等自由主义的争论，在自由主义内部是件大事，但从更大的政治思想框架去看其实就没有那么重要。假如严格遵循自由主义原则，诺齐克是对的，罗尔斯的差异原则的确侵犯了个人权利。但问题是，谁又有什么充分理由能够证明自由主义越严越好呢？又有什么理由证明一个纯粹自由主义社会是更好的社会？事实上一个好社会需要多种原则而不是一种原则，才能良好运行，比如说，如果社会不能给予穷人某种庇护，穷人的反叛将是难以承受的动乱。在这个意义上，罗尔斯是对的。不过，罗尔斯契约也许表现了广得人心的道德要求，却不见得是无知之幕游戏的必然博弈结果，而很可能只是罗尔斯的一相情愿，就是说，罗尔斯契约并不是罗尔斯条件的**唯一必然**结果，而只是多种可能结果之一，甚至不是最为可能的结果。如果罗尔斯契约只是一个**或然结果**的话，罗尔斯原则就变得非常可疑了。

由无知之幕得出罗尔斯契约的过程有些技术性疑点。罗尔斯应用博弈论的"极大极小定理"（maximin principle）去分析无知之幕的博弈理性解，大概是这样的：给定人人自私而无视他人利益，人们将理性地避免对自己最不利的情况而选择风险最小的结果。无知之幕下人人自危，无人知道揭开无知之幕之后自己的资本和地位，因此人人宁愿选择一种最保险的社会契约，以免万一自己处于不利地位时成为完全失败者。罗尔斯相信，出于风险规避的考虑，人们将会**必然地**选择保证每个人同等自由权利、机会均等而又照顾弱者的制度安排。对此，我们可以证明，罗尔斯解法是错误的，罗尔斯方案并非唯一理性解，而只是多个可能解中的一个。可以这样分析：

罗尔斯以自由主义偏好去猜想人人必然优先考虑个人自由，这有些可疑。事实上是人类经过无数残酷经历之后才认识到个人自由的好处，人们不可能**先验地**拥有"个人自由比别的事情更重要"这一经过长期实践才产生的知识。何况这也不是普遍必然的知识。在某些社会和自然条件下，个人自由未必优于集体利益，比如资源非常匮乏的情况下，集体共产就很可能是大家勉强存活的条件。显然，个人自由的绝对优先不可能是一种先验知识。按照无知之幕，人们并不知道社会、时代和资源的情况，因此在自由、平等、平均、共产等等选择之间，并没有必然理由去证明哪一种能够避免最坏结果。缺乏清楚明确的语境，一切都是未知数。假如非要做出选择，那么，在无知之幕的压力下，人们恐怕更可能选择**保险系数最大**的集体主义契约，因为"有难同当，有福共享"的集体主义契约比自由主义契约更符合风险规避原则。罗尔斯似乎算错了自己出的题。差异原则虽有平等主义倾向，但根据罗尔斯的排序规则，自由的优先性使它不可能成为真正的平等主义。相比之下，为自由主义者深恶痛绝的利益均分的平均主义就比罗尔斯的平等主义选择更符合理性要求了。

平均主义策略可以这样分析：由于无知之幕，每个人落在任何一种地位上的概率是同样的，类似于抓阄，根据博弈理性，利益均分是风险最低的策略，它能保证每个人获得至少不少于任何人的收益。在自己没有权利挑选较大利益的情况下，利益均分就是优选策略。可以参考“公平分蛋糕”的例子（尽管情况并不完全一样）：a 切蛋糕而 b 先挑。既然 a 没有权利先挑（相当于不知道自己将得到什么），他的最好策略就是把蛋糕尽量切成一样大[①]。可见，在无知之幕条件下，平均利益才是极大极小值。从风险规避上说，平均利益显然好过罗尔斯扶贫式的有限平等。石元康有过类似而更有趣的论证[②]，他说平均主义有个特别的优势：人们“不会忌妒”，因此是个更稳定的策略。当然，平均主义并不公正，甚至是反公正的，这就另当别论了。

更有趣的是，即使只能选择罗尔斯原则，不许选别的，恐怕还是拯救不了罗尔斯方案，因为罗尔斯的平等主义无法守住自身而终将逐步演变成平均主义。比如说其演变过程可以是这样的：根据差异原则，社会的制度安排应该使处于最不利状态的人们的利益得到最有利的改善[③]，那么，假设“最不利人们的收益”为 X，而 X 有理由获得 X+1 的改善，假定 X+1 的改善力度不够，仍然还是最不利的收益，于是又必须改善为（X+1）+1，如此不断改善，既然社会总有相对最不利群体，就有理由不断损有余而补不足，这一过程不会**自动停车**（除非引入保护富人

① 类似的智慧可以参考宋朝张咏公断“兄弟分家产”的故事：兄弟分家，哥哥主持分家，弟弟认为少分了，哥哥不承认，张咏说，其实解决方法很简单，哥哥的财产和弟弟的全部对换就可以了。

② 参见石元康：《罗尔斯》，91～97 页，桂林，广西师范大学出版社，2004。

③ Rawls：*A Theory of Justice*，1971，p. 302.

的条款），直到所有人的收益都成为平均数，处境不利的人们才会彻底满意。由平等主义到平均主义的演变显然是罗尔斯不能接受的，因为它破坏了“更优先的”自由原则。可是，除非有额外理由对这一演变进行刹车，否则差异原则必然无法止步地导演着从平等原则到平均原则的演变。增加额外理由去制造停车是非常危险的，如果有**某个理由**可以使“损有余而补不足”的过程在**某一点**上停车，那么同理可证，可以有**任何理由**在**任何点**上制造停车，显然没有理由能够证明对穷人补贴到这个程度而不是那个程度才是唯一合理的政策，这意味着可以有理由从一开始就保护富人，拒绝对穷人的任何补贴，可是那样就将是诺齐克的凯旋了。罗尔斯试图在自由和平等之间制造调和，这一努力令人赞叹，但可惜自由和平等天然是矛盾的，不可能达到皆大欢喜的平衡。在真实社会中，自由和平等可能出现某种动态平衡，比如自由向平等的某种让步，但这种让步恐怕与正义无关，而是获利人群为了社会秩序、安全和稳定而“购买”不利人群犯上作乱的动力。

在平均主义策略之外还存在着另一个博弈均衡，它就是古典正义，其中选可能性恐怕也不输于罗尔斯方案。人们很可能愿意自己的劳动能够得到成比例的收益，“多劳多得，少劳少得”的对称原则是理性直观，人们会顺理成章地接受古典的对称正义（这是唯一严格的正义）。在无知之幕下，假如人们拒绝平均主义或平等主义而选择古典正义，同样合乎情理。安全是人的第一需要，所以风险规避是理性博弈的第一原则，这没有错，但对风险规避到何种程度，有些难说，因为这不全是计算，而与心理态度有关。假如人们对任何冒险都怕得要死恨得要命，那么，利益均分显然能够最大程度地满足风险规避原则；假如人们无自由毋宁死，则会选择罗尔斯的平等主义；但假如人们没那么神经过敏，就很可能选择古典正义，因为支出与收益的对称同样没有违反风险规避原则，即使某人在无知之幕消失后发现自己能力较小，只能获得较小收益，这样也并非不公，他毕竟得到了该得份额，并没有得到小于成本的回报。人们

**没有理由**对此不满意。因此，在无知之幕下，人们到底会选择平均主义、平等主义还是古典正义制度，并无必然理由，三者皆为同等可能的理性选择，中选几率恐怕相差无几。

根据以上分析可知，给定罗尔斯游戏，在无知之幕下进行契约选择，至少存在着三个理性博弈解：平均主义、古典正义、罗尔斯平等主义。罗尔斯的平等主义绝非唯一理性解，罗尔斯有意无意地隐瞒了其他具有同样优势的策略，很可能是为了推销其新自由主义，用心可以理解，但学理上是可疑的。假如按照人们对风险规避的心理强度排序，最符合风险规避原则的选择应该是平均主义，其次是罗尔斯平等主义，最后是古典正义。可见，最可能中选的策略并非罗尔斯方案，而是自由主义深恶痛绝的平均主义。当然，这不意味另外两个方案比罗尔斯方案更好，只是各有特点。罗尔斯方案比较接近福利主义的欧洲制度，平均主义大概相当于共产主义国家的想象（共产主义国家的真实制度并没有那么平均主义），古典正义则比较接近严格自由主义想象的制度（这也从来没有实现过）。真正重要的问题不在于这三种选择何者更好，如果摆脱无知之幕的限制，也许会发现更好的制度落在了这三者之外。

罗尔斯方案还有一个最致命的漏洞：他没有充分考虑无知之幕消失之后的后继博弈可能出现的破坏性情况。罗尔斯知道无知之幕总要消失，他想象的是，在选定了罗尔斯契约并且完成立宪和立法之后，无知之幕的初始状态就可以结束。问题是，初始状态只是第一轮博弈，可博弈总是连续多回合的，各种变局势所难免。权且假定罗尔斯方案在初始状态里中选（尽管未必如此），无知之幕消失后，博弈条件完全改变了，博弈各方的优选策略也就发生根本变化，一切真相大白，相当于进入了真实生活，人们各就各位，各自有了明确的利益、偏好和理想，于是肯定有许多人将重新考虑并调整自己的策略，因为他们在第一轮博弈中的选择已不再是优选策略了，而变成了专门让自己吃亏的策略，人们不干。新的选择必定导致第一轮博弈所建立的“制度”土崩瓦解或在具体实践中被偷偷解构。人们不再承认在无知之幕下签订的糊涂契约，而在新的形势下重新讨价还价、重新协商、重新斗争甚至革命，即使人们没有实力发动革命，也总会在契约下钻各种合法的空子和漏洞，使契约实际上无法正确执行，总之是从“合作”回到“背叛”的状态，直到符合现实形势的新制度在多轮博弈之后达到某种稳定策略均衡而得以建立。既然无知之幕下签订的社会契约在后继博弈中坚持不住，游戏终将重新玩过，因此，无论它具有什么优点都终成画饼，这是罗尔斯方案的根本困难。

罗尔斯方案虽然引人入胜，可惜不是真实有效的出路，转了一圈还是回到霍布斯的老问题上，我们还是不得不重新面对如何在冲突中形成合作这一初始问题。其实，对于初始状态，无知之幕是个多余的假设，它改变了真问题的存在条件，因此对于解决真问题没有很大的帮助。理论模型虽然重要，但归根到底要解决的还是真实问题。理论不能忘记生活，从生活中来还要能回到生活中去，理论模型必须能够容纳复杂变量以便对付真实问题。许多理论模型，例如罗尔斯方案，选择了变量最小化的极简主义模型，生活变量的极简化等于篡改生活，等于文不对题，所以不能解释真实问题。在初始状态问题上，荀子和霍布斯假设虽然朴素，但仍然理论上较优，这种朴素的初始状态假设的根本优势在于它把社会最坏可能性考虑在内。只要考虑到最坏的可能状态，就代表了所有需要解决的困难，**没有把最坏可能性考虑在内的社会分析模型都是无效的**。罗尔斯的无知之幕初始状态实在是不够坏，远不如真实世界那么坏，因此错误地把正义化归为公平这样柔和的问题。罗尔斯的“公平正义”以及平等自由主义（egalitarian liberalism）严重削弱了古典正义概念，使正义变得不太正义，正义所以成为正义的对称原则消失了，仅剩下保证程序公正的公平原则。罗尔斯指望公平产生正义，结果公平产生的仍然只是公平。公平是正义的一部分，但也仅仅是一部分，如此而已。

## 7.7 国家、国际和世界：三种政治

如何界定国家是决定人们进行什么样的政治游戏的基本点。与现代的“民族—国家”（nation-state）不同，前现代国家是**“社会—国家”**（society-state），在其中，社会和国家存在着互动构成的关系，一方面，国家往往基于一个社会共同体；另一方面，国家又加强甚至创造着它所依据的社会共同体。一个社会—国家要成功地统治和管理它的社会，首要的政治问题就是权力的政治正当性，也就是制度正义（柏拉图说是国家正义；孔子则说是政之正）。在国际政治出现之前，正义问题或政治正当性问题只针对国家对社会的内部权力，它没有涉及国家对于外部世界的权力性质。古代国家所以是社会—国家，在于它的政治问题同时就是社会问题，特别是政府与人民之间的权力和利益分配问题。前现代国家的权力外部边界从来没有构成需要反思的政治问题，因此也缺乏普遍承认的界定。古代国家这一模糊面目特别表现为它只有边陲而没有边界①。国家的边陲（frontier）就是国家控制力弱到消于无形的地带。边陲难以说清属于哪个国家，地理位置也不确定，它随着一个国家势力的消长而变化。国家间边陲的无主状态使边陲成为混乱地带，但也使边陲成为自由行动的空间。通常，古代国家之间不禁止人们的自由往来，人们自觉选择归属并忠于某个国家的理由是社会性的而非政治性的，人们主要根据语言相似性、文化兼容性以及交往合作的密切程度而自然而然地聚集。

明确界定的国家及其人民与明确划定的国家边界（boundary）有着密切关系。由双边或多边国家在共认原则上给予承认明确划定的边界以及在此边界内部行使一切权力的国家主权使古代国家变成了现代国家。从政治的实体单位上看，现代不仅通过发明个人权利而发明了政治意义上的“个人”，而且通过发明主权而发明了“主权国家”，现代政治的这

① 参见［英］安东尼·吉登斯：《民族—国家与暴力》，4、98页，北京，三联书店，1998。

两大发明几乎是同构的，至少是同原理的。明确界定的权利个人与主权国家奠定了现代政治的基本格局，现代几乎所有事物因此随之都有了政治边界，而各种各样的政治边界形成了各种神圣不可侵犯的权利和利益，可以说，现代政治的一切问题都是围绕着权利个人和主权国家而展开的。在国家内部，政治的根本问题是权力和权利的正当性；在国家之间，政治的核心问题是为了国家利益的国家安全博弈。

主权国家原则一般追溯到 1648 年的威斯特伐利亚和约。17 世纪上半叶，欧洲封建诸侯国由于宗教分歧而发生了席卷欧洲的争夺领土和霸权的三十年战争。当时信奉新教的诸侯和信奉旧教的诸侯分别组成“新教联盟”和“天主教联盟”，在其他各怀野心的国家支持下，进行了“最后一次宗教战争和第一次现代战争”[①]。这是一次旷日持久而没有真正胜利者的战争，战争的结束不是因为胜利而是因为资源无法再支持战争。创造性的威斯特伐利亚和约虽然没有消除冲突和矛盾，却产生了一个影响深远的结果，这就是主权国家的形成，同时也是民族—国家体系的开端。威斯特伐利亚和约不仅明确划分了国家领土边界，而且承认在国家之上不再有任何更高权威，各国在领地内享有内政和外交的自主权。和约还再次确认了 1555 年的奥格斯堡宗教和约，承认新旧教地位平等，各国有选择宗教的权利。这样就确立了国家主权和国家利益的基本原则，即国家拥有在政治、经济、军事、外交、文化和价值观领域的全方位权力。威斯特伐利亚和约的开创性在于它一方面创造了主权国家，另一方面创造了国际政治。国际政治与主权国家相辅相成，如果没有主权国家，国际政治就没有意义，而国家主权又通过国际政治而成为可能。

在国际政治出现之前，传统国家只有强权而没有主权，只有实力而没有权利，国家以一定的实力在实际上控制着与实力相配的地域，而实

① ［美］小约瑟夫·奈：《理解国际冲突：理论与历史》，4 页，上海，上海人民出版社，2005。

力的强弱变化决定了国家权力的大小消长。至于国家之间的关系，还没有发展成为具有政治意义的国际关系，而只不过是国家之间的自然竞争关系，无论相安无事的和平还是夺地争利的战争，都仅仅遵循了自然法则，强者逻辑是前现代国际关系的唯一法则（仍然是现代国际关系中的一个重要原则）。在强者逻辑作为唯一法则的单纯暴力世界里不存在政治，一切靠力不靠政，这与自然状态是一致的。在修昔底德所记述的“米洛斯人辩论”中，雅典人就坦率指出：“大家都知道，正义的标准是以同等强力为基础的；同时也知道，强者能够做他们有权力做的一切，弱者只能接受他们必须接受的一切”[①]。正是国际政治以及国家主权的发明使国际关系脱离自然状态而进入政治状态。

既然国家主权意味着不存在更高的政治权威，那么，各国互相承认国家主权就等于制造了国际无政府状态。通常以为，无政府状态与自然状态是含义大致等同的概念，只不过表述角度有所不同而已。这种看法是误导性的。自然状态与无政府状态虽有相似之处，但其实貌合神离。以霍布斯定义为准，自然状态是每个人对任何人的战争状态。这种自然状态的本质（按照霍布斯条件可以推知）是它的**非社会性**，在所有行为主体之间都不存在任何契约、合作关系以及互相承认的权力和权利，契约、合作以及政府都是为了解决自然状态的无限战争的社会化结果，所以，自然状态是前社会状态。无政府状态则已经是一种社会状态，尽管是“无政府的”，其中已经存在基于理性的某些约定、合作关系以及互相承认的权力和权利，但由于不存在更高政府，政治实体之间的互相承认和合作关系在信义上终究不可靠，随时会因为实力和利益关系的变化而崩溃或重组，因此，无政府状态是一种缺失可靠秩序的社会状态，虽然始终面临无序的危险，但已经与非社会性的自然状态有了本质区别。无政府状态的无序是政治性的，所以才配套地产生了国际政治。

---

① 修昔底德：《伯罗奔尼撒战争史》，下册，414 页。

国家主权的确立创造了无政府的国际社会，也就同时创造了国际政治，这是一个非常重要的政治变化，它在传统的国家政治之外增加了国际政治维度，从此人们有了两种政治生活，即国家政治与国际政治。在国际政治出现之前，政治只是国家政治，更准确地说，前现代政治仅仅是国家—社会政治，因为在国家框架内，政治问题和社会问题几乎是同一个问题。前现代国家并不是边界闭合国家，而是空间伸缩国家，国家边界以及权力随着实力消长而相应伸缩，人们只会承认某个权力占有某个国家的**政治事实**，但没有人承认某个国家拥有主权的政治权利，因此，前现代国家无论帝国还是城邦或封建诸侯，都是“权力国家”而非“主权国家”，都是“事实国家”而非“法理国家”。就统治效果而言，权力国家对特定地域的统治事实与主权国家的统治事实表面上好像大致相同，只是缺乏政治承认。然而，对权力的政治承认绝非无聊或多余的游戏，正是政治承认导致了政治事实发生一些奇妙而重要的变化。可以说，国际政治的出现不仅在国家政治之外增加了第二种政治，而且国际政治也在不可忽视的程度上改变了国家政治。

精神可以改变物质。占有某物的合法性意识与占有某物的事实意识对人们计算得失以及行为策略的影响不可小视。如果对某物的占有被认为是合法的，人们就会把某物看成神圣不可侵犯，并且会对某物进行充分认真的看护和管理。合法性意识导致人们**认真对待事物**。主权意识正是这样改变了人们的国家意识，它使国家变成一个与外部社会严格分离的内部空间，一个集体的私域，就像是相对于社会的私人空间，国家主权就像个人权利一样成为不可让渡的无条件的神圣价值，于是，国家不再仅仅是个事实，国家成为一个**原则**。假如情势所迫，总有某些利益是可以出让的，出让某些利益无非是一种损失而已，但原则却不可以出卖，出卖原则就是彻底否定自己的价值和存在，否定了绝对不可否定的事情，这是一个事关“存在或毁灭”（to be or not to be）的问题而绝不是损失的概念。主权使国家不仅是个实体而且是个原则，国家就因此成为物质和精神的双重存在。国家的精神性存在使国家意识成为现代人的一种重要的精神生活内容。

主权势必促成国家在内部空间管理上的空前深入发展。主权使一个国家有充分合法性和积极性去最大限度地看护和管理作为永久合法排他性财产的国家，因此主权国家必定强化内政能力、国防能力和社会动员能力，其结果是使主权国家变得比传统国家更强大，也使现代政府变得比传统政府更强大。当国家有了自觉的国家意识去强化政府能力，这才使政府权力的潜力得到充分实现。现代政府能够事无巨细地全面管理国家，而传统政府其实只能管理一些国家级别的大事，既无心也无力去管理基层细节事务，因此传统社会的民间自治和地方自主程度都很高。既然主权国家的现代政府能够实现对国家事务的全方位管理，国家在各个方面、各个层次的各种利益就形成了系统性关联，甚至与国家中每个人的利益也形成必然联系，因此，至少在理论上说，主权国家发明并且发展了与全民利益一致并且为全民所承认的整体利益，即所谓**国家利益**。这种属于整个国家和全体人民的国家利益拥有了超越各个集体或个人利益的至高地位。国家利益与集体或个人利益的关系如此密切和深刻，以至于即使有的时候与某个集体或个人利益发生某种冲突，它仍然与集体或个人利益有着更基本或长期的必然联系，尤其是，国家利益与个人利益之间的冲突是非零和的，因此，国家利益与个人利益的一致性终究大于国家利益与个人利益的冲突。这与**政府利益**的情况不同，由于政府也是一个自私群体，因此政府利益往往与人民利益有许多难以化解的零和冲突。如果混淆国家利益与政府利益，这无论对于政府还是人民都是灾难性的，自私的政府会以这种混淆去祸国殃民，而不明事理的人民则会因为此种混淆而错误地反对国家。显然，具有高度共享性的国家利益能够有效地盖过或冲淡政府与人民的矛盾，因此，一个更善于促进国家利益的政府总能够维持更稳定的政治秩序。正因为国家主权制造了国家利益，国家的合法性和稳定性都因此得到加强。可以说，主权国家以及国际政治对国家政治的最大贡献就是创造了国家利益。

国际政治不仅改变了国家性质，还改变了国际关系的性质。如前所论，前现代的国际关系其实是自然状态，强者逻辑是决定战争与和平的唯一根据。但是当国家主权创造了国际无政府状态而替代了国际自然状态，国际关系就变成了一种政治关系，其主要表现形式就是外交。一般相信，作为和平谈判解决国际争端的范例，威斯特伐利亚和约确立了通过国际会议去和平解决国际争端的外交模式。外交试图化战争为政治，以谈判和交往方式去纸上谈兵，以语言代替鲜血，以最小成本完成政治权力、经济利益和文化势力的瓜分。在理论上说，外交应该能够减少战争和冲突，因此，除非主权受到严重挑战，主权国家一般都愿意以外交代替战争去解决问题，尽管外交在阴谋、欺骗和权力运作上不亚于战争。不过，外交到底能够在多大程度上避免战争，还是个问题。似乎没有充分证据表明外交确实减少了战争，因为战争在现代没有明显减少，而最恐怖的世界大战都发生在现代。当然，这一点也不能证明现代国家更好战，而是证明了现代国家有实力发动更大规模的战争，正如大规模战争在今天越来越不可能了，最主要的原因并非今天人们格外爱好和平，而是核威慑抑制了人们过分的野心，使人们不敢热血沸腾。但有一点可以肯定，外交虽然不能完全替代战争，但至少是解决冲突的更优选择，这说明，国际政治的出现使人们的生活更依赖政治。

摩根索断言："国际政治和一切政治一样，是追逐权力的斗争"①。他还发现，追逐权力和利益的这种唯利是图人性从来没有变化过，因此，无论什么样的政治都无法超越可悲的人性规律。现实主义政治理论虽然比较片面，但它有着更为实事求是的分析态度，这有助于消除伪善所导致的自欺欺人。人性虽然可悲，但并非不存在合理的政治对策，这才是

---

① ［美］摩根索：《国家间政治：权力斗争与和平》，第7版，55页，北京，北京大学出版社，2006。

政治理论一直试图发现的。在政治的理论和实践中，人们可以看出，与国家政治的成就相比，国际政治就比较简陋，明显缺乏有效解决问题的方法论，以至于马丁·怀特觉得国际理论过于贫乏而只不过是国家政治理论的附属部分[①]。“为什么没有国际理论”这一怀特问题听起来有些矫情，其真实意思可能是说，为什么国际理论都不管用？

在主权国家体系中，国际政治最主要的原则是：（1）尽量以外交手段化解冲突，以谈判方式完成权力分配、利益交换或让步以及势力范围划分等国家利益或国家安全问题；（2）尽量制造并且维持国家间的势力均衡，以此最大程度降低战争的可能性。这两个原则所构成的国际政治框架虽非完全不管用，但确实很不够用，它们在能力上不足以解决国际冲突问题。这意味着国际政治远不及国家政治那么成熟，即使与古代的国家政治相比，现代国际政治也是很不成熟的。国际政治为什么难以成熟？其中必有隐情。

从表面上看，国家政治和国际政治似乎都利用了权力均衡原理，可是在国际政治中，权力均衡原理却似乎力不从心，问题就出在这两种政治的条件不同。国家内部的权力均衡主要表现为**不同类型不同性质**的权力分立的互相制衡（例如常见的三权分立模式），但在国际政治中，博弈各方的权力是同性质的，并非不同权力之间的制衡，而是同种权力之间的竞争，这一致命的区别正是权力均衡原理在国际政治中效力比较低的原因。很显然，在同类权力之间缺乏互相依赖又互相制约的条件，因此，同类权力在追求均衡时往往效果适得其反，比如反而使竞争升级。即使暂时形成某种均衡，也只是加剧紧张，使敌意变得更深刻。在同类权力之间制造力量均衡虽是可能的，但力量均衡不可能使敌对局面好转，这是同类权力的博弈注定的命运。既然国际社会是无政府状态，国际政治

① 参见马丁·怀特：《为什么没有国际理论》，见詹姆斯·德·代元：《国际关系理论批判》，浙江人民出版社，2003。

就像是没有裁判的游戏，每个国家都必然同样不择手段地追求国家安全，因此不可能避免囚徒困境。事实上，势力均衡有可能是更危险的状态，两次世界大战前的格局正是多国势力十分均衡的状态，而冷战时期的两极均衡得以化险为夷却是因为存在使人不敢犯险的核威胁。传说中的均势蕴含和平，实为缺乏可信根据的想象。

如前所论，无政府状态虽优于霍布斯式的自然状态，但毕竟是一个相当危险的准霍布斯状态。由于对他者没有绝对必要的依存关系，国家之间的良好外交关系虽然可贵，但并非不能背叛。主权国家都力求通过发展实力而在谈判中取得主动权和优势地位，而发展实力无非是力求制造博弈手段的不均衡（主要在军事和经济方面），从而使博弈均衡的边界发生对自己有利的最大偏移。当博弈均衡边界出现对大国十分明显的有利偏移，就形成霸权国家和帝国主义。可以看出，在国际无政府状态下，无论是势力均衡还是不对等的博弈均衡，国际政治的核心问题都是国家安全而不是世界和平。因此，外交的主要工作，也是正确的工作，就无非是制造有利于国家安全的谎言、阴谋、圈套、陷阱和威胁，而外交的目的是不战而胜，绝非和平——这两者颇为不同：不战而胜是一国之私，和平却属于世界共同利益。国际政治确实是为了避免或减少战争，但如果说国际政治是为了和平，则是典型的谎言。英国和美国能够把外交发挥到出神入化的境地，这证明它们深刻理解了“国际”，但同时说明它们不理解“世界”。

人们幻想理性的力量能够克制膨胀的欲望。理性固然是人类之希望所在，可是人们从来也没有搞清楚什么是或什么不是理性选择，更无法判断不同的理性选择之中何者最优，因为不存在显而易见无可置疑的理性标准。人们一直无法充分证明，风险规避必定优于铤而走险；或者无法证明，在任何情况下，和平的收益必定优于战争；也同样不能证明，长期利益必定好过当前利益。如果不能证明以上人们钟爱的各种假设，理性概念就是不清楚和不确定的。作为经验事实，“机不可失时不再来”

的情况屡见不鲜，假如失去当前利益，就很可能因此失去长期利益，因为有些当前利益正是长期利益的必要条件，有许多当前利益与长期利益恰好构成一个利益链条；铤而走险的战争有可能胜者通吃而委曲求全的和平也可能永远受制于人，如此等等。甚至人们很难证明，到底什么是得什么是失。目前对理性的理解主要基于经济学思维，但经济理性概念小于政治理性，经济人的复杂性也弱于政治人，政治得失是复杂的总体利益问题，而经济利益则相对简单。因此只能承认，至少对于复杂博弈来说，还没有一个真正管用的理性概念。

要超越国际政治无计可施的局面，关键是必须意识到，国际无政府状态是一个结构很差的政治状态。不是人类不够明智，而是现有的博弈条件太差，所以才无计可施。因此，政治的根本出路在于改善博弈条件，而不是追求似乎更先进但其实只不过是更阴险的策略，或者说，要解决国际冲突，就必须改变政治游戏本身，而不可能指望通过改进游戏策略去解决问题。国际政治的根本困难是一个**存在论问题**而远不只是一个博弈论问题，除非能够改变国际无政府状态这一存在论条件，否则根本不具备解决国际冲突的客观条件，无论多么高明的博弈策略都不可能超越国际政治的囚徒困境。

一种正在慢慢取代国际政治的新政治早在世界现代化的过程中就已经悄悄出现并且在当前的全球化过程中逐步展开，这就是**世界政治**——最早可以追溯到中国周朝的天下政治。如果说国家政治是第一政治而国际政治是第二政治，世界政治就是第三政治。世界政治要处理的也是超出国家政治的问题，但却不止步于国际政治，而是要超越国际状态，进入世界总体或整体的政治问题，特别表现为世界政治制度的设计，以及世界公共权力和公共利益的管理。由于全球化造成的经济与政治关系新格局，人们纷纷敏感到应该建立全球治理。这是顺理成章的一种问题意识，但却没有对准问题。全球治理虽名“全球”，实际上只停留在国际思维中，仍然不是世界政治。所谓全球治理是对世界政治问题似是而非的一种表述，全球治理仅仅试图以国际框架所能够想象的方案——无非是更多的国际组织和更复杂的多边合作之类——去应对全球化所强化的各种跨国问题，它以为全球化的新问题只不过是跨国问题，而跨国问题只是复杂化了的国际问题，并无超越民族—国家体系的决心，仍然幻想在国际政治框架内去消化新问题，这正是全球治理终究没有新意的原因。世界政治必须是一种高于国际政治层次的新政治，它以世界的总体或整体问题作为思考对象，以创造和保护世界共同利益或共享利益作为目标，简单地说，世界政治是优先世界利益的政治。

全球化时代出现了无数跨国公司、各种专门化的国际组织（国际金融组织、能源组织、贸易组织以及地缘政治组织之类）、服务于各种政治意识形态的 NGO，如此等等，它们确实在分化和削弱民族—国家的权力。不过，需要注意的是，所有这些跨国组织也许越来越远离民族—国家的控制，也许越来越热衷于组织的自身利益而不如以往那么效忠于民族—国家，甚至将来完全成为独立于民族—国家的新型政治力量也未可知，但所有类型的跨国组织都不是为了世界利益而存在的，都不以世界共同或共享利益为目标，而仍然是一种追求独占独享利益的特殊政治和经济实体，它们尽管不是国家，但和国家一样永远只考虑自身利益而不可能优先考虑世界利益。假如将来各种跨国组织变得比国家更强大甚至解构了国家，它们将以另一种方式瓜分世界而绝非共建一个世界，越来越多的跨国组织尤其是大量的 NGO 很可能形成**世界部落化**的返祖现象而造成更混乱的世界分裂状态，一旦国家失去控制力，而世界又仍然处于无政府状态，世界部落化的同时就很可能形成跨国组织黑帮化，这样就回到前国家状态而不是走向世界政治了。因此必须注意到，**跨国性**（transnationality）并不高于也没有超越**国际性**（internationality），而只是国际性的一种另类表现方式，而且有可能是一种更差的国际性。国家虽是地方性的，但至少会考虑本地人民的利益，而跨国组织不属于任何地方，不为任何人民负责，只会考虑组织本身的利益，因此跨国组织不会把世界组织起来而只会把世界搞乱。跨国政治与世界政治虽非完全南辕北辙，但无疑失之千里，因此，仅仅着眼于跨国性，受制于国际政治框架的全球治理思路，就不可能发展出真正的世界政治。

无论如何，全球化事实是走向世界政治的准备性步骤。全球化导致的各种问题虽在国际政治框架内产生，却只能在世界政治框架内去解决，因为国际政治条件下所造成的问题超出了国际政治的解决能力，因此只能在具有更大容量的政治框架中去解决。正如历史事实所显示的，国家政治派生出国际政治，而国际政治又催生世界政治，此乃历史大势。全球化事实在世界中制造了越来越多的互相依存关系，这是在未来形成世界一体化社会的必要条件，同时，全球化也放大深化了国际社会的各种问题，使经济、政治和文化上的各种矛盾和危机变得更具规模也更有传染性，这是国际化问题需要世界化解决的原因。当各种政治实体在利益上的连动性和互相依存程度大到必须创造一个普遍认可的**一体化游戏**时，世界政治就将势不可挡。人们将需要制定世界游戏的普遍规则，这意味着必须创造一个世界政治制度和世界权力管理机制以保证世界的普遍合作。从目前情况来看，政治仍然处于国家政治与国际政治框架内，世界政治尚属未来，但世界政治的问题业已出现。由于政治理论一直集中在国家政治以及国际政治上，而世界政治又是前瞻性问题，因此现成理论储备不多，比较有价值的有四种资源：（1）罗马帝国观念；（2）基督教普世主义；（3）康德的永久和平理论；（4）中国的天下理论。

罗马帝国最有价值的遗产是万民法，它显示了对世界上一切人一视同仁的博大胸怀和气概。如果未来要创造一个世界，普遍适用的万民法是必不可少的。不过，万民法远不足以形成世界，对于世界的整个生活画面来说，万民法仍然很单薄。而且，万民法这一形式虽然是正确的，但并非任何一种关于万民法的构思都是合适的。万民法可以有许多种解释和设计方案，比如说罗尔斯就构思了一种现代自由主义的万民法①，很显然并非所有人都同意罗尔斯式的万民法，人们根据不同文化可以构思不同而同样有理的万民法。因此，更重要和更基本的问题是价值观和政治制度。另外，罗马帝国试图以武力征服的方式统治世界，这种背离王道的霸道方式不可能获得世界的支持，也几乎没有成功的希望。对于世界政治，罗马帝国只是提供了非常片面的资源。

基督教的普世主义并不是严格的政治理论，而是一种有政治意义的文化理论，它幻想并试图把基督教信仰推广成为世界普世文化而且是唯一普世文化，幻想把世界人民全都变成基督教群众（信众），让基督教信念成为所有人的通用心灵，这在实质上是试图以宗教一统去实现世界的政治一统。通过宗教去解决政治问题，虽有想象力，但事实上不可能。政治反映着从物质利益、权力和权利到精神和思想的全部生活问题，而宗教信仰对于人们需要的生活来说是非常片面的，尤其不能解决物质利益方面的问题，精神拯救不了物质，软实力不可能代替硬实力，文化不可能解决政治问题而只是政治问题的一部分，何况宗教只是文化的一部分而已。至于文化一统的工程，理论上并非不可能，但不可能通过文化霸权去实现。普世文化和普世价值只能在各种文化平等交流和充分交融的条件下，各种文化的优势自动综合而形成文化创新，这才成为可能。能够兼容各种文化而实现文化一统的必须是一种没有文化敌人的文化，而基督教没有文化兼容的优势。

康德可能是西方最伟大的哲学家，他追求“永久和平”的思想热情一直令人感动，但康德的制度设想仍然受制于国际政治框架而没有进入世界政治问题。按照康德思路，自由国家总能与作为自己人的其他自由国家结盟，建立互相尊重和信任而维持地久天长的和平。这一点是否可能，尚有疑问，暂且不论。关键问题是，世界上那些另有理想而不属于

① 参见［美］罗尔斯：《万民法》，长春，吉林人民出版社，2001。

“自己人”的其他国家又该如何处理呢？假如非西方国家不愿意放弃自己的文化传统也不愿意接受西方文化，又怎么办呢？假如非西方国家强大起来并且反过来向西方推销非西方价值观，或者别的文化有更优越的价值观和思想，又怎么样呢？康德对付不了**文化冲突**问题（即亨廷顿所谓的文明冲突），那些不符合康德结盟条件的文化和国家就成为被拒斥的他者，结盟不是构成世界而是分裂世界。于是，温特寄予厚望的“康德文化”[①] 就将事与愿违地退化为令人失望的“霍布斯文化”。康德政治虽有善良意愿，但康德式的普遍主义是西方典型的单向普遍主义，是一种无视“精神他者”或“文化他者”的单向文化帝国主义。单向普遍主义缺乏兼容异己的原则和能力，因此不可能回应他者问题，不可能解决文明冲突问题。毫无疑问，寻找朋友的康德文化总比寻找敌人的霍布斯文化好得多，但寻找朋友仍然无法克服冲突，因为寻找朋友仍然做不到**化敌为友**，这是康德文化的局限性。

源于周朝的中国天下观念在世界政治理论中最具优势潜力，但需要根据当代问题的变化而进行理论创新。无论如何，周朝的天下观念已经给出了一个良好起点。周朝在开创中国政治时面临的是以一治众、以小治大的特殊局面，于是中国政治思想是从如何处理“世界性”政治问题开始的，然后在世界政治的基本框架内进入国家和国际问题，形成所谓“天下—国—家”政治系统。这一与众不同的政治开端和进路使中国得以优先思考了世界政治问题。天下理论假定，天下之治是一国之治的条件，因此，世界政治的基本原则就是必须创造一种世界制度去保证：(1) 优先促进天下公利，即世界各种共同利益或非独占利益，使各国加入天下体系之所得优于脱离天下体系之所得；(2) 各国利益形成连锁互制关系，使各国利益之间存在共荣俱损的结构，这是一种和谐结构，我把它处理

---

① 参见［美］亚历山大·温特：《国际政治的社会理论》，第6章，上海，上海人民出版社，2000。

为优于帕累托改进的“孔子改进”模式[①]；(3) 兼容各种文化或精神体系，承认任何一种文化的自主地位，拒绝把任何一种他者文化看做敌人，在文化兼容的基础上共同创作普遍价值。这样才能化敌为友，创造真正的世界和平。

世界政治的维度意味着一个未来的“政治学转向”。如前所论，全球化所引发的许多世界性新问题无法在“国家—国际”这一框架中被有效分析和解决，这是因为“国家—国际”框架的容量不够大，而且缺乏世界公共性或世界公心，于是，凡是涉及世界总体的政治问题，比如世界公利、世界制度、世界合作以及文化冲突等问题就超出了国家政治和国际政治的处理能力。因此，政治理论需要一个**结构性的改进**。如果引入天下维度，把政治理论框架由“国家—国际理论”扩大为“国家—国际—世界理论”，就有能力覆盖所有政治问题。把政治分析的重心从国家—国际政治转到世界政治上，这是我们所期望的政治学转向。

国家政治、国际政治、世界政治构成了政治分析的三维框架，所有重大政治问题都可以在这三个框架内被分析，尤其当国家、国际和世界政治被理解为一体化连续互动的多维复合框架，其分析能力将大大增强。在国家、国际和世界三个层次中，可以看到“冲突与合作”这一政治根本问题的有趣变化：国家的形成应该是源于荀子式初始状态而非霍布斯式初始状态[②]，即国家总是建立在一个社会共同体之上，于是，国家利益就是社会共同利益，人们互相依存大于互相冲突。作为第一政治的国家政治的核心问题是**权力公正**。古希腊人（柏拉图等）早就意识到国家政治的根本问题就是公正。显然，只有公正的制度才能使政府获得统治权力的合法性，才能保证社会合作最大化和长治久安。国际政治是第二政治。国际社会的无政府状态大概介于霍布斯状态和荀子状态之间，但

① 参见赵汀阳：《冲突与合作的博弈哲学》，载《世界经济与政治》，2007 (6)。
② 参见赵汀阳：《荀子的初始状态理论》，载《社会科学战线》，2007 (5)。

令人遗憾地更接近霍布斯状态，特别表现为国家之间没有绝对必要的依存关系，却有绝对必要的利益竞争关系，这决定了国际政治的核心问题是**国家安全**。正由于国际无政府状态，国际游戏中的所有规则和契约都是本质上不可信任的，这又注定了国际政治就其能力而言不可能化冲突为合作，不可能做到国家政治那样因正政而善治，因此，国际政治不是一种成熟政治。世界政治是可期望的第三政治。国际政治不能做到的事情只能由世界政治去完成。全球化开始在整个世界中制造各种互相依存关系，这是世界社会一体化的准备条件。世界政治的核心问题是**世界制度**。我们有理由想象，假如能够成功创造一种世界制度（比如天下模式的世界制度）去化冲突为合作，那么，政治将在世界政治中达到最终的成熟。

# 8. 全球性到世界性

## 8.1 人权与人的概念

全球化时代的政治最强音莫过于“人权”。人权的政治王牌地位是由1776年北美《独立宣言》、1789年法国《人权与公民权利宣言》、1948年《世界人权宣言》以及1953年《欧洲人权公约》所树立的。人权思想主要以自由主义的个人权利概念为基础，如果进一步追溯，还可以在基督教新教甚至罗马万民法中找到一些渊源。现代性的两大政治基石，民族—国家和个人，在全球化时代正在发生深刻变化，民族—国家逐渐被削弱，而个人却借助人权而越来越强劲。这与全球化之大势是吻合的，全球化在两个方向上试图超越民族—国家：一方面政治问题的规模越变越大，正从国家政治和国际政治走向世界政治；另一方面政治问题的规模越变越小，国家被淡化而个人被强化。全球化的两个政治基本问题就是：**如何创造世界**和**如何反思个人**。

人权之声虽然高昂，但奇怪的是，人权却缺乏一个可信的哲学基础，这一隐患很少被认真反思，原因是，人权已发展为虽无宗教之名而有宗教之实的新宗教。现代以来，人的主体性原则消解了神的权威，人权巧妙消化了基督教的宗教性和自由主义的个人权利概念而成为新宗教，于是，人权实现了由思想向信仰的转变。当人权变成拒绝怀疑的信仰，它在思想上就死了，只剩下思想的尸体——信念。以人权为据去批评各种事情好像变成了不证自明的正确政治行为而人们乐此不疲，而对人权的质疑也似乎天生政治不正确。

由西方话语霸权所误导的人权政治制造了全球化时代的**新意识形态斗争**。一方面，西方以西方所解释的人权概念去指责非西方国家人权供给不足；另一方面非西方国家又试图回击西方批评。不过，非西方国家常见的反驳策略并不成功甚至相当可笑，主要有这样几种辩护策略：(1) 试图证明自己国家的人权状况正在逐步得到改善，并没有像西方所批评的那么糟糕；(2) 反过来指出西方同样存在尚未解决的人权问题；(3) 鼓吹文化多元论或相对主义。其中，策略 (1) 是愚蠢辩护。它预先承认了西方标准，即使把自己的错误说成小错，那也已经一败涂地；策略 (2) 是幼稚辩护，而且不成立，因为别人的错误不能用来为自己的错误辩护，更不是自己犯错误的正当理由；策略 (3) 是弱者辩护。这种辩护不算特别愚蠢，但也不高明。这是唯一值得分析的策略。

弱小国家以多元论或相对主义为理由去坚持自己的文化权利，例如亚洲有些政治家和学者主张“亚洲价值”（类似的还有“伊斯兰价值”）去反对普世主义价值观，其论证策略主要是强调价值观从属于文化，不同文化之间缺乏可通约性，因此无所谓谁对谁错。弱小国家求助于多元论和相对主义来回应西方的思想挑战，这样就发展了所谓特殊价值论。以特殊价值去反对普遍价值，表面上貌似对话语霸权的解构，实际上是自我贬低。地方主义或特殊主义注定弱于因此不能抵抗普世主义，因为地方特殊主义不准备为世界着想，不准备为所有人负责，更不能回答人类共同面对的普遍问题，因此缺乏普遍意义。哈贝马斯很清楚这一点，他指出人权要求的是超文化的普世价值，而亚洲价值之类的主张自己都承认不是普遍规范或原则，因此不值一提[①]。显然，文化多元论只能说

① 参见［德］哈贝马斯：《论人权的合法性》，见《后民族结构》，上海，上海人民出版社，2002。

明文化是不同的，却不能证明各种文化是同样好的。能够反对普世主义的必定也是普世主义。

既然人权是为**每个人**设想的，它理所当然就是普遍的，多元论或相对主义在这里完全没有意义。如果一种价值观拒绝成为一种普世主义，就没有资格对世界问题说话，这是不言而喻的。各种文化的价值观之间确实存在许多不可兼容的差异和冲突，这一点并非证明了多元论，而是说明了目前**尚未存在**一个普遍承认的人权概念。人们有权拒绝西方单方面规定的人权概念，人们有权重新定义一种**更优的人权概念**，这才是真问题。全球化需要普遍交往和普遍合作，因此必定需要一种能够获得普遍认可并且能够解决共同问题的普遍价值体系。问题是，能够获得普遍承认的普遍价值体系目前尚未存在，它需要被创造出来。单就理论潜力而言，人权确有条件发展成一个超越文化特殊性的普遍观念，但西方定义的人权概念在哲学基础上有严重缺陷，它会导致荒谬甚至自相矛盾的解释。假装普遍有效的人权概念已经存在，这是典型的自欺欺人。西方人权概念只是人权的一个候选方案，而且可能是个坏的方案。人权既然是每个人的人权，就必须能够获得所有人的同意和支持，否则是无效的。人权必须是一个允许对话、辩论和重新解释的公共概念，因此，问题不是要不要人权，而是要什么样的人权。我们有理由寻找一个最好的人权概念，而要构思一个最好的人权概念就必须选择一种最合理的**人的概念**。人的概念正是人权的哲学基础，如果选错了人的概念，就会导致无法自圆其说的人权。

要论证一个普遍有效的人权理论，其论证策略必须把真实世界的**所有可能生活**即所有可能出现的行为策略考虑在内，必须把人权准备应用的整个生活场面考虑在内，必须检查这个理论所需要的生活场面的存在论条件，其中包括人、行为策略和世界状态，于是需要分析：(1) 如果构造人权理论 T，那么必须考虑 T 是否能够担当得起 T 所带来的可能后果，是否有能力应付 T 所可能导致的各种社会问题。有时候人们对某种观念盲目偏爱以至于只见其好处而忽视后果。(2) 理论 T 必须在存在论上是可实现的，即 T 承诺的事情必须是真实世界能够支付的。这个问题也很容易被忽视，人们往往只考虑一个主张是不是“好的”，而没有考虑所要求或承诺的事情是否是真实世界支付得起的。事实上，世界所能支付的好事情远没有人们希望的那么多，而且，人们的各种要求往往互相矛盾或互相消解，从而减低了世界的支付能力。(3) 理论 T 所选择的人的概念在社会中是否可行，是否导致混乱和无法解决的困难。根据以上论证策略，我们有理由认为西方人权概念在哲学上是不谨慎或欠考虑的，它或许满足了所谓政治正确，但却造成“存在论不正确”，而如果存在论上不正确，政治再正确也失去意义。

没有他人就根本不存在人权问题。所以需要人权，就是因为需要处理人与他人的关系，因此，不是“个人”而是“人际关系”才是人权的存在论条件，人权问题必须落实在人际关系上去分析。人际关系的存在论场面是这样的：他人的出场制造了人际关系，而人际关系定义了关系中的人。这当然没有否定人作为一个身体存在 (body)，但身体只是一个先于政治问题的自然存在，物理个人虽然先于人际关系，可是人际关系先于政治个人。人只有进入关系才变成问题。关系中的人是一个因关系而定的“在场现象” (presence of man) 或者“人为事实” (fact of man)，任何在场事实必定涉及他人，这就出事。显然，作为自身存在的人没有公共性，只有物理性，不适合作为政治问题的存在论基础。个体 (individual) 用来指示事物是个合适的存在论单位，但如果用来指示人就太贫乏了，不能正确表达人的存在性质，因为人的存在性质总是溢出个体而伸延在关系中，因此 Individual 只能表达人的身体存在，却不能表达人的精神存在。日常语言中可以说到“我的身体”和“我的情感”，但其逻辑语义却完全不同，我的情感必须是“及物的”才有意义，在大多数情况下，它的及物性表现为涉及他人。这意味着，我的情感并不是属于个体本身的事件 (event)，而是属于人际互动空间的关系性事实 (fact)。孔子用仁（二人关系）来解释人所以为人，深意在此。

人**生活**而不是**活着**，所以人是个精神性的事实而非物理性的行尸走肉。人的在场事实远远溢出在身体之外，人是一个场，人与他人在相互关系中被定义，因此说，人际关系先于个人，关系之外无个人（只有肉体），关系为实，个人为虚。在关系中，他人具有优先地位，因为他人是一个多数集合，远大于“我”，是“我”的存在环境和条件，相对于“我”，他人总是无限大。他人的存在论优先地位决定了“我”的所有权利都是经他人同意而获得的。“我”并没有因为自由意志就成为所谓的主体，自由意志仅仅表达了“我愿意如此这般”，却不能保证“我可以如此这般”，因为他人不见得允许我如此这般。现代哲学把个人偷换成主体，制造了个人自由和个人权利至上的幻觉。主体是个误导生活的虚拟存在。如果要正确使用主体这个概念，就必须理解到“主体总要从属于他人”（to be a subject is to be subject to the others），也就是首先承认他人的决定性意义。以关系为存在论场面，以他人为核心问题，这是以孔子为代表的中国哲学原理。西方哲学家中只有列维纳斯特别推重他人，但列维纳斯的他人理论是从宗教中化出来的，把他人看做是上帝的现世呈现，因此主张他人的至尊性和绝对性[①]。这又过于夸张了，既不真实也不现实，还有严重理论隐患。如果他人因为表现着背后的上帝才成为需要尊重的存在，这意味着他人本身终究是不重要的，背后的上帝才重要，因此人最终尊重的还是上帝而不是他人。而且，假如某个他人不愿意表现上帝而宁愿代表魔鬼，又该如何处理呢？因此，列维纳斯的他人理论并不纯粹，在学理上远不及孔子。孔子重视他人，不需要未经证明的假设，仅仅因为人际关系而重视他人，这样的他人理论才是无漏洞的。人与他人是互动关系，他人或善或恶，是尊是卑，要看具体关系。他人并不具有至尊性，而是具有决定性。

---

① Levinas：*Totality and Infinity*，Martinus Nijhoff，1979.

权利只能在相互关系中去理解。人际关系是一切事物所以需要分配、占有和保护的存在论条件，不存在人际关系就无所谓权利。如果没有他人，万物就都是我的，根本无需宣称拥有更无需划分占有的界限，诸如正当、合法、分配、占有、资格等概念全都失去意义，简单地说，不存在人际关系就不存在任何政治和法律概念，所以，人际关系就是一切政治问题的存在论条件。假如不存在人际关系，有个人比如鲁滨逊说“我有不被干涉的权利”，这是无意义的说法，因为他的**存在论自由**（ontological freedom）直接自动生效了，根本无需画蛇添足地声称他还拥有保证其存在论自由的**政治自由**（political liberty），而且政治自由并不能给他的存在论自由增加任何内容和含义。正因为他人在场而创造了人际关系，每个人的存在论自由不可能具有无限性，人们才需要发明政治自由去认证和保护各自有限的存在论自由。甚至可以说，政治的本质就是争夺、分配和认证各自的存在论自由。人权与其说是个人自由，还不如说是人际关系对个人自由的正当限制，因为个人权利不是根据个人而定义的，而是根据人际相互责任而定义的，很显然，个人的存在论自由必定追求无穷大，这种无界的自由不是权利，只有通过界定相互责任才能够界定个人权利，使个人自由变成有界的。任何一种权利都存在于“关系”中，而不是事先存在于个人“身上”，权利是人际关系的一个值，是关系赋予个人的一个值。责任决定权利或责任优先于权利的存在论顺序不可以颠倒，否则后果很严重，权利会因为缺乏限制而失控。

西方权利理论把政治的存在论单位选定为“个人/主体”，这是一个根本错误，因为**个人本身无政治**，政治是关系的产物。假如一定要从个人推出权利，则要冒无法承担的风险，这意味着把个人之存在（one is）说成是个人拥有权利（one has）的理由，那么，个人的任何欲望就都有理由说成是对权利的合法要求，权利就失控了。**个人没有理由去限制自身**，所有能够限制个人的力量都来自他人，或者说，他人的存在是个人的唯一限制。在不存在他人约束的世界中，个人的唯一标准就是自己，因此个人自己的一切欲望、行为和观念都是对的（right），可是一切都对就反而是对权利（rights）的否定，或者说，“一切都对”（all right）的逻辑结果是“无所谓权利”（no rights）。一切都对是因为不需要他人同意，而权利却需要他人的同意和尊重。这个伟大而可怕的错误来自霍布斯，他误以为从“自然正确”（natural right）可以推出“自然权利”（natural rights），却不知两者毫厘千里，他没有意识到其中的存在论条件已经发生根本改变：在他人不计在内的存在论条件下，个人自身足以证明他的一切都是自然正确，但个人拥有权利却是因为增加了他人这一存在论条件。正因为忽视了“无他人”到“有他人”的存在论条件变化，霍布斯的伟大错误不正常地生产了自然人权。这一错误生产为人权埋下无法自圆其说的隐患。假如人想要的所有东西都可以被宣称为权利，欲望的膨胀导致权利的膨胀，最后，权利会把生活空间挤爆。太多的权利使得一种权利变成对别的权利的破坏和侵犯，造成**权利反对权利**的战争。权利无限扩张使社会无法承担，不断扩张的权利甚至侵犯公共空间。只要权利绝对优先，无论什么样的责任也拯救不了失控的权利，权利太容易宣称，而责任很难落实，有限的责任能力无法支付无限高扬的权利。

我们有理由修改人权的存在论基础，把关系看做是权利的存在条件，于是，权利的正当性不再落实在个人身上，而是落实在关系中，这样，人权就是对他人的责任，而不是自己的特权。权利是他人所承认的责任的对应形式，如果没有他人的承认，权利就没有正当性，甚至不存在。由于人总是只想要权利而试图避免责任，于是，权利总是博弈的结果，而正当的权利就是公正博弈的结果。总之，个人由于其本身无法证明他所宣称的权利的正当性，因此只能在人际关系中去确定权利的正当性。人际关系是权利所必需的世界状态。

人权的意义还需要由人的概念去解释。人的概念支配着人权的意义，因此必须慎重选择一个充分表达人性的概念。自然人权（即天赋人权）默认的人的概念是生理学的人，因此，只要生理上是人，就拥有无条件永享的人权。把人的自然性质看成拥有人权的理由，这意味着权利只与“是”（is）有关而与“做”（do）无关，是人即有人权，而不管做不做人事。如前所论，只有他人不存在的情况下，是什么样就什么样都对，而一旦他人出场，“是”就兑换不了“对”了，因为他人可能觉得“不对”。只要他人不允许，自诩的权利就失效。他人所以同意我享有权利，是因为我做得对，如果做不对事情，就不可能有权利。权利只与“做什么”有关而与“是什么”无关。假如自然性质与政治权利之间可以随便兑换，那么所有的自然生命就都拥有权利，而不只是人了。许多主张动物权利的人如 P. 辛格（P. Singer）就看准这个可乘之机，因此宣称权利至少应该扩展到高级动物上，因为在动物和人的意识水平之间并没有截然界限（令人尴尬的是，许多高级动物与人的智力差距确实还不及人之间的智力差距那么大）。按照此种逻辑，很快就不得不承认所有动物甚至植物都应该享有政治权利，人类就直接饿死了。动物权利虽是个混乱问题，但正是混乱的人权概念导致的结果。

人的概念必须能够表达出**人的独特价值**才是有意义的。显然，只有道德才能表达出人的特殊性，才能表达属于人的独特生活问题（孟子在这一点上的见识是对的），因此，最合适的人的概念是“道德人”而不是“生理人”，甚至连社会科学一般都喜欢的“经济人”概念也并不能准确表达人，因为动物行为其实更符合“经济的”选择（动物才不会傻到去做浪漫或疯狂的事情）。生理人只能表明人的自然行为，却不能表达社会行为，更不能表达人的精神价值。以自然行为而要求人权这样的社会报酬，显然不合逻辑。在人权问题上，“人”本身不构成理由，“做人”才是有效理由。中国哲学强调的“做人”是对人的更深刻理解。一个人所以算是人，不是因为自然意义上“是”人（to be），而必须在“做”（to do）中实现为人。人是做成的，而非本来就是（a man does rather than is）。人因其道德行为而成为人，道德行为使人的概念具有可识别特征。**人本身不是目的，人为自己创造目的**，人的目的就是由生理人做成道德人。这一存在论原理是**存在即做事**（to be is to do），或者，**我做故我在**(Facio ergo sum 或 I do therefore I am)。

建立在生理人概念上的人权理论把人的标准降低为生物学指标，这不是博爱，而是向低看齐，是对人的道德价值和高尚努力的贬值和否定。假如人们无需追求高尚就能永远无偿享受一切权利，人类的优秀品德和道德行为就一钱不值了，其荒谬和危险性就像不管学习好坏人人都得优，或无论劳动与否人人都得同样报酬。如果社会如此不公，人们迟早会发现，最佳的行为策略就是做自私无耻的人。我们选择“道德人”概念作为人权基础，意义在于把人的概念与人类社会所需要的各种优秀价值联系起来，这样才使人的概念具有分量。缺德之人在生理上与道德人虽为同类，但在价值上却是异类。如果抹杀这一差别，把人的概念降低为自然存在，抹平价值去达到向低看齐的劣平等，这样不可能成就好社会。只有以道德人概念为标准才能形成见贤思齐的优平等。

生理人是人权理论所默认的人的概念的通俗版本，哲学家比较喜欢的版本是“理性人”，它是康德意义上的自由意志理性人，有别于作为经济人的庸俗理性人。与生理人相比，理性人较为体面，但并不能避免人权概念所蕴含的矛盾。人皆有理性，理性就包含在人的生物性存在之中，因此，理性人等价于生理人，同样不能反映人的道德价值，仍然只是表达了“是”而没有表达“做”的意义，于是仍然重复了生理人所蕴含的全部困难。在某种意义上，理性人还不如生理人的内容丰富，理性人仅仅表达了心智（mind）而没有表达心事（heart），这不仅把人切掉了一部分，而且很可能切掉了更重要的一部分。回避了心事问题就等于回避了丰富多彩的可能生活，回避了各种偶然性，而实际上历史正是各种偶然性创造的。现代理性主义论证所以显得干脆利索，就是因为省略了许多本应计算在内的因素，也就省略了各种本来必须考虑的困难。回避心事问题的理性眼界太小，用来理解人和生活就是削足适履。而且，由“人皆有理性”也推不出“理性原则是唯一或最高原则”或者“所有事情由理性说了算”。能够满足“人皆有之”这一标准的人性除了心智，还有心事、潜意识和本能，每一样都有巨大能量去左右人的选择。现代哲学家总是省略掉人性的丰富性，把太多的可能生活忽略不计，这样的理论无法应付各种可能的困难。

权利的正当性是个大问题。在温和意义上，权利是对某些自由或利益的正当要求（claims）；在强硬意义上，权利意味着拥有某些自由或利益的正当资格（entitlements）。一种要求无非是想获得一种资格，因此权利的最终意义是资格。一种资格必在某个游戏中被定义，游戏是资格的语境，特定游戏规定了特定资格的限度，因此资格总是有条件的，这种条件就是游戏参加者的**行为承诺**，或者说，行为承诺是一种资格的生效条件。因此，权利具有这样的逻辑结构：

某人 p 有做 x 的资格 e，当且仅当，p 做 y，并且，p 不做 z。

比如，不付钱就不能获得商品；作弊就会被取消比赛或考试资格；犯法就会按法律判刑。在没有成文规则的日常生活中也存在自然约定或默认的游戏规则，比如有人品质很差，人们就没有兴趣与他合作，就会把他排除在游戏之外。如此等等。拒绝行为承诺就是要求特权。人权是人类生活这个最大规模游戏中的资格，也可以说是“与人相处”这个游戏的资格，它必须承诺不侵犯他人的生命和自由，即表现为“不对他人做什么”的一系列承诺，这是人权的生效条件。天赋人权理论相信，人人生来平等地拥有一系列权利，这些权利终身无条件拥有，在任何情况下都不可剥夺并且不可让渡。这样人权就变成无条件生效的至上特权了，所以人权才会被说成高于主权、高于法律、高于真理、高于美德、高于责任。把人权变成特权是非常危险的，它意味着对一切价值标准的否定，后果很严重。

权利为本的现代性颠覆了以善为本的传统，把善者优先颠倒为权利优先，这不是价值观的变化，而是对任何价值釜底抽薪的消解。如果权利优先于善，权利的正当性又以什么为根据呢？它只能是无根据的或是任意的，因此，权利优先必定导致价值虚无主义。列奥·斯特劳斯提醒说：不以善为依据，就不再有任何正当依据了①。因此我们必须面对这样一个惊人事实：冠冕堂皇的人权根本没有价值依据。权利优先原则蕴涵着一个权利悖论：既然对某种自由和利益的要求可以成为一种权利，那么对任何一种自由和利益的要求就可以按照同样理由都成为权利。显然，既然权利优先于任何一种善，就不存在任何价值理由去限制哪些要求不能被搞成权利。这个权利悖论是价值混乱和社会失控的根源。目前权利种类已经很多，而且越来越多，权利终将过满为患，没有哪个世界能够支付其多无比的权利②。权利背后是欲望，欲望无数而互相冲突，因此权利也必定互相冲突，权利反对权利是个无法避免的问题。人权的混乱、膨胀和失控的根本原因在于人权的**注册条件太低**，随便什么自由和利益要求都可能通过足够凶猛的嚷嚷闹闹而被搞成人权，而各种批评都被认为是政治不正确。

问题还不只是世界支付不起太多权利，更吓人的问题还在后头。人权不仅注册条件太低，而且还**要求太高**，它要求永不剥夺的无条件权利。如此特权是社会游戏难以承担的。假如一个游戏规定：无论怎么耍赖作弊都不会被淘汰出局，这个不公正的游戏肯定玩不下去。考虑人权游戏的情况：给定任何人无论做什么事情都无条件地永久保有不可剥夺的人权，按照这一规定，无条件的人权就蕴含着“破坏他人人权的人无条件永久保有不可剥夺的人权”。根据“破坏他人人权的人无条件永久保有不可剥夺的人权”的逻辑，如果某人为了私利去破坏他人的人权，比如谋财害命，然后以人权为名而减免相应的惩罚，他就等于获得额外奖励，即“为私利去破坏他人人权而无损于自己人权”这一不对称的奖励。如

---

① 参见［美］列奥·斯特劳斯：《自然权利与历史》，第一章和第六章。

② 参见［美］史蒂芬·霍尔姆斯、凯斯·R. 桑斯坦：《权利的成本：为什么自由依赖于税》。

此不正当的奖励不仅破坏公正，而且破坏平等，破坏人们对善恶是非的正常理解，特别是破坏了人类生活所需的**博弈环境和博弈规则**，这一点将使社会崩溃。假如破坏他人的人权而可以减免相应惩罚真的成为游戏规则，这在逻辑上至少蕴涵着：（1）社会的博弈环境相对有利于坏人；（2）人权制度相对有利于破坏他人人权的人；（3）人权社会相对有利于不公正的行为；（4）破坏他人人权成为利益最大化的一个优选策略。这些都是任何一个社会无法承受的后果。

假如真的完全按照天赋人权去设计社会，它必定造成有利于坏人不利于好人的恶劣生存博弈。关于这种危险，可以考虑一个策略的"模仿"问题：一种行为策略如果能够成功通行于世，它就必须能够**经得起被所有人普遍模仿**，或者说，只有当一种策略在被普遍模仿的情况下仍然是人们能够接受的策略，它才是一个普遍有效的公共策略。这是一个关键的检验标准。显然，一旦放弃公正原则所要求的行为与结果的对称关系（善有善报，恶有恶报），做坏事被惩罚的风险减低，而且惩罚相当轻微，于是，做坏事的成本变小而收益很大，通过坏事而获利就变成优选策略。每个人都会模仿他人的成功获利策略（没有人愿意当傻瓜而利益受损），因此，只要破坏他人人权而获利的策略成为一个成功策略，就会被无数人所模仿，以至于成为普遍通行的占优策略而形成整个社会的囚徒困境，结果将是每个人的人权都被侵犯，社会游戏崩溃。人们忽视这一无法承担的后果是因为这样可怕的事情尚未发生，但是，没有发生这样的事情不是因为天赋人权理论是对的，而是因为目前的法律还在勉强控制局面，更准确地说，现在虽然流行人权文化，但是目前的法律和社会规则还没有完全听从人权理论，还在遵循一些得以幸存的传统观念，因此社会游戏得以维持。假如天赋人权彻底改写了法律和社会规则，社会的末日就不远了。

天赋人权所以蕴含如此危险的后果，根本在于它的核心精神是反公正。人权尊重生命，捍卫个人自由，这是人人赞成的，但这一切都必须以公正为前提才是可能的。任何游戏都必须以公正作为元规则，否则必定导致混乱和失控，一旦取消公正原则，所有价值和游戏规则将如覆巢之卵。即使如棋牌球等简单游戏，如果允许作弊、耍赖或违规，游戏马上崩溃。法律就更是如此，公正原则是任何法律的正当性和有效性依据。德沃金指出，法律必须以公正原则作为“立法意图”，而立法意图表现在法律的各种元定理中，例如“任何人都不得从其错误行为中获得利益”（参见德沃金对“埃尔默案件”的深入分析）①。每个人都需要公正的法律去保护每个人的人权，假如人权高于公正，人权就反而失去了保障。不可剥夺的无条件人权是一个自取其祸的理论，它偏袒了坏人的人权而危及好人的人权。一个好的社会游戏应该有这样的元规则：任何人都不得从其犯罪行为中获得利益，或者，存在着一种制度能够使犯罪行为成为得不偿失的行为。假如情况相反，人们就没有必要把自卫权利出让给作为正义代理人的国家和法律去换取国家和法律所提供的保护了。我们也不能忘记，为自然权利给出了关键论证的霍布斯并没有认为应该宽容罪犯，相反，霍布斯认为，正是自然权利使人们有权消灭试图危害自己的人。人权的伪善化是非常晚近的事情。

可以考虑死刑问题。天赋人权理论认为，死刑是个法律错误，尽管法律“有权”处死罪不可赦的罪犯，但从理论上说这是“错上加错”——无非都是杀人，所以应该取消死刑。死刑只是惩罚的一种形式而已，如果有别的有效惩罚能够替代死刑，取消死刑并非不可以。因此，重要的问题并不是死刑，而是有效惩罚。任何一个社会都需要有某种惩罚使犯罪成为得不偿失的行为，否则犯罪就会成为优选策略而被人们普遍模仿。按照天赋人权理论的想象，不仅应该取消死刑，其他的法律惩罚也都应该大大减免。假如全盘按照天赋人权来制定法律，社会必定是

① 参见［美］R. 德沃金：《法律帝国》，14～19页，北京，中国大百科全书出版社，1996。

坏的。一旦取消罪与罚的对称性就破坏了游戏公正，坏人坏事就获得博弈优势，结果等于扶持坏人去破坏更多人的人权。假如残酷的犯罪只得到轻微惩罚，这等于说罪犯的人权重于受害人的人权，这样又如何告慰受害人以及受害人亲属？有人甚至认为不仅应该取消死刑而且应该减刑而让罪犯有比较好的生活，却没有考虑到被杀害的人连生活都没有了，而且受害人的亲人可能一生痛苦。把貌似多情的无情说成是“进步”和避免“错上加错”是非常恶心的。关心罪犯的痛苦超过关心受害人的痛苦是一种令人震惊的当代罪行，在此背后有着伪善的宽恕。伪善是最大的恶。另外，现代人权理论连同现代法律还有着物质主义倾向，看重生命和财产而忽视命运、心理、情感和精神，因此在衡量对人的伤害上有严重失误。比如残害妇女儿童、拐卖儿童、毁容、制造假药以及有毒食品等等，这些都可能毁掉受害人一生幸福，但由于没有“杀人”，罪犯往往只得到很轻微的惩罚，就好像只有生命才是重要的，而一生的痛苦却不值得计较。

显然，破坏公正最后必定导致人心失衡和社会崩溃。虽然我们不怀疑天赋人权理论的良好动机，但有理由认为它考虑不周，缺乏理论谨慎。对于任何游戏，公正原则必须绝对优先，否则不可行。西方承认的人权体系主要强调个人生命、私有财产和个人自由（政治自由）。在其中，自由和平等压倒了公正。现代的政治和道德理论（比如罗尔斯）还试图以自由和平等去篡改公正的本义，把公正减弱为自由和平等的一种组合方式，这样在实际上取消了公正，从而埋下自毁性隐患。权利意味着个人的自由主权空间，个人自由空间的边界在哪里？这是个问题。如果不把公正看做是最高原则，权利界定就失去普遍标准，这使得主体间永远是个是非之地，就像国际间永远是个是非之地。从个人自由出发去解决个人边界问题的现代方法是理性谈判，哈贝马斯就希望交往理性能够克服个人理性的缺点，通过理性对话达成互相理解从而形成一致意见。哈贝马斯虽然看到理性互动能够最大限度地发挥理性的潜力，但他忽视了从互相理解推不出一致同意①，因为一致同意的基础是**互相接受**而不是互相理解。如果不能解决“接受”问题，哈贝马斯方案至多相当于程序公正（形式公正），而不可能达到实质公正，也就无法解决实质性问题，比如说，根据什么标准来规定价值以及价值排序的问题，或者，根据什么标准来选择人权项目以及这些项目的排序问题。由于形式公正无法保证实质公正，因此公正一直是个未完成的问题，也就当然无法解决权利的正当性问题。如果要把自由、平等和公正这三种众望所归的价值结合起来，唯一有效的排序是公正、自由、平等。这几种价值的不同性质注定它们具有不同的弹性：自由和平等都有较大弹性，可以多一些或少一些，而公正没有弹性，只有“公正或不公正”，不存在比较级。因此，从技术性上说，只要稍微削弱自由和平等就能够与公正兼容，反过来则必定破坏公正而导致价值崩溃。所以，公正优先的模式是唯一能够同时保证公正、自由和平等的兼容排序。

公正的完美程度与真理相似，结构上也相似。真理就是把如此这般的说成如此这般；公正就是对如此这般的付出给予如此这般的回报，同样都是对称关系。不以真理作为知识标准，知识就崩溃；不以公正作为游戏标准，游戏就崩溃。公正的对称性使任何反对意见都没有立足之地，而且，公正原则能够顺利通过“普遍模仿”检验。在连续博弈中，能力更强的人不断推出更高明的策略使自己利益最大化，但领先总是暂时的，高明的策略很快就变成公开的知识，别人将模仿那些优势策略。在足够多回合的博弈之后，出现“集体黔驴技穷”现象，大家拥有饱和的共同知识或对称知识（对称的知己知彼），再也很难占到别人的便宜了。这时将确定什么是可以**普遍被模仿的策略**，大家都模仿被证明为最成功的策略而达到均衡。假如冲突和背叛的策略被普遍模仿，必定所有人都吃亏

① 赵汀阳：Understanding and Acceptance，in *Les Assises de la Connaissance Reciproque*，Le Robert，Paris，2003.

（霍布斯丛林定理以及囚徒困境定理）。最能抑制互相伤害的合作策略是对称性公正，一旦公正策略被普遍模仿，人人都能各得其所，一切良好的相互关系都成为可能。因此，公正是任何权利获得普遍有效性的唯一条件，也是权利获得正当性的唯一根据。只有公正原则才能定义不会自毁的权利游戏。所谓人权，就是公正的**相互关系所允许**的个人自由和利益空间，而不是**个人所要求**的自由和利益空间，或者说，人权就是每个人被公正对待的权利。人们可以指望比公正更好的相互关系，但不能接受低于公正的相互关系。

天赋人权理论破坏了公正原则从而破坏了权利概念，它把人权搞成了不劳而获的特权，尽管天赋人权似乎是人人有份的特权，但是，平等解决不了冲突问题，而平等的特权等于人人可以不负责任。不知有意还是无意，天赋人权理论似乎忘记了义务是权利的条件。义务相当于成本，权利相当于收益，权利和义务的正当关系在于对称性，即权利和义务是互相蕴涵的：某人 p 拥有某权利 R，当且仅当，R 承诺了与之对称的义务 O。如果某人拥有的权利大于义务，就等于不负责任，而且多占了别人的利益。天赋人权错误地假定人权是无条件的，于是只强调这样的关系：p 的权利 R 蕴涵他人 q 尊重 p 的权利的义务 O，即 $pR \rightarrow qO$。这样就隐瞒了**权利本身**的正当性问题并且搞乱了义务和权利的对称关系，$pR \rightarrow qO$ 是一个不对称关系，义务 qO 是一个“做”的概念，可是权利 pR 却是一个“是”的概念，由“是”的自然状态而要求“做”的道德回报，这是在要求单方面收益的人权。世界上没有免费午餐，也同样没有免费的权利。假如人人拥有单方面收益的权利，每个人各自都合适，但聚在一起就不合适了。既然不需要做什么就已经获得权利，那么谁去承担各种成本呢？显然，好人将承担各种社会成本，而坏人将坐享其成，正如前面讨论的，既然权利不是以“做”换来的而是永远白给的，这将仅仅保证坏人的人权不被剥夺而无法保障好人的人权不受侵犯。这个荒谬的结果虽然绝非天赋人权的意图，却是其逻辑结果，而其错误根源就在于以“是”偷换了“做”而搞乱了义务和权利的关系。其实，权利和义务自有内在逻辑：只有先承诺我的义务以获得我的权利的正当性，然后才有正当理由去申请他人尊重我的权利的义务，就是说，在逻辑上，**义务先于权利**，只有义务才能保证权利的正当性。于是，权利与义务的正当关系是：p所承诺的义务pO在先而蕴涵权利pR，因此又蕴涵他人q尊重pR的义务qO，即（pO → pR）→ qO。这才是无机可乘的权利和义务结构。

根据以上分析，一人之自然所是（is）尚未完成人的概念，一个人必须在其文明所为（does）中去完成人的目的，于是，正当做人是一个人拥有人权的资格认证。考虑到人的概念的双重性和过程性（由生理人到道德人），能够充分全面表达公正原则的人权概念只能是**预付人权**（credit rights）[①] 而不是天赋人权（natural rights）。天赋予人的仅仅是生命和能力，而人类文明把人权预付给每个人，期待他做成一个道德人。人权是一项文明投资，一个人必须“做”成道德人，才“是”完整意义上的人，才能永享人权。预付人权与天赋人权并不对立，而是一个排除了隐患的更合理的人权理论。假定在一个人人良善而绝不损害他人的完美世界里，那么预付人权等价于天赋人权，但这个世界不存在。如果我们不能选择世界，就只能选择合适的世界观。既然世界不完美，预付人权就能够解决天赋人权所对付不了的问题。人权的根本问题不在于它许诺了多少权利，而在于它许诺的权利是否具有正当性。预付人权坚持公正原则的优先地位，并且认为，凡是违反公正原则的策略一旦被普遍模仿，世界将无法承担，人人都将利益受损。一个好的社会必须创造一个对善的事物更有利的博弈环境而不是相反，必须保证善有善报，恶有恶报。凡与公正原则不能兼容的人权都是不正当的。

---

① 我在1996年第一次提出预付人权理论（载《哲学研究》，1996（9）），而后在2006年推出修改版预付人权理论（载《中国社会科学》，2006（4）），在此又有一些理论修正。

预付人权的核心观念是：人类以人类整体为名把人权无条件地预付给每个人，或者说借贷给每个人，一个人必须履行做人的义务才能一直保有预先支付的人权。先预付权利，然后完成相应义务，这是公正原则的体现。这意味着：**每个人无条件而平等地获得预付人权，但并非无条件地保有这一人权，有人权必有人责，履行人责是保有人权的条件**。可以这样解释：(1) 由于做人或履行人的义务需要一个过程，因此人权只能事先给予而事后验证，所以人权必须预付。于是，每个人都无例外地得到预付的任何一项人权，或者说，每个人生来就获得人类借贷给他的与任何人相同的权利。(2) 人权虽然可以不劳而获，但不能不劳而享，否则损害公正，因此，**预付人权是有偿人权**，是有条件而保有的。一个人获得预付人权就意味着承诺了做人的责任，并且将以正当做人的行为来偿还所借贷的人权。一个人可以自由选择是否履行做人的义务，如果选择履行做人的义务，则一直享有全部人权；如果拒绝预付人权所要求的部分或全部义务，就视同自动放弃了部分或全部人权。按照以上原则，预付人权保留了天赋人权理论所有能够实现的优点，而消除了天赋人权隐含的反公正危险因素。最重要的是，预付人权是一个经得起普遍模仿检验的权利策略。

## 8.2 文化冲突与对话的期望值

以社会集团为单位的政治斗争是老问题，以国家为单位的政治斗争也是老问题，但以文化为单位的政治斗争既是老问题又是新问题，应该说是历久弥新的问题。历史上各种宗教之争以及各种意识形态之争都是文化之争，但全球化使文化冲突变成了一线问题甚至是最大问题。这一点是由亨廷顿点破的，他说的是文明的冲突[①]，其实应该是文化的冲突，或许是有意无意的误用，不必深究。

---

① 参见［美］亨廷顿：《文明的冲突与世界秩序的重建》，北京，新华出版社，1999。

如果一种文化不去干涉另一种文化的精神生活和价值观，文化就不可能被搞成一个问题，或者说，假如文化之间没有形成价值之争，文化就不会自动变成你死我活的问题，不会成为反思对象。在文化被“问题化”之前，各种文化都按照自身路径生长着，各过各的，各美其美。不同文化如果有机会相遇，双方的态度主要是知识论态度。一种陌生文化意味着另一种生活形式或另一个生活世界，一种文化会对另一种文化感到好奇，会在交往中互相学习对自己有益的实用技术。在自然而然的文化交通中，知识论上的好奇决定了对陌生文化的表述是知识描述。那些描述未必准确（事实上从来都不准确），这不重要，重要的是这种描述的目的是知识，它基本是价值中立的。例如最早的人类学作品之一《山海经》，以单纯好奇态度描写了各种奇异物事。知识本身不会导致政治化的“文化问题”，不准确没关系，歪曲也没关系，用心单纯就好。

文化政治化应该追溯到基督教的兴起和传播，基督教是第一个否定他者文化并以文化征服为己任的文化，现代以来的帝国主义运动和全球传教运动深化了文化政治化。马克思主义在文化问题上引入阶级分析，这是一种新颖的文化理解，它不以文化的自然单位为准，而以经济水平对任何文化进行“横切面”的重新划分。文化的阶级分析显然不是普遍有效的分析模式，但它启发了一种分析模式，它发现文化和知识有着逃脱不了的政治经济背景。这种知识政治化的分析后来被福柯进一步发展和明确为“知识/权力”的辩证分析模式。文化政治化已经成为当今世界的一个最重要现象，各种文化之间不再是自然交通而是政治博弈，而且是最深刻的政治博弈。亨廷顿关于文明的冲突和约瑟夫·奈关于软实力之争都挑明了文化是政治的深层问题。

文化这个概念至少意味着：（1）从哲学角度去看，它是一个符号体系，它给各种事物赋予了这些事物本身所不具备的各种意义。当说到某个事物是如此这般的，并且这个事物确实如此这般，那么，这种观念是知识。当说到某个事物是如此这般的，而这个事物并非如此这般，或没有证据证明这个事物是如此这般的，那么，这种想象就是文化。在内容上，文化由主观意见所构成，其核心是价值观和制度观念。在形式上，文化表现为对各种事物的想象、表述和解释，并以此建构了社会话语、意象、规范和制度。（2）从政治学去看，作为话语、价值观和制度的文化代表着某个集体的利益而不代表个人利益。每个人都有自己的利益和价值观，但不能因此说他有“自己的”一种独特文化。只有代表集体利益的话语和制度才成为文化。个人关于某物的想象是经验，而集体对某物的想象是文化。显然，只有集体的想象才有政治力量。

最容易使“文化”概念变得模糊混乱的是“文明”概念，文明与文化过于密切，所以它可以啃掉文化的界限。一般地说，文明指的是能以理性指标（思想的普遍必然性、观念系统的复杂性和各种技术标准）进行衡量的人类成就；文化则是指以价值观或精神类型去定位的人类成就。如果粗略地说，文明是技术水平，文化则是精神境界；文明表现的是“理智”（mind）而文化表现的是“心志”（heart）。假如一种文化不能产生高度发达和复杂的文明生活，这种文化就是粗糙的；假如一种文明不能产生具有强烈精神吸引力或精神快感的文化，这种文明就是低俗的。文明和文化这两种观察方式的混同容易导致价值级别的排序和评价，这是文化政治化的根源。一种文化假如具有据说“较高”文明水平，就会批评其他文化是比较低级的；一种文化假如具有足够自信的精神力量，就会批评其他文化的文明是丑恶的。亨廷顿的《文明的冲突》是个好例子，他意味深长地在本该使用“文化”的地方使用了“文明”。亨廷顿恐怕不至于不懂文化和文明的区别，但他故意使用“文明”，这就把不可通约的价值观偷换为似乎可以比较的技术水平，生活理想的分歧就被搞成社会进步或落后的区别。

文明水平是否意味着相应的文化水平？是否存在着衡量文化价值的指标？如果有，是什么样的指标？这些都是问题。文明与生活质量有着密切关系，但问题是，现在往往只以生活和社会的“技术水平”（technologies）去定义生活质量，这一点即使不是可疑的，也至少是片面的，因为生活和社会的“技艺水平”（arts）与生活质量同样有重要关系。Arts（广义的艺术，包括各种工艺和手工完成的技术）和 technologies 的区别不仅仅在于“手工”和“机器”的差别，更在于“技艺”按照人性思路去创造精致生活，它表达人性而绝不超过人性；而“技术”却按照科学的可能性去创造标准化事物，它试图通过重新定义生活而歪曲人性。人们能够舒服地享受技艺所创造的精致生活，因为它与人性有着自然贴切又没有风险的关系，但显然不能肯定人与技术世界能够保持互相适宜的关系，尽管人类适应性很强，又喜欢新奇事物，但技术包含着一切可能无法承受的风险。也许文化不可通约，但多元论或相对主义并不能解决问题，因为即使文化不可通约也仍然存在着文化之间必须处理的共同问题，这些共同问题显然需要普遍标准。一种鼓励战争和侵略的文化就很难被认为与鼓励共荣和谐的文化是同样好的。可是如果引入普世标准，则又导致非常危险的文化政治问题。

对于文化这样复杂的事物，显然需要建立一个足够清楚的分析坐标。施米特对政治基本概念的追问是个启发[①]。我们用来分析知识的基本概念是“真/假”，伦理的基本概念是“善/恶”，法律的基本概念是“公正/不公正”，诸如此类，可是政治的基本概念是什么呢？施米特认为人们对此一直并不清楚（这一点是施米特的偏见或无知。柏拉图选择的是公正/不公正，中国选择的是治/乱，都是很优越的基本概念），因此他给出了落地有声的基本概念：政治就是区分“敌/友”。那么，什么是文化分析的基本概念？常见的有，“精英/大众”，“传统/现代”，“无产阶级/资产阶级”，“东方/西方”，“进步/停滞”，“文明/野蛮”等等，或以社会阶层为根据，或以历史阶段为根据，或以空间划分为根据，或以价值观为根据，都表现了文化的某些方面，但都不是普遍有效的概念。还可以发现，

① Carl Schmitt：*The Concept of the Political*，the University of Chicago 1996. pp. 25－27.

这些常见概念大多都与现代语境有关，表达的多为现代文化制造出来的问题，对现代之前或未来文化未必有效，所以不足以成为普遍有效的基本概念。或许，对于文化可能至少需要从两个角度去分析，仅仅一对基本概念恐怕不够，而是需要一个坐标系。从文化内部去看，每种文化自身内部都有“在时间中的”运动和变化，它构成文化自身的历史性和文化语法，分析这一历史性的基本概念应该是“新/旧”。新旧既能表现历史性又是价值中立的，至于新旧是好是坏，要看具体情景。上述那些常见的分析概念都暗含价值褒贬和意识形态标准，都不如“新/旧”稳妥公正；从各种文化之间的“文化间性”去看，基本概念则应该是“自己/他者”(Self/Other)。他者是异己，或敌或友，或对立或可兼容，全看关系如何处理。这样，“新/旧”和“自己/他者”构成了文化分析坐标。

文化的政治化使得“自己/他者”概念与施米特的“敌/友”概念之间可以产生一种互相解读的关系；一方面，“自己/他者”被政治化而采取了“敌/友”姿态；另一方面，在利益上的敌友关系并不深刻，也容易化解，但如果文化差异由于政治化而变成政治冲突，就反过来加深了敌友的深度，因此文化差异使政治变得深刻。施米特的“敌/友”分析模式虽然尖锐，但他把敌友问题过于形而上学化，把纯粹概念上的异己性看做是敌友问题的理由，这种纯粹化其实是简单化，反而没有能够进入隐秘的深层问题。施米特或许证明了敌友斗争的普遍性和必然性，但并没有揭示敌友斗争的目的，或者说，是为了什么。亨廷顿关于文明冲突的分析越来越被证明是可怕的远见，不知道是不是歪打正着，尽管亨廷顿的论述错误很多，却明显推进了文化政治化的分析模式。亨廷顿以文明冲突解释文化冲突，于是文化冲突就好像变成了高级文明与低级文明作斗争，用心颇为险恶，使人回想到基督教关于异教徒（pagan）的理解。不过亨廷顿理论开始涉及文化冲突的实质：文化之争是最深刻的“敌/友”问题。

文化之争为了什么？首先必须理解到文化是一种根本的政治利益，

而要理解文化作为根本政治利益就需要理解文化存在论问题（ontology of culture）。一般存在论讨论的是抽象的“存在”问题。海德格尔把存在论由一般存在论落实为人的存在论，这是重要的改革。只有通过人的存在境遇，存在才成为一个值得反思的问题，或者说，一种“无人”的存在论无论说成什么样都是无所谓的。但人的经验所显示的存在问题仍太单薄，假如人不是成为一个文化的存在，从而分享了文化所创造的集体想象和权力斗争，人的单纯存在其实并没有什么严重问题去思考，至多有些“绝望”的问题，很快就无话可说了，即使有话可说，也不是人能够解决的问题。因此，人的存在论问题需要进一步表达为文化存在论问题。

文化存在论包含着一个特殊的政治经济学问题。文化是精神的存在形式，一方面，文化占有人的精神而“占有人”，另一方面又“被人占有”，因为它是人拥有的一种资源。于是，文化具有两种基本存在性质：“可占有”和“去占有”。人与文化物品的关系是：（1）如果一种文化物品（权力、权利或保密知识等）在存在论上是能够独占的，而且，一旦被分享就会贬值甚至完全失去价值，那么，人们将试图独占它；（2）如果一种文化物品（语言、价值观、制度等）在存在论上没有可能独占而不得不与人分享，那么，人们将使用它去占有或支配他人的心灵。这是个关键问题。不能独占而不得不分享的文化物品天生是侵略性的或者说是扩张性的，它的存在意义甚至它的生存条件就在于**扩张自身**，或者说最大化自身。以语言为例，一种语言的普遍推广就是占有他人的心灵。在文化物品上（特别是语言和价值观），“分享”并非“送给别人”，相反，**分享就是占有他人**。凡是可分享的文化物品**越被分享就权力越大**，因为它占有的人更多。

不管乐意不乐意，文化天生就是包含权力因素的物品。语言、价值观和制度观念虽是公共性的，却是非常特殊的公共资源，其性质与经济学上的物质性公共资源的性质恰好相反。对于物质性公共资源，由于任何一个人对某种公共资源的使用无法排除其他人的分享使用，因此会导致所谓“公共资源悲剧”，例如，缺乏有效管理的公共渔场很快就无鱼可捕，“租金消散”了。但对于语言或价值观这样的文化公共资源，情况恰好相反，一种语言或价值观越被公共开采和使用，储量就越变越多，利用价值就越来越大，权力也就越来越大，它就控制着越来越多的心灵和行为。假如一种价值观成功地推广成为普世价值，它就相当于精神垄断企业，它成为占支配地位的话语而控制众心，人们只剩下“嘴”是自己的，但“话”都是别人的，一开口就是别人的话。文化成为公共资源非但不是悲剧，反倒是“公共资源的凯旋”。这种另类经济学的“公共资源凯旋”有两种重要成就：（1）文化依附体系。一种普遍化程度较高的文化获得更大的政治权力，在文化权力的诱导下，许多人唯恐自己落伍，于是放弃自己的文化而依附于另一种文化，是谓媚俗。在现代尤其全球化时代，媚俗成为文化间性的一个主要形式是不足为奇的。(2)“自动实现的预言”的历史。一种掌握政治权力的文化观念成为人们思想和行为的主导，于是，它所推销的“未来”通过它所引导的集体行为而变假为真，被实现的未来反过来证明了预言，于是，历史是提前写成的。这才真正是“历史的终结”。

文化的权力才是最大的政治权力。为了争夺文化权力，或者为了捍卫文化权利，人们为文化而战，这是全球化时代的一种新战争。亨廷顿有理由相信未来是一个文明冲突的时代，而文明的冲突将是“对世界和平的最大威胁”①。约瑟夫·奈也有理由相信，在争夺世界领导权中，软实力（文化、价值观和制度）甚至比硬实力更重要，它可以兵不血刃地达到“让你期望去做我所期望的事情，而我不需要迫使你做你不想做的事情”②。这是因为，经过软实力洗脑之后人们已经想不出自己原来想做什么了。文化之战是争心夺魂之战，它是政治统治和政治权力的深层问

---

① ［美］亨廷顿：《文明的冲突与世界秩序的重建》，372页。

② ［美］约瑟夫·奈：《硬权力与软权力》，6页。

题，传统的政治哲学追问的是“谁来统治”和“凭什么统治”，今天的政治哲学还需要进一步追问“什么观念来支配统治者的头脑”和“一种观念凭什么支配人们的头脑”。占领了心灵就最后占领了一切。

尽管文化之战无法避免，但几乎所有人，包括亨廷顿和奈这些文化战争研究者在内，都希望能够有避免冲突的解决方法。对于文化和平，人们不约而同选择的是对话。就目前局面来说，除了对话，也似乎没有别的办法。于是，文化冲突的时代同时又是对话的时代，这是全球化时代的一个显著特征。尽管对话是人们的共同愿望，可是，对话之路却总是坎坷不平、困难重重、步履维艰，如果不说没有任何实质性进展的话。问题在于，对话本身就是一个悖论：它既是解决文化冲突的办法，同时又是文化冲突的一个表现方式甚至是制造更多文化冲突的一种方式，就是说，**对话即冲突**。于是，对话本身就是对话需要解决的一个问题。那么，对话问题的困难到底在哪里？这是世界政治的一个根本问题。

在一个知识共同体内部进行对话，远远有别于不同知识共同体之间的对话。这种区别尚未引起人们足够的反思。人们一般相信，既然存在着普遍的人性和理性，因此人们就全都属于人类这个共同体，人同此心，心同此理，因此，对话理应不成问题。传统思想家们都习惯于认为，所有的知识原理都适用于所有地方的所有人，仿佛世界上只存在一种知识共同体。当然，确实存在这么一个世界，那是逻辑所表述的世界，并非人所能实际居住的世界。现实世界有着大量文化/知识共同体，包括各种传统文化共同体以及各种新文化共同体，人们在共同体中获得安全、认同、信任和确定性，生活在一种文化中本质上就是获得一种安全知识。最简单的例子就是语言，当一个人处于完全陌生完全无法沟通的语言环境中，安全感就已经失去大半。人们拒绝异己环境，本质上是在拒绝危险。不过，在全球化这个大量信息交通的时代，人们拥有关于其他文化的大量知识，似乎可以通行于多种世界，但知识意味着互相理解吗？

理性对话理论假定，人类共享一种我思（cogito），他人之思（the

other's mind）超不过通用的我思，因此，主体间性以及互相理解应该不成问题。不过有个重要问题，我与他人在心思上即使沟通无阻，也不等于能够解决我与他人的分歧和冲突。他人不仅有“思”而且有“心”。与西方哲学对“思”（mind）的关注形成对比，中国哲学更重视“心”（heart），这才是我与他人关系的困难所在。如果他者没有落实为他人心事，他者就根本不是个问题。人们以同样的方式思考，但喜欢不同的事物，人各有志，各有所爱，这才是问题关键所在。思的哲学（philosophy of mind）足以解释智性行为，但只有心的哲学（philosophy of heart）才能说明价值观、情感、偏好与生活经验。要深入对话问题，就必须转向他人心事问题。有关心事的对话与对错真假无关，或者说，对错不重要，大家都喜欢才重要。只要考虑谁对谁错，就等于承认有个绝对标准存在于对话之外，对话就变成了思想的论辩，即使说清楚了谁对谁错，也已经错过了心事问题，对话就反而失败了。假如不考虑对错，对话的标准就内化在对话本身之中，落实在人心之间的互相期待中，变成心心求和的过程。对话之真正目的不是求真而是求和，如果不理解这一点，就等于不理解对话。

总之，“思与思”其实不成问题，因为众思一致有着客观条件（逻辑与真理），而“心与心”才真正是个难题，因为众心一致缺乏客观条件。众心之和不可能是某个心单方面预期的实现，而是众心在对话过程中共同创造和承认的结果。心心相印所以无比困难，就是因为人们总是忍不住试图单方面推广自己之心，这是难以抗拒的政治权力诱惑。每一种语言、文化或知识共同体都试图推广其自诩的普遍有效观念，但那些所谓的普遍观念没有一个得到普遍接受，这已经很说明问题。理解他人心思不难，但接受他人心事不易。对话虽然以“思”为表现形式，但表现的是“心”，虽然表面上是话语关系，实际上是人际关系。如果忽视心事，对话就会从两思之间最短的线变成两心之间最长的线。

单方面自我推广而且试图替人做主，这种文化侵略是导致对话失败的根本原因。一个有趣的例子是所谓“全球伦理”[①] 或者“普世价值”。有人竭力在不同文化中找到一些仿佛相似的金科玉律，认为这意味着全球伦理。可是西方力推的“普世文明的思想在其他文明中几乎得不到支持”[②]，其中必有原因。首先，全球伦理之类的普世价值以圣经的金规则以及自由主义原理为底本，就像巴黎的标准米尺，要求其他文化都向它看齐，这是文化单边主义。从各种文化中挑出一些相似准则其实并非难事，但这远远不足以建立全球伦理。一般来说，人们在不喜欢的坏事上有较多共识，但是对好事却未必有那么多的共识，所谓各有所好。即使在好事上也有些共识，人们对好事的偏好排序或优先次序也大不相同。比如说，价值（A、B、C、D）在一种文化中的重要性排列顺序为（1、2、3、4），而在另一种文化中，它们的排列顺序也许是（3、8、2、9）。由于时间和条件的限制，人们不可能**同时满足**所有偏好，于是，优先次序就在事实上决定了做什么和不做什么，因此，只有优先的价值才是具有决定性的价值。例如中国的仁义忠孝之类在西方价值体系中也有类似价值，但显然并不优先，同样，西方的个人自由和民主也会为中国人所喜欢，但未必优先。如果将价值之间的一些固定搭配关系考虑进去，情况甚至会更复杂，比如，当且仅当 $A \wedge B$ 时，A 才是优先的，或者，当且仅当 $B \wedge D$ 时，B 才是好的，诸如此类。所有这些意味着，找到**某些**普遍价值，对于一个价值观的整体画面并没有什么决定性意义，真正决定一种价值观的关键因素是其价值排序方式。另一个更能说明问题的例子是人权。对于常见的那些基本人权项目，人们很少存在分歧，但在人权问题上总是存在大量争论，原因何在？恐怕就是因为人们对各种价值的偏好排序不同，而价值排序不同又是因为不同的哲学理论。例如西方以个人为基本根据所以强调个人权利优先，而中国以关系为基本根据所以

① Hans kung and Karl-Josef Kuschel：*A Global Ethic*：*The Declaration of the Parliament of the World's Religions*. The Continuum Pub，1993.

② ［美］亨廷顿：《文明的冲突与世界秩序的重建》，56 页。

要求相互责任优先。要解决文化之间的深刻冲突，对话本身必须能够进入深刻问题。

我们是否真的理解他者？这是进入深刻问题的第一步。把自己的观念和标准强加于人就不可能理解他者。人们通常把理解他者的实地研究称为人类学，可是人类学也正是歪曲他者的一种主要方式，因为它试图发现的与其说是尚未理解的新事物还不如说是自己对新事物的想象，正如艾柯说的，当年曾经有无数西方人在神秘的东方“苦苦寻找”西方人幻想的独角兽。这是个深刻的暗喻，它说明人们在他乡寻找的只是自己喜闻乐见的东西①。萨伊德反对西方替东方塑造形象的“东方学”文化帝国主义行为，试图把强加给自己的说法给“说回去”（unsay the said），就是顺理成章的反抗了。格尔兹改进了理解他者的方法论，他利用赖尔（Ryle）最先倡导的“浓描”法，对他者文化的“地方知识”进行本地语境化理解，试图按照他者去理解他者②。这种从普遍知识向地方知识的知识论转向，似乎能够提供有关他者更为准确更多细节的信息，但仍然不足以解决理解他者的问题。理解人与认识物，很有些不同，人有话要说，因此，真正的理解必须是对话的结果，因此，对话先于理解。借助对话而使双方的思想得以被质问与讨论，然后共同创造出来的新观念才是理解。理解不是单方面的知识，也不仅是双方互相的知识，而必须是合作的作品，这才是问题之关键。

在此涉及一个老问题：何谓知识？至少存在两种知识：描述事实的知识与参与命运的知识。科学是描述事实的知识，目标是真理；人文是参与命运的知识，目标是幸福。人文知识不能以科学描述事物的方式来生产，而必须与被研究者进行“商量”，就是必须考虑他人的价值观，因为幸福是与他人商量的结果。他人不是物体而是一个创造者，所以对他

① Umberto Eco：*Ils cherchaient des licornes*，In Alliage，No. 41 - 42. 2001. Nice，France.

② Geertz：*Local knowledge*，1983；*The Interpretation of cultures*，1973，New York.

者的知识永远不像研究石头，能够仅仅通过细节描写去决定，更重要的是由他人对我们对待他的方式做出的反应来决定。一个简单的例子是，如果我们友好对待某人，就非常可能会发现他是友好的人，而如果漠视甚至侵犯他，就会发现他是敌意的。可以看出，他人这个事实是活的，他人的性质是在变化中的，他因我们的变化而变化，他人的性质是我们诱导出来的，“我”存在论地规划了“他人”，反之亦然。这正是人际关系存在论的理解：某人的存在，自己或他人，并非直接就是“如此这般的”，而是在与他人的关系中被创造出来的——传统存在论的句式“是其所是”并不对所有事物有效，至少对人是无效的。所以说，在这里，存在论的根本问题不再是 to be 而变成 made to be。因此，关于他者的理解，除非得到他者的认可才能够成为普遍知识。如果一定要用真理概念来说话，那么，他者就是真理的标准。

假如人们相信对话能够建立良好的互相理解，并且愿意以他者语境去理解他者，这将是非常重要的转变，但是仍然不能太乐观，因为对话还隐藏着另一个更深刻的问题：**理解不保证接受**。这个问题正是乐观的哈贝马斯交往理论所忽视的致命困难。问题是这样的：当触及他人心事，就涉及到不同乃至互相矛盾的精神世界、价值观和生活利益。人们很少在精神、价值和基本利益上做出让步，因为放弃基本的精神、价值和利益就等于放弃生活的希望，生活无望就会以死相拼。可以想象，即使对他者有了真实的理解也不能保证对他者的接受。我们经常听见这样的说法：“是的，我完全理解你，但是……”。这就是“理解但不接受”的基本句法。谁也无法否认这个简单事实：人所希望、所热爱、所相信的，比他所知道和理解的在决定行动上更有力量。人们思维时听从真理，但行动时却听从价值观。这两者不一致使哲学家非常烦恼。试图克服知识与价值不一致的最有想象力方案是苏格拉底的“道德知识”理论，他试图通过“无人自愿犯错”的命题来论证假如人们有了关于道德的真知就不会在行为上犯错。如果这个理论能够成立，知识和价值的一致当然就有了希望。可是看来客观事实并不配合。尤其后来休谟关于 to be 推不出 ought to be 的理论否定了事实和价值之间一致性的想象。当代已经很少人坚持事实与价值统一的理论，但又寄希望于“理解”。其中理由在于，理解不是冷漠的科学知识，而是富有感情的知识（同情和设身处地）。理解的感情因素是令人鼓舞的，人们寄希望于它能够因此成为知识与价值的桥梁——以为感情是沟通知识与道德的中介，这是康德的老结构——可是事与愿违，我们几乎观察不到感情随着真理走的事实，相反，感情总是跟着价值走。

现代人们喜欢谈论相互理解，生产了以文化多元论或相对主义为名而以相互冷漠为实的“政治正确”。政治正确表面上是礼貌和互相尊重，实际上是互不关心、各行其是、互相歧视，只是不说出来而已。“谁也别管谁”貌似保护了各自的权利，实际上是消解他者利益、价值和力量的非暴力抵制策略。正如卖总要被买才有意义，说总要被听，做总要被认可，给予总要被接受才有意义。抵制他者的冷漠策略就是通过“没有感觉、不给反应”而达到取消他者的市场，没有市场就没有了价值。多元论的确是对普世主义的解构，但多元论也意味着各种多元观念各自都贬值、各自都被漠视和抵制。彼此独立自由的代价就是彼此冷漠和贬值。事实上，互相冷漠的多元论并非对话和理解的良好基础，相反，它使对话和理解成为互相拒斥的方式，甚至是敷衍了事的例行公事。

对话的怀疑论困惑是：人们将把对话永远继续下去，因为对话永远不能解决问题。理解不保证接受，这是对话不能解决问题的根本原因。即便处于哈贝马斯幻想的“理想的言说状况”之中，也是如此。理想的言说状况是个交往和对话乌托邦，按照哈贝马斯的设想，在其中人们永远真诚地以正确的方式谈论着真实事物①。哈贝马斯对人类理性相当乐

---

① 参见［德］哈贝马斯：《交往行为理论》，第 1 卷，23、100、312 页，上海，上海人民出版社，2004。哈贝马斯关于对话规范的理想要求有大同小异的多种说法，其中最重要的是“真实性、正确性、真诚性”。

观，他相信，在完好的理想商谈氛围中，人们将会非强制地达成一致观念。当然，哈贝马斯知道这种理想对话不可能一蹴而就，它需要异乎寻常的长久时间去磨合[①]。可是长生不老的乌托邦恐怕不现实，且不说事情日久生变，太久的等待也会使最好的东西变得一文不值，太久的对话如果总是不能有所兑现，可能终将变成与需要解决的问题毫不相干。而且，时间是双刃剑，既能磨掉矛盾，也会积累冲突，因此，对话的难题与时间并无根本关系，而在于对话本身的条件。哈贝马斯理论的局限性（也是现代哲学通常的局限性）在于相信理性万能，重思而忽视心，所以才会忽视“接受”问题。

完美的对话应该是这样一个程序：自由表达—交换意见—理性讨论—互相理解—共识—互相让步—互相接受—同意。即使在一个崇尚理性又以公共辩论为荣的城邦，比如雅典，也未必能够形成完美对话，事实上 agora 的对话多半很不理想。哈贝马斯的对话乌托邦虽然理想主义色彩浓厚，但一点都不完美，它强调理性固然不错，但它假定人们追求真理，那就错了。问题还不在于政治对话追求的不是真理，或者真理可追不可得，更重要的是，追求真理是错的，因为价值观冲突并不是真理与谬误之争，假如错位地看成是在追求真理，就意味着取消了互相让步和互相接受。自认为真理在手的一方显然不会让步，而被假定为“没有真理”的一方就只能单方面无条件投降，可是没有任何一方相信自己没有真理。哈贝马斯对话至少对于政治问题是无效的。政治对话是利益博弈，与真理毫无关系，它将根据实力而按比例达成不同程度的让步。不过，利益对话也不是完美对话，利益分配能够理性地解决，可是物质利益之外的许多事情是绝对不可让步的，除非能够达到互相接受，文化、精神和价值观问题就是如此。凡与心事（heart）有关的事情都必须达到互相

① 我曾经对哈贝马斯提出“理解不能保证接受”的质疑，哈贝马斯辩解说，他仍然对合理对话有信心，必须把时间考虑在内，“足够长的时间能够磨合冲突而产生共识”。

接受，否则绝无解决之希望，可见“接受”问题才是对话的根本问题。对于解决分歧和冲突，仅仅认识他人（了解他人是什么样的）远远不够，而要进一步理解他人（理解他人做某事的可同情或可谅解的原因），可是理解他人仍然不足以达到同意，理解他人不意味接受他人，由理解无法推出人们的一致同意，因此，接受他人便成为对话的关键环节，互相接受才有同意。

在全球化时代，主体问题向他者问题的转向是无可阻挡的。他者问题已经成为所有问题都与之相关的新焦点，无论全球化、地方性、身份认同、普世主义、多元论和相对主义还是文明冲突、交往和对话、博弈与合作都从各自的方向联系到他者这一核心问题。现代的主体性原则（subjectivity）以及主体间原则（inter-subjectivity）已经处理不了全球化背景下产生的新问题。世界上各种文化获得了话语权并且开始发展自圆其说的辩护，尽管存在着强势文化，但其他文化有了不合作的能力。这个事实的理论后果是，通名或匿名的我思或主体性已经表达不了心灵。“他人”从原本假定为同质的我思或主体性的普遍概念中逃离出去，“他人”的逃逸同时等于剥夺了“我”在普遍我思中居留的意义。如果只有我在而他人不在，“我”就减弱为自言自语的心灵，这个单一心灵只能自虐，除此无事可做，因此“我”也不得不逃离出来。我思或主体性就只剩下抽象的意向性而没有精神内容了。我思（cogito）只不过是个思想的纯粹形式，当所思（cogitatum）拒绝了我思的统一支配，通名或匿名的主体性就只能退位。我们必须走向署名的观念，必须知道谁在说话。

在主体性概念影响下，现代哲学家曾经只注意作为主体的言说者，而他者不可阻挡的出场使我们发现听者以及倾听行为是更为本质的问题。发言的行为暗含想要教训和指导对方的霸权，但话语霸权可能引起他人的反抗，他人会拨乱反正地“反着说”（unsay the said of the other）。拨乱反正虽有理由，但缺乏建设性，而且有副作用，它破坏甚至中断了对话。这是萨伊德式批评的局限性，也是各种社会批判理论的局限性。对话包括发言又包括倾听，发言和倾听应该构成不断循环和创新的思想过程，否则是无效益的对话。其中关键是倾听。我们倾听那些我们没看见而他人可能碰巧看见了的东西。

倾听本是在中国哲学以及基督教中长期存在着的古老问题。在倾听的问题上，基督教传统与中国传统有着重要的差异。基督徒倾听向人们揭示上帝真理的先知或牧师（不能直接听到上帝，所以只能听先知的）；中国人则倾听有着伟大思想、品德和能力给人们带来幸福的圣人之言。于是人们听到不同的事情：先知告诉人们如何做必须做的事情；圣人告诉人们如何做想做的事情。基督教试图替所有人做主而规定普世价值；圣人向人推荐能够实现他人想要的幸福的有效方法。由此看来，中国式的言说—倾听意味着说出—听取别人对己有益的意见，这是人与人的关系；西方式的言说—倾听则是说出—听取真理或所谓普世价值，这在实质上是理与人的关系。西方式倾听潜在地暗含对他人之心的不重视：既然都听上帝的，就不用听别人的了。既然不再需要倾听他人心声，他人就不再是应该与之对话的他者（the other），而降低为无差别的别人（the else）。这个理论后果相当严重。他者与我是互相定义的互动关系，他者是我与之交心的人，他者与我互为精神支持和思想资源，他者心事是我所关心和尊重的，是我的生活意义的重要部分。一旦他人变成无差别的别人，他的心事不再重要，别人的唯一意义仅仅在于他是与我同质的"上帝子民"，于是，别人心事不新鲜，没有什么可听的，也不值得听，因此可以忽略。为什么西方总是需要发现异教徒？异教徒就是尚未统一为与我无异之别人的他人。既然我与相同的别人的心都是上帝之心，那么与我相异的他人的心就只能是魔鬼之心。别人是同道中人，而他人就是敌人。只有面对他者才需要对话，可是他者又总是敌人，其逻辑结果是，对话总是不成。在肉体上拯救他人比较容易，在精神上接受他者则无比困难。对话问题在今天变得如此重要而严肃，原因在此。因此，成功的对话首先必须重视倾听，并且把倾听定位为倾听他人。倾听意味着从他者的发言中发现可接受的思想，倾听近乎接受。奥古斯丁的名言“相信以便理解”如改写为“接受以便理解”恐怕就正确了。

哲学的根本问题不是通常认为的真理问题，而是幸福问题。人生所有问题，包括真理在内，由于与幸福相关才变得有价值。每个人之幸与不幸、爱与欢乐、成功与骄傲、和平与安全、好运与厄运、失败与痛苦都与他人相关并决定于他人，简单地说，**幸福和痛苦，都是他人给的**。假如自己想象某种“主观的”幸福，只要仔细思量就知道在这种主观幸福幻想中已经把他人的爱情、爱护、帮助、支持和承认都假设在内了。人的直接生活事实就是与他人相处，因此，事关幸福的事情都是关于他人的问题。有一个关键问题可以清楚地对比主体观点和他者观点在理论上的不同境界。在圣经和儒家文本中都有意思相似的普世原则，今天一般都称为金规则：“若想别人如何对待你，你就如何对待别人”或“己所不欲，勿施于人”。这条准则除了其主体视野的局限以外看来天衣无缝。毫无疑问，它充满善意，但其主体观点决定了，只有“我”才拥有决定事物好坏、正误乃至真假的权威，虽然“我”愿意对他人好，但价值标准和游戏规则要由“我”来定。这是精神霸权，他者被剥夺了参与制定价值、精神和规则的权利。取消他人的精神权利是严重的政治错误。谁有权利决定什么是知识和真理？谁有权利决定什么是价值？谁有权利决定游戏规则？这是比利益政治更为根本的精神政治问题。为了尊重他者的精神权利，普世金规则必须改写为：“别人不希望你怎样对待他，就不要那样对待他”或者“人所不欲，勿施于人”①。这种改写采取了他者视角，充分考虑了他者的权利。把金规则修改为**“人所不欲，勿施于人”**，虽一字之差，境界天上地下。在“由己及人”的主体方法论中，可能眼界只有一个，即“我”的眼界，而“由人至人”的他者方法论则包含了所有可能眼界，这样才是尊重每个人。这个“由人至人”的方法论可以

① 赵汀阳：《道德金规则的最佳版本》，载《中国社会科学》，2005（3）。

称为**“无人被排挤”**规则，它意味着一条关于任何通用规则的元规则：（1）以你同意的方式对待你，当且仅当，你以我同意的方式对待我；（2）每种文化都有建立自己的文化目标、生活目的和价值观的权利，如果文化间出现分歧，则以（1）为准；（3）承认他人参与共同制定规则和价值的权利，普世价值必须是共同创作和共同接受的作品。在理论上说，“无人被排挤”规则或者“人所不欲，勿施于人”原则应该能够消除“对话即冲突”的对话悖论，它意味着：凡是能够互相接受的就是普遍有效的，凡是不能互相接受的就互不干涉。这是精神政治的正当性。

## 8.3 世界之治

世界之治远在未来，但已经是一个当下问题。世界之治取决于世界政治，中国周朝的天下观念最早提出世界政治的问题，但由于思想过于前卫而被遗忘很久了。世界政治重新成为当前问题，是与全球化有关。全球化是世界高度风险化的过程，但也可以是一个由大乱走向大治的过程，这要取决于什么样的观念和策略成为世界的主导观念和普遍策略。中国哲学以“治/乱”为基本坐标去分析政治和社会问题，这一框架越来越显示出其普遍适用的优越性。无论多大规模的社会都会有风险和挑战，既然生活是动态的，欲望是活跃的，由动态的欲望和行动所开拓的未来都是未定不可知的。任何一种改变都暗含着某种风险，任何一种未来都是风险，没有风险的社会就是没有未来的社会，是没有任何改变而仅仅不断重复自身的社会。正如前面论证的，一般存在论的“存在”（being or existence）概念不足以表达人或社会的复杂存在论问题，存在只是时间性的持续，但没有历史性的未来，而人的存在是做出来的事情，或者说，人的未来不是延续，而是必须想办法去做成的事情，对于人来说，做是在的实现方式（to be is to do），所以人和社会的所有问题都是关于“做”（do）而非“在”（be）的问题。在做的存在论的视野中（ontology of doing），人所做的各种事情表现为创造未来的各种策略。既然因做而在，社会就总是处于变化和风险中，做事必生变易，变易必有风险，风险就有乱，所以社会的基本问题就是治乱。现代各种革命（科技的、经济的、政治的和文化的）带来的好处立竿见影，但隐含的危险却慢慢展开，人们乐观地接受了各种好处，现代一路高歌猛进，等到全球化的大规模运动充分暴露了现代乱世的各种隐患，全球治乱就变成政治的首要问题。

全球治乱将是有史以来最大的政治行动，它需要一种世界政治来创造一个兼容各种文化的智慧的新世界。很显然，全球一体的社会从未有过，如果全球一体的世界要获得各种文化的支持和合作，它就需要发展一种**普遍兼容的世界政治**。世界政治虽是新事物，但有着诸种传统思想资源：博大胸怀的罗马帝国贡献了对任何民族一视同仁的万民法，但罗马崇尚武力征服，为霸而不能为王，此种世界计划不可能获得各种文化的支持，更不可能长治久安；基督教虽有普世之心，但其普世主义实为强加于人的文化单边主义，视其他文化为不可接受之异教，因此不但不能创造世界反而分裂世界；康德的和平主义否定武力，立意高尚，但也缺乏文化和价值的兼容性，无法化敌为友，因此无力应对文明冲突问题；唯有天下思想具有化敌为友和兼容各种文化的能力，因此，天下思想可以成为世界政治的最佳底本。当然，这绝不意味着要复制周朝天下体系的传统设计，而是需要利用传统智慧去重新创作开发一种适合未来社会的天下体系。今日世界形势与过去的周朝形势有一个极其重要的区别，这就是，周以天下共主的有利身份去实现天下体系，而今日世界不再有什么天下共主，因此，创造世界首先必须找到对世界冲突问题的理性解决方式。

如前所述，政治的最大问题就是如何**化冲突为合作**，或者按博弈论的说法，如何从冲突“演化”为合作，这个问题至今并无普遍有效的解法。博弈论研究此类问题最为突出，虽竭尽心力而始终难以克服以囚徒困境为代表的种种困难，虽有某些局部或特殊条件下的有效解法，如史密斯（Smith），艾克斯罗德（Axelrod）和汉密尔顿（Hamilton）的合作演化理论以及布莱姆斯（Brams）和泰勒（Taylor）的校正赢家理论等等，都是富有启发性的成就，但这些解法的有效性都依赖一些特殊的假设条件或者人为设计的博弈环境，与真实的世界冲突有着明显差异，或者不能代表普遍情况，因此都不能解决人类冲突的根本和普遍困难。一般来说，在如何瓜分实利的问题上，博弈论研究比较有效，实利是能够瓜分的物品，即使做不到完全合理解决，比如说不能满足布莱姆斯和泰勒的“无妒忌”标准（这是一个非常杰出的标准）[①]，也总能够有个相对合理的解决，比如通常的公平解决，即使相对合理的解决也做不到，最不济也会有不公平的解决，但瓜分利益的问题总能有个解决，事情总有个完结。真正困难的是文化、价值观和制度的冲突，这种精神冲突如此深刻而且没完没了，甚至连暴力这种最后手段都无法解决问题。关键就在于精神无法瓜分，因此解决精神冲突就只有兼容和分享一途了。

如何化冲突为合作进一步深化为如何**化敌为友**的问题，更具体地说，如何与**不愿与我相同**的他者合作共处？这个问题预先就排除了霍布斯状态，而且，根据前面的分析可知，对话也不足以解决精神冲突问题，对话虽然能够增进互相理解从而减少不必要的误解所导致的冲突，但仍然不可能克服根本精神原则上的深刻冲突。同样，不同精神世界之间的合作也不可能通过博弈论式的讨价还价程序去形成，因为精神无价，无法瓜分和分配，也无法补偿。因此，精神合作的条件是：（1）放弃征服、取消或者支配任何一种异己价值观的企图和努力；（2）不同精神世界必须互相接受，而不仅仅停留在互相理解上；（3）不能指望多元论的解决，多元论只是掩盖冲突而不是解决冲突，但也不能指望单边普遍主义的解决，而只能发展一种**共建普遍主义**，即利用各种文化和精神世界的资源

---

① 参见［美］史蒂文·J·布拉姆斯、艾伦·D·泰勒：《双赢之道》，12页，北京，中国人民大学出版社，2002。

共同创作一种普遍接受而且普遍共享的新文化，这种新的普遍文化不属于**某种**特殊文化，但属于**每种**文化，而且能够沟通每种文化。

我们至今所拥有的只是一个物理学意义上的世界，而仍然生活在互不承认的不同精神世界中，因此，目前的世界由于缺乏共通共享的精神本质而仍然是个非世界（a non-world）。如何达到不同文化的互相接受乃至共同创造一个精神世界，这是无比艰难的事情，首先需要一种根本性的和深度的哲学转向。对于从冲突到合作的问题，我们需要一种能够解释合作条件的**“共在存在论”**（ontology of coexistence）或者说**“共在形而上学”**（metaphysics of coexistence），它可以看做是中国传统哲学的一种新版本。共在存在论以“共在”（coexistence）为基本问题，它与以“存在”（being 或 existence）为基本问题的一般存在论有着完全不同的问题结构。共在存在论相信：（1）**共在先于存在**，并且，**共在规定存在**。无物能够因其自身而存在，他物永远是某物的存在条件，某物按照与他物的共存关系去调整其存在性质。关系改变存在，给定什么样的关系，就创造了什么样的存在，或者说，共在决定了任何存在都是一种相互存在（reciprocal existence）。（2）既然共在决定存在，那么，**存在不是一个问题**，共在才是问题。存在是关于某物的问题的结束，当能够说出“某物存在”，就必须能够说出“某物如此这般地存在”，这不是对某物存在的提问，而是对某物存在的报告：某物是这样的。这个问题结束了。只有共在是问题，因为共在是人创造的动态关系，只有人能够选择并且制造**这样**而不是**那样**的共在关系，显然，只有当共在关系是可选择并且可制造的，才是个问题。因此，共在存在论只与人有关，而与一般存在无关，也与自然事物的共存关系无关，自然事物的关系其实也是给定的存在，无可选择的关系就不是问题。因此（3）共在存在论是关于**“事情”**的哲学（philosophy of facts）而不是关于**“事物”**的哲学（philosophy of things）。事情是人造的，是人的行为结果（中国古典哲学称为“事”而区别于“物”，与西文 factum 之意相通）。事情都是关于人的存在状况的问题，无非是物质利益和精神权利的问题，或者说是身心两种利益问题。其中物质利益问题是“如何分利”，这一问题的解决要依靠建立一种合理的制度，而精神权利问题则是“何者做主”，这一问题的解决要依靠人们选择什么样的普遍观念。(4）精神权利是事关冲突的最根本问题。是否能够形成良好的共在取决于是否能够形成良好的精神共在，于是，共在存在论进一步成为关于**“心事”**的哲学（philosophy of heart）而不是关于**“心智”**的哲学（philosophy of mind)。最后必须解决的共在问题是**心际和平**问题，它是最后的和平问题。

根据共在存在论，一种良好的共在关系必须是普遍有效和普遍受惠的关系，于是，一种普遍有效的普遍主义不可能是单边普遍主义，而只能是共建共享的**兼容普遍主义**，以此为基础才能够形成一个共通共享的世界。我们需要对精神观念的普遍有效性进行检验，以便证明某种观念或价值观是否能够成为世界的普遍精神（普遍观念和普世价值)。精神不是知识，因此，知识的标准（无论是经验证实或逻辑证明）不适合于精神的证明。对于一个观念或价值观的普遍有效性的检验，我们发现至少需要两个标准：(1）普遍可模仿性；并且（2）最大兼容性。

考虑一个与真实世界虽有些不同但足够仿真的一般博弈语境，大概如下：

(1）每个人都优先考虑自己的利益，包括自己的**专有利益**（比如私有财产和个人自由）和自己**可及的共享利益**（比如公共物品和关系情感)，并且，在专有利益与可及共享利益之间不存在固定不变的偏好排序，尤其不存在“专有利益总是优先于可及共享利益”的排序，每个人都将仅仅考虑某种利益，无论是专有的或是共享的，是否是自己可得的最大利益。

(2）每个人都是理性的。每个人都将按照自己决定的价值偏好排序去理性地计算得失。不存在所有人通用的价值排序表，并且，没有人能够强迫别人改变价值观。假定某人 p 的偏好是 c>a>b，而大多数人的偏

好是 $a>b>c$，p 将仍然坚持他的偏好排序，这一“吾爱吾所爱”的利益取舍计算将被认为是充分理性的。

（3）每个人都不是傻瓜，尽管思维能力不等，因此各自独立能够想象的行为策略水平不等，但都有足够的学习能力。

（4）每个人各自拥有的初始策略知识不等，但是可能选择的策略总量是有限多个的，因此每个人迟早都能学会其他人的全部策略。

（5）足够多次的连续博弈。

这一仿真的社会博弈条件可以修正一个流行错误。在通常的分析模式中，个人利益的最大化仅仅计算到自己的专有利益，而往往没有把对自己同样有利甚至更有利的共享利益计算在内，并且默认地假定专有利益总是优于共享利益。这个分析模式是错误的。人追求最大利益，这一点是肯定的，但最大利益未必是专有利益。或者说，较大利益优于较小利益，这是一定的，可是专有利益优于共享利益，这就不一定了。事实上，每个人的大多数“最大利益”都只存在于共享关系中，因为最大利益往往只能存在于与人共有的关系中，而不可能个人独占，一旦试图独占，这种利益就反而消失了，例如家庭、爱情、友谊、合作的巨大利益。因此，人们真正关心的是“自己可及利益”中的最大利益，而不见得是个人独占的利益。人们对利益的理性排序完全不像现代理论所妄想的那样，永远把个人独占利益排在最前面，因为人们的最大利益往往是由“关系”所创造和保证的利益，比如安全、幸福、成就、荣誉和权力。强调理性计算没有错，但现代理论把需要计算的项目搞错了。

在我们设计的博弈语境中，人人都能够在博弈过程中互相学习别人更成功的策略，并且在接下来的博弈中模仿习得的各种成功策略。能力更强的人不断推出更高明的策略使自己利益占优，但领先总是暂时的，高明的策略很快变成公开知识而被大家所模仿。一直到各种成功策略都出现了并且被普遍模仿，大家拥有足够饱和的共同知识或对称知识（对称的知己知彼），这时将出现“集体黔驴技穷”的普遍策略模仿现象，大家都模仿被证明为最优势的策略，于是达到普遍的策略均衡，此种成功策略就非常可能转化为稳定制度。虽然人人都将模仿成功策略，但这不意味着成功策略都是好策略。所谓“成功”的稳定策略是人人不比别人更吃亏或者说没有人能够多占别人额外便宜的策略，因此，一个被普遍模仿的稳定策略有可能是人人都受益的好策略，也有可能是人人利益受损的坏策略。于是，我们还必须进一步确定什么是好的普遍策略。最简单又最明显的标准是“**无报应**”的普遍可模仿策略：如果一个成功获利的策略被众人普遍模仿而不会形成作法自毙的反身报应，或者说，当一个策略被别人所模仿而不会反过来伤害自身，不会自取其祸、害人反害己，那么，这个成功策略就是经得起普遍模仿的策略，它就通过了普遍模仿的检验。也可以反过来说，假如一个获利策略被普遍模仿，别人的模仿形成以其人之道还治其人之身的效果而导致始作俑者自取其祸，就证明它是个坏策略。能够通得过这一检验的价值观才是普世价值。

其次，一种观念或价值观要成为普世通用的原则，除了必须满足无报应的普遍可模仿性，还需要满足最大兼容性。这是因为，一个世界所容纳的生活、文化和思想必须足够丰富才能保证人类精神的良好生态条件。丰富的可能性等于灵活性和生存潜力，因此，一种观念或价值观要具有普遍性就必须具有最大兼容性。这其实就是中国古典哲学强调的“同则不继”原理：多样性的互相兼容是最好的生存条件，而单调的同一将使生活和文化枯竭。另外，世界上本来就存在着多种文化和价值观，既然精神征服是不可能的也是不可取的，那么，最好的合作就是发展一种具有最大兼容能力的价值观以兼通和协调各种文化。兼容的普遍价值观明显优于多元论，因为多元论仅仅是对文化多样性的消极承认，它不能积极创造一个世界性的文化公共空间以使文化互相接受。中国哲学所以强调“和”，就在于意识到了多样性**必须同时**具有兼容性，否则仍然不能避免冲突。

根据以上分析可知，只有能够通过普遍模仿检验并且具有普遍兼容能力的价值观、行为策略和制度才可能化冲突为合作，才能够成为世界的普遍价值基础。我们选择的共在存在论所蕴含的三大政治原则，**和谐的合作原则**、**他者观点的金规则**和**天下制度**，都能够满足普遍可模仿性和普遍兼容性标准，于是有理由认为，这三大政治原则是世界政治所必需的基本原则。我们在前面已经分别论证了这些原则，这里只简要述其要义。

和谐的合作原则的原始资源是先秦思想（晏子、史伯和孔子等）。和谐的基本意义是兼容的多样性。单一性是一切事物的存在论灾难，因此需要多样性，而如果多样而不能兼容，则必定导致冲突，同样是一切事物的存在论灾难，因此，对一切事物都有利的最优存在状况就是兼容的多样性。社会合作的和谐策略可以称作“孔子改进”，它是一种强化的双赢帕累托改进：（1）对于任意两个博弈方 X，Y，和谐是一个互惠均衡，它使得，X 能够获得属于 X 的利益 x，当且仅当，Y 能够获得属于 Y 的利益 y，同时，X 如果受损，当且仅当，Y 也受损。并且（2）X 获得利益改进 x+，当且仅当，Y 获得利益改进 y+，反之亦然。于是，促成 x+出现就成为 Y 的优选策略，因为 Y 为了达到 y+ 就不得不承认并促成 x+，反之亦然。（3）在和谐策略的互惠中所能达到的各方利益改进均优于各自独立所能达到的利益改进，因此，和谐策略就是各方共同的最优选择。

他者观点的普遍行为原则能够避免主体观点的价值观霸权。为了尊重他者的精神权利，传统金规则“若想别人如何对待你，你就如何对待别人”或“己所不欲，勿施于人”必须改写为：“别人不希望你怎样对待他，就不要那样对待他”或者“**人所不欲，勿施于人**”。这种改写采取了他者视角，充分考虑了他者的权利。主体观点的可能眼界只有一个，而他者观点包含了所有可能眼界。他者观点的普遍行为原则也可以称为“**无人被排挤**”规则：（1）以你同意的方式对待你，当且仅当，你以我同意的方式对待我；（2）每种文化都有建立自己的文化目标、生活目的和价值观的权利，如果文化间出现分歧，则以（1）为准；（3）承认他人参与共同制定规则和价值的权利，普世价值必须是共同创作和共同接受的作品。简单地说，游戏规则必须共同制定才是普遍有效的，如果一种游戏规则是单方面制定的，即使这一规则做到一视同仁，也仍然不是充分的普遍有效性。

天下观念是世界政治或世界制度的基本原则。追根求源地说，世界政治和世界制度是周朝最早提出的天下问题，但社会条件已经发生巨大变化，因此天下问题显然需要一个当代和未来的解决。这意味着，天下原则虽然继承先秦的贡献，但更需要创新，因此我们今天所试图建立的天下原则与传统的天下原则自然有些不同，但在基本精神上仍然相通。传统的天下原则是一个以家庭方式（familyship）为核心原理的建构方法论，它所确认的天下无外、四海一家的观念无疑是创造世界的必要原则，它奠定了普遍兼容和化敌为友的基本精神，这是兼容普遍主义的基础。但是今天的世界显然已经不需要君主制以及等级社会，这是必须放弃的旧制度。

根据改进的天下观念，未来的世界制度将满足这样的想象：（1）要改变人类的冲突状况以及国际无政府状态而创造一个对所有人都有利的世界，首先必须改变世界观。因此，我们选择以共在存在论作为政治哲学的基础，于是，“关系”所定义的政治问题优先于“实体”所定义的政治问题，因为以实体为计算单位的政治必定追求实体的利益最大化，那样必定形成冲突，而且，世界也没有能力支付每个实体的利益最大化。于是，如何创造和谐关系，或者说，如何创造**作为和谐的合作**（cooperation as harmony），就成为最大的政治问题。（2）以“关系”为准，而不能以“实体”为准，才能确定什么是和哪些是普世价值。假如以实体为准，就将有各种无法调和的价值观，只有以关系为准，才能发展普遍承认和接受的普世价值。关系是一个共享共建的事实，关系的良好性质就是**兼容性**，它直接否定了文化单边主义，因此，以关系原则为准的普世价值必定是最大兼容的价值观，假如不具有最大兼容性，就显然不可能建立普遍接受的价值观。能够满足最大兼容性的价值有和谐、公正、仁义、互惠、信任等，这些以“关系”为计算单位的价值显然不同于以“实体”为计算单位的价值，比如自由、个人权利、国家主权等。不过，关系性价值与实体性价值并不矛盾，但存在协调问题。假如以实体性价值为本，自由、个人权利和国家主权这些自身膨胀的价值必定排斥关系性价值而导致普遍冲突，而且它们缺乏让步能力因此无法化解冲突。假如以关系性价值为本，则能够包容实体性价值并且将实体性价值限制在无冲突的可接受范围内。显然，关系性价值必须优先于实体性价值。于是，最大兼容的关系性价值就是世界制度的价值基础。(3) 世界是由普遍和谐关系所创造的，或者说，一旦形成普遍和谐关系，就形成并定义了世界，这意味着，**世界共享利益**（世界公善和公利）优先于任何非共享利益，并且，**世界普遍利益**（每个人的同步利益）优先于任何非同步利益，即“孔子改进”优先于“帕累托改进”。(4) 世界制度的设计必须能够通得过普遍模仿的检验，这一制度设计必须有利于那些在被普遍模仿的情况下对任何人都有利的社会行为，并且不利于那些在被普遍模仿的情况下对任何人都不利的社会行为。一个满足以上基本观念的世界制度应该能够形成一个社会**合作最大化**并且**冲突最小化**的世界。这就是我们能够希望的天下。

**图书在版编目（CIP）数据**

坏世界研究：作为第一哲学的政治哲学 / 赵汀阳著.
北京：中国人民大学出版社，2009
ISBN 978-7-300-10414-0

Ⅰ. 坏…
Ⅱ. 赵…
Ⅲ. 政治哲学-研究
Ⅳ. D0

中国版本图书馆 CIP 数据核字（2009）第 032063 号

**坏世界研究：作为第一哲学的政治哲学**
赵汀阳　著
Huaishijie Yanjiu

| | | | |
|---|---|---|---|
| **出版发行** | 中国人民大学出版社 | | |
| **社　　址** | 北京中关村大街 31 号 | **邮政编码** | 100080 |
| **电　　话** | 010－62511242（总编室） | | 010－62511770（质管部） |
| | 010－82501766（邮购部） | | 010－62514148（门市部） |
| | 010－62515195（发行公司） | | 010－62515275（盗版举报） |
| **网　　址** | http://www.crup.com.cn | | |
| **经　　销** | 新华书店 | | |
| **印　　刷** | 天津中印联印务有限公司 | | |
| **开　　本** | 720 mm×1000 mm　1/16 | **版　　次** | 2009 年 4 月第 1 版 |
| **印　　张** | 23.5 插页 3 | **印　　次** | 2025 年 3 月第 12 次印刷 |
| **字　　数** | 311 000 | **定　　价** | 68.00 元 |